Historische Gesellschaft zu Basel

Beiträge zur Geschichte Basels

Saul und Mast 1839

Historische Gesellschaft zu Basel

Beiträge zur Geschichte Basels
Saul und Mast 1839

ISBN/EAN: 9783743683211

Hergestellt in Europa, USA, Kanada, Australien, Japan

Cover: Foto ©ninafisch / pixelio.de

Weitere Bücher finden Sie auf **www.hansebooks.com**

Beiträge

zur

vaterländischen Geschichte.

———

Herausgegeben

von der

Historischen und Antiquarischen Gesellschaft

zu

Basel.

〜〜〜〜〜

Neue Folge — Vierter Band.
Der ganzen Reihe XIV. Band.

〜〜〜〜〜

Basel.

Verlag von Georg & Cie.

1896.

Beiträge

zur

vaterländischen Geschichte.

Vierzehnter Band.

Inhalt.

	Seite
Franz Hotmann, ein französischer Gelehrter, Staatsmann und Publizist des XVI. Jahrhunderts. Von L. Ehinger	1
Geschichte des Schulwesens der Landschaft Basel bis 1830. Von J. W. Hess	123
Die Vertreibung evangelischer Bürger aus der freien Reichsstadt Colmar und ihre Aufnahme in der Stadt Basel. Von Dr. Heinrich Rocholl in Hannover	305
Aus dem Tagebuche einer Baslerin zur Zeit des Durchmarsches der Allierten. Von Dr. Carl Burckhardt-Burckhardt	363
Die Erneuerung der Universität zu Basel in den Jahren 1529—1539. Von Th. Burckhardt-Biedermann	401

Franz Hotmann,

ein französischer Gelehrter, Staatsmann und Publicist des XVI. Jahrhunderts.

Von

L. Ehinger.

Wie jede geschichtliche Epoche eine ihrer Bedeutung entsprechende Zahl hervorragender Persönlichkeiten aufzuweisen hat, so ist diéses in besonderm Maasse der Fall mit dem XVI. Jahrhundert, als dem Jahrhundert der Reformation und der Wiederbelebung des classischen Alterthums in Kunst und Wissenschaften, einer Zeit, welche die Geister und auch die Massen zu folgenreichem Kampf aufgerufen hat.

Der Mann, dessen Leben in seinen Hauptzügen uns in Nachfolgendem vor Augen gestellt ist, — der Rechtsgelehrte, zugleich Diplomat und staatsrechtliche Publicist Franz Hotmann, — obschon nicht gerade im Vordergrund der Geschichte jener Epoche gestanden — war doch an deren Ereignissen in seinem Vaterlande Frankreich in Stellungen betheiligt, welche sich an diejenigen anderer seiner Zeitgenossen vermittelnd anlehnten, während er eine viel bedeutendere in der Geschichte seiner Fachwissenschaft einnimmt.

Einer der namhaftesten Vertreter der französischen Rechtsschule des XVI. Jahrhunderts und zugleich einer der vielen wegen ihres Glaubens damals aus ihrem Vaterlande Frankreich Vertriebenen, hat Hotmann den

grössern Theil seines Lebens in Genf, Basel und Strassburg in academischer Lehrthätigkeit gewirkt.

Es war ihm vergönnt, vermöge seiner ausgedehnten
Connexionen mit den hervorragendsten seiner Standes-
und Zeitgenossen verschiedener Länder der hugenottischen Sache bei den evangelischen Fürstenhöfen Deutschlands, den evangelischen Schweizerkantonen und ander-
wärts in aufopfernder Weise seine Thätigkeit zu widmen;
er hat sich im Dienst dieser Sache hie und da auch
seiner hiesigen Freundesverbindungen bedient — wo die
beidseitigen Interessen Hand in Hand gingen, auch dasjenige des hiesigen Gemeinwesens im Auge behalten —
und dieses sein bewegtes Leben im Jahr 1590 als Do-
zent des Römischen Rechts an unserer Universität in
Basel beschlossen.

Die eingehende Darstellung, welche diesem mit der
damaligen Zeitgeschichte eng verwobenen Lebenslauf,
von dem französischen Academiker Rod. Dareste, sowohl
in dessen Essai sur Fr. Hotmann, als in einem längern
Artikel der Revue historique von Monod und Fagniez
(Jahrg. 1876) gewidmet worden, schien dazu geeignet,
in einer Ueberarbeitung an der Hand der gedruckten
Sammlung der von Vater und Sohn Hotmann mit ihren
zahlreichen Freunden gewechselten Briefe[1]) der bisher
ungedruckten Correspondenz desselben mit den Landgrafen Philipp und Wilhelm von Hessen, welche uns
aus dem Landesarchiv zu Marburg bereitwilligst mitgetheilt worden und der zeitgenössischen Quellenzeugnisse,
gegenwärtigem Vortrage zur Erinnerung an die dreihun-
dertste Wiederkehr des Todestages dieses Mannes zur
Grundlage zu dienen, wobei das rein Fachwissenschaft-

---

[1]) Epistolæ Fr. et Joh. Hotmannorum ed. Lectius Amstelodami
1700 (Epp. Hot.).

liche begreiflicher Weise hinter demjenigen zurücktritt,
was, von allgemein historischem Interesse, das lebendige
Abbild der Zustände jener denkwürdigen Epoche wiedergibt. Für ihr gefälliges Entgegenkommen und ihre
Unterstützung bei dieser Arbeit, spreche ich den Herren
Oberbibliothekar Dr. L. Sieber, Staatsarchivar Dr. R.
Wackernagel und Dr. Dan. Burckhardt auch hier meinen
verbindlichsten Dank aus.

Aus dem alten, in Schlesien einheimischen deutschen Geschlecht der Autmann stammend,[1]) wurde Franz
Hotmann den 23. August 1524 in Paris als das älteste
von zehn Geschwistern seinen Eltern geboren.

Sein Vater war Peter Hotmann, Parlamentsrath in
Paris — Stammvater aber des französischen Zweiges
dieser deutschen Familie war Lambert Autmann gewesen, welcher im XV. Jahrhundert in das Heer Ludwig's XI. in Frankreich eingetreten, nach seiner spätern
Einbürgerung in Paris, mit einer dortigen vermöglichen
Bürgerstochter, Jacqueline Via, sich verheirathet hatte.
Noch während des darauffolgenden XVII. Jahrhunderts
sollen Sprösslinge dieses Geschlechtes hohe Aemter der
französischen Staatsverwaltung besetzt haben.[2])

---

[1]) Epp. Hot. No 171. H. an Stucking, 20. Aug. 1588 gentilibus
meis wratislaviensibus ostendat elogium paternum.

[2]) cf. Dareste Essai cit. p. 2. Von den jüngern Brüdern Franz
Hotmann's war einer, Joh. Hotmann, Quæstor des Cardinals von
Lothringen. cf. Sturm, 1561, Abgdn. in Corpus Reform. No 3406
Not. 55, einer Conseiller am Gerichtshof des Châtelet in Paris, der
dritte, Anton Hotmann, war Advocat am Parlament von Paris und
Advocat des Königs nach den Barrikadentagen. Der Vatersbruder
unsers Fr. Hotmann's soll sich als treuer Anhänger seines Königs
Franz I. nach dessen Gefangennehmung in der Schlacht von Pavia
um Herbeischaffung dessen Lösegeldes bemüht haben.

Nachdem unser Franz Hotmann im Collège Du
Plessis in Paris durch ausgezeichnete Lehrer in den
Anfangsgründen der Wissenschaften unterrichtet, frühe
besondere Fähigkeiten an den Tag gelegt hatte, ging
er schon in seinem 14. Jahre zum Rechtsstudium nach
der Universität Orléans, wo er dasselbe unter dem berühmten Rechtslehrer Pierrè de l'Étoile[1]) betrieb, und
kehrte nach dreijähriger Studienzeit mit dem Grade
eines Licentiaten (Prolyta) nach seiner Vaterstadt Paris
zurück, wo er für den Anfang in's Advocaturgeschäft
des ausgezeichneten Rechtskenners Carl Dumoulin (Molinæus) eintrat.

Sein Vater bestimmte ihn zur Beamtencarriere. Der
Sohn indessen, mehr zum theoretischen Studium hin-
neigend, wiedmete bald seine ganze Zeit den Humariora
und der einlässlichen Beschäftigung mit dem Römischen
Rechte und zwar mit einem Erfolg, welcher ihn be-
fähigte, schon 1546 seine academische Wirksamkeit als
Docent der Pariser Rechtsschule zu eröffnen.[2])

Dem Zuge folgend, welcher damals in der jüngern
Generation der gebildeten Stände Frankreichs sich geltend machte, wandte sich Hotmann ungeachtet des Wider-
spruchs seines Vaters der evangelischen Lehrmeinung
zu und die heftigen Religionsverfolgungen bestimmten
ihn, 1547 insgeheim das elterliche Haus zu verlassen
und nach Lyon zu gehen, wo er vor den Nachforschun-
gen seines Vaters in Verborgenheit lebend, seine Zeit

---

[1]) Als Petrus Stella, Professor in Orleans, in der Rechtsgeschichte bekannt, zwischen welchem und Ulrich Zasius in Freiburg i. B. sich 1539 aus Anlass von dessen dissolutiones antino-
miarum eine berühmte Polemik entspann. cf. Stintzing Gesch. der
D. Rechtswissensch. I, p. 165/6.

[2]) Ueber den Titel de novotionibus, cf. Et. Pasquier lettres
XIX. 13.

der Herausgabe seines ersten wissenschaftlichen Werkes
(von den Klagforderungen) [1]) wiedmete.

Von da an beginnt mit seinem 24. Altersjahr Hotmann's Entfremdung von seinem Vaterlande Frankreich. —
Bald nach seinem damaligen förmlichen Uebertritt zum
evangelischen Glauben, [2]) welchem er zeitlebens treu
geblieben ist, musste Hotmann zu seiner persönlichen
Sicherung unter Lebensgefahr nach Genf flüchten, wo
er, den 24. October 1548 angelangt, den Winter in viel-
fachem Umgang mit Calvin zubrachte. — Ohne seiner
wissenschaftlichen juristischen Thätigkeit untreu zu werden trat Hotmann im Mai 1549 in das damals unter
Farel's und Viret's Leitung gestandene protestantische
höhere Collège zu Lausanne als Lehrer des Lateinischen
ein. Er verheirathete sich dort mit der Tochter eines
andern französischen Religionsflüchtigen, Claudine Au-
belin de la Rivière aus Orléans, und die Sorge um den
Unterhalt seines jungen Hauswesens nöthigte ihn von
da an, seine angestrengte Thätigkeit noch zu verdoppeln.
Nach Uebernahme auch der griechischen Professur dieser
Anstalt gab er 1553, in der Absicht, die Jugend zu um
so regerm Interesse für die classische Literatur anzu-
spornen, Uebersetzungen verschiedener griechischer Clas-
siker[3]) in's Französische heraus und es erschien von ihm
ausser einem juristischen Werke [4]) auch sein Commentar zu den Reden Cicero's [5]), welche ihm als Juristen

---

[1]) Commentar zu Institutionentitel de actionibus. Die Dodi-
catio ist datirt vom 1. August 1548.

[2]) cf. Hotmann an Calvin, 27. Juli 1548. (Genf), ein edel ge-
haltener Brief, abgedruckt im Corp. Reform. Calvini. No 1056.

[3]) Es waren Uebersetzungen einzelner Schriften von Plato,
Aristoteles, Plutarch. Dareste Essai p. 33.

[4]) Commentar zum tit. Dig. de usuris.

[5]) Commentarii in orationes Ciceronis in H. op. omn. Bd. III.

mit Recht für das unentbehrliche Hülfsmittel zum Verständniss des classischen römischen Rechts galten.

Während seines sechsjährigen Aufenthalts in Lausanne ist in seinem schon damals ausgedehnten Briefwechsel mit vielen aus der Reformationsgeschichte bekannten Persönlichkeiten von Politik noch wenig die Rede, dagegen beschritt er schon einigermassen das Gebiet der theologischen und juristischen Apologetik in zwei kleinen Schriften, mit welchen er seinem Collegen, dem bereits erwähnten Juristen Molinæus, in dessen Polemik gegen den schändlichen Investiturhandel der damaligen päpstlichen Curie seine wissenschaftliche und moralische Unterstützung angedeihen liess.[1]

Im Jahre 1555, nach dem Tode seines Vaters, fasste Hotmann, in der Meinung, den Schwierigkeiten zu begegnen, welche ihm als Religionsflüchtigen für den Bezug seines väterlichen Erbtheils bei der Abneigung seiner streng katholischen Blutsverwandten und der Behörden seines Landes in Lausanne, als einem Refugiantenheerd in Aussicht standen,[2] mit Calvin's Billigung den Entschluss, sammt Familie nach Strassburg überzusiedeln und verweilte auf seiner Durchreise noch kurze Zeit in Basel und Zürich bei seinen Freunden Amerbach und Bullinger.

In Strassburg[3] fand ungeachtet eines Empfehlungs-

---

[1] Die eine dieser Schriften ist zu Gunsten von Dumoulin's tractatus de usuris et de fœnore (H. op. omn. III), in der andern, betitelt; ad Remondum Rufum «ⁿ. (abgedruckt in Dumoulin œuvres IV. Bd.), vertheidigt Hotmann unter dem pseudonymen Namen Fr. Villierius Dumoulin's These, dass Christus wahrer Gott und das alleinige Haupt der Kirche sei.

[2] cf. Hotmann an Bullinger, 14. März 1586.

[3] Ueber den ganzen Verlauf des Strassburger Aufenthalts Hotmann's und ihr gegenseitiges Verhältniss verbreitet sich Sturm

schreibens Calvin's, Hotmann mit seinem Gesuch um
eine academische Anstellung bei der Behörde anfänglich
Schwierigkeiten, weil eben erst der französische Romanist Balduin von Tübingen her für sechs Jahre als Professor des Rechts berufen worden war und es bedurfte
einer Bittschrift der Studirenden, um Hotmann, auf deren
grossen Zulauf zu seinen freiwilligen Vorlesungen hin,
die venia legendi mit einem kleinen Gehalt zu erwirken.
Infolge einer baldigen Berufung Balduin's nach Heidelberg trat jedoch Hotmann schon 1556 auf fünf Jahre
als erster Professor des Rechts mit 160 Goldgulden Gehalt in dessen Stelle ein.[1]

Strassburg hatte damals noch eine blosse Rechtsschule, welche erst 1556 zu einer Academie mit einer
philosophischen Facultät, 1621 zu einer Universität erweitert wurde und die Stadt war das Stelldichein von
Studierenden aus den verschiedensten Ländern Europas,
welche dort, wie die Religionsflüchtigen in Genf, vor
den Verfolgungen ihrer heimathlichen Behörden den
Schutz der Religionsfreiheit genossen.[2]

Hotmann liess sich angelegen sein, bei diesem seinem
ersten Rechtsunterricht in Strassburg, dem Bedürfniss
elementarer Gründlichkeit entgegen zu kommen, indem

---

in einem Briefe aus Anlass der nach der Verschwörung von Amboise zwischen ihnen beiden entstandenen Zwistigkeiten, in der
bittersten Stimmung geschrieben, das Original ist 1870 bei der
Belagerung von Strassburg verbrannt, aber ein Abdruck findet sich
in den bibliothèque de l'École des Chartes V, 3, 1854, p. 364 und im
Corpus Reform. Calvin Bd. XVIII, No 3406.

[1] Später (1559) stellte sich Hotmann schon auf 300 Goldgulden.

[2] Verschiedene Studierende genossen in Hotmann's Haus Wohnung und Kost, andere seinen Privatunterricht in der Rechtswissenschaft. cf. H. an Bullinger, 15. August 1556 (Ep. No 7).

er ein in Fragen und Antworten verfasstes, in Basel zum Druck befördertes Institutionenhandbuch[1]), das erste dieser Art in der Rechtsliteratur, herausgab, für dessen damaligen practischen Werth die fünf Ausgaben zeugen, welches dasselbe von 1560 bis 1589 erlebte,[2]) ebenso eine Art Rechtslexicon.[3]) Er schrieb damals auch seinen Commentar zu den Institutionen Justinians unter critischer Feststellung des Textes aus der Vergleichung der Handschriften. — Dieses Werk und seine Mitwirkung bei der berühmten Ausgabe des Corpus Juris von Hugo a Porta eröffnete Hotmann's Arbeiten auf dem Gebiete der wissenschaftlichen Critik und beides trug binnen kurzer Zeit zur Begründung seines Namens in der Fachwissenschaft bei.

Zur Würdigung der Verdienste Hotmann's um die Wissenschaft der damaligen Zeit ist überhaupt im Auge zu behalten, dass seine Arbeiten mehrentheils grundlegend gewesen sind, er also in denjenigen rein juristischen, wie antiquarischen Inhalts, nicht auf der Thätigkeit von Vorgängern weiter bauen konnte, sondern sich selbst die Bahn brach, was derart geschah, dass auch seinen modernen Nachfolgern an seinen Resultaten nicht viel zu verbessern übrig blieb.[4])

Die Freunde und Genossen seiner Lehrthätigkeit in Strassburg waren besonders Joh. Sturm, Rector der Rechtsschule, der Jurist Schleidanus, Geschichtsschreiber des schmalkald. Bundes und einer der frühesten Promotoren der germanistischen Rechtskunde seiner Zeit,

---

[1]) Betitelt: Partitiones juris elementariæ. (Op. omnia Bd. I.)

[2]) cf. præfationes Hotmann's. (Op. omn. Bd. III. N° 15, p. 61.)

[3]) Unter dem Titel: Commentarius de verbis juris, 1558 ap. Episcopium Basileæ.

[4]) cf. Dareste Essai p. 26 (ad not. 2).

ferner der Theologe Peter Martyr und verschiedene
religionsflüchtige französische und englische Gelehrte,
welche letztere nach dem Regierungsantritt der Königin
Elisabeth in ihr Vaterland zurückkehrten.[1] ·

1559 lehnte Hotmann einen Ruf an die Universität
Marburg ab[2] und ging von da an auch in Strassburg
keine dauernde Verpflichtung mehr ein.

Es trat nämlich in der ganzen Richtung seiner
Thätigkeit damals ein Wendepunkt ein. — Seine Freund-
schaftsverbindungen mit den einflussreichsten Persönlichkeiten in Genf, Basel, Zürich und Strassburg zogen
Hotmann bald in den Gang der allgemeinen religiösen
und politischen Angelegenheiten seiner Zeit hinein und
dieses vermittelte wieder für ihn engere Beziehungen
zu mehreren der deutschen protestantischen Fürstenhöfe. — Die Verfechtung der Interessen seiner bedrängten
hugenottischen Glaubensgenossen und der in dieser selben
Zeit durch ganz Deutschland entbrannte Kampf zwischen
Calvinismus und Luthertum gingen ihm zu Herzen — in
beiden Beziehungen wurde seine Mitwirkung in Anspruch
genommen und Hand in Hand mit seinem wissenschaftlichen Arbeitsfelde folgen daher nunmehr eine Reihe
seiner Bethätigungen in diplomatischen Missionen auf
diesen beiden Gebieten. — So reiste Hotmann im September 1556 als Begleiter Calvin's zu einem Colloquium

---

[1] Im September 1558 erlangte Hotmann auf sein Ansuchen an
der Universität Basel die Promotion zur juristischen Doctorwürde und
zwar, wie es nach damaliger Sitte denjenigen, welche die venia
legendi hatten, gestattet war: inter privatos parietes, d. h. in Anwesenheit bloss des Rectors, zweier Professoren (Amerbach und
Iselin) und zweier Notarien. (Matricula facult. jurid. basil. p. 65.
1558, Sept. 18.)

[2] Præfatio ad partitiones juris (Præfationes No 16 in H. Op.
omnia Bd. III).

in Frankfurt a. M. über die damals im Wurf liegende theologische Controverse: ob Willensfreiheit oder Gnadenwahl — jedoch ohne dass dort irgend welche Einigung der Lehre zwischen den beiden evangelischen Confessionen erzielt worden wäre [1] — so im Jahre 1557 eine diplomatische Verwendung der deutschen Fürsten in Verbindung mit den evangelischen Schweizercantonen zu Gunsten der durch ein Edict Heinrich's II. in ihrer Religionsübung gestörten Waldenser in Piemont, bei welcher in deren Auftrag Hotmann mit Beza und Farel in der That auswirkte, dass den Verfolgungen Einhalt gethan wurde, [2] so des fernern im September desselben Jahres wieder mit Sturm zu einem Colloquium nach Worms, wo es jedoch so wenig als vorher in Frankfurt a. M. zu einer Verständigung kam. [3] — März 1560 endlich begleitete Hotmann neuerdings Sturm nach Heidelberg auf einer Mission an den Kurfürsten von der Pfalz, vielleicht um denselben zu einer Intervention zu Gunsten der damals sehr bedrängten Protestanten in Metz zu bewegen. [4]

Indessen wirkte der Gang der Dinge in Frankreich wie in Deutschland entmuthigend und verbitternd auf Hotmann's Gemüthstimmung. — Zu Strassburg hatte das Lutherthum gegenüber der früheren Toleranz die Ober-

---

[1] Hotmann an Bullinger 22. Sept. 1556 (Ep. H. N⁰ 6).

[2] Zu dieser Gesandtschaftsreise findet sich die authentische Berichterstattung in Tagebuchform aus der Feder eines der Boten, ebenso diejenige einer andern Schweizergesandtschaft an Heinrich III. von 1575 zur Friedensvermittlung im Archiv f. schweiz. Geschichte (1864). Bd. XIV, p. 121 ff.

[3] Hotmann an Calvin 19. Febr. u. 11. Apr. 1556 (Genf) ebenso Revue cit., p. 16.

[4] Hotmann an Calvin 14. Nov. 1559. Sturm an Calvin 26. Febr. 1560 (in Corp. Reform. Calvin. Bd. XVIII, N⁰ 3166. 3301.)

hand gewonnen und zwar mit solcher Ausschliesslichkeit, dass wenig fehlte, so wäre der dortigen calvinistischen Gemeinde, welche sich eines ziemlichen Anhanges erfreute, [1] der Gebrauch des Catechismus Calvin's untersagt worden; ja Calvin selbst war bei seiner Durchreise durch Strassburg nicht gestattet worden, öffentlich zu reden. — In seinem Briefwechsel mit Bullinger ergeht sich denn Hotmann in Herzensergiessungen über dieses und Aehnliches, und über seine allmählige geistige Vereinsamung, namentlich seit Schleiden's Tod.

Ein Mann von innerem Leben und unentwegtem Glauben an die Wahrheiten des lautern Christenthums, wie Hotmann es war, musste sich ungeachtet seiner steten Anhänglichkeit an das calvinistische Bekenntniss von den gegenseitigen Befeindungen der Evangelischen über ihren confessionellen Lehrdifferenzen in hohem Grade angewidert fühlen. [2] — Sein thatkräftiger Geist strebte daher zu mehrerer Bethätigung für die Interessen der Glaubensänderung nach einem neuen erweiterten Arbeitsfelde. — Und das sollte ihm werden.

Als mit dem Tode Heinrich's II. (Juli 1559) die Lage der Hugenotten in Frankreich noch schwieriger wurde, gruppirten sich dieselben allmählig zu einer eigentlichen politischen Parthei, [3] und nun fühlte Hotmann in sich den Ruf, sich zu deren Unterstützung noch energischer als bisher am Gang der auswärtigen Politik zu betheiligen.

---

[1] Hotmann an Bullinger Jan. 1556 (Ep. Nr. 9) und 25. März 1556 (Ep. Nr. 3).

[2] Hotmann an Bullinger 11. Jan. 1556 (Ep. Nr. 1), video universam religionem una hac in re collocari et quasi in gyrum contrahi ut opinio de Sacramentis quæ illis placet valeat.

[3] Theod. Beza hist. ecclésiastique I, p. 183. — Ranke franzôs. Geschichte im XVI und XVII. Jahrhundert. I. Bd., p. 219, 220.

Noch im Mai 1559 hatte die in Paris zusammen-
getretene Synode der reformirten Kirchen Frankreichs
ein Glaubensbekenntniss erlassen,[1] an dessen Schluss
es heisst, dass sie die Unterwürfigkeit unter die jeweilen
bestehende Obrigkeit für eine von Gott geordnete Pflicht
ansehen, und die Evangelischen bekannten sich zum
weltlichen Gehorsam, wiewohl unter der Bedingung freier
Ausübung des Bekenntnisses ihrer Religion, selbst als die
Regierung auf den schwachen Franz II. übergegangen
war und die Guisen sich der Gewalt bemächtigten.[2] —
Als aber auch unter dem minderjährigen Carl IX.
neue Verfolgungen von Seiten der lothringischen Prinzen
sich gegen sie erhoben, da erblickten die Hugenotten
für ihre Sache nirgends mehr Heil als in der Annäher-
ung an die Gegner des Fürstenhauses — die Bourbo-
nen — und die öffentlichen Zustände waren bei der
Ueberhandnahme von Rechtlosigkeit und Corruption[3]
auf einen Punkt gekommen, wo die öffentliche Gewalt
gewissermaassen zwischen den Parthieen verschwand
und selbst nach der Ansicht des gemässigten Calvin[4]
für die Hugenotten der Uebergang zu einer demonstra-
tiven Kampfbereitschaft unter der Führung Navarra's
und Condé's, doch vorerst ohne Gewaltanwendung, als
das Gegebene erschien. Ja, das eigene Benehmen der
Königin Mutter, Cath[a]. von Medici, welche zur Abwehr
der sie dominirenden Gewalt der Guisen die Hülfe

---

[1] Ranke l. cit., p. 191.

[2] Ranke l. cit., p. 214/215.

[3] Correro in den Relazioni dei Ambasciatori Veneti ed. Al-
béri Firenze 1853/6. Ser. II, Bd. IV, p. 191.

[4] Ranke l. cit. I, p. 220 (Calvin suchte Navarra zu veranlassen, dass er sich an der Spitze des Adels der Provence, des
Languedoc und der Normandie den Guisen entgegenstelle. Hotmann an Phil. v. Hessen. Juni 1562.

Condé's und der Evangelischen anrief, musste diese zu einer solchen halb und halb offensiven Stellungnahme verleiten.[1]

Im März 1560 erfolgte dann aus den Reihen der Hugenotten der unter dem Namen der Verschwörung von Amboise bekannte Anschlag gegen die Guisen. — Hier nehmen nun Dareste und Andere[2] ohne Weiteres als ermittelt an, dass dieser Plan schlechtweg auf Ermordung der Guisen und des Hauses Lothringen gerichtet gewesen sei, dass Hotmann ohne Zaudern seine Mitwirkung zur Sache zugesagt und daran unmittelbar sich betheiligt habe. Auch Segesser, in seinem bekannten Werk über Ludwig Pfyffer, glaubt, aus den Citaten Dareste's den Schluss auf eine wohlvorbereitete Verschwörung unter Condé's Mitbetheiligung ziehen zu können, deren Verantwortung somit die hugenottische Parthei als solche träfe.[3]

Allein, wenn auch nach dem Vorangeführten diese Vermuthung an sich nicht gerade abseits liegt, so hatte es doch nach den Zeugnissen der unbefangeneren Geschichtsschreibung damit eine andere Bewandtniss.

Bei den Verabredungen dieses Anschlages scheint ein Mehreres nicht im Plane gelegen zu haben, als sich der Person des Herzogs von Guise und des Cardinals von Lothringen durch einen Handstreich zu bemächtigen und dieselben für ihre Gewaltthaten vor Gericht zu stellen.[4]

---

[1] Ranke l. cit. I, p. 253. H. de furoribus Gallicis, p. 6.

[2] Dareste Essai cit. p. 6 und in der Revue cit. p. 23. Schmidt, vie de J. Sturm, p. 104. Beza, hist. ecclésiastique I, p. 249. Regnier d. l. Planche État de la France sous Franç. II. 1576, p. 125.

[3] Segesser, Ludw. Pfyffer, I, p. 56, Note.

[4] Martin, histoire de France, IX, p. 34. Ranke cit. I, p. 208 ff. Mémoires de Condé, I, p. 12/13. Mémoires de Castelnau, II, p. 16,

Der Anstifter der Verschwörung, la Renaudie, hatte
allerdings, um sich zum Voraus einen Anhang zu verschaffen, ein Gutachten von Theologen und Juristen für
die Rechtmässigkeit eines solchen Vorgehens vorgespie-
gelt und es ist daher erklärlich, dass die allgemeine
Vermuthung auch auf Hotmann fiel.[1]

Dem angeblichen Beweis der Mitwirkung Hotmann's
bei diesem Anschlag gebricht es jedoch an zwei wesentlichen Punkten. Für's Erste waren nie bestimmte Namen solcher Consulenten genannt worden und sodann
ist das Actenstück dieses angeblichen Gutachtens nie
authentisch zum Vorschein gekommen.[2]

Dareste beruft sich für Hotmann's Betheiligung auf
das Zeugniss Balduin's, welches jedoch bei der Charac-
terlosigkeit dieses Mannes und seiner steten Feindschaft
mit Hotmann von keinerlei Geltung sein kann,[3] sodann
auf einen Brief Sturm's aus jener Zeit,[4] welcher nach
dessen eigenem Anerkenntniss[5] während seiner damaligen Entzweiung mit Hotmann das Ergebniss seiner Er-

---

und darüber, dass die Guisen in der That der Königin Mutter Gewalt anthaten und selbst nach dem Leben stellten, vgl. Hotmann
an Landgr. Phil. 7. Juni 1562 (Anhang No I.).

[1] Martin l. cit. p. 34, Not. 3, de la Planche éd. Bucher,
p. 237.

[2] Ranke l. cit. p. 209.

[3] Balduini Responsiones ad Calvinum et Bezam, Paris 1564.
Calvin nennt den Balduin einen apostât et traitre à Dieu et à la
religion. cf. Calv. à la Reine d. Navarra, 24. Dec. 1561. Corp. Ref.
Calvin, XIX. No 3663. Hotmann an Bullinger, 10. Juni 1556.
(Ep. No V.)

[4] Sturm an Hotmann (ohne Datum) in Revue cit., p. 23,
Note 3. Corp. Reform. Calv. XVIII, No 3406.

[5] Sturm an Calvin, 29. Aug. 1562. Corp. Ref. cit. XIX.
No 3842. Memini iratum scribere accerbiorem epistolam ad quendam nobis communem amicum.

bitterung gegen letztern gewesen und dessen Vorhaltungen höchstens auf Mitwissenschaft Hotmann's von
dem geplanten Vorhaben schliessen lassen.

Die eigentlichen Häupter der Hugenottenparthei
waren erwiesenermassen in dieser Sache nicht implicirt.
Calvin hatte überhaupt von jeher von Gewaltthat abge-
rathen und, um seine Mitwirkung bei dieser Sache an-
gegangen, dieselbe entschieden abgelehnt.[1]) Ebenso
Coligny[2]), und Condé, nach der Niederlage der Verschwörer gefangen gesetzt, wurde später gerichtlich
von aller Mitschuld freigesprochen. Ueberhaupt ist der
ganze Verlauf der Vorbereitungen dieser Verschwörung
in ein noch unaufgehelltes Dunkel gehüllt.[3])

Es ist auf den genauen geschichtlichen Sachverhalt
dieses ersten blutigen Zusammenstosses Gewicht zu legen,
weil für die ganze Stellung der Hugenotten zu den französischen Religionskriegen es sich wesentlich darum handelt, von welcher der beiden Seiten der letzte Anstoss
zu deren Ausbruch ausgegangen sei.

Für die Verschwörung von Amboise, welche, den
Guisen vor der Ausführung verrathen, mit einer vollständigen Niederlage der Verschwörer endigte, fällt die
Verantwortung hienach bloss auf ihre erweislichen Urheber La Renandie und dessen Mitbetheiligte. Die hugenottische Parthei als solche ist derselben in ihren hauptsächlichsten Führern und deren Anhang fremd geblieben,
und sagte sich von dieser ganzen Art des Verfahrens auf

---

[1]) Ranke cit. I, p. 208, p. 248. Calv. an Sturm, 23. Nov.
1560. Calv. an Coligny, 16. Apr. 1561 (Corp. Ref. cit. XVIII,
No 3175, No 3374). Vulliemin cit. IX, p. 52, Not. 157.

[2]) Martin cit. IX, p. 35. Brantome hommes illustres (ed.
Bucher), I, p. 447.

[3]) Ranke cit. I, p. 209.

der Notabelnversammlung von Fontainebleau öffentlich
los, während das Gemetzel von Vassy, welches zwei Jahre
später (1. März 1562) den Ausbruch des ersten Bürgerkriegs veranlasste, wie auch das darauffolgende von Sens,
beide vom Herzog von Guise in persönlicher Gegenwart
ausgingen. — Denn wie Ranke das geschichtliche Ergebniss in diesem Puncte des Bestimmtesten zusammenfasst:
„sie (die Gegner der Hugenotten) bedurften, forderten
und begannen den Krieg." [1]

Nach diesem misslungenen Anschlag auf die Guisen
zu Amboise, erschienen in Frankreich verschiedene Flug-
schriften, welche der Erbitterung der Hugenotten gegen
deren Gewaltherrschaft Luft machten.[2] Unter diesen
war auch eine anonyme Satyre auf den Cardinal von
Lothringen, welche unter dem Titel „Epitre au tigre de
la France" (offenes Sendschreiben an den Tiger Frankreichs) mit Geist und Geschick und der schärfsten
Schneide sich gegen dessen Person und sein Privat-
und öffentliches Leben ergeht.[3]

---

[1] cf. Martin, hist. d. France, IX, p. 114. Ranke l. cit. I,
pp. 214, 247, 251. Mémoires de Condé, III, p. 124. — Wie plan-
mässig die Guisen Vorkehrung trafen, um einer Hülfeleistung der
lutherischen deutschen Fürsten zu Gunsten der Hugenotten vorzu-
beugen, zeigt die von ihnen veranstaltete Zusammenkunft mit erstern
in Zabern, unmittelbar vor Ausbruch des Bürgerkriegs. cf. Schmidt,
vie J. Sturm, p. 105, 110, und Bullinger/Calvin, 13. März 1562.
Corp. Ref. Calvin, XIX, No 3740. — Revue historique, 1891, p: 57 ff.
[2] cf. Dareste Essai, p. 42, Note 4. — Mém. de Condé (éd. 1740)
I, p. 352, 404.
[3] Die Schrift ist nach dem einzigen noch vorhandenen Exemplar der ersten Ausgabe neu herausgegeben von H. Read, 1875,
avec introd. et notes. — Den besten Begriff von dem Styl und Character dieses Pasquills gibt der der Catilinaria Cicero's nachge-
bildete Eingang desselben, lautend: „Tigre enragé, vipère veni-

Diese Schrift wurde wegen ihres Styls, sowie
anderer Anzeigen wegen, damals wie später Hotmann
zugeschrieben. Er hat indessen deren Autorschaft
nie anerkannt und dieselbe kann daher ungeachtet
gewisser Vermuthungsgründe nicht als erwiesene Thatsache gelten.[1])

Wir übergehen nun weitere diplomatische Missionen, welche Hotmann als Rath des Kurfürsten von der
Pfalz und zugleich als solcher des Königs von Navarra
im Interesse der Evangelischen hüben und drüben zu
erfüllen hatte, ohne dass dieselben von besonderm Einfluss auf den allgemeinen Gang der Ereignisse gewesen
wären.[2])

Mit Ausbruch des ersten Bürgerkriegs, April 1562,
eröffnete sich Hotmann ein neues Feld der Thätigkeit.
Von Orléans aus, wohin er sich eilendst in's Lager der

„meuse, sépulcre d'abomination, spectacle de malheur: jusqu'à
„quand sera-ce que tu abuseras de la jeunesse de notre roi, ne
„mettras-tu jamais fin à ton ambition démesurée, à tes impos-
„tures, à tes larcins." — Und nachdem die Schrift dann auf alle
möglichen Vorhaltungen aus seinem öffentlichen und Privatleben
im Einzelnen übergegangen, schliesst der Eingang mit den Worten: „Si tu confesses cela il te faut pendre et étrangler, si tu le
nies je te convaincrai." Ueber die Geschichte dieser Brochure cf.
de Thou Annales II, p. 9 u. Regnier de la Planche p. 385.

[1]) Ueber die Vermuthungsgründe von Hotmann's Autorschaft
vgl. Dareste Essai, p. 45; Balduini responsiones ad Calvin, p. 148;
Schmidt, vie de Sturm, p. 131.

[2]) In die Zwischenzeit zwischen der Verschwörung von Amboise und dem Ausbruch des Krieges fällt eine etwas mysteriöse
Abwesenheit Hotmann's, von Sept. bis Nov. 1560, wahrscheinlich
beim König von Navarra, vgl. Corp. Ref. Calv., XVIII, No 3252,
3269/70, 3279.

Hugenotten begeben hatte, erliess er Schreiben an die
deutschen Fürsten und an die Königin von England, um
die Waffenergreifung zu rechtfertigen und um Hülfe zu
werben.¹) Und als diese von Seiten Englands ausblieb,
erwirkte er, nicht ohne Schwierigkeit, mit der Bürg-
schaft der Städte Basel und Strassburg, von den deutschen evangelischen Fürsten einen Geldvorschuss von
100,000 Goldgulden²) und durch Vermittlung Dandelot's,
des Bruders Coligny's, einen Zuzug deutscher Reiterei
zum Heer der Hugenotten. Auch die Neutralität des
deutschen Reichs wurde ohne grosse Mühe beim Reichs-
tag zu Frankfurt für den bevorstehenden Kampf ausge-
wirkt. — Allein das alles war von kurzer Bedeutung, denn
die Schlacht von Dreux, December 1562, fiel zu Un-
gunsten der Hugenotten aus und in Voraussicht, den
Kampf bald wieder aufnehmen zu können, bemühte man
sich, den Misserfolg in den Augen des Auslands einst-
weilen in möglichst glimpflichen Lichte erscheinen zu
lassen.³)

Die Lage der Hugenotten in Frankreich, wenn man
aus den Geschichtsquellen von hugenottischer Seite das
Memoriale Coligny's an den König für Proclamirung der

---

¹) Hotmann an Landgr. v. H., 7. Mai 1562 (Ep. No 26). Hotmann an Pfalzgr., 11. u. 27. Juli 1562 (Stuttg.). Hotmann an
Amerbach, 12. April 1562, (mit Bitte sich um ein Verbot des Zuzugs schweizerischer Werbtruppen zu den Katholischen zu verwenden) (Basel. Bibl. Amerbach. G. II, 19, p. 148), ebenso Hotmann an Landgr. Ph., 7./16. Juni 1562 (Anhang No I). Hotmann
an Pfalzgr. 24. Aug. 1562. — Diese letztern Schreiben, enthaltend
Hülferufe, Namens der Stände zu Orléans erlassen, besagen, dass
die Evangelischen den Krieg zum Schutze der Dynastie gegen deren
Vergewaltigung durch die Guisen führen.

²) Revue l. cit. p. 37/39.

³) Ranke l. cit. I., p. 260.

Gewissensfreiheit,[1]) von katholischer Seite die Relationen
der venetianischen Gesandtschaften an ihre Regierung,[2])
als officielle Beweisstücke zusammenhält, war in den
60ᵉʳ Jahren des XVI. Jahrhunderts ungefähr folgendermaassen gestaltet:

Etwa ¹/₈ der damaligen Bevölkerung Frankreichs
oder zwei Millionen Einwohner bekannten sich entschieden zum evangelischen Glauben, mit ca. 2000 Versamm-
lungslokalen oder Kirchen[3]) und zwar blieb höchstens
etwa ein Viertheil des Gesammtterritoriums von der Bewegung so viel als ganz frei, während in allen andern
Provinzen des Landes mindestens zerstreute Anhänger
der neuen Lehre waren. — In den drei Religionskriegen,
welche der Bartholomäusnacht vorangegangen sind, hatten
auf beiden Seiten allein schon 200,000 Menschen ihr Leben gelassen.

Besonders der jüngere Adel im Alter von 40 Jahren
und darunter und die sogenannten gebildeten Classen
der übrigen Bevölkerung waren fast durchgängig huge-
nottisch gesinnt.[4]) Beim Gelehrtenstand wirkte in diesem
Sinne die Neigung nach einer Rückkehr zu den Ideen
des Alterthums und den Institutionen der primitiven
Kirche. Beim Adel hingegen, welcher im ·Vollgefühl
seiner Kraft stand, kamen noch hinzu die Reminiscenzen

---

[1]) Coligny Requête au Roi pour la liberté de conscience.
Ranke l. cit. I., p. 214/215.

[2]) Relazioni cit. Ser. I, vol. III, p. 426 (Michiel 1561).

[3]) Relationi cit. Ser. I, vol. IV, p. 182 (Correro 1569). Bungener Calvin p. 473. Die „France protestante" enthält (Band
der pièces justificatives, p. 52,) ein Verzeichniss der 1562
nachweislich bestandenen evangelischen Kirchen in Frankreich.
Das von Condé der Königin Mutter übergebene Verzeichniss derselben soll nicht mehr auffindbar sein.

[4]) Relazioni cit. vol. I, p. 413 (Michiel).

der frühern feudalen und provinzialen Selbständigkeit im Gegensatz zu der nunmehrigen absolutistischen Königsgewalt[1]) und ein unausgesprochener Trieb nach Emancipation von derselben.

Ein bestimmter Plan für Constituirung einer selbständigen democratischen Föderativrepublik der verschiedenen Provinzen des Landes, wie die Guisen wollten glauben machen und die Katholiken überhaupt sich einbildeten, hat bei der hugenottischen Parthei nachweislich nie bestanden[2]) und hätte auch keine Aussicht gehabt durchzudringen. Es war ihnen in erster Linie um die Religion zu thun,[3]) allein bei der engen Verbrüderung von Staat und Kirche musste im XVI. Jahrhundert eine neue Religionsparthei nothwendig den Charakter einer politischen Parthei annehmen[4]) und, anfänglich nur Duldung verlangend, gingen die Hugenotten, je rascher ihre Zahl im Wachsen begriffen war, in ihrem Streben mehr und mehr auf Erlangung der Oberhand im Staat aus.[5])

Eine förmliche innere Organisation ·hatte sich die Parthei in ihren *40 Artikeln pour le règlement des affaires de guerre* für den Kriegsfall gegeben.[6])

Sobald ein Krieg zum Ausbruch kam, so trat unter den Hugenotten des gesammten Landes ein Consortium

---

[1]) Relazioni cit. Ser. I, vol. IV, p. 182 (Correro).

[2]) Dareste Essai, p. 41/2, 83/4. Regnier d. l. Planche, t. III, p. 159, 189.

[3]) cf. selbst Segesser, L. Pfyffer, I, p. 53.

[4]) Dareste Essai, p. 50/52. Ranke cit. I, p. 215. 246.

[5]) Bungener Calvin, p. 464.

[6]) cf. Mémoires sur l'État de France sous Charles IX, éd. d. 1577, tom. II, p. 164/174. Nach Aussage eines katholischen Schriftstellers wären diese 40 Artikel erst 1572 auf der Synode von Béarn beschlossen worden.

in's Leben, und aus ihren verschiedenen Synoden wurde eine einheitliche deliberative Versammlung.

In jeder der Städte war alsdann ein Maire, die ausführende Hand mit Vollmacht für· Militär- und civile Polizeigewalt, einem grossen Rath von 100 Mitgliedern kam die Legislative, einem Conseil privé von 25 aus diesen 100, die allgemeine Verwaltung zu. In allen Städten zusammen hinwiederum schritten Maire und Räthe zur Wahl eines Chef général mit dictatorischer Gewalt für den Dringlichkeitsfall und mit einem ihm zur Seite gestellten Rathe für die wichtigern sonstigen Angelegenheiten.

Alles war nur auf ein Jahr, in einem feierlichen Wahlact nach vorangegangener h. Communion und Eidesleistung gewählt, und zwar, wie die „Artikel" in ihrer treuherzigen Fassungsweise wörtlich besagen: „Bis es „Gott gefällt, das Herz unsers Königs zu. ändern und „Frankreich die Ordnung wieder zu geben, oder bei „benachbarten Fürsten den Muth zu erwecken, sich zu „Befreiern unsers heimgesuchten Volkes herzugeben."

Unter das niedere Volk scheint der neue Glaube erst später eingedrungen zu sein,[1] dagegen machte sich in diesen Schichten der Gesellschaft, in Burgund und Guyenne, bereits auch eine Auflehnung gegen die socialen Vermögens- und Standesunterschiede geltend.[2]

Als Einkerkerungen und selbst Scheiterhaufen in den Religionsverfolgungen allmählig ihre abschreckende Wirkung verfehlt hatten, wurde nach dem Tode Franz II. von. obenherab nicht mehr gegen alle Andersdenkenden

---

[1] cf. Relazioni cit. Ser. I, tom. III, p. 426, zu vgl. mit Ser. I, tom. IV, p. 182 (Correro d. 1569).

[2] cf. Mémoires de Condé IV, p. 382/391. Mémoires de Montluc, liv. V, tom. III, p. 206, 212.

überhaupt, sondern nur noch gegen die Prediger und
wer sich zur Abhaltung von religiösen Versammlungen
hergab, eingeschritten, und ein grosser Theil der wegen
Verfolgungen Ausgewanderten kehrte jetzt wieder zurück.[1]) Damit war aber den Gewaltthätigkeiten des gemeinen Pöbels der Städte gegen die Andachtsübungen
der Hugenotten, namentlich in Paris, nicht entfernt Einhalt gethan und schon 1562 erstreckten sich die amtlichen Maassregelungen wieder auf alle Anhänger der
neuen Lehre ohne Unterschied.[2])

Soviel zur Scizzirung der Lage der Dinge zur Zeit,
da Hotmann an deren Ereignissen sich zu betheiligen
anfing.

Als im März 1563 der Frieden zu Amboise zur
Unterzeichnung kam, bereitete sich Hotmann vor, mit
seiner Familie wieder nach Frankreich zurückzukehren,
wo ihm auf Empfehlung Beza's schon November 1561
die erste Rechtsprofessur an der Universität Valence
übertragen worden war. Nach kurzen Besuchen bei
Coligny und beim Kanzler l'Hôpital am Hof in Fontainebleau, liess er sich in Valence nieder, dessen Universität seit 1560 der allgemeinen Unruhen wegen geschlossen geblieben war.

Es bedurfte für ihn, den classisch angelegten Romanisten und Adepten der französischen Rechtsschule des
Cujaz zweifelsohne einiger Ueberwindung, sich bei seiner Lehrmethode nothgedrungen dem Geschmack und
der Denkweise einer Zuhörerschaft anzupassen, welche
hier in Valence, im Gegensatz zur Universität Bourges,
der veralteten scholastischen Casuistik noch nicht ent-

---

[1]) Relazioni cit. III, p. 427 (Michiel, 1561), es war damals
die Epoche eines stillschweigenden Interim.

[2]) cf. auch Bernus, Ant. de Chandieu, p. 29.

wöhnt war.[1]) Statt einer streng systematischen Behandlung seiner Disciplin — des römischen Civilrechts —
schlug er daher den Weg ein, eine Reihe derjenigen
Rechtsfragen, welche in den Gerichten damals gäng und
gäbe waren, in seinen Vorlesungen zur Erörterung zu
bringen, um in dieser concretern Weise seine Zuhörer
zum ernstern Studium anzuregen[2]) und nicht nur dieselben in die Gerichtspraxis einzuführen, sondern auch
eine Umgestaltung der Praxis selbst für die Zukunft
anzubahnen.

Die Jahre 1564 und 1565 gestalteten sich so für
Hotmann zu einer ruhigen Arbeitszeit.[3]) Er schätzte
sich glücklich, im schönsten Mannesalter, wie er damals
war, sich mit der ganzen Fülle seiner Arbeitskraft wieder ungetheilt der Wissenschaft zuzuwenden und konnte
als erste Frucht davon dem Kanzler l'Hôpital schon
nach kurzer Zeit seinen Commentar zum altrömischen
XII. Tafelgesetz mit einer Dedication übersenden.[4])

Als die Fürsprache seines damaligen Gönners Montluc
um Erhöhung seines Salairs in Valence erfolglos war,
obschon kurz zuvor der Universität ihre Subvention
vom König verdoppelt worden, erhielt Hotmann 1566
auf Empfehlung l'Hôpital's und der Herzogin Margᵃ. von

---

[1]) cf. Stintzing, Gesch. der D. Rechtswissenschaft, p. 121 und
Hotmann an de Mesmes, 5. Jan. 1568 (Paris).

[2]) cf. Hotmann an Mr. de Malassise, 4. Apr. 1566 (Paris bibl.
nationale, Suppl. No 1297). Stintzing l. cit., p. 124.

[3]) Es erschienen Apr. 1564 von Hotmann der Commentarius
legum obscurissimarum, Sept. 1565 der Commentar zum Digesten-
titel de testamentis. cf. Praefationes (Opp. omnia Bd. III), No 21, 22.

[4]) Dieser Commentar z. XII. Tafelgesetz, betitelt: de legibus
XII tabularum tripartita commentatio. Lugd. 1564, ist enthalten in
Hotmann's Opp. omn. Bd. III unter dem Titel: Antiquitates Ro-
manae, libri III; die Dedicatio ist schon vom 6. Jan. 1563 datirt.

Savoyen, der Tochter Franz I., seiner den Hugenotten
geneigten Gönnerin, einen Ruf nach der Universität
Bourges, wo wir ihn sammt Familie von April 1567 an,
in dem ihm zur Wohnung erbotenen Palast dieser Herzogin installirt finden.

Manche seiner deutschen Zuhörer aus Strassburg
wandten sich nun um seinetwillen ebenfalls nach Bourges,
welches überhaupt zu einem Sammelplatz der deutschen
Studentenschaft in Frankreich wurde und selbst eine
deutsche Burse hatte.[1]

Doch nicht lange, so erregte die Anwesenheit eines
neuen hugenottischen Professors den Hass der fanatischen
Menge: seine Wohnung wurde gestürmt und geplündert,
seine Bibliothek verwüstet[2] und Hotmann zur Flucht
genöthigt, wandte sich nach Paris zum Kanzler l'Hôpital,
wo er als temporären Ersatz für seine Professur die
Würde eines Historiographen des Königs mit 800 Goldgulden Gehalt erhielt.

In dieser Zeit unfreiwilliger Stillstellung schrieb
Hotmann als Ergebniss seines mit dem Kanzler gepflogenen Gedankenaustausches über das Bedürfniss eines
allgemeinen Reichsrechts für Frankreich seinen Antitribonian — die originellste seiner Gelegenheitsschriften
— in französischer Sprache verfasst.[3]

Tribonian hiess bekanntlich jene römische Amts-
person, unter deren Oberleitung Kaiser Justinian im

---

[1] cf. Præfatio No 23 ad editionem Institutionum (Opp. omn.
II¹. Bd. III).

[2] cf. Præfatio No 24 ad disputationum volumen.

[3] Dieses Buch ist herausgekommen in den Opuscules fran-
çaises Hotmann's d. d. Paris 1617; unter dem Titel: Antitribonien
ou discours de ce grand et renommé juris consulte, Fr. II., sur
l'étude des lois, fait par l'advis de feu Mr. de l'Hôpital, chancelier
de France, 1567.

VI. Jahrhundert n. Chr., jenen Auszug aus den Schriften der classischen von Juristen anfertigen liess, der den hauptsächlichsten Theil des sogen. Corpus Juris bildet, und der von da an Gesetzeskraft bekam. Der Titel Antitribonian soll also den Antegonismus Hotmann's zu dieser tribonian'schen Arbeit andeuten. Nicht etwa den innern Werth des römischen Rechts an sich will unser Romanist des entferntesten mit dieser Schrift in Zweifel ziehen, sondern allein die practische Brauchbarkeit der meisten Theile dieser Compilation für die französischen Territorien und deren Universitäten, während eben leider das römische Recht allein in der unvollkommenen Gestalt dieses Auszugs von Alters her Gegenstand des Rechtsstudiums geworden war, und diesem Missgriff schreibt er den traurigen Zustand des damaligen französischen Rechtswesens — die Calamität einer Rechtsprechung auf's Gerathewohl, wie sie in den damaligen Gerichten es war, sowie die grenzenlose Prozesssucht, und die Unzahl unerledigter Prozesse, zu.[1]) Ueberhaupt geisselt er auch in den Vorreden zu seinen andern Schriften Tribonian's Machenschaft des schärfsten.[2]) — Auf diese Argumente stützt dann Hotmann seine Vorschläge zu einer neuen einheitlichen Gesetzgebung und einer bessern einheitlichen Methode des Rechtsstudiums. — Der Gedanke dieser Schrift war ihrem gesetzgeberischen Ziele nach noch verfrüht, das Römische Recht war damals in Frankreich noch erst im Begriff aus dem Staub der Scholastik sich zu einer Wissenschaft zu erheben. Das grosse Unternehmen, der Sammlung und Redaction aller provinzialen Conkumes, obwohl schon seit' über einem Jahrhundert im Gang, war noch lange nicht zu

---

[1]) cf. Antitribonian cit. p. 102 ff. Dareste Essai p. 91/92.
[2]) cf. Die Præfationes N⁰ 19, 25, 30 (Op. omn. Bd. III).

Ende gebracht, das Gewohnheitsrecht als Ganzes noch
entfernt nicht zu allgemeiner Kenntniss durchgedrungen,
sondern nur erst im Vorstudium begriffen. — Dagegen
unmittelbar fruchtbringend war diese Schrift immerhin
durch ihre Anbahnung einer neuen Methode des Rechtsstudiums und für dessen Verbindung mit dem Studium
der Geschichte und der Philosophie.[1])

Schon September 1567 brach der zweite französische
Religionskrieg aus. Hotmann ging nach Orléans, welches neuerdings der Zufluchtsort der Evangelischen
wurde und er blieb daselbst auch als März 1568 der Friede
von Lonjumeau geschlossen wurde, an dessen längern
Bestand Niemand glaubte.

Mit Ausbruch des dritten Religionskriegs, August
1568, bot auch Orléans nicht mehr genügende Sicherheit und Hotmann begab sich daher mit Frau und Kindern nach Sancerre, einer kleinen Bergfeste an der Loire,
welche lange Zeit und während des ganzen Verlaufs
dieser Kriege den Calvinisten Schutz gewährte. Dort
hatten unsere Insassen im Verlauf ihres zweijährigen
Aufenthalts eine fünfwöchentliche Belagerung und zwei
Sturmläufe auszuhalten. Beim zweiten Sturm wurden
die Belagerer durch einen ausserordentlich tapfern Anlauf der Hugenotten aus der Höhe ihrer Bresche noch
rechtzeitig zurückgeworfen. Hotmann scheint an diesem
Kampfe persönlich Theil genommen zu haben, seine
Frau kam während der Belagerung nieder, das Kind
starb, sie selbst fiel in schwere Krankheit, von welcher
sie erst nach vielen Monaten wieder genas.

---

[1]) In dieser Anschauungsweise stimmten Balduin und unser
Hotmann — sonst unter sich Gegner — ganz miteinander überein.

Auch diese nothgedrungene Mussezeit wusste Hotmann dahin zu verwenden, dass er, wie sechs Jahre vorher sein College, der Jurist Molinæus während der Belagerung von Orléans, aus den einzigen Büchern, welche er aus der Plünderung seiner Bibliothek gerettet hatte, der heiligen Schrift und den Schriften St. Augustins, eine Uebersicht der israelitischen Geschichte nach den Büchern des alten Testaments unter dem Titel: Consolatio e sacris litteris bearbeitete.[1]) — In der Vorrede zu dieser Schrift hat er den tiefen Eindruck dieser seiner damaligen Erlebnisse geschildert, welche wohl den Höhepunct dessen bilden, was er in Vertrauen auf Gott seiner Ueberzeugung zum Opfer gebracht hat.

Nach überstandener Belagerung brachte Hotmann mit seiner Familie noch sieben Monate in la Charité, einem alten Städtchen in der Nähe von Sancerre, zu, und kehrte erst nach dem Friedensschluss von St. Germain (Augstmonat 1570) auf Geheiss der Herzogin Margaretha nach Bourges zurück.

Die Universität wurde dort wieder eröffnet und die Studentenschaft kehrte wieder zurück. Innige Freundschaft verband Hotmann von Neuem mit seinem Collegen Donellus, sowie mit manchen von seinen Freunden in Deutschland ihm zugewiesenen Studierenden. Allein die Lage der Hugenotten in Folge der vorangegangenen Kriege und inmitten der fortdauernden Verfolgungen war noch immer eine äusserst peinliche.[2])

---

[1]) Aufgenommen in Opp. omn. Hotmann's Bd. III, nebst der formula precationis II[I]. (dem Inhalt seines täglichen Gebets). — cf. auch H./Bullinger, Febr. 1572, „von Ihrer „Chronologie zum Daniel" konnte ich in Sancerre gar nicht lassen."

[2]) Ergreifende Schilderungen derselben enthalten die Briefe Hotmann's: H./Gualter, 9. Dec. 1571 und H./Bullinger, 1. Febr. 1572, abgedr. in der Revue cit. p. 52/54. — cf. auch H./Gualther, 9. Dec. 1571 (Zürich).

Mit zweien seiner deutschen Zuhörer stattete Hotmann 1572 noch kurz vor dessen Tode Coligny auf dessen Schloss Châtillon einen Besuch ab. Bald darauf erfuhr er den wenige Tage vor der Mordnacht erfolgten Anschlag auf das Leben des Admirals. Er argwöhnte Verrath an der Sache der Hugenotten, flüchtete und hielt sich auf dem Schlosse eines ihm befreundeten Edelmanns verborgen. Es war die höchste Zeit gewesen, denn auch Bourges hatte seine Mordnacht. Hotmann's Wohnung wurde neuerdings geplündert. Sein ältester Sohn Johann, sowie Donellus konnten sich nur mit Hülfe deutscher Studiengenossen, unter dem Schutz einer Verkleidung retten. Hotmann entkam aus seinem Versteck mit knapper Noth, gleich Andern, durch den Osten Frankreichs nach Genf, wo sie von ihren Landsleuten Beza, Budæus, Bonvilliers und Andern als alte Freunde bewillkommt wurden.

Aus seinen Briefen an Gwalter Bullinger und Andere geht hervor, dass nach der Mordnacht seine Frau. in Bourges gefangen geführt, aller Art Gewaltthätigkeiten zu erdulden hatte und dass alle ihre Habe geplündert worden.[1]

Auf 50,000 schätzte man die Zahl der in jener Nacht durch ganz Frankreich umgebrachten Hugenotten. Selbst die Papisten mussten sich der begangenen Gräuel schämen. In Sancerre, Nîmes, Montauban in der Dauphinée und dem Béarn vertheidigten sich die Hugenotten heldenmüthig gegen ihre Henker. — La Rochelle hatte eine hartnäckige Belagerung durch die königlichen Truppen zu bestehen, welche aber Ende Juli 1573 nach grossen

---

[1] Ebenso H. an Landgr. Wilh., 6. Oct. 1572; H. an Antistes Sulzer in Basel, 9. Oct. 1572, abgedr. im Anhang No 24, 25.

Verlusten von den Katholischen wieder aufgegeben werden musste.[1]

Der französische Bund von 1521, mit welchem sich Frankreich einen Zuzug von 6—16,000 Mann eidgenössischer Fusstruppen je nach Bedarf gesichert hatte, war von allen eidgenössischen Ständen, mit Ausnahme von Zürich und Bern, den 7. December 1564 in Freiburg erneuert worden, von Basel mit dem ausdrücklichen Vorbehalt, dass falls der König die Pacificationsedicte nicht einhalten sollte, es keinerlei Truppenwerbungen bei sich gestatten werde.[2] — Hotmann ersuchte nun seine Zürcherfreunde um ihre Verwendung bei ihrer Regierung, dass ein erneuerter Zuzug von Schweizertruppen zum königlichen Heer überhaupt eingestellt werde. — Von seiner Ankunft in Genf an stand sein Entschluss fest, nie mehr in sein Vaterland zurückzukehren. Unter dem tiefen Eindruck der seinen Glaubensgenossen widerfahrenen Unbilden aller Art zeugte sein Briefwechsel mit seinen Freunden damals wie noch Jahre lang von einer entschuldbaren Verbitterung, genährt durch die aus den Ereignissen sich entspinnende Polemik in Streitschriften, welche für und wider im schärfsten Tone den Standpunct der beiden Partheien vertreten.[3]

---

[1] cf. An Briefe Hotmann's aus dieser Zeit: H. Bullinger, 30. Oct., 8. Nov., 12. Dec. 1573 (Zürich). H. Walter, 10. Jan. 1573, alle abgedruckt in Revue l. cit. p. 55/59.

[2] Eine fernere Erneuerung folgte später 1582 mit Heinr. III, seitens Basels mit demselben Vorbehalt. — Ochs, Gesch. Basels Bd. VI. p. 288.

[3] Ersichtlich ist diese besonders aus den von Hotmann mit seinen Freunden über diese Zeitereignisse gewechselten Briefen, wo die Namen der damaligen Gewalthaber durchgängig in solche der abschreckendsten historischen Persönlichkeiten gehüllt sind, so heisst dort der König: der Tyrann Phalaris, die Königin Mut-

Der französische Hof bemühte sich, die Mordnacht und überhaupt sein Verhalten gegenüber den Hugenotten so viel er konnte als einen Act der Nothwehr zu rechtfertigen. Man sprach auf dieser Seite von einer weitverzweigten Verschwörung, der die Regierung zu ihrer Selbsterhaltung habe zuvorkommen müssen.[1]) Als Vertheidiger der königlichen Sache traten Bischoff Montluc, der frühere Beschützer Hotmann's und der Jurist Cujaz in die Schranken; die Verfechter der Hugenotten waren Donellus[2]) und Hotmann, und als Gesandte Karl's IX. vertraten den König auf der Eidgenössischen Tagsatzung zu Baden ein gewisser Pomponius Bellièvre und der einstige Hugenotte Carpentier.

In Genf waren Hotmann und Donellus gleich nach ihrem Eintreffen um Eröffnung juristischer Vorlesungen an der dortigen Rechtsschule ersucht worden.

Indessen forderte der Drang der Umstände von Hotmann, dass er jetzt mehr als je mit der ganzen Kraft seiner Persönlichkeit und dem Geschick seiner Feder sich der Interessen seiner Glaubensgenossen annehme.[3])

---

ter: die Wölfin Semiramis, Heinrich III. wird als Sardanapal bezeichnet, der Papst als der Antichrist (selbst in den Titeln von Hotmann's bezüglichen polemischen Schriften), die römische Kirche als die Tochter Satan's.

[1]) cf. Mémoires sur l'État de la France sous Charles IX, p. 109, in den lettres patentes pour la déclar. de la guerre de 6. Nov. 1572 u. feu l'Amiral et ses complices ont été prévenûs en leurs malheureuses conspirations.

[2]) cf. Dareste Essay p. 53 Note.

[3]) Der treffliche Landgraf Wilh. IV. von Hessen, mit welchem Hotmann von dieser Zeit an bis an sein Lebensende in fortgesetztem Briefwechsel stand, unterstützte Hotmann's Wirksamkeit zu Gunsten der Evangelischen in Frankreich unter Carl IX. und dann unter Heinrich III., wiewohl ohne grossen Erfolg (Ep. H. besonders No 31 (1573), No 44 (1575), No 59 (1577), No 73 (1578).

Im folgenden Jahr 1573 gingen aus Hotmann's Feder drei Schriften hervor. Die erste war die Lebensgeschichte des in der Bartholomäusnacht ermordeten Admiral Coligny, auf Ersuchen von dessen jungen Wittwe verfasst, aber erst 1575 anonym herausgegeben.[1])

Die zweite — die bedeutendste aller seiner polemischen Schriften — war die unter dem Titel: Franco Gallia erschienene politische Partheischrift, eingekleidet in die Form einer historischen Abhandlung.[2]) Hotmann tritt mit dieser Schrift in eine historische Entwicklung der obersten Staatsverfassung Frankreichs von ihren Anfängen an bis auf seine Zeit ein. — Aus Gregor von Tours und allen Geschichtsquellen bis auf Phil. de Commines herab weist er nach, dass schon im merovingischen und fränkischen Reich die Könige durch den Willen der Versammlung der Rathmannen eingesetzt und unter Umständen auch wieder abgesetzt wurden, dass auch die oberste Verwaltung des Staats in ihren wichtigsten Ausflüssen, namentlich dem Besteuerungs-

---

[1]) Sie kam heraus unter dem Titel: Colinii Castelionis magni quondam Franciæ Admirallii vita 1575—1579, und in 3. Aufl. zu Utrecht 1644. Die Autorschaft dieser anonymen Schrift hat Hotmann quasi anerkannt in seinem Brief an Dutilloy, d. d. 24. Sept. 1575 (Ep. II. No 45).

[2]) Die Franco Gallia, zuerst in Genf 1573 in einem Folioband gedruckt, erschien dann mit Aenderungen Hotmann's als Libellus statum veteris reipublicæ Galliæ describens in Cöln 1574, in 3. Ausg. Basel bei Guérin 1575 — die 4. Ausg., mit 6 Capiteln vermehrt, kam in Frankfurt 1586 heraus — zuletzt in Frankfurt ap. Fickwirth 1665 als Fr. H. celeberrimi Franco Gallia. — Ihr ursprünglicher Text (ohne den Zusatz von 6 neuen Cap.) ist in französischer Uebersetzung in den Mémoires de l'État de la France sous Charles IX. 1577, Bd. II, p. 583/734 abgedruckt. (Basl. öffentl. Bibl. hist. E. f. III. 27), eine Uebersetzung in's Französische von Sim. Goulard ist schon 1574 in Cöln herausgekommen.

recht, den Beschlüssen des feierlichen Raths der Nation
(placitum generale), später der Reichsstände (conventus
trium statuum) unterstellt war und auch bei Conflicten
zwischen Königthum und Volk jeweilen die Optimaten
(principes) in's Mittel traten. Der Begriff der Souveräni-
tät sei von jeher nicht der Person des Königs, sondern
den über ihm stehenden Reichsständen (États Généraux)
zugekommen, welche für die Zeit, in welcher sie nicht
einberufen waren, die Vertretung des Staats dem Könige übertrugen, aber befugt waren, dieselbe wieder an
sich zu nehmen, wann immer das Bedürfniss dazu sich
einstellte, ein Recht, dessen sich die Reichsstände allein
in den zwei letztvergangenen Jahrhunderten zu acht
verschiedenen Malen, und zwar 1356 bei der Gefangennehmung König Johanns und 1467 unter König Ludwig XI. jeweilen durch Einsetzung einer Regentschaft
von aus den drei Ständen gewählten Curatoren bedient
hätten.[1])

---

[1]) cf. Franco Gallia Cap. XVII in den cit. Mémoires de l'État
de France sous Charles IX., II. Bd., p. 699/701. Schäffner, Geschichte der Reichsverfassung Frankreichs, II. p. 276/286. — Als
Probestück aus dieser Schrift, mehr für die urwüchsige Derbheit
der Sitten jener Zeit, als vielleicht die textuelle Wahrhaftigkeit
ihrer Autoren, ist die von Hotmann aus einer Bretagner Chronik
und den französischen Annalen von Gilles entnommene Verhandlung zwischen Papst Bonifaz VIII und Philipp dem Schönen.
Der Papst, welcher vom König schlechtweg als sein souveräner
Herr und Meister anerkannt sein wollte, schrieb an Philipp
buchstäblich folgendes: „Wisse, dass du im Weltlichen wie im
„Geistlichen unser Unterthan bist, dass du keine Præbenden und
„Beneficien irgend welcher Art zu vergeben und dein Königthum
„nur meiner päpstlichen Gunst zu verdanken hast."
Nach Versammlung der Reichsstände in Paris wurde auf deren
Beschluss der päpstliche Brief im Hof des Palastes verbrannt, die

Der Gedanke Hotmann's bei dieser Schrift, welche gewissermaassen als das Programm der hugenottischen Parthei gelten konnte, war nicht, wie von Seiten seiner Gegner ihm angedichtet wurde, der, die Geschicke Frankreichs auf den schwankenden Boden einer Wahlmonarchie zu versetzen; dazu war Hotmann zu einsichtig. Die von ihm aufgeführten Beispiele von Absetzung fränkischer Königen in der ältern, von Bevormundung des Königthums in späterer Zeit, sowie die Hindeutung auf die jeherige Geltung des salischen Gesetzes mit seinem Ausschluss des weiblichen Geschlechts von Thronfolge und Regentschaft in Frankreich, sollten für den jungen König und die Königin Mutter drohende Fingerzeige wegen ihres grellen Gewaltmissbrauchs sein. — Was er aber zunächst im Auge hatte war, wie der Schluss der Schrift deutlich zeigt, das von den letzten Königen in Schatten gestellte Institut der nationalen Reichsstände (États Généraux) als das selbst über dem Königthum stehende oberste Staatsorgan wieder zur Geltung und Ehren zu ziehen.

Nach langem Kampf mit dem Feudalsystem hatte ja an dessen Stelle das französische Königthum ohne irgend welches positive Grundgesetz sich dadurch all-

___

päpstliche Gesandtschaft, vom Scharfrichter auf einem Karren herumgeführt, dem Gespött der Volksmenge preisgegeben und folgendes derbe Antwortschreiben erlassen: „Philippe par la Grâce de Dieu -Roi de France à Boniface soidisant Évêque universel: peu ou „point de salut! Que ta grande folie et égarée témérité sache, -qu'ès choses temporelles nous n'avons que Dieu pour supérieur „et que les vacances de quelques églises et prébendes nous appar- -tiennent de Droit Royal, que c'est à nous d'en percevoir les fruits „et nous défendre au tranchant de l'épée contre tous ceux qui -nous en voudront empêcher la possession: estimant fous et sans -cervelle ceux qui pensent autrement."

mählig zu unumschränkter Gewalt emporgeschwungen,
dass es schon unter den Königen des XIII. und XIV.
Jahrhunderts nach einander alle drei Stände des Reiches,
einen jeden mit Hülfe eines der beiden andern, durch
List oder Gewalt sich zu unterwerfen wusste, und durch
seine unterthänigen Trabanten, die Legisten, den Maje-
stätsbegriff des Justinianischen Rechts auf das Königthum übertragen liess.[1])

Auf diesem Wege war die königliche Gewalt mit
Ludwig XI. zu ihrer absoluten Machtvollkommenheit gekommen, und Geneigtheit, diese letztere mit den Ge-
neralständen zu theilen, fand sich bei den Königen höchstens in Fällen irgend welcher Nothlage.

Die jeweilige Einberufung der Generalstände war
nach dem Herkommen allein in das Belieben (das bon
plaisir) des Königs gestellt. — Wenn er davon Umgang
nahm, so hatte das Volk kein Organ, um gegenüber dem
Missbrauch der Staatsgewalt seinen Beschwerden Ausdruck zu verschaffen. Nur eine imposante Kundgebung
des Volkswillens konnte desfalls einen aussergesetzlichen
Druck auf die königliche Entschliessung ausüben und
dieselbe zur Einberufung der Stände drängen.

Das war nun eben die Sachlage zur Zeit da Hotmann schrieb. — Nachdem er nun aus der ganzen Reihenfolge unanfechtbarer historischer Thatsachen das Recht
der Generalstände als oberste nationale Staatsgewalt entwickelt und der herrschenden Auffassung des absoluten
Königthums gegenübergestellt, so weist er gegen den
Schluss der Schrift als den gegebenen Ausweg aus diesem
Zwiespalt auf das hin, was er, nicht gerade mit einem
glücklichen Ausdruck, als das Recht zur Auflehnung

---

[1]) cf. Bluntschli, Allgem. Staatsrecht, I, p. 386/9. Schäffner,
französische Rechtsgeschichte, II, p. 275/6.

(sédition) bezeichnet — man möchte eher sagen das Recht des Nothschreis — in folgenden Worten: [1] „Aufstände, „wie Marc Anton richtig sagt, sind immer gefährlich, „doch gibt es Fälle, wo sie gerecht, ja nothwendig sind, „und nie gerechter und nothwendiger, als wenn das „Volk, bedrückt durch die Grausamkeit eines Tyrannen, „seine Zuflucht zu einer gesetzmässig einberufenen Na- „tionalversammlung nimmt (va demander secours à toute „la congrégation légitimement assemblée). Soll denn die „Lage der Bürger eine schlimmere sein als die der rö- „mischen Sklaven, die, wie Ulpian sagt, gegen die Grau- „samkeit ihrer Herren bei dem Präfecten der Stadt „Schutz suchen durften?“ — So weit die Franco Gallia.

Es fragt sich nun: hat Hotmann, wie es von der streng katholischen Parthei damals und überhaupt nach dem Urtheil Mancher heute noch dafür angesehen wird, mit dieser seiner Schrift den Tendenzen des Umsturzes Vorschub geleistet?

Uns scheint das gerade Gegentheil. — Während die königliche Regierung es war, welche durch ihre hart- näckige Verweigerung der Gewissensfreiheit die Spal- tung der Nation in zwei sich die Waage haltende feind- liche Partheien perpetuirte und damit die Autorität des Königthums und der ganzen bestehenden Ordnung der Dinge auf's Spiel setzte, so wollte Hotmann in einem Moment, wo es sich für die Hugenotten um ihr Leben, ja für Frankreich selbst um Sein oder Nichtsein, um die Fortdauer seiner politischen Selbständigkeit oder um spanische Oberherrschaft handelte, [2] durch Einberufung

---

[1] cf. Franco Gallia, Cap. XIX, in den Mémoires de l'État de France cit., 706.

[2] cf. Dareste Essai, p. 73/74 und Hotmann in seiner anony- men Schrift Matagonis de Matagonibus, p. 18. — Frankreich war

der Reichsstände das Steuerruder des Staates in diejenige Hand gelegt sehen, welche in critischen Momenten von jeher der legitime Träger der obersten Staatsgewalt gewesen und über die Mittel und Wege wie noch zu helfen sei den Entscheid zu geben am Besten in der Lage gewesen wäre.[1] ·

Wenn, nach der Ansicht eines der ersten modernen Staatsrechtslehrer,[2] wahre und ernste Noth es jeweilen zu rechtfertigen vermag, dass dem Bruch des Rechtes seitens der Obrigkeit gewaltsamer Widerstand seitens der Regierten entgegengesetzt werde, indem in solchen äussersten Fällen das Staatsrecht an seiner Grenze angelangt sei, so wüsste man wahrlich nicht, ob eben dieser Fall einer wahren und ernsten Noth in der Geschichte jemals in grellerer Gestalt zugetroffen sei, als da wo, wie damals, das französische Königthum so eben erst auf dem meuchlerischen Massenmord der edelsten seiner Unterthanen seine Selbstherrschaft behauptet hatte.

Dass dessen ungeachtet statt auf gewaltsamen Widerstand abzustellen, Hotmann die Berufung an die oberste Staatsbehörde zur Loosung nahm, zeigt, wie sehr gegenüber den heutigen Begriffen jene Zeit noch auf dem Boden der Mässigung stand und wie tiefe Wurzeln das monarchische Prinzip damals überhaupt noch hatte.

Die Frage war übrigens bei der verzweifelten Lage des Landes noch mehr eine solche der Opportunität als der strengrechtlichen Erörterung und wer von diesem

damals im Innern ganz in den Händen intriganter, aber einflussreicher Italiener, von aussen lauerten die Spanier auf den Moment, wo ihnen das von Faktionen zerrissene Land wie eine reife Frucht in den Schooss fallen würde.

[1] cf. Auch Aug^n. Thierry, Récits des temps mérovig^s. I, p. 118/126.

[2] cf. Bluntschli, Allg. Staatsrecht. 3. Aufl. II. Bd., p. 549/550.

letzteren Standpunkt Hotmann nicht beipflichten konnte,
der musste sich doch von ersterem aus dem von ihm
vorgeschlagenen Auskunftsmittel anschliessen.[1])

Der schlagendste Beweis aber, dass die Schrift der
in der Mehrheit der Nation aus beiden Lagern schlum-
mernden Ueberzeugung das zündende Wort verliehen
habe, lag darin, dass schon vor der Bartholomäusnacht,
und um so entschiedener nachher, im eigenen Lager der
Katholischen unter der Mitwirkung des leiblichen Bruders
des Königs, des Herzogs von Alençon, eine grosse Zahl
aus den Ständen des Adels, des Beamtenstandes und der
Kaufmannschaft, ohne Unterschied der Religion, sich
unter dem Namen Politiker (Maheustres) zusammenthat
und die Wiederbelebung der alten französischen Ver-
fassung durch Einberufung der Generalstände verlangte,[2])
ja dass später (von 1584 an) auch die Führer der katholischen Ligue dasselbe Begehren noch viel accentuirter
mit dem Programm einer eigentlichen Reform des Königthums erhoben haben.[3])

Versetzen wir uns nach dieser Ausholung wieder
in die Zeit des ersten Erscheinens der Franco Gallia
zurück, welche, aus dem Lateinischen in's Französische
übertragen, in kurzer Aufeinanderfolge drei Auflagen
erlebte und in rascher Verbreitung durch ganz Frank-

---

[1]) Nur Calvin hatte, in richtiger Vorahnung, von den Ständen
nie viel erwartet. cf. Ranke cit. I, p. 220.

[2]) cf. Ranke l. cit. I, p. 342/3, 435. Regnier de la Planche
·hist. de l'État de la France sous François II. (1576) p. 359.

[3]) cf. Manifeste officiel publié en 1576, art. 3. P. Cayet,
Chronologie novenaire, édit. de 1789, t. I, p. 3, 91, 251. Mémoires de la Ligue, t. I, p. 408 (l'Antiguisard).

reich gewaltige Sensation machte, so erschen wir, dass die Wirkung dieser Schrift einer Brandfackel glich.

Als Ausdruck der Volkssouveränität in ihrer Anwendung auf die damaligen Verhältnisse rief sie wieder Schriften Anderer hervor, welche Hotmann's Anschauungen in verschärften Consequenzen weitere Ausführung gaben. Es waren das in Frankreich ausser vielen kleinern Schriften[1]) namentlich von Languet dessen Schrift Vindiciæ contra tyrannos,[2]) von La Boëtie dessen Traité de la Servitude volontaire,[3]) in England die Schriften von Buchanan und Milton, welche, aus den politischen Nothständen Frankreichs und Englands hervorgegangen, die sogenannte practische Empörungslehre begründeten, die alsdann in ihrer theoretischen Verallgemeinerung durch Grotius und Rousseau zum System des Naturrechts weiter ausgebildet wurde, und so lässt sich allerdings sagen, dass Hotmann's Franco Gallia durch eine Periode von zwei Jahrhunderten successiver Weiterentwicklung der Ideen hindurch auf Rousseau's Contrat Social hinübergeleitet hat.

Als Seitenstück zu seiner Franco Gallia liess Hotmann, um deren Wirkung noch zu verstärken, im selben Jahr pseudonym eine Schilderung der Bartholomäusnacht in Paris folgen,[4]) welche für das Detail dieses Ereig-

---

[1]) cf. Mémoires de l'État sous Charles IX, II, p. 378/401, III, p. 44, 147, 229.

[2]) Stephano Junio Bruto autore pseudon. herausgegeben, Edinbg. 1579. Bibl. Mazar. No 28, 180, d'Aubigné hist. univ. (1626) p. 124, 670.

[3]) Mémoires de l'État etc. cit. Bd. III, p. 83.

[4]) Edmond Varamond unter dem Titel de furoribus Gallicis et cæde admirallii Castilionis atq. illustrium virorum, in französischer Uebersetzung Basel 1573 (klein in-12⁰). (Auf der öffentl. Bibl. zu Basel, als Anhang von Frisius historia belgicorum tumultuum vorfindlich und mit letzterm zusammengebunden).

nisses ihre historische Bedeutung darin hat, dass sie auf
den Angaben eines ungenannten Augenzeugen, wahrscheinlich des Pfr. Merlin, fusst, welcher Coligny in seiner
Krankheit und im Tode zur Seite gestanden.[1]) Als Anhang fügte Hotmann dieser Schrift eine Anzahl von Be-
weisstücken und Kundmachungen Carl's IX. bei, in deren
einem der König seine Schuld an dieser Schandthat ein-
gestand, während in der andern dieselbe auf die Guisen
schob.[2])

Unter dem Eindruck der gewaltigen Erschütterung,
welche ein Vorstoss der königlichen Parthei in Frankreich, wie die Mordthat der Bartholomäusnacht einer
war, hervorzubringen nicht verfehlte, befand man sich
in der Schweiz und namentlich in Genf, wegen dessen
beständiger Bedrohung durch Savoyen in einer Lage,
welche in hohem Grade zur Vorsicht mahnte. Daher
wollte der Magistrat von Genf nicht gestatten, dass die
Biographie Coligny's und die Franco Gallia in Genf gedruckt würden. Dieses Verbot und die Rücksicht, Genf
als seine Asylstätte nicht zu compromittiren, nicht Mangel an Muth zu seiner Ueberzeugung zu stehen, scheint
in der That der Grund Hotmann's zur Pseudonymität
seiner meisten Gelegenheitsschriften gewesen zu sein.[3])

---

[1]) Die Autorschaft Hotmann's zu dieser Schrift geht sowohl
aus vielen Ausdrucksweisen, welche auf eine juristische Feder
schliessen lassen hervor, als auch daraus, dass die von ihm agnos-
cirte Biographie Coligny's an manchen Stellen auf erstere Bezug
nimmt.

[2]) Diese Beweisstücke sind abgedruckt in den Mémoires de
l'État sous Charles IX., Bd. II.

[3]) H./Du Tilloy, 2. März 1575 (Epp. II. No 29).

Der französische Gesandte Bellièvre in Solothurn
suchte der Verbreitung dieser Schriften mit allen Mitteln entgegenzuwirken, allein, wie immer, bewirkte auch
hier dieses Einschreiten nur um so stärkere Nachfrage
nach der verbotenen Frucht, und in Folge deren mehr-
facher Umarbeitung gewann die Franco Gallia unter
Hotmann's Feder in ihren spätern Auflagen durch neue
Zusätze bedeutend an Umfang.[1] An Beglückwünschun-
gen von nah und fern, selbst aus der Umgebung des
kaiserlichen Hofes in Deutschland, fehlte es ihm nicht,
und anf die bald erschienenen Gegenschriften[2] folgten
jeweilen Hotmann's Antworten[3] Schlag auf Schlag. Die
Invectiven in heftigster Form, von welchen diese Polemik
begleitet war,[4] entsprachen ganz der erbitterten Stimmung dieser politischen und kirchlichen Kampfepoche,
und es gilt davon was Stintzing in seiner Biographie

---

[1] Es sind das die Capitel 7, 9, 13, 19, 24, 25 der Ausgabe
der Franco Gallia Frankof. 1665, ap. Fickwirth, in welchen sich
Hotmann über die Grenzen der königlichen Gewalt nach den Grundsätzen des französischen Verfassungsrechtes des weitern verbreitet.

[2] Sie erschienen unter den Titeln: ad Fr. Hotomanni Franco
Galliam Antonii Matharelli reginæ maris e rebus procurandis pri-
marii responsio Lutetiæ 1575, mit Dedication an Heinrich III, und
Petri Turellii Campani et in supremo Galliarum senatu advocati
contra Othomani Franco Galliam libellus, Parisiis 1576. (Bibl.
Mazar. Nᵒ 327/29), ferner Papirii Massoni responsio ad maledicta
Hi. cognomento Matagonis, Paris 1575 (Bibl. Nat. Z. 1344), (cf. Epp.
II. Nᵒ 70).

[3] Unter den Titeln: Matagonis de Matagonibus monitoriale
advers. Italogalliam s. Antifrancogalliam Antonii Matharelli 1575,
und Strigilis Papirii Massoni s. remediale charitativum contra ra-
biosam frenesim P. Massoni Jesuitæ excucullati p. Matagonidem,
etc. etc. 1575.

[4] So z. B. sagt Matharel: „Möge der Henker dich und die
Deinigen packen und dich kopfüber in den Lemansee stürzen."

„Ulrich Zasius" (p. 55) über das XVI. Jahrhundert überhaupt bemerkt: je scharfkantiger die Individualitäten
damals waren, desto derber mussten auch die Conflicte
erscheinen. — Dem ungeachtet war aber ihrem Inhalt
nach Hotmann's Abwehr jeweilen von dem Ausdruck
persönlicher Würde und seines verletzten Patriotismus
getragen.[1])

Die unter den Auspicien von Hotmann und Donellus
1573 eröffnete Genfer Rechtsschule wurde durch den
wissenschaftlichen Ruf dieser beiden Lehrer, wie vorher
Bourges, ein mächtiger Anziehungspunct für deutsche
Studierende namentlich vom Adel und aus Fürstenhäu-
sern. — Die Studentenschaft war einer strengen Disciplin
unterworfen. — Neben den öffentlichen Vorlesungen kamen
noch Disputationen zwischen den Rechtslehrern und den
Studierenden über wissenschaftliche Thesen nach dem
Vorgang der Rechtsschulen des alten Roms[2]) in Aufnahme, welche dann in systematischer Gliederung redi-
girt und herausgegeben zu einem eigentlichen Zweig
der damaligen juristischen Litteratur wurden.[3])

Hotmann's öconomische Lage war freilich stets eine
gedrückte. — Obschon ihm neben einer Jahresbesoldung
von 800 Goldgulden noch Pensionsgelder von Studierenden flossen, welche auf Empfehlung auswärtiger Freunde
in seinem Hause Aufnahme fanden,[4]) ferner die Honorare für seine vielfachen Werke und sonstigen Publi-

---

[1]) cf. Dareste Essai sur H. p. 73 und die Schrift Hotmann's
Matagonis p. 7, 18.

[2]) cf. Schulin, Römische Rechtsgeschichte, p. 106.

[3]) cf. Stintzing, Geschichte d. D. R. W. 1, p. 137. Hotm. Opp.
omn. Bd. 1. II.

[4]) 1578 sandte ihm die Gemahlin des Kanzlers l'Hôpital zwei
ihrer Söhne zu, mit dem Ersuchen, sie in den Institutionen Justinian's
zu unterrichten. cf. H./Amerbach, 22. Jan., 1. Febr. 1578 (Basel).

cationen,[1]) sodann solche für seine Consultationen seitens
des Raths in Genf und protestantischer Fürsten in Rechts-
sachen, ebenso für die Dedicationen seiner Werke[2]) und
manche sonstige Geschenke seiner fürstlichen Gönner,[3])
so fand er demungeachtet mit seiner Familie von acht
Kindern nur knapp seinen Lebensunterhalt. Von seinem
väterlichen Erbtheil, dem Besitzthum Villiers St. Paul in
Creil bei Paris, das ihm anfänglich von Mutter und Brüdern aus Religionsfeindschaft streitig gemacht worden
war, konnte er auch nach dessen schliesslichem Verkauf
(1573) den Erlös doch nicht beziehen, weil er nicht im
Stande war, den Erwerber gegen ein allfälliges Confis-
cationsdecret sicher zu stellen; und trotz aller Verwen-
dungen, welche seine fürstlichen Gönner von Deutschland aus für ihn einlegten, konnte er bis in sein letztes
Lebensjahr keinen Heller weder aus seinem Vermögen
in Paris, noch aus den wenigen Einkünften seiner Kinder in Orleans beziehen.[4]) Demungeachtet hat er sich
nicht herbeigelassen, wie andere seiner Schicksalsgenos-
sen thaten,[5]) durch einen dem König Carl IX. geleisteten
Treuschwur die Herausgabe seines Vermögens zu erwirken.[6]) Dagegen hat er sich leider durch seine stete
öconomische Bedrängniss dazu verleiten lassen, dem Stein

---

[1]) Damals (1573) gab er seine Scholia in jus Civile et libros
Epitomatorum und seinen Commentar zu Cæsar heraus.

[2]) cf. u. A. Epp. No 56. H./Landgr. v. Hess. 24. Aug. 1576
u. Ep. 63. Landgr./H. 7. Feb. 1578.

[3]) cf. u. A. Epp. No 68. 3. Sept. 1578 u. Epp. No 132, 14. Jan.
1584.

[4]) cf. Epp. No 31 (1573), Epp. No 81 (1579), No 184 (1589)
und Revue hist. l. cit. p. 389/390.

[5]) Z. B. Ant. de Chandieu. cf. Bernus le Ministre Ant. de Ch. p.
67/68.

[6]) cf. Epp. No 31, 34, Wilh. v. Hess. an Hotmann, 17. Mai 1573,
18. Jan. 1574.

der Weisen nachzugraben und ein Ziemliches auf solche
Versuche zu verwenden, wodurch er nur noch mehr in
Noth gerieth.[1])

In Folge des Toleranzvertrages vom Mai 1576 kehrten
viele der französischen Refügianten in ihre Heimath zurück. Hotmann seinerseits traute dieser Wendung zum
Bessern jedoch keinen langen Bestand zu. — Mit dem
horazischen Ausruf: „Frustra Neptumum accusat iterum
„qui naufragium fecit,“ erklärt er sich dafür, in Genf
zu bleiben und lehnte zwei Anerbieten günstiger An-
stellungen in Frankreich ab.[2])

In Genf wurde ihm durch beständige Epidemien,
durch eingetretene Hungersnoth und Theurung, sowie
durch die Einschliessung der Stadt seitens des Herzogs
von Savoyen das Leben äusserst beschwerlich.[3]) Er
fasste daher den Entschluss, nach Basel überzusiedeln,
welchen er jedoch erst im August 1578 zur Ausführung

---

[1]) Joh. H./NN., 10. Febr. 1593 (Ep. No 109). Fr. H./Amerb.,
12. Aug. 1575, 16. Sept. 1575. H./Zwinger, 7. Sept. 1575, Immerhin
geht aus letzterm Schreiben Hotmann's des unzweideutigsten hervor, dass diese Versuche auf einfachen metallinischen Mischungen
beruhten, mittelst aeren man damals Silber und Gold bereiten zu
können vermeinte und keinerlei übernatürliche Machinationen damit verknüpft waren.

[2]) Die eine war die ihm von Herzog von Alençon angetragene
Professur in Bourges, die andere war eine Anstellung als Gerichts-
rath an einer neu zu gründenden Chambre de l'Édit zu Montpel-
lier, welche jedoch erst 1597 je zur Hälfte aus Katholiken und
Calvinisten besetzt, zur Handhabung der Bestimmungen des Édit
de Nantes in's Leben trat. cf. Warnkönig, franz. Rechtsgesch. I.
p. 590, II, p. 416.

[3]) cf. Vulliemin, Schweiz. Gesch. IX, p. 232/4.

brachte und mit einem Empfehlungsschreiben des Landgrafen von Hessen an den Rath versehen, in Begleit
seiner Frau und drei Töchtern dort anlangte. — Sein
Freund Basilius Amerbach hatte ihm auf seinen Wunsch
eine angenehme Wohnung (e regione summi templi in
ædibus canonicalibus) verschafft. — Hotmann traf in unserer Stadt einen Kreis schon bisheriger Bekannter und
Freunde, zu welchen Theodor Zwinger, Thomas Plater,
der damalige Rector der Universität Pfr. Grynæus, sowie der Buchdrucker Episcopius zählten. Antistes Sulzer
feierte die Ankunft des berühmten Gelehrten mit einem
Gastmahl[1]) und Hotmann wähnte sich nun endlich in
einer sichern Bucht geborgen.

Allein, wie aus seinem Briefwechsel erhellt, er sah
sich in dieser Erwartung bald einigermaassen getäuscht.

Die kleine Schaar französischer Religionsflüchtiger,
welche Basel in seinen Mauern zählte, bildete zwar unter
ihrem Vorsteher Pfr. Virel seit 1572 eine calvinistische
Religionsgemeinde, der jedoch erst 1587 und 1588 volle
Selbständigkeit unter Einräumung eines besondern Lo-
cals und das Recht zur Ausübung der Sacramente gewährt wurde.[2])

Es war damals die Zeit, in welcher kurz vorher
unsere Basel'sche Kirche unter dem lutherisch gesinnten
Antistes Sulzer[3]) auf dem Punkte war, aus ihrem Verband mit den übrigen schweizerischen reformirten Kirchen sich loszureissen und, die Lehre Oecolompads preis-

[1]) H./Gwalther, H./Stuckio, beide d. d. 8. Sept. 1578. Epp.
N° 67, 129.

[2]) cf. Junod histoire de l'Église française à Bâle, p. 11.

[3]) Ueber Sulzer's Character nach dem Urtheil seiner Zeitgenossen und sein Benehmen gegenüber der französischen Gemeinde,
vgl. Aug. Bernus, Pierre Ramus, Paris 1890, p. 13 ff.

gebend, sich dem deutschen Lutheranismus zuzuwenden.¹) Sulzer's Einfluss beherrschte damals die ganze basel'sche Geistlichkeit mit Ausnahme des Pfarrers Erzberger zu St. Peter, welcher deswegen seinen Rücktritt vom Amte nehmen musste. Bei dem damaligen traurigen Antagonismus zwischen Lutherthum und Calvinismus in Deutschland und allerwärts, konnte das nicht verfehlen, auch bei uns gegenüber der französischen calvinistischen Gemeinde und ihren Anhängern eine gereizte Stimmung hervorzurufen. Dasselbe war schon zur Zeit des Aufenthalts des Prinzen von Condé in Basel 1574/5 der Fall gewesen, der mit seinem Gefolge durch ein gewisses selbstherrliches Gebahren sich nicht eben beliebt gemacht hatte.²)

Wie 20 Jahre vorher in Strassburg, so fand sich Hotmann auch jetzt in Basel, in seinem confessionellen Selbstgefühl des Empfindlichsten verletzt und fühlte sich in Folge dessen bald auch gesellschaftlich vereinsamt.³) Dazu kam noch, dass eine gewisse sittliche Strenge der ganzen Lebensanschauung damals überhaupt zwischen den Calvinisten und den Reformirten in Basel und der ganzen deutschen Schweiz, Zürich ausgenommen, eine Scheidewand aufwarf, indem bei den letztern in der täglichen Lebensweise eine grössere Leichtlebigkeit sich geltend machte.⁴)

---

¹) cf. Hagenbach, Vorlesungen zur Reformationsgeschichte, 2. Aufl., III. Thl., p. 280 ff.

²) cf. Ochs, Geschichte von Basel, VI, p. 269. Noch jetzt bewahrt im „Engelhof" zu Basel das von Condé bewohnte Zimmer durch die gemalte Glasscheibe und seine schmucke Holzvertäfelung das Andenken an diesen einstigen fürstlichen Besuch.

³) cf. Hotmann an Stuckius, Genevæ, 6. Nov. 1584: „ex illa basiliensi solitudine me huc recepi."

⁴) Hagenbach, Vorlesungen cit. II. Thl. p. 538 ff., schon 1555 (auf seiner Durchreise durch Basel nach Strassburg) schreibt Hot-

Noch in die Zeit seines Genferaufenthalts fällt die
Abfassung einer pseudonymen Schrift Hotmann's zur Bekämpfung der vom Kurfürst von Sachsen publicirten sog.
Concordienformel, welche nach dem Tode Luthers die
Aussöhnung der Lehrdifferenzen zwischen der melanch-
thonischen und lutherischen Theologie bezweckte. — Hotmann von seinem streng calvinistischen Confessionalismus
aus, welchen er schon 1565 in seiner Schrift über das
Sacrament des Abendmahls[1]) verfochten hatte, stellt sich

_____ .

mann an Bullinger: „Ueber Calvin denkt man hier um kein Haar
besser als in Paris: wenn Jemand hier einen Gotteslästerer oder
Sittenlosen als solchen bezeichnet, so gibt man ihm den Schimpf-
namen ‚Calvinist' — Castalio gilt hier als ein Ausbund von Religion und Frömmigkeit." — Dieser Gegensatz und die achtenswerthe
calvinistische Strenge seines religiös-sittlichen Standpunktes erklärt
auch die Stellung, welche Hotmann gegenüber der Publication einer
lateinischen Uebersetzung von Macchiavell's Schriften durch den
Mediziner Stupanus einnahm, indem Hotmann wegen der darin enthaltenen Schmähungen gegen Gott und Christus eine Beschwerde
an den Senat einreichte, welche dort dahingestellt wurde, dagegen
beim Rath die Enthebung des Stupanus von seiner Professur, wiewohl nur auf einige Monate, zur Folge hatte. — Hierüber äussert
sich Hotmann tief verletzt in H./Gualtero, 25. Dec. 1580 (Epist.
No 99), cf. über Alles Thommen, Gesch. der Univers., p. 248 ff.
Schon 1555 hatte Hotmann Aergerniss genommen an der trivialen
Ausdrucksweise der Castellio'schen französischen Bibelübersetzung
und lobte gegenüber dieser und anderer in Basel geduldeter Las-
civitäten, die strenge Kirchenzucht der Genfer Kirche. cf. H./Bul-
linger, 3. Oct. 1555 (Epist. No 1). cf. auch namentlich H./Gualtero,
26. Mai 1579 (Epp. No 81), credo istas dissensiones ex fastidio
evangelii et corruptelis ac depravatione morum natas esse — doctrina
reformata est, vita deformatissima, und H./Bullinger, 3. Oct. 1555
(Ep. I) D. genevensem Ecclesiam tueatur quae singularem quandam
disciplinam et vere Christianam conservat.

[1]) De sacramento coenae Christianae modesta disputatio V. C.
Franc. Hotmanni Jurisconsulti a° 1565, primum edita Hagae Co-
mitis 1635. (Bibl. Mazar. No 25841).

mit jener erst im folgenden Jahre herausgegebenen Gegenschrift[1]) in erneuerten scharfen Gegensatz zum Lutheranismus. — Den 1578 und 1581 auch in Basel gemachten Versuchen zur Einschwärzung der Concordienformel trat der Rath mit wiederholten Verboten entgegen.[2])

Seiner academischen Wirksamkeit blieb Hotmann, anscheinend ohne Anstellung als Professor der Universität, in Basel gleichwohl treu und las mit kurzer Unterbrechung täglich zwei Stunden bei Hause.[3])

Auch seine diplomatische Thätigkeit für die Sache der Evangelischen in Frankreich erfuhr keine Unterbrechung, und als Rath des Königs von Navarra erwirkte er in einer Mission desselben bei den evangelischen Ständen der Schweiz, dass die von Heinrich III. verlangte Aushebung für den französischen Kriegsdienst scheiterte und Basel insbesondere Bürgern und Einwohnern den Zuzug nach Frankreich des strengsten untersagte.[4])

---

[1]) Unter dem Titel: Nullitatis protestationes advers. formulam concordiæ orthodoxarum ecclesiarum nuper institutam a quibusdam doctoribus ubiquitariis auctore J. Palmerio 1579. cf. H./Gualtero, 28. Feb. 1578 (Epp. N° 64). — Die Pseudonymität hatte hier zum Grund eine Rücksicht für den Landgrafen Wilh. v. Hessen, mit welchem Hotmann befreundet war. Auf eine Gegenschrift von And. Pouchen in Lübeck folgte Hotmann's Replik ebenfalls pseudonym unter dem Titel: in virulentam planeque sophisticam Pouchenii incriminationem pro Palmerio defensio aut. Jo. Fr. Aspeste Salasso. Genevæ 1580, in-12. cf. Ueber dieses Alles Dareste Essai, p. 36/37.

[2]) cf. Ochs, Gesch. Basels, VI. Bd., p. 274/279.

[3]) 29. Oct. 1581 wurde Hotmann in facultatem jurisconsultorum basileensium cooptirt. (cf. Matric. facult. jurid. f° 71), nachdem er schon 27. Jan. 1579 und 18. Feb. 1581 als vom Facultätsdecan designirter Promotor bei juridischen Doctorpromotionen präsidirt hatte. cf. Cod. Basil. G. I. 12 f° 21, Matric. facult. jurid. f° 69 V, und Thommen, Gesch. der Univ. Basel, p. 180/1.

[4]) H./Pauleto 17. Juli 1580 (Epp. N° 92).

Innere Genugthuung hat ihm diese Seite seiner Thätigkeit freilich wenig eingetragen. Die Unbeständigkeit und Indolenz Navarra's, die Treulosigkeit und Verworfenheit der damaligen Gewalthaber überhaupt hat er, sowie Calvin, in ihrem Briefwechsel nie geschont,[1]) wogegen er aus seinem Vertrauen auf Gott den wirksamsten Trostgrund,[2]) und aus seiner unausgesetzten wissenschaftlichen Thätigkeit eine Befriedigung schöpfte, welche ihm über alles Niederdrückende hinweghalf.

Allein es warteten seiner mit vorrückendem Alter noch weitere Heimsuchungen.

Beim Ausbruch der Pest in Basel, im Sommer 1582, sandte Hotmann Frau und Töchter nach Mömpelgard, in der Meinung, sie seien dort in Sicherheit. Doch auch dort kam die Krankheit zum Ausbruch, seine Frau wurde davon ergriffen und erlag derselben Februar 1583 nach längerem Leiden.

Dieses schmerzliche Erlebniss mag seinen Entschluss zur Uebersiedlung nach Genf zur Reife gebracht haben. Die Verwandten seiner Frau waren dort wohnhaft, auch eine dortige Verheirathung einer der Töchter scheint im Plan gewesen zu sein und im September des darauf-

---

[1]) cf. H./Bull. 2. Sept. 1559 (Ep. 22) omnium mortalium Navarrus spem miserrime fefellit. — H./Calv. 14. Nov. 1559 reges quasi pilas homines habent H./Gualter 4. Jan., 14. Jan. 1581 in Gallia omnia sunt doli, frandis et præstigiarum plena. — Corp. Ref. Calvin XVIII, No 3393, 3397. Calv./Bullinger 24. Mai 1561. Calv./Navarra Mai 1561.

[2]) cf. u. A. A. H./Gualter (Zürich), 9. Dez. 1571, unsere Angelegenheiten sind so gestaltet, dass das Vertrauen in Gottes Güte und Erbarmen uns allein für die übrige Lebenszeit durchzubringen vermag. — H./Tossano (Epp. No 162) illud unicum mihi solatium: sive vivamus, sive moriamur, Domini sumus.

folgenden Jahres finden wir ihn daher mit letzteren wieder dort.[1])

Allein auch diesmal war seines Bleibens in Gent nicht mehr längere Zeit. Die Lage der Stadt, welche bei seinem dortigen Eintreffen als gesichert erschien, gestaltete sich wider Erwarten bald wieder zum Schlimmsten und die Vexationen Savoyens, das beständige Kriegsgetümmel im benachbarten Frankreich, Pest und Theurung[2]) machten ihm den Aufenthalt schon nach zwei Jahren wieder sehr schwierig. — Sein Verlangen war nach Basel zurückzukehren, wo man ihn 1584 vergeblich mit einer juristischen Professur zurückzuhalten versucht hatte.[3]) — Hotmann schrieb an seinen Freund Amerbach und längere Verhandlungen wegen des Honorars der künftigen Professur,[4]) seine öconomischen Verlegenheiten, welche sich bis zum Mangel des nöthigen Reisegeldes steigerten, vielleicht auch seine angeborne Unschlüssigkeit, verzögerten seine Wiederkehr nach Basel noch bis zum September 1589. — Es war damals eine Zeit der peinlichsten Ungewissheit und Erwartung dessen was kommen sollte, während der Einschliessung Genfs durch die Savoyer. Schon 3. März 1588 hatte Hotmann (an Tossanus) geschrieben: „Wäre nicht der Gedanke an meine Kinder, der mich zurückhielte, so möchte ich mir zur

---

[1]) cf. Epp. No 136. H./Stuckio 6. Nov. 1584. H./Amerb. 11. Sept. 1584 (Basel).

[2]) Vulliemin l. cit. IX, p. 267, 276. vgl. mit p. 232/4. — cf. auch Epp. No 157.

[3]) Thommen l. cit. p. 180, Note 2, ferner Codex Basiliensis (auf der öffentl. Bibl. zu Basel, G. I, 12. F° 37ᵇ, 40, 42). Henric. Justus an Ludw. Iselin, 3 non. Sept. 1583 und 6 Cal. Nov. 1585. H. tertio ablatam conditionem recusavit.

[4]) H./Grynæus, Febr. 1587 (Basel). — Amerb./Occo, 9. Juli 1587 (Basel).

Loosung nehmen: lasset uns sterben und uns mitten in's
Kampfgewühl stürzen."[1] — Endlich drängte es zum Entschluss. Zu derselben Zeit, da Savoyen mit Bern über
jenen schmählichen Frieden verhandelte, durch welchen
Bern die Stadt Genf und die Sache des Protestantismus
preisgab[2] raffte sich Hotmann, seit 12 Tagen krank,
aus der belagerten Stadt auf und, den einzigen noch
freien Ausweg nach dem See benutzend, bestieg er in
Begleit seiner jüngsten Tochter ein Schiff, auf welchem
sie die Nacht durch bis Morges fuhren und von da aus
die Landreise nach Basel machten.[3]

Auch in Genf hatte die Wirksamkeit Hotmann's
nach ihren verschiedenen Richtungen unentwegten Fortgang gehabt. — Von seinen wissenschaftlichen Arbeiten
fallen in diese zweite Genferzeit Hotmann's Abhandlung
über das römische Münzwesen (de re nummaria), auf
welchem vielbearbeiteten Gebiete der gute Klang seiner
Forschungen schon daraus erhellt, dass über seine Ansicht vom fœnus unciarium sich zwischen Gronov und
Salmasius eine Controverse entspann,[4] ferner seine 10
Bücher römischrechtliche Observationes und seine Medi-
tationen über das Canonische Recht, in welchen er als
einer der Ersten die Unechtheit der sogenannten Isi-
dorischen Sammlung von Canones aus der Mitte des
IX. Jahrhunderts dargethan und überhaupt den Nachweis geleistet hat, mit welchen Fälschungen das Papst-

---

[1] Epp. II. N⁰ 162.
[2] cf. Vulliemin l. cit. IX, p. 298.
[3] cf. H./Grynæus, 30. Aug. 1589 (Basel). — H./Streinnius,
26. Oct. 1589 (Epp. II. N⁰ 193).
[4] cf. Streuber. Der Zinsfuss bei den Römern, p. 23.

thum zur Behauptung seines Primats bei seinen Erlassen jener Zeit zuwege gegangen. [1]

Der im Juni 1584 erfolgte Tod des Herzogs von Alençon, des letztlebenden Bruders des kinderlosen Heinrich III., brachte die Successionsfrage des französischen Thrones und der Valois'schen Dynastie zur Erörterung, wobei es sich darum handelte, ob kraft Nähe des Verwandtschaftsgrades dem Cardinal von Bourbon, oder kraft Rechtes der ältern Familienbranche dessen Neffen Heinrich von Navarra, dem Sohn dessen ältern Bruders Anton die Anwartschaft zukomme.

In einem aus Auftrag dieses letztern verfassten Gutachten [2] verfocht Hotmann die Ansprüche dieses ihres Prätendenten, auf welchen die Hugenotten damals alle

---

[1] Diese Arbeit, welche Hotmann unter dem Titel: Scarabæus Antichristi Romani i. e. patefactio corruptelarum, falsitatum, imposturarum juris decretalistici zu publiciren gedachte, konnte er nicht mehr zum Abschluss bringen und sie ist daher nicht publicirt worden, cf. Epistolæ Nᵒ 142, ferner Nᵒ 147 II./Tossanus, 8. Mai 1567, „dici non potest quantas imposturas animadverterim."

[2] Es ist die in Frankfurt a. M. 1585 herausgekommene Abhandlung mit dem Titel: disputatio de controversia Successionis regiæ inter patruum et nepotem ac in universum de jure Successionis regiæ in regno Galliæ. — Hotmann verfocht die Rechte Navarra's, gestützt auf ein ungeschriebenes königliches Gesetz, wie er es nannte (lex regia), nach welchem in Fragen der Thronfolge weder das römische Recht, noch das salische Gesetz Geltung habe, sondern das Feudalrecht, welches die Krone Frankreichs als ein nach der Regel der Primogenitur vererbliches männliches Lehen übertragbar erkläre. (Dareste Essai 86/7.) — Die Gegner, unter welchen sich Hotmann's eigener Bruder, Anton Hotmann in Paris, befand, beriefen sich auf die Constitution, welche als ungeschriebenes Recht die eine wie die andere Auslegung zuliess — replicando berief sich Hotmann darauf, dass dieses ungeschriebene königliche Gesetz „allen guten Franzosen, die sich nicht an's Ausland verkauft „hätten, in's Herz geschrieben sei."

ihre Hoffnungen setzten, und später ergriff er ein letztes Mal seine streitbare Feder, um in seiner Schrift über das Thronfolgerecht im französischen Reiche [1]) dieselben noch des Einlässlichen zu begründen.

In die Zwischenzeit zwischen diesen beiden eben genannten Schriften fällt noch seine fulminente Entgegnung [2]) auf die im September 1505 von Papst Sixtus V. gegen Heinrich von Navarra und den Prinzen von Condé geschleuderte Excommunication, mit welcher der Papst dieselben ihres Glaubens wegen aller ihrer Besitzthümer und Successionsansprüche verlustig erklärt hatte. [3])

Als um diese selbe Zeit Heinrich III. für seinen Krieg gegen die Hugenotten treuloserweise den Vertrag mit der Schweiz dahin auszunützen suchte, dass er angeblich zu seiner Vertheidigung gegen die Guisen auch von den evangelischen Ständen ein Truppenaufgebot verlangte, — sobald aber die Mannschaft auf dem

---

[1]) Vgl. die „leges de successione regia" als II. Buch zu Hotmann's Schrift de jure regni Galliæ im III. Band seiner Gesammtwerke, sowie — wenn sie überhaupt Hotmann zuzuschreiben ist — die anonyme Schrift „de la succession de droit et prérogative du premier prince du sang de France déférée par la loi du royaume à Msgr. Chs. de Bourbon," 1588.

[2]) Diese, von Hotmann auch in französischer Uebersetzung herausgegebene durch Hottinger in's deutsche übersetzte Schrift lautet: Brutum fulmen contra Henricum regem Navarræ et Heinricum Borbonicum principem Condæum vibratum, cujus multiplex nullitas ex protestatione patet. — Sie erlebte 1586/1603 vier Auflagen und wurde von Joh. Fischart unter dem Titel: „der unvernünftige und unsinnige Bannstrahl" Nᵒ 1586 in's Deutsche übersetzt mit Zusätzen, welche er im Text oder in Marginalien einschaltete. cf. u. A. G. Besson, Etudes sur Jn. Fischart, Paris 1889 (bei Hachette).

[3]) cf. Ranke l. cit. I. p. 416.

Marsche war, die Maske lüftete, die Pacificationsedicte
widerrief und die Schweizer insgesammt gegen den
König von Navarra und die Hugenotten marschiren
liess, musste Hotmann im Auftrag Navarra's neuerdings
gegen diesen Vertragsbruch remonstriren und er wandte
sich an Amerbach, um beim Rath zu Basel, gestützt auf
den obenerwähnten Vertragsvorbehalt, [1] einen Gegen-
befehl an die von hier aus auf dem Marsch begriffenen
hiesigen Truppen zu erlangen [2] — dies wirkte. Der
Rath beschloss sofort, deren Rückzug zu verlangen, welcher auch vom König anstandslos bewilligt wurde — ja,
der Stand Bern wurde selbst von hier aus zu einer
Gesandtschaft an Heinrich III. veranlasst, um auch wegen Aufhebung der Pacificationsedicte Vorstellungen zu
machen. [3]

Auch für Entsetzung Genf's aus seiner Bedrängniss
durch die Spanier verwendete sich Hotmann bei seinen
Freunden in Zürich um Hülfeleistung seitens ihres Magistrats [4] — und als im April 1589 Heinrich III. und
der König von Navarra nach ihrer Zusammenkunft im
Parke von Plessis-le-Tour sich vollends zum Kampfe
gegen die Ligue verbündeten [5] hatte Hotmann im Auf-

---

[1] cf. Ochs, Geschichte v. Basel, VI, p. 288.
[2] cf. Epist. Amerbachianæ. — H./Amerbach. 6. Juli 1585.
[3] cf. Missivenbuch (Basl. Rathsarchiv). Schreiben E. Raths an
Stand Bern. d. 10. Juli 1585, E. Rath/Hptm. Irmin. d. 15. Juli
1585. — Abschiedsdocument des Königs Heinrich III. an Hptm.
Irmin. August 1585. — Es war das einer derjenigen Puncte, in welchen Hotmann von seinem Gesichtskreise aus zugleich auch dem
hiesigen Gemeinwesen einen Dienst erwiesen hat. — Ein anderer war
1581 seine Schrift gegen die sogenannte Concordienformel gewesen,
(p. 48/49 oben).
[4] cf. Epp. II. No 157. d. 26. Sept. 1587.
[5] Ranke l. cit. I. p. 468/469.

trag Navarra's noch von Genf aus mit Sancy, dem königlichen Abgesandten in der Schweiz zu conferiren, welchem es gelang, einen Zuzug von zehntausend Mann Schweizertruppen auszuwirken.[1] Diese stiessen dann im Verein mit deutschen Reitern und Fusstruppen vom Rhein aus zu dem vereinigten königlichen und hugenottischen Heere im Innern Frankreichs.

Die Rollen hatten jetzt gewechselt — die einstigen Stützen des Thrones, die streng katholischen Liguisten waren jetzt die Feinde Heinrich's III. — Mit der Thronbesteigung Heinrich's IV., 1. August 1589, trat der vollständige Umschwung ein und so war es Hotmann vergönnt, am Abend seiner Tage noch den anscheinenden Triumph derjenigen Sache zu begrüssen, welcher die Arbeit und der Kampf seines Lebens während vollen 40 Jahren gegolten hatte.

Von unmittelbarem und nachhaltigem Erfolge ist freilich von seinen Bestrebungen und Idealen, soweit er damit aus dem Rahmen seiner sachlichen Berufsthätigkeit herausgetreten ist, keine gewesen. — Die Reichsstände, deren Panier er als der Erste erhoben hat — obschon unter Heinrich III. zweimal innert 12 Jahren einberufen — gaben den Ausschlag beidemal im Sinne der katholischen Reaction[2] und von Heinrich IV. und seinen Nachfolgern wurde diese Institution wieder völlig der Vergessenheit anheimgegeben — die Einheit der Gesetzgebung liess noch ein bis zwei Jahrhunderte

---

[1] Epp. II. N° 183. II./Landgr. W. 16. April 1589. Ranke l. cit. I. p. 470. Vulliemin l. cit. IX. p. 276. 288. 295.

[2] Ranke l. cit. l, p. 353/358. 452.

[3] Aug. Thierry, récits. cit. p. 118/126, in: Critik der Franco Gallia. Ludwig XV. war durch die Rebellion der guerre du bien public gezwungen, Supremativ die Stände des Königreichs anzuerkennen.

auf sich warten — die evangelische Lehre aber ist nach
blutigen Kämpfen und Verfolgungen in Frankreich unter-
legen und ein grosser Theil ihrer Vertreter — die blü-
hendsten Geschlechter — mussten ein Jahrhundert später
in die Verbannung wandern. — Allein auch hier gilt das
Wort: in magnus voluisse sat, — für die Sache, der er
gedient, wie für seine Person und seinen Namen sind
die edeln Kräfte, der persönliche Muth und die Opfer,
die er darauf verwendet, gleichwohl unvergessen und
unverloren geblieben. — Es war eine Aussaat, die — ein
jedes zu seiner Zeit — später erst aufgehen sollte [1]) oder
einst noch aufgehen wird.

Von seinem Wiedereintreffen in Basel an sind unserm Fr. Hotmann nur noch wenige Monate zu leben
übrig geblieben. — Von seinen frühern Freunden waren
nur Basilius Amerbach und Episcopius ihm geblieben,
und er erfreute sich noch des Umgangs mit Scipio Gentilis, dem Schüler, und spätern Nachfolger seines Freundes Donellus an der Universität Altdorf, welcher in jenem
Winter hier doctorirte, dagegen die Zwinger, Thomas
Plater, Sim. Sulzer a. A., waren ihm im Tode bereits
vorangegangen. — Auf die Annahme einer Professur hatte
Hotmann wegen der ihm unter den damaligen Verhältnissen anerbotenen allzu kärglichen Bedingungen ver-
zichtet.[2]) Dagegen eröffnete er gleichwohl noch einen
freiwilligen Lehrkurs an der Universität über die Staatsverwaltung der Römischen Republik in seiner Privat-
wohnung. — Schon in Genf hatten sich nämlich die Vor-

---

[1]) Aug. Thierry, récits cit. I. p. 118/126, — erst unter Ludwig
XV. konnten die Reichsstände ihre Suprematie zur Geltung bringen.
[2]) II./J. Grynæus, Feb. 1587 (Basel).

boten seiner letzten Krankheit eingestellt, welche dann·
hier bald entschieden zum Ausbruch kam. — Den 12. Februar 1590 hauchte Hotmann in den Armen seiner jüngsten Tochter, Theodora, des einzigen seiner damals noch
lebenden sechs Kinder, deren Pflege er sich noch erfreuen durfte, sein Leben aus. — Des folgenden Tages
wurde er mit zahlreichem Leichengeleite im Münster be-
stattet und Antistes Grynæus hat ihm die Leichenrede
gehalten. — Ueber der Fensteröffnung der sogen. Betsaal-
treppe im Kreuzgang des Münsters ist sein Grabstein,
mit der ihm vom Juristen Sam¹. Grynæus gesetzten Grab-
schrift, an deren Schluss das Distichon zu lesen ist:
Gallia progenuit — servat Basilea sepultum, Interitus
expers — nomen ubique viget.¹)

Des Verstorbenen Gesichtszüge wurden auf Wunsch
seiner Freunde vor seiner Bestattung von einem Maler

---

¹) Ein ziemlich umfangreiches Verzeichniss der geschriebenen
veröffentlichten und nicht veröffentlichten Werke Hotmann's, steht
in einem seinem Andenken gewidmeten und n° 1590 in Augusta
Rauracorum gedruckten Mémoire, in welchem auch folgender von
Theod. Beza ihm verfasster Nachruf steht:

„Aus dieser Inschrift vernimm
„Wanderer, einiges Wenige von dem
„Was in dem reichen Paris, von reichen
„Eltern geboren und in hohen Ehren stehend,
„Die Schmach des Kreuzes Christi
„Und die schreckliche Gewaltthätigkeit der Gottlosen,
„Dem Leiden auferlegte, den wir dieselben
„44 Jahre lang, muthvoll aushalten sahen,
„Von keinen Stürmen und Ungemach geschreckt.
„Dessen Geist das tiefste Verständniss des Rechtes
„Und die Probleme der Gesetzgebung mit bewundernswerthem
„Aus dem Born der wahren æquitas schöpfend,   [Geschick
„Ganz Galliens und Germaniens Beifall erntete.
„Hier liegt der grosse Hotmann.

aufgenommen.[1]) Bei seinen Lebzeiten hatte er seinen
Angehörigen dieses Verlangen abgelehnt mit dem Bemerken: seine Werke würden seine Person einst am Besten
wiedergeben. — Der Rath hatte ihm als wohlverdiente
Anerkennung seiner Leistungen für die Wissenschaft an
unserer Universität, an welcher er auch ein Anziehungs-
punkt zahlreicher auswärtiger Frequenz gewesen, die
Ehre und die Wohlthat einer unentgeltlichen Bestattung,
an der ihm von den Curatoren des Münsters gewidmeten
Grabstätte, erwiesen.

In seinem letzten Willen hat er sein Gut Villiers
St. Paul bei Paris und seine Bibliothek als Voraus seinem ältesten Sohn Johann vermacht und demselben die
Obsorge für seine drei Schwestern anempfohlen, seine
übrige Verlassenschaft seinen überlebenden Kindern zu
gleichen Theilen zukommen lassen, mit Ausnahme seines
missrathenen Sohnes Daniel, welchen er bona mente ent-
erbt hat. — Bei Aufnahme des auf Veranstaltung seines
Freundes Basilius Amerbach aufgenommenen Inventars
seiner Verlassenschaft, hatten sich als deren ganzer
Bestand mit Ausnahme der nothwendigsten Effecten und
zweier Kisten Bücher, 30 Kronen an baarem Geld ergeben,
während die Schulden sich auf 350 Kronen beliefen.[2])

---

[1]) Dieses Bild ist als Kupferstich von Theod. de Bry in J. J.
Boissard's Bibliotheca cartographica (Frankf. 1650) aufgenommen.
Das Oelbild Hotmann's, welches sich in der Aula des Universitäts-
gebäudes aufgestellt findet, ist, der Malerei nach zu urtheilen,
wahrscheinlich von Hans Bock († 1620) gemalt und trägt die
Aufschrift „ætatis anni 63," was, wenn richtig, den angeblichen
Mangel jeder Aufnahme bei Hotmann's Lebzeiten widerlegt. — Eine
Copie des letztern Bildes findet sich in der öffentlichen Kunstsammlung. — Ueber Hotmann's Grabstein im Kreuzgang des Münsters soll
ebenfalls sein Porträt angebracht sein, ist aber verwahrlost und
daher dermalen von unten unkenntlich.

[2]) cf. Epp. H. No 104. Basil. Amerb./Jo. II., 17. Feb. 1590.

Sein ältester Sohn Joh. Hotmann, ist der alleinige
von vier Brüdern, welcher seiner Gesinnung ebensowohl,
als seiner Begabung nach, in die Fussstapfen seines Vaters getreten ist. — Er studirte die Rechte, war bis
1592 in England in der Familie eines Lord Paulet als
Erzieher, schrieb einen Tractat über die Pflichten eines
Gesandten (Paris 1602/4), eine Uebersetzung der Vorrede de Thou's zu seiner Geschichte Frankreichs (1624),
auch einige polemische Schriften, und erwarb sich den
Ruf eines klugen und gewandten Staatsmanns, welcher
in den Jahren 1610/1615 zu verschiedenen Verhandlungen in Deutschland verwendet wurde. Die National-
bibliothek zu Paris soll einen Band seiner gesammelten
Correspondenzen und Unterhandlungen enthalten (Paris
1616).

Im Anschluss an diesen äussern Verlauf seines Lebens und Wirkens fassen wir noch das in kurzen Zügen
zusammen, was uns in der Persönlichkeit Franz Hotmann's
mehr nach ihrer innern Seite entgegentritt.

Als zuverlässigere Quelle der Charakteristik eines
Mannes, wie die Lobreden jener Zeit, kann sein Briefwechsel mit den bedeutendern seiner ihm befreundeten
Zeitgenossen gelten, von welchem die Eingangs erwähnten
Forschungen Rod. Dareste's über Hotmann, sowohl aus
unserer hiesigen Amerbach'schen Sammlung, als auch
aus den Bibliotheken oder Archiven von Zürich, Genf,
Gotha und anderer Städte, eine reiche Ausbeute zu Tage
gefördert haben.[1])

Aus diesem und seinen sonstigen Schriften und Le-
bensnachrichten ersehen wir, dass Hotmann in seinem

---

[1]) Die nähere Aufzählung derselben siehe in Revue historique
l. cit. p. 1 und 393.

Privatleben sich nicht nur jederzeit als Mann von Ehre
und Character und in tadellosem Wandel als gewissenhafter Gatte und Familienvater bewährte, sondern dass
er auch das vielfache Schwere seiner Lebensführung in
steter Sammlung des Gemüthes auf sein Inneres hat
wirken lassen, so dass sein ·nach Seele und Begabung
edel angelegter Geist dadurch bis zum Ziele seiner Lauf-
bahn mehr und mehr innerlich gereift und vertieft wurde.

Von Natur offenen Gemüthes, ist er auch aller Ver-
stellung feind gewesen und hat in seinem vielfältigen
Verkehr mit Fürsten und andern Hochgestellten jene
höfischen Schliche verschmäht, mit deren Hülfe Andere
in solchen Kreisen sich eine Stellung zu machen verstanden. — Vermöge der Concentration seines ganzen
geistigen Wesens und der bei aller religiösen Innigkeit
seiner Sinnesweise mit einem gewissen Feuer der Leidenschaft verknüpften Selbständigkeit eines hehren, thatkräf-
tigen Characters, würde Hotmann in unserer an gleiten-
dere Umgangsformen gewöhnten Zeit, eine imponirende
Erscheinung von vielleicht etwas abstossender Wirkung
gewesen sein. — In der Generation aber jener ersten
Hälfte des XVI. Jahrhunderts, welche im Ganzen so
Grosses geleistet hat, war ·solches mehr oder weniger
gäng und gäbe und selbst unter seinen Zeitgenossen
ragte unser Hotmann darin hervor, dass jene kleinliche
Ehr- und Eifersucht, wie wir sie bei manchen der ersten
Gelehrten seines Jahrhunderts finden, ihm fremd geblie-

---

¹) Vergl. in dieser Beziehung aus seinen Briefen besonders:
H./Gualter, 9. Dec. 1571 (Zürich), abgedr. in Revue l. cit. p. 52/3.
— H./Bullinger, 1. Feb. 1572 (Zürich), abgedr. in Revue p. 54. —
H./Gualter, 26. Mai 1579 (Epp. No 81). — H./Tossanus, 3. März
1588 (Epp. No 162). — H./Streioius, 26. Oct. 1589, Basel (Epp.
No 193).

ben ist. — Mit ehrenwerther Unerschrockenheit hat er
die alten und tiefen Schäden, welche in seiner Zeit dem
französischen Staatswesen und der französischen Nation
anhafteten, in seinem Antitribonian und seiner Franco
Gallia mit offenem Visier des schärfsten gegeisselt, zugleich aber auch die Mittel zur Verbesserung und Ab-
hülfe an die Hand gegeben, die — wären sie befolgt
worden — in dem bessern Theil seiner Stammesgenossen
die geistige Blüthe jener Bildungsperiode auf eine längere Zeit hinaus hätte festhalten können. — In seiner
ganzen geistigen Veranlagung finden wir deutsche Bieder-
keit des Characters und Gründlichkeit des Schaffens mit
dem Feuer und der Initiative französischen Wesens ge-
paart. — Das Ideal des Rechtskundigen im täglichen
Leben aber fasste er in edler Weitherzigkeit nach dem
Vorbild der alten Römer dahin auf, seinen Mitbürgern
im æquum et bonum überall, namentlich da, wo er den
Schwächern in seinem Rechte verkümmert sehe, be-
rathend und helfend zur Seite zu stehen.[1])

Es scheint freilich bei ihm wie bei vielen Andern
in seinen jüngern Jahren durch eine gewisse critische
Phase hindurchgegangen zu sein.

In jener Periode des gespanntesten Gegenüber-
stehens der erbitterten Partheien vor dem Beginn der
Religionskriege, als durch die usurpatorische Anmaass-
lichkeit der Guisen gereizt, ein Theil der Hugenotten
sich versucht fand, zu Gewaltthätigkeiten überzugehen
und die Feindseligkeiten zu eröffnen, da sah sich auch
Hotmann vermöge seines feurigen und leidenschaftlichen
Temperaments, nachdem er sich einmal der Politik angenommen, in diese Strömung hineingezogen. — Allein,

---

[1]) cf. Hotmann's Schrift: Juris consultus s. de optimo genere
juris interpretandi in Opp. omnia Fr. H¹. Bd. I, p. 30.

wie er der Verschwörung von Amboise ferngeblieben ist,
so hat auch in einer ähnlichen wichtigen Angelegenheit,[1]) wo die Hoffnung auf einen grossen Erfolg für die
Sache der Parthei mit der Stimme des religiösen Gewissens und des nationalen Selbstgefühls sich in Widerstreit befand, die entschieden ablehnende Haltung Calvins, den er als seinen geistlichen Vater und Freund
zeitlebens mit inniger Liebe und Verehrung zugethan
war, auch Hotmann die Hand von diesem Anschlag wieder
abziehen lassen. — Es findet hier seine Anwendung, was
Ranke von den Hugenotten überhaupt in jener Epoche
sagt: „Die bestandenen äussern Kämpfe sind noch nicht
„so hoch anzuschlagen als die innern, denn das war das
„Geschick der damals lebenden Menschen, sich in dem
„Widerstreit der religiösen Anschauungen und der ge-
„wohnten bürgerlichen Pflichten, die nun nicht mehr
„zusammenfielen wie vordem, selbständig ihren Weg zu
„suchen.“ [2]) — Auch in seiner Stellung als einer der politischen Führer der hugenottischen Sache hat daher Hot-

---

[1]) Es handelte sich dabei dem Anschein nach um eine günstige Gelegenheit, den von Frankreich mitten im Frieden durch
einen Handstreich genommenen Platz von Metz, vielleicht durch
List oder Verrath, dem deutschen Reich und damit der Sache der
Hugenotten in ihren unter Heinrich II. ihrer Religion wegen bedrängten evangelischen Glaubensgenossen daselbst wieder zu gewinnen. — cf. Revue hist. l. cit. p. 21 und II./Calvin, 19. Sept.
1559 (Genf), und in seinem vollständigen Umfang ist dieser Brief
abgedr. in Corp. Reform., vol. 45, N° 3118. Quoniam tamdiu te
celare quiddam non possum, i. e. usq. ad D. Bezæ reditum, scito,
repertum nobilem prudentem quinquagenarium, cujus bona amplius triginta millibus fl. æstimantur, qui artem quandam commentus
est qua μετας recuperet. — Postulat 20,000 fl. his legibus ut si
res succedat 10 sibi habeat, sin minus omnia reddat. — Interea pi-
gnori sua bona opponet etc. etc.

[2]) Ranke l. cit. I, p. 298 ff.

mann seine Sache nicht nur mit Geschick und Beharr-
lichkeit gelöst, sondern auch dem Gebote kluger Zurückhaltung und gewissenhafter Auswahl der angewendeten
Mittel je nach Lage der Sache Raum gegeben.[1])

Seine Publicistik war gewissermaassen die von selbst
gegebene Ergänzung seiner politischen und kirchlichen
Stellung. Die Katholiken hatten am königlichen Hofe, an
der Residenz mit ihren geselligen Kreisen und an der
grossen Mehrzahl des hohen und niedern Beamtenthums
ihr Centrum, von welchem aus sie die jeweilige Situation
einiger maassen beherrschten. — Die über alle Provinzen
zerstreuten Evangelischen dagegen als politische Parthei
bedurften neben ihrer innern Organisation noch eines
geistigen Sammelpunkts, von welchem aus sie für ihre
einzuhaltende Politik wie für ihre Handlungsweise jeweilen das Losungswort empfingen und einen solchen
boten ihnen neben denjenigen Anderer namentlich auch
die erwähnten Gelegenheitschriften Hotmann's, welche
von dem Boden einer strengsachlichen Behandlung der
obschwebenden Fragen aus, durch ihre concrete und
drastische Schreibweise zu nachhaltiger Bethätigung an

---

[1]) Das entgegengesetzte Urtheil über seine diplomatische Wirksamkeit in Thommen Univers. Basel, p. 182, können wir nicht thatsächlich belegt finden — und die Anschuldigungen J. Sturm's (Corp.
Reform. Calvin Bd. XVIII, N⁰ 3407) und Balduin's (Responsiones
Baldⁱ. ad Calv., p. 148) gegen Hotmann, welche ihn als höchst
intriganten Characters und zweifelhafter Moralität darstellen, müssen
bezüglich Sturm's als aus der Verbitterung entzweiter Freunde (cf.
Corp. Reform. Calv., Bd. XVIII, N⁰ 3407 in der Note), bezüglich
Balduin's als aus jeheriger offener Feindschaft hervorgegangene und
thatsächlich widerlegte schnöde Verleumdungen allen Gewichtes
entbehren, (cf. betr. Balduin, Corp. Reform. Calvin, Bd. XIX, N⁰ 3420,
Note 5) — letzteres namentlich durch das ehrenvolle Abschiedsdocument der Univers. Strasburg zu Gunsten Hotmann's.

der Sache der Parthei in den weitesten Kreisen die wirksame Anregung gaben.

Der Schwerpunkt seiner Lebensthätigkeit liegt jedoch weder in seinem staatsmännischen Wirken, noch in seiner polemischen Schriftstellerei, sondern in seinen fachmännischen juristischen Werken und der dieselbe begleitenden academischen Lehrthätigkeit, und auf diesem Gebiet zeugen seine Gesammtwerke sowohl ihrem Umfang als noch viel mehr der Vielseitigkeit der Materien und ihrem Gehalt nach von seiner wissenschaftlichen Tüchtigkeit und stupenden Arbeitskraft.[1])

Als Lehrer und Forscher finden wir Hotmann nach seiner wissenschaftlichen Seite in Stintzings Geschichte der deutschen Rechtswissenschaft[2]) folgendermaassen beurtheilt:

„Ein Gelehrter ersten Ranges beherrscht Hotmann „die gesammten Bildungselemente seiner Zeit; wir finden „in seiner Jurisprudenz die antiquarisch-critische Rich- „tung sowohl wie die dogmatische vertreten. — Die ana- „lytische Behandlung überwiegt; die Synthese bewegt „sich in den dialectischen Formen, seine Untersuchungen „dringen in die Tiefe und in Einzelfragen; sein Styl ist „der elegante und reine des vollendeten Philologen.“ Soweit Stintzing.

Es kann auf diesem unserm rein historischen Boden nicht die Rede sein, den Ausführungen Dareste's zu

---

[1]) Deren Inhalt umfasst Römisches Recht, sowohl nach der rein dogmatischen, als nach der historisch-antiquarischen und auch nach der consultativ-practischen Seite, sodann verschiedene Parthieen des feudalen und canonischen Rechts, und aus der spätern Lebenszeit Hotmann's selbst das Staatsrecht der französischen Monarchie in theoretischer Entwicklung ihrer Grundgesetze und ihres Thronfolgerechts.

[2]) Stintzing l. cit. I. Abthl., p. 384.

folgen, welcher als Fachmann Hotmann's Characteristik auch nach ihrer rein wissenschaftlichen Seite noch weiter verfolgt und zeigt wie Hotmann seine bahnbrechende wissenschaftliche Wirksamkeit auch darin bethätigte, dass er, frei von der engherzigen Befangenheit der meisten Romanisten seiner Zeit in Gebieten wie das mittelalterliche Feudalrecht den germanistischen Grundlagen die ihnen zukommende Bedeutung einräumte, statt in irthümlicher Verkennung derselben diesen Materien in der pedantischen Weise des Scholasticismus die römisch-rechtlichen Grundbegriffe und deren Terminologie aufzudrängen.[1])

Mit Hotmann, Cujaz und Donellus sind die bedeutendsten Vertreter der französischen Rechtsschule des XVI. Jahrhunderts, wie sie alle drei fast gleichzeitig ihre academische Lehrthätigkeit eröffnet und das Verständniss des Rechtes, der eine mehr in Systematik, die beiden andern mehr in Exegese und analytischer Richtung auf zwei Jahrhunderte hinaus für Frankreich und Deutschland auf seinen Höhepunkt erhoben haben, so auch fast im selben Jahre, 1590/1, mit Tode abgegangen, und nur die jüngere Generation dieser Schule, die Gentilis, Forster und Andere, konnten ihre Wirksamkeit noch bis gegen den Schluss des ersten Viertels des XVII. Jahrhunderts fortsetzen.

Von Allen diesen war Hotmann der alleinige, der sich nicht nur in seiner juristischen Gedankensphäre über die civilistische Theoretik hinaus auf das pragmatische Gebiet einer nationalen französischen Codification emporgeschwungen, sondern auch mit dem ganzen Gewicht seiner Thatkraft und seines persönlichen Einflusses an der grossen Aufgabe seines Jahrhunderts sich in einer

---

[1]) Dareste Essai l. cit., p. 27 ff.

Weise betheiligt hat, welche ihn zu einer der geistigen
Spitzen dieser Kampfesperiode erhob.

Ebendaher kommt ihm neben seiner fachwissen-
schaftlichen Bedeutung in gewissem Maasse auch diejenige einer geschichtlichen Persönlichkeit seines Jahrhunderts zu, und somit der Anspruch auf eine ehrende
Erinnerung auch in unserm historische Forschungen ver-
folgenden Kreise.[1])

---

[1]) Hotmann hatte vor seinem Tode noch die Vorbereitungen zu
einer **Gesammtausgabe seiner Werke** getroffen. — Sein
Sohn Joh. Hotmann hat dieselbe nach seiner Rückkehr in die Schweiz,
1592, bearbeitet, und im darauffolgenden Jahre wurde dieselbe dann
durch den Genfer Professor Lectius in Lyon zum Druck befördert.
Sie enthält in drei enggedruckten Gross-Foliobänden die meisten
seiner Schriften juridischen und antiquarischen Inhalts, nicht aber
jene Streitschriften, welche, wie die Franco Gallia u. A. aus seiner
Feder hervorgegangen sind. — Vorangestellt ist der Gesammtausgabe
als Einleitung das Elogium Hotmann's von Nevel-Dosch J. C. Eine
französische Ausgabe der Werke von Ant. und Franz Hotmann ist
unter dem Titel Opuscules franç. d'Ant. et Franç. Hotmann in Paris
1616 herausgegeben worden. — Einiges von ihm in Manuscript
Verfasste mag bei den verschiedenen Plünderungen seiner Wohnung,
die er erfahren hat, oder sonst verloren gegangen sein; wie er ja
nach seiner eigenen Erklärung u. A. einen Index der Universal-
geschichte geschrieben hat, von welchem die Gesammtausgabe seiner
Werke nur noch ein (Bd. I abgedrucktes) Bruchstück enthält.

Anhang.

Wir schliessen Vorstehendem den Abdruck einer
Anzahl bisher noch nicht herausgegebener Briefe Hotmann's aus den Jahren 1561—1563 an, also aus der
Zeit kurz vor und während des ersten Religionskrieges
bis nach dem Frieden von Amboise. — Dieselben enthalten ausser den besondern Veranlassungsgründen der
einzelnen Schreiben eine fortlaufende Reihenfolge von
Berichten Hotmann's über die damaligen Begebenheiten
in Frankreich, gerichtet an den Landgrafen Philipp den
Grossmüthigen von Hessen, von welchem er bei Ausbruch
des Krieges für seine hugenottischen Glaubensgenossen
die Sendung einer namhaften Schaar hessischer Reiter
unter dem Marschall Fr. von Rollhausen und in Gemeinschaft mit dem Herzog von Würtemberg und dem Kurfürsten von der Pfalz ein Gelddarlehn auswirkte.[1])

Diese Briefe sind uns auf unser Ersuchen aus dem
hessischen Landesarchive zu Marburg durch gefällige
Vermittlung des dortigen und unseres hiesigen Staats-
archivariats zur Publication in den historischen Beiträgen
zugestellt worden, und deren Herausgabe bildet eine
wünschbare Ergänzung der verdienstlichen Forschungen

---

[1]) cf., p. 20 oben.

Rod. Dareste's über die Wirksamkeit Hotmann's in jenem folgenreichen Zeitpunct, indem ihm bei seinen daherigen Arbeiten eben dieses Archiv als Geschichtsquelle verschlossen gewesen zu sein scheint.[1] Es folgen aus derselben Quelle noch zwei Briefe Hotmann's aus der Zeit unmittelbar nach der Mordnacht von 1572 als interessante Ergänzung der daherigen Berichte.

Von der gleichzeitigen Herausgabe des viel weitschichtigern Briefwechsels Hotmann's mit dem Landgrafen Wilhelm IV. von Hessen, dem Sohn des Vorgenannten, aus den Jahren 1575—1589 musste, obschon uns gleichfalls offengestellt, Abstand genommen werden theils wegen dessen Umfang, theils weil die Quellen über diese Periode der französischen Geschichte reichlicher fliessen als über die vorangegangene.[2]

<hr />

I.

Zwist zwischen dem König von Navarra und der Königin Mutter. — Anschläge der Guisen wider das Königthum im Bund mit Philipp von Spanien. — Ersuchen an den Landgrafen, Navarra hülfleistend entgegenzukommen.

Hotmann an Landgr. Philipp von Hessen.

1561. Merz 19.

Illustriss⁰ princeps, clementiss⁰ Domine.

Nisi rationes negotiorum gallicorum consilia mea impedissent notius aliquanto Celsitudini V^ue esset, nomen meum et

<hr />

[1] cf. Revue historique, 1876, cit. p. 2.

[2] Es sind dies besonders die citirten Mémoires sur l'Etat de la France sous Charles IX — ferner die mémoires von Duplessis-Mornay (über die Zeit von 1572—1599), la Popelinière, historia tumultuum etc. in Gallia ab a⁰ 1567.

studium, quo anno superiore flagrabam inserviendi Illust^mae
Clementiae vestrae in Academia Marpurgensi, ad quam in me-
diis Galliae patriae meae procellis evocabar. — Etsi autem
satisfacere illa in ro Illust^mae C. V. non potui, tamen cum
D^us Muntius hodierno die mihi dixisset, C. V. optare certiorem fieri de rebus Gallicis, putavi me rem non ingratam
C. V^ae facturum, si hanc chartam quam his litteris adjunxi
C. V^ae mitterem, in qua partem aliquam Gallicarum rerum
perscripsi: — Illud addam in his litteris, quod ad me ex
aula heri scriptum est, ortam esse offensionem maximam inter Navarrae regem et Reginam matrem propter Guisianorum
consilia quaedam nuper a Constablio patefacta: repertae sunt
enim galeae plus minus quadringentae, serico tectae tenuis-
simo, una cum personis quas vulgo mascas appellant: quae
ferreae quoque dicebantur esse. — Itaque cum Navarrensis
stomochosius cum illa locutus esset repente se iracundia
commotus una cum Connestablio, Amirallio, ceterisque nonnullis ex aula discessurum dixit, ac illa blandissime tum
locuta, pollicita est, se omnia ipsius caussa facturam: simulque sigillum regium quod moriente Francisco II occu-
parat, Cardinali Turnonio qui neutrarum partium esse vide-
batur, tradidit.

Guisiani tamen agitant consilia dolosa videnturque de
Corona Galliae invadenda cogitare. Philippum sibi adjunxer-
unt jamque de sponsalibus inter ipsius filium et Scotiae
reginam contrahendis nonnihil loquuntur. — Denique videtur res ad dissidium, ne dicam bellum civile aliquod erup-
tura. — Condensis urget suam absolutionem quoad
potest et decretum obtinuit, ut parlamenti parisiensis sen-
tentia principibus Regii sanguinis simulque duodecim pari-
bus Franciae exhibeatur et adhibitis antiquis ceremoniis ac
ritibus absolvatur.

Celsitudo vestra gratissimum faceret Navarrae regi, si de
eo juvando ant saltem consolando cogitaret: nonnihil in illo

desideratur: sed si C. V. intelligeret quanti terrores arma-
torum hominum dies atque noctes illi objecti sint, non mira-
retur, illum aliquod de jure suo temporis caussa cessisse. —
Brevi tamen meliora sperantur et ipse fortasse C. V^ae renun-
tiabo, quam dolose pontifex R. egerit cum illo Hispano quem
Navarrus ad illum importunitate quorundam victus ablegarat
et quam invito atq. ignorante ipso oratio illa habita sit,
quæ jam ab ipsis adversariis per universum orbem dissemi-
natur. — Scit C. V. linum fumans extinguendum non esse
et talem principem tam nobili natura, et tam comi et facili
ingenio favore potius aliquo prosequendum quam omnino
abjiciendum esse. — Quare peto a C. V^a, ut rationem aliquam illius adjuvandi ineat et confirmandi contra tantos
hostium conatus quibus sine dubio se diabolus adjungit,
quanquam spero Deum simplicitatis amatorem illius ἀφελτιας
et modesta benevolentia sua complexurum.

II.

**Aufschub von Hotmann's Reise zum König von Navarra. —
Seine Gesandtschaft an den sächsischen Hof. — Dessen strenger
Lutheranismus. — Keine Hoffnung einer Einigung der evan-
gelischen Confessionen. — Allgemeiner Stand der Sache. —
Wachsende Ausbreitung des evangelischen Bekenntnisses.**

F. Hotm./Landgr. Phil.

Strassburg 1561. Juli 12.

Illustriss^e princeps, clement^e domine.

Nunquam existimassem, cum a celsitudine vestra dis-
cessi, fore, ut tamdiu famulum vestrum retinerem. — Sed
præter itineris longitudinem diuturna Illustriss^l Electoris Augusti absentia moram reditioni meæ non parvam attulit. —
Itaque peto ab ill^ma celsitudine vestra majorem in modum,

ut hanc mihi culpam condonet, et sibi persuadeat, me quamdiu
vivam fore memorem tantæ humanitatis, clementiæ et . . . .
nitatis qua celsitudo v. me complexa est, diligentissime præterea scripturum Ecclesiis nostris, ut pro suo officio Deum
Opt. Max^m pro Illustr. C. V^æ incolumitate precentur.

Quantum autem ad Illustriss^m principum Ducum Saxoniæ responsum attinet, lubentiss^o quidem animo in legationem
consenserunt; ita tamen, ut in responso suo ad Regem
Navarræ scripto Zwinglianismi errorem nominatim damnarint,
eumque rogarint, ut sibi ab illo caveret. — At cum Rex
Navarræ et alii nihil de illa controversia audierint, judicabam
fore satius, si illum a missa et pompa idolatrica cui nuper
Luteciæ interfuit revocarent et non (ut est in Latinorum
proverbio) cum capiti mederi debeamus reduviam curaremus.

Illustriss^s antem Elector Augustus benignissime in legationem consensit: non quam plane promitteret se in Galliam
missurum; sed ad eum locum, quem El. Palatinus designaret,
ubi legati principum convenirent et communi consilio de
capitibus legationis deliberarent. — Nominatim autem ascrip-
sit, se a Navarræ Rege petere, ut Augustanæ confessionis formulam reciperet; quod propter Missæ laudationem, quæ nominatim amplissimis verbis in extremo illius confessionis com-
probatur, numquam ab Ecclesiis nostris impetrabitur. — Itaque, quid de Legatione statui debeat, valde incertus sum. —
Satius enim esset nullam mitti quam eam mitti quæ dissensiones et controversias quæ in istis regionibus sunt, maximo
cum scandalo patefaciat. — Ego in Galliam recta excurrebam,
nisi literas a nostris hic offendissem quæ me aliquantisper
hic expectare jubebant. Itaque profectionem meam ad dies
aliquot distuli.

Interea quod de Gallia audivi, fere est hujusmodi: Numerus fidelium incredibiliter auctus est: neque ulla est ora
in universo Galliæ regno ubi non et pastores et ecclesiæ
Evangelicæ locum habeant — in Normannia, Aquitania,

Gasconia, nonnulis locis aperte, palam, publice etiam in ipsis templis. — Aureliis etiam et Pictariis et Andibus atria in ædibus ita referta, ut ad plateæ publicæ extremum exundent. — Alternis diebus conciones habentur tanta frequentia, ut hominum V aut VI millia intersint. — In aula Condensis princeps, Longovillius princeps, et Amirallius suos concionatores habent. — Regina mater aperte dixit, se videre, nulla ratione cursum hujus religionis impediri posse — itaque mature deliberandum, quomodo quam placidissime res parari possit. — Connestablius tamen et Guisiani et alii cum quoad possunt adversentur, vident se neque hilum quidem proficere.

Condensis princeps absolutus est a parlamenti parisiensis principibus et proceribus regni omnibus præsentibus. — Eo die Rex convivio multos excepit: cum Cardinalis Lotaringicus data opera collocutus esset proxime Condensem, Condensis ne aspectu quidem illum est dignatus, quod a multis observatum et laudi datum est. Ducissa Ferrariæ etiam suum in aula concionatorem Italicum habet, quo multi conveniunt, nondum autem ipsius filia propter mariti interdictum atrocissimum ausa est, nisi admodum clanculum, interesse. — Metis alternis diebus conciones habentur, ubi amplius tria millia hominum intersunt. Viellevillius promisit, se daturum operam, ut intra dies paucos templum habeant. Ibi certe maxima est libertas. — Itaque Metenses qui hic apud nos erant, eo fere omnes emigrarunt. — Lutetiæ conciones non nisi clanculum habentur cum tamen piorum numerus sit incredibilis — nam et parlamentum adversatur et plebs furore et insania fertur in nostros sic, ut quodam loco celeberrimo Idolum statuerit, ut qui illuc coperto capite et Idolo insalutato prætereunt a sicariis data opera ibi in præsidio collocatis lapidentur.

Sabaudiæ dux coactus est cum Vallangronijs pacem facere et ijs religionis libertatem permittere. Is Regem Hispaniæ heredem suum instituit. Itaque Dux de Nemours agnatus ipsius, ad illum placandum et reconciliandum profectus

est, quanquam etiam hoc fuit caussa quod condemnatus est
a parlamento parisiensi et jussus uxorem suam secum habere,
qua de caussa rixa inter illum et regiam matrem exorta est;
itaque insciis creditoribus suis quos multos et miseros reli-
quit, clam ex Gallia cum exigua pecunia profugit. — Sabandi
uxor misere, impudice, contumeliose a marito tractata divor-
tium flagitat, probavit, illum multis locis scorta certa alere,
quae ab eunichis more turcico asserventur. — Luteciam nuper
quatuor capitanei avocati sunt insciis concionatoribus. —
Consilium captum erat a novitijs evangelicis (qui Evangelium
Petri et Malchi vulgo dictitantur potius sequi quam Mathei
aut Marci) ut Idolum illud paniceum quod in pompa gestan-
dum erat, in omnibus parochijs deturbarent: Numerus fuit
tam magnus, ut decem hominum millia superaret, majorem
enim nolo dicere, sed omnia audivi et capitaneorum nomina
mihi notissima sunt. — Statuerant quatuor locis Luteciam
occupare et vim vi repellere, seque in libertatem vindicare.
Concionatores certiores facti denuntiarunt illis se, nisi desis-
terent, iudicium ejus rei facturos. — Cum illi revocari ab
instituto non possent, adhibitus est Cardinalis Castillionius
qui Reginam matrem exoraret, ut Regem eo adduceret et
Regem Navarrae, qui pro imperio tumultum impedirent. Itaque
Marschalcus Mommorantius, Connestablii filius, insulae franciae praefectus turmam equitum cataphractorum per urbem
circumduxit ad illos territandos. — Ita tamen ut saepe pom-
pam disturbaret et ab ipsis phasphis animadverterentur multa
quae dissimulare coacti sunt.

Caetera perotium Celsitudini vestrae perscribam. — Interea
Deum orabo, ut Illustrissimam Clementiam vestram Spiritu suo
sancto conservet. Argentorati XII. Juli 1561.

Illustrae Celsitudinis vestrae

Studiosissimus

Hotomannus Dr

III.

Hotmann's vorhabende Reise zum König von Navarra. — Intriguen der Guisen zu deren Verhinderung. — Warnung vor dem Rheingrafen.

H./Landgr. Wilh. v. Hessen.

Strassburg 1561. Aug. 6.

Illustrissime princeps, clementissime Domine.

Exposui illustr° parenti vestro caussas moræ istius meæ, quam scio Regi Navarresi cum alijs de caussis esse molestissimam, tum quia tam diligenter omnia illi scribere, quæ ad negotium pertinent non potui, quam si ipse co . . . . illo locutus fuissem. — Sed collocatæ mihi tum in vicinia, tum etiam in Lotaringia insidiæ fuerunt. — Et simul emissarius quidam iter hoc fecit, qui ad Palatinum, et Wirtembergensem literas Guisiani ducis detulit, querelarum plenas, quasi peregrinationem illam meam data opera suscepissem, ut eum ejusque fratres accusarem. — Existimant amici mei, illum etiam ad vos profectum esse: quod si ita est, spero C. V^m non dedignaturam, exemplum illarum litterarum ad me mittere. — Cum antem hic mihi consistendum viderem, honestum quendam et prudentem virum ad aulam misi, a quo confido me literas accepturum, quibus C. V^æ de rebus singulis respondebitur. De rebus Gallicis scribo, Illustrissime princeps, parenti vestro — mitto etiam C. V^æ Lugdunensem historiam quand ex fidelissimo amicorum testimonio concepi. — Oro C. V^m ut eam Illustrissimo principi Augusto postea mittat et sibi persuadeat, me clementiæ et humanitatis qua vos fratresque vestri, principes Illustriss[1], cum istic essem, me complexi estis, memoriam semper sancte et pie conservaturum. — Deum oro, ut vos omnes singulari sua benevolentia complectatur. Oblitus eram rogare C. V. ut cum

D. Ringravio colloquens consueta sua prudentia et cautione utatur, ne quid ille expiscari de me possit.

Argentorati VI. Aug. 1561.

Illustriss^{me} C. V. studiosissimus Hotomannus D.

IV.

Hotmann's vorhabende Reise nach Frankreich durchkreuzt seitens der Guisen. — Entscheid des Parlaments von Paris über die religiösen Versammlungen der Hugenotten. — Grosse Zunahme an Zahl.

H./Landgr. Phil.

Strassburg 1561. Aug. 6.

Illustrissime princeps, clementissime domine.

Si tamdiu me hic hæsurum putassem scripsissem Celsitudini vostræ multo celerius. — Sed cum meo itineri et profectioni in Galliam accinxissem, admonitus sum, Zavernis primum, dein apud sanctum Nicolaum collocatos esse exploratores qui me abeuntem observarent. — Simul ducem Guisianum literas ad omnes principes quorum Celsitudinem superioribus diebus Regis Navarræ nom^e salutarant scripsisse, quibus me seditiosum et tumultuarium appellat et de me ita queritur, quasi nulla alia de caussa illam profectionem suscepissem, nisi ut ipsum ac ipsius fratres accusarem. — Hæ literæ jam Palatino et Wirtembergensi redditæ sunt qui tamen pro sua prudentia satis intelligunt, quid illi sit respondendum. — Nunc autem Rhingravius in Saxoniam proficiscitur, quem ex eo suspicor negotium habere, ut a Principibus diligenter querat quid egerim, quia mecum ea de re accuratissime egit, ita tamen ut se non omnino patefaceret. — Ego ei aliud respondi nihil, nisi me propterea profectionem illam suscepisse, ut Germaniæ principes et urbes in-

viserem, antequam in patriam redirem. — Itaque oro C. V.
ut sua sapientia ea in re utatur; si forte ille curiosius velit
percontari.

Quod ad negotium meum attinet nihil adhuc habeo
quod scribam: nam cum Rex Navarræ et alii me studiosis-
sime expectarent nihil ad me usq. adhuc scripserunt. —
Itaque misi ad illos tabellarium, a quo responsum ad nostra
omnia expecto. — De rebus vero Gallicis hæc habeo.

Conventus parisiensis ita dimissus est, ut 72 suffragia
postulationi nostræ de templis evangelicis faverent. —
80 adversarentur.[1] — Cum senatusconsultum ex plurium
numero factum esset, ut concionatorem omnes intra tres heb-
domadas e regno decederent, domestici conventus proscri-
berentur, Lutherani intra menses tres exularent, Regina
mater et Rex Navarræ tum Senatusconsultum ipsum, tum
etiam omnium senatorum sententias in ignem projecerunt. —
Quid tamen futurum sit, incertum est, nam Cardinalius et
episcopi omnes alterum conventum habent in oppidulo quod
vocatur Poyssi, ubi dicuntur de ære alieno Regio dissolvendo
consilium capere et religione opprimenda. —

Interea piorum numerus mirabiliter angetur, neque videtur fieri posse, ut illis adversariorum viribus opprimatur.
— Cum dux Monspensierius quatuor hominum millia proxime
Turones coëgisset et circiter trecentos Christianos captivos
in aliquot pagis abduceret, nostri ex illa vicinitate convener-
unt circiter septem millia: ex his delecti sunt ter mille pe-
dites, equites octingenti. — Et cum illum summa contentione
persequerentur, alter fuga sibi salutem quæsivit. — Proxime Tholosam cum senatus Tholosanus quinque ex nostris
captos damnasset et continuo de iis supplicium sumpturus

_____

[1] Es handelt sich augenscheinlich um das Juli 1561 mit einer
kleinen Stimmenmehrheit im Parlament zu Paris beschlossene Edit
sur la religion. cf. Ranke, franz. Gesch. cit. I., p. 230.

esset, nostri manu facta præsidem ejusdem senatus qui cum aliquot senatoribus et scribis urbe exierat prehenderunt cisque patibulum erexerunt. Simul legatum Tholosam miserunt, fore ut quo supplicio nostri afficerentur eodem etiam illi omnes continuo mactarentur. — Ita captivi commutati sunt, Aureliis autem et compluribus aliis in oppidis binæ quotidie conciones in ædibus privatis habentur, tanto conventu et tanta frequentia, ut etiam viæ publicæ exundent. — Regina Scottiæ in patriam proficiscitur et Caleto iter facit, neque Angliam attinget. — Eam deducunt duo Guisiani, le grand prieur et Marchio Dalbeuf. — Dux Guisius eam prosequitur Caletum usque, Cardinalis vero non ita procul. —

Hæc habeo quæ in præsentia Celsitudini vestræ de Gallicis rebus scriberem. Cum ille quem ad aulam misi rediret, plura ut spero et pluribus de rebus scribam et simul literas quæ ad C. V. dabuntur diligenter curabo. — Interea Deum oro, ut illustriss^m Celsitud^m V. conservet. Argentorati VI. Aug. 1561.

Illust^mae Celsit^a V. Studiosiss^a cliens. Hotomann^a, D^r.

(Hat ein Siegel des Briefs mit Wappen Hotmann's.)

V.

Prohibitivedict des Parlaments von Paris gegen die Versammlung der Evangelischen. — Protest des Königs von Navarra. — Peter Martyr's Geleite an's Colloqium zu Poissy.

De Paris XI. August 1561.

Le Roy ayant envoyé l'édict prohibitif des Assemblées au Parlament de Paris défendit de le publier ailleurs que dans le palais. — Toutefois parce que Madame la Princesse de Condé fit une assemblée à Paris plus grande qu'il n'y eut oncques, la court ordonna qu'on publierait l'édict à son

de trompe par tous les carrefours. — De quoi étant adverty,
le Roy de Navarre, qui pour lors estait à Saint Germain,
vint à Paris, et remonstra aux présidens et Conseillers en
pleine Court le tort qu'ils avaient de n'avoir obéy au commandement du Roy, les appellans remueux, mutins et sé-
ditieux et qu'ils ne pensoyent pas qu'il y eût un Roy pour
les châstier, mais que bientost ils le connaîstraient. — Puis
s'attacha au procureur général Bourdin, luy disant qu'il
estait sans religion et qu'il cherchait d'avoir la teste tranchée
et que c'estait ceci qu'il méritait, que bientost cognoistrait
quelle puissance avait le Roy et son Conseil, qu'il était cause
et auteur de tous les troubles.

Comme le Lieutenant criminel par le commandement de
la dite cour fust venû au logis de Monsieur le prince avec
humble prière d'êstre excusé, si suivant le commandement
qu'il montrait il étoit venu pour faire Information de la dite
assemblée, le dit Prince lui respondit, que la dite assemblée
avait esté faite et qu'il s'en ferait encores et depuis en tous
les jours continué de plus belle. — Le Roy ayant reçûe la réponse des Seigneurs de Zürich qu'ils n'enverroyent le Doc-
teur Martyr sans hostage, dès le lendemain feist partir un
gentilhomme pour y aller en hostage. Monsieur de Besze
et le professeur Hébrieu Antoine Cesplier partirent avec lui
pour y aller. — Le X. de ce moys partirent de Paris au-
cuns Ministres pour se trouver au Colloque des Evêsqnes. —

L'on pensait que le Cardinal de Lorraine feist du ma-
lade, tonttefois la vérité a esté cognûe, que c'est à bon
escient et est en danger de sa vie.

Tous les Sgrs. de Guise sont allés à Calets pour con-
duire la Reine Marie, laquelle a entendu nouvelles que
les Anglais s'estaient jettéz en mer pour lui empêscher le
passage. — L'ensemble ne veust solennellement renoncer aux
titres et armvoiries d'Angleterre ensemble ratiflier l'arrond
passé entre elle est les protestans d'Escosse.

Les seigneurs de Chanzy et autres prisonniers pour le
fait d'Amboise Lion etc. se sont tous délivrés, excepté
Chandieu que l'on tient encores pour aucunes fausses ac-
cusations lesquelles se découvriront en brief.

VI.

Ersuchen um eine Gesandtschaft der deutschen Fürsten mit einem deutschen Prinzen an der Spitze, zu nachdrücklicher Unterstützung der Interessen der Evangelischen und Neutralisirung der spanischen Intriguen.

H. / Landgr. Phil.

Strassburg 1561. Aug. 23.

Illustre princeps, clementisse dome.

Spero celsitudinem vestram superiores novas literas accepisse, quas principis Condensis legato ad vos profiscicenti
dederam. — Ex eo tempore missa sunt ad me nova quædam
Gallica quæ nullis mutatis syllabis ad C. V. mittenda putavi:
ut intelligas quanto conatu quantas nugas Cardinalis Lotha-
ringus nobis cum omni sua phapforum caterva ediderit. —
Sed hæc antiqua ecclesiæ ratio et consuetudo fuit, tum de-
mum victoriam adipisci cum desperata omnia videntur juxta
Christi sententiam. In infirmitate virtus mea perficetur. —
Itaque per universam Galliam ecclesiæ florent ut cum maxime
et quamvis aliquantisper cursus evangelii in urbe Lutetia
et illa tota vicinia retardetur, non sistitur tamen et in aliis
provinciis tanta quotidie fit ad ecclesiam Christi accessio, ut
nihil aliud quam. phapforum querelæ audiantur clamitantium,
sibi aliunde quam ex mifferationibus victum quærendum esse.
Magna est autem procerum nostrorum expectatio de legatione
vestra, quæ nisi quid habeat Germanici roboris non multum
proficiet. — Necesse enim, tanquam clavum clavo, hic hispa-

nicas minas Germanico terrore pelli — Itaque peto a C. V.
ut eam rem curæ habeat et magno .... alicui principi
eam legationem mandandam curet. — Illustriss[e] princeps vale
et salve. — Deus C. V. quam dintissime nobis incolumem
conservet a R. Navarræ brevi litteras multas expecto.

Argentorati XXIII Aug. 1561.

Illustr[ae] Celsit[s] deditissimus Hotomann[s]. D[r].

VII.

**Dem Gesuche Hotmann's um eine Gesandtschaft der deutschen
Fürstenhöfe nach Frankreich an den Hof mit einem Mann
von hohem Rang und Ansehen erklärt sich der Landgraf für
sich und den Kurfürsten von der Pfalz willfahren zu wollen
— verbittet sich weitern directen Verkehr Hotmann's mit
seinem Sohne Wilhelm von Hessen in solchen Angelegenheiten, die übrigen deutschen Fürsten würden den Uebertritt
der Calvinisch Gesinnten in Frankreich zur Augustana zur
Bedingung stellen, wesshalb auf deren Beitritt nicht zu
bauen.**

Landgr. Phil. / Hotm.

Spangenberg 1561.   September 18.

Philippus Dei gratia Landgravius Hassiæ comes in
Catzenelbogen etc. etc.

Præmissa nostra clementi salute, Honeste et doctiss[e] vir.

Literas tuas, quæ datæ sunt Argentorati 23. Aug. uua
cum Gallicis novis accepimus. —

Quantumvis autem multum instes et urgeas, ut a Germaniæ electoribus et principibus legatio in Galliam expediatur,
quod equidem palatinus elector et nos lubenter vellemus —
attamen ea legatio tali ratione ac modo, ut tu fortasse
desideras, non impetrabitur. — Nam palatinus Wolfgangius
et dux Würtembergensis, item Marchio Brandenburgensis

elector, marchio Joannes et alii præterea, ut putamus, elector
Saxoniæ talem legationem alia ratione nobiscum facere uolunt,
ni Germaniæ electorum et principum legati Gallicos principes,
ut Augustanæ confessionis conformiter vivere et Calvini et
Zwinglii doctrina se abstinere voluerint adhortentur.

Quapropter, si Galliæ principes potuerint ferre neque
eis molestum fuerit, ut legatio hac ratione fiat, tunc facile
impetrabitur, ut legatio in Galliam consequatur. — Nam
alio modo apud prænominatos Electores et principes non
obtinebitur. — Verum palatinus elector, et nos hac etiam
omissa conditione legationem facere vellemus.

Secundo quod tibi consultum videatur, ei legationi aliquem magnæ autoritatis principem præfici, nobis non displi-
cet et in hoc consentimus.

Si id autem in hunc finem fuerit propositum, ut nostro
filio Wilhelmo hæc functio mandetur, nos nullo modo per-
mittemus, ob multas prægnantes caussas.

Et si volueris nostram gratiam et benevolentiam retinere
a talibus practicis desistas et nihil clam nobis cum nostris
filiis agas.

Hanc nostri animi sententiam etiam tibi Germanice scri-
bimus, ad quam linguam nostram referimus et poteris curare,
ut literæ nostræ Germanice adscriptæ per aliquem in Itioma
latinum transferantur.

Benevolentiam et gratiam nostram tibi offerimus. —
Datæ Spangenbergæ. 18. Sept. aº D. 1561.

VIII.

Gesandtschaft mehrerer deutschen Fürstenhöfe nach Frankreich zur Vermittlung zwischen den feindlichen Partheien. — Verbot des Zuzugs aus deren Gebieten nach Frankreich. Ertheilung von Rathschlägen zur Kriegsführung.

Ullendorf 1562. Mai 26.

Chr. Harsack, Secret. des Landgr. v. Hessen an Vezines
(Condó'schen Abgesandten).

Meinen ganz willigen geflissenen Dienst zuvor, Edler und Ehrenmässiger, günstiger, lieber Junker.

Es ist mir bevolhen wordenn, euch zu verständigen, wiewol ich's darfür halte, das Ir es albereits nunmehr wissen werdet, das der Pfalzgrave Churfürst, mein gnädiger Fürst und Her zu Hessen, der Herzog zu Wirtenberg und der Markgrave zu Badenn sich verglichenn habenn, ein Botschaft inn Frankreich zu schicken, welcher Chur- und Fürsten Gesantenn den 3. Juny schirst künftig zu Strassburgk ankommen und volgents dadennenn, so fernn sie von dem König zu Frankreich sicher glaide bekommen, stracks inn Frankreich ziehen und allen möglichen vleiss anwendenn werden, die Sachenn zwischen den Partheien zu vertragen.

Darneben wil ich euch auch nicht verhaltenn, wiewol die fürnembsten Chur- und Fürsten in Deutschland so der Augspurgischen Confession verwant seindt mit ganzem Ernst verbietenn habenn lassenn, das sich Niemants bestellenn lassen und in Frankreich ziehenn solte: — dass doch gleichwol über sollichs ernstlichs verbietenn ezliche so nicht viele zu verlieren haben, hinweg ziehen, auch unerachtet dessen, das ezliche desshalbenn bestrickt wordenn.

Es seindt aber der mehrertheil derselbigen, so sich also hinweg begebenn und in Frankreich ziehenn, schlechte Leuthe, auszuscheidenn die so auss des Bischoffs Lande seindt.

Es were sehr gut, das inn Frankreich in Zeitenn zur

Sachenn gethan wurde, und da Euch gutte Mittel verstundenn, alss nemblich das die Religion frey gelassen wurde und ob sonsten nicht allenthalbenn nach euwerm willen erginge, und wie Jr es gerne hettet, das Jr alsdann solliche Mittel nicht abschlüget.

Ezliche Kriegsverstendige meinen, ewer Heern liegen zu lange im Armbrust.

Weitter so disputiren sie dahin, wann Ewer widderwertige Euch mit reisigem Gezeug zu stark, dass gut möchte seind, dass Jr thettet wie Kayser Carolus that, dass Jr Ewern Lager schlüget neben und bey einer grossen Stadt, dieselbige wol besetzet und hettet Evern Lager darnebenn wol verschützet, so müssen die Feindt uff einen Tag mit Euch stürmenn und schlagen, welchs Juen schwer zu thun wurde sein.

Welchs ich Euch nicht verhaltenn sollen und bin Euch zu dienen ganz willigk.

Datum Ullendorff an der Werra, den 28. May 1562.

Euer dienstwilliger
Chr. Harsack.

Zettel.

Ich weiss dass mein gnediger Fürst und Herr gerne wolte, dass der Parthei der Evangelischen in Frankreich deutsche Ritter zugeschickt wurden, darumb were gutt, dass die Evangelischen in Frankreich selbst Jemants mit Gelt und Bestallung heraus schickten, ezliche deutsche Reitter anzunemenn. (Signatum ut in sup.)

Zettel.

Es habenn die Predicanten der französischen Kirchen so zu Orlianz versamblet, itzo an meinem gn. Fürst u. H. zu Hessen geschriben. — Denselbigen werdet Jr dasjenige, was ich Euch in diessem meinem Schreiben anzeige, auch wol zu berichten wissen. (Signatum ut in sup.)

Zettel.

Wann Jr neuere Zeittungen hettet so bitt ich dienstlich,
Jr wellet mir dieselbigen bey gegenwertigenn Bottenn mit-
theilen und zuschickenn.

(Datum ut in sup^s.)

E. Gn. dienstwilliger
Christophorus Harsack.
Hassiæ principis Secretarius.

Zettel.

Vir clarissime, quod si ea quæ lingua nostra vulgari
scripsimus satis assequi non potes, rogo ut Dr. Sturmium rec-
torem Scholæ Argentinensis aut alium quempiam virum fidum
eadem ex lingua nostra germanica in latinam vel Gallicam
transferri cures. (Signatum ut in sup^s.)

IX.

**Stand der Kriegsvorkehren in beiden Lagern Frankreichs. —
Ersuchen um Erwirken einer Hülfeleistung seitens seiner
fürstlichen Herren. — Zum Friedensversuch wolle man noch
Hand bieten, wenn die Bedingungen der Gegner nicht zu hart.
— Warnung vor Joh. Sturm.**

H./Chr. Harsack.

Strassburg 1562. Juni 7.

Clarissime vir, Hodie venit ad ædes mias nuntius illustrissimi vestri principis qui dixit, se data opera missum esse
huc a vobis, ut D. Vesinio nostro vestras litteras afferret.
Eas pro conjunctione nostra resignavi, nam huc missus sum
propter eas caussas quas principi vestro scripsi.

Abest autem Vesinius evocatus Heidelbergam a Palatino,
sed spero eum intra biduum reversurum. — Interea gratiam

habere tibi volui pro studio et opera quam proceribus Aurelianis optimam navas: et confirmo tibi eos gratiam relaturos.

Quod scribis de consilio principis vestri ut firma præ-
sidia collocentur in urbe proxima, id factum est. — Tenentur firmo præsidio Aureliæ, Blois, Tours, Gien, Mans, Lion,
Valence, Vienne, Montlimar, Villefranche, Mascon, Challons-
sur-Saone, Rouen, Bourges, Le Havre de grâce portus fir-
mussimus ubi captæ sunt quatuor triremes instrumentissimæ;
tenentur et aliæ urbes non paucæ. — Denique omnia ita
sunt parata, ut quantum per humanam rationem licet conji-
cere, exploratam habeamus victoriam. — Id quod ita dicimus
si modo soli Galli cum solis Gallis negotium habeant. — Sed
cum Guisani viderent, se in Gallis destitutos, evocarunt Hispanorum 6000, totidem Helvetiorum, fere totidem Germanorum,
quæ res non sine caussa nostros commovet, nam prius rem
gerere non potuerunt. — Quare si quid animi habes erga nostras ecclesias, erga Regem christianissimum, serenissimam
ipsius matrem et proceres Aurelianos, te per Dei misericordiam
oro atq. obtestor, ut ab illustriss° principe vestro aliquid subsidii
impetres: et patronos causæ tuæ stipulatores tecum adhibeas
amplissimum virum D. Cancellarium et clariss^m virum D.
Simonem B r i n g i u m, quorum in pietate magnam spem posui.
O c q u i n i u s rediit Aurelias XXVIII Maji; proceres incredibili
gaudio affecti sunt, cum de principis vestri animo certiores
facti sunt. — Rogo etiam ut illustriss^m principem Wilhelmum
meo nomine honorificentissime salutes: et illius celsitudinem vehementer ores ut a parente suo optimo subsidium
impetret. — Quod antem per Ocquinium mihi mandavit ut
de pace ageremus: de quo etiam in vestris litteris ascripsisti: confirmo tibi, vir clarissime, nihil æque a nostris proceribus optari quam pacem. — Sed pacis unica conditio fere
est, ut omnes Evangelici dignitate et fortunis suis spoliati
non comburantur quidem ut antea, sed e regno in exilium
abeant. — Quod, ne Guisiani non satis testatum relinquerent,

in supplicatione Regi oblata 4 Maij . . . . ita scripserunt, quemadmodum propediem videbis una cum responso illustri principis Condensis.

Hic nolo praetermittere quod ascripsisti de J o a n n e S t u r m i o, ut interpres esset vestrarum litterarum: posthac si placet dominatio vestra sibi ab illo homine in hoc negotiorum genere cavebit: nam mandatum a nostris proceribus habui, ut senatum certiorem ea de re facerem, ipsum studiosissimum esse Cardinalis Lotharingici clientem et interceptas suas esse litteras, in quibus se Alexandrum Montanum appellat; praeterea necessitudinem esse summam inter illum et R o n sc a l o n i u m qui diu Heidelbergae vixit. — Addunt, illum quingentos florenos quotannis a Cardinali Granvellano episcopo Amebatisi annos jam plus octo accipere: cum praeterea 400 libras a Gallo habeat: qua de caussa puto, illum exauctoratum a Regina fuisse. — Ea de re plura audies; interea si quid ad nostros proceres habeas vide ne quid ad illum odoris perveniat.

His vale vir clarissime . . . .

Argentorati VII Junij 1562.
Humanitatis tuae studiosissimus.
Hotomannus D^r.

X.

Hülfsgesuch der Stände von Orléans an den Landgraf Philipp von Hessen unter Absendung des Freiherrn von Dhon und des Edeln von Schomberg im Namen von König und Königin Mutter. — Bericht über den bisherigen Gang der Dinge in Frankreich.

H./Landgraf Phil. von Hessen.

1562. Juni 7.

Durchlauchtigster, hochgeborner Fürst, gnädigster Herr. Es haben mich der Prinz v. Condé, der Admiral und

andere Fürsten des Orléan'schen Kriegsvolks abgefertigt und
bin gestern zu Abend anhero gein Strassburgk kommen.

Als ich zu Orléans abgezogen, welches der 29. May war,
seindt die Sachen in dissem Stande gewessen:

Es wollte der Prinz v. Condé den 7. Juny Nachmittags
von Orléans abziehen und seinen Lager verrucken — nicht
derhalben, dass er albereits zum Kriege genugsam gefasst
sey, sondern dass er menniglichen zu Gefallen wäre — denn
Jedermann ruft und begert, dass er sein Kriegsvolk nur
eine Meile Wegs hinausfüre, alsdenn werde Jedermenniglich
zulauffen.

Er hat auf disse Zeit bey sich zum wenigsten fünfzehn-
thausendt zu Fuess und fünfthausent Pferde. Mit Geschütz
und Anderm dazu gehörig ist er nichts gefasst. Es seindt
aber die Evangelischen (so viel man auss menschlicher Vernunft abrechnen kann und mit Verleihung Gottes) den Gwisi-
nischen an der Zaal des Kriegsvolks, an Dapfferkeit, an Geld,
auch an Begierde zu schlagen weit überlegen — dann es
haben die Gwisianischen beinahe nichts von Kriegsvolk als
Parisische Sacktreger, Trösser, Köche, Südeler und ander
losses Gesinde, welche zu chister ihrer Gelegenheit nichts
Anders im Sinne haben oder begeren dann die Stadt Parcis
zu plündern. — Darnach werden Viel vom Hoff sich zu uns
begeben, deren Namen ich indessen meinem Schreibenn der
Unsicherheit halber nicht nambhaftig machen wil. — Were
ich aber bei Ew. Gn. wollte ich Iro alle geheime Dinge
sagen.

Witer hat die Königin heimblich zu unsern Fürsten
eine Botschafft geschickt und durch die Barmherzigkeit Gottes
gebetten dass Ir bald Hülff geschee, dann unsere Feinde
hetten sie stranguliren wollen, sie geheissen eine Floren-
tiner und gedrauwet sie zu erwürgen. Es habenn der Her-
zogk von Gwise, der Connestable und der Marschalk von
Sanct André uff Begeren des Babsts und des Königs zu

Hispanien auch zu derselbigen gefallen ein öffentliche De-
claration des katholischen Glaubens zu thun, dem König und
der Königin auf 4t Tagk May ein Supplication übergeben, das
alle Fürsten, Stände und andere des Königs Underthanen
sich der Confession von den Sorbonisten, auss den Artickeln
der kathol., apostol. und römischen Kirchen gemacht und
gezogen unterschriebenn, und welche solchs weigerten sollten
des Königreichs verwiesen werden.

Sollicher Supplication, auch des Prinzen v. Condé darauf
gethaner Antwurt, in Druck verfertigt, bin ich täglich ge-
wärtigk — und hat mir der Prinz von Condé bevolhen,
Euern Gn. sollichs zuzuschickenn, damit Euer f. Gn. sehenn
möge, was Gestalt mit Denen Fridde gemacht werden könne,
welche in ganz Frankreich nicht einen einigen Orth ledig gelassen, da die ware Religion frey gepredigt werden möchte.

Es hat der Babst den Gwisianischen alle Monat fünfzig-
thausent Chronen zu bezalenn zugesagt, hat auch allbereits
die erste Bezalung erlegt. Die Schweizer so Papistisch
seindt haben den 22. Mai uff dem gehaltenen Tage zu Solothurn den Feinden sechsthausend zu Fuess zu schicken bewilligt und ist Frolich desselbigen Kriegsvolks Obrister.

Aus Hispania werden auch sechsthausend zu Fuess und
etliche Reutter geschickt, welches dem Admiral vom Hoff,
zwen Tage zuvor, ehe ich zu Orlianz abgezogen bin, kunt-
bar gemacht worden, haben auch des andern Tags, das
sollichs also wahr sey, auss einem aufgefangenen Schreiben
verstanden, darin dem Herrn von Burien Gubernatoren
in Aquitonia bevolhen wardt, demselbigen Kriegsvolk entgegen zu ziehen.

Alss sollichs Monluccius, der fürnemst Kriegsmann
unter den Papisten erfahren, ist er mit ezlich Kriegsvolk
nahe an Tholosen (Toulouse) gerückt. Da seindt die evangel.
Burger zum Rathhaus gelauffen und das Geschütz zu sich
genommen — so haben die Papistischen die Pfortenn und

Thore eingenommen. — Es ist aber durch czlicher Leuthe Underhandlung widderumb Fridde gemacht worden. — Und als der Fridde gemacht und die Waffen hingelegt, haben die Papisten der alten Regel nach, dass den Ketzern kein Glaube gehalten werden solle, die Unsern unverwarnt und ungerüstet überfallen. — Es ist Monluccius widderumb ab und zurückgefordert wordenn, welcher in einem Tage einthausend sechshundert und funffzig Personen gewürgt und auch viel sämel gefenglich eingezogen hat. — Alss sollichs die Unsern erfaren, seindt sie ganz betrübt worden und ist der von Andelot in das drittägig Fieber gefallen. —

Es haben die Sorbonisten mit dem Parlament zu Pareis einen Fridden gemacht und sich mit einander verglichen des „Artikels" halber, das der nicht vor ein König zu halten sey, welcher vonn der Romischen Kirchenn abfallt, sonderlich weill der Konig zu Frankreich genant werde der Allerchristlichste Konig und ein erstgeborner Sohn der Romischen Kirchenn. — Ob welcher der Sorbonisten Vergleichung und Schliessung die Papisten durch ganz Frankreich ein grosse Zuversicht geschepft haben — also dass zu Angiers die Unsern, als sie Ire Wehre hingelegen und Fridde gemacht, von den Papisten unversehenlich überfallen und erwürgt worden seindt. — Die vornembsten under den Papisten rieffen: „Es lebe unser Koningk der von Gwisse" — sie schämeten sich auch nicht uff Iren Helmlein seidene Feldzeichen von geler und roter Farbe zu füren, welche zwo Farben deren von Gwisse und Lotringen Farbe seindt. — Die von Pareis sagen offentlich: man solle die Konigin In Italien schicken und das sie keinen Konig haben wollen, Er sei denn katholisch — es sei Inen aber zu einem Konige gegebenn vonn Gott der grosse Konig von Gwisse.

Ich kann nicht umbgehen, Ew. f. Gn. zu berichten, dass ew. fürstl. Gn. die Dinge vonn der Königinn, darvon ich hier oben meldung gethan, welche in grosser Gefar gewessen, das sie nicht von den Gwisianischen stranguliert wurde, in des Prinzen von Condé Antwort, welche er neulich zu drucken bevolhen hat, lessen werden, uf das Ewere f. Gn. hirann keinen Zweiffel tragen. — Es wirdet auch mir in den Credenzbrievuen so Ich in Kurzem Ew. f. Gn. zuschicken wil, von sollichem under anderm Ew. f. Gn. zu berichten bevolhen.

Ich bezeuge mich vor Got, welcher mich alspalt wan ich liege (lüge) undergehen lasse, das ich selbst von dem Bischoff vonn Valence, als er gen Orlianz geschickt war, gehört habe, das er disse Worte sagte: Es hat mir die Konigin gesagt: Sie haben mich stranguliren wollen und drauwen mir zum Ersten die Gorgel abzustechen — also bringt die Koniginn Tagk und Nacht hin zu schreien und weinen und hat nechst Got alle Ire Hoffnung uf den Prinzen von Condé und den Admiral gesetzt.

Vom Konig zu Navarra darff ich nichts schreiben, dan man hofft, er solle palt die Tyrannen verlassen, mitler Zeit wollen wir Inen nicht angreiffen oder verzürnen. So hat man auch ein Hoffnung zum Connestable.

Die Königin von Navarra, die betrübste under allen Weiberen ligt zu Vendome verborgen, kommet zu Niemants, ist Tag und Nacht in Bekümmernus nnd bringt die Zeit hin mit klagen und weinen. Sie fragte mich vielmals, was ich vor eine Hoffnung zu den deutschen Fürsten hette, ob sie sich nicht versuchen wurden, diss Konigreich Frankreich von einer solchen Tyranney zu erlössen.

Nachdem sich nun die Dinge also erhalten wie obgemelt alss haben die Stende zu Orlianz vor gut angesehen von Ew. f. Gn. Hilff zu begeren — dan wie wol sie ein Mehrers, besser und getrewer Kriegsvolk haben alss unser Feinde, jedoch weil sie bedenken, das der Capitain Frolich sechsthausent Schweizer, der von Buron sechsthausent Spanier, der von Roggendorff dreithausent deutscher Pferde,

und der Reingrav zwölff Fenlein Knecht dem Feinde zu-
füren, und das der Babst und die Bischoffe mit Gelt Hilff
thun, so haben sie beschlossen auch frembter Fürsten Hilff
zu begeren. — Derwegen sie auch den Freiherrn von D h o n
zu Ew. f. Gn. abgefertigt, welcher aber umb der Unsicherheit willen nicht mehr als ein Schreiben an den Pfalzgraven
Churfürsten mit sich gehabt, die andern Schreiben, welcher
an der Zaal sechs und zwanzig waren, seindt uff der Post
gein Leon geschickt worden uf das sie da dannen durch
die schweizerische Post weiter geschickt wurden. — Es ist
aber der Bot nach dem Willen Gottes welcher Alles regirt,
nidder gelegenn welchs uns nicht wenig bekümmert gemacht, dann erhielten viel Brievv an die Schweizer, dessgleichen an die deutschenn Fürsten — derwegen ist bedacht
worden, die Brieffe in andere Wege zurecht zu schicken. —
Also ist ein junger Deutscher von Adel, Chunradt von S c h o m-
b e r g k uff der Post abgefertiget worden mit einem Credenz-
brieff an Pfalzgraven Churfürsten — die andern Brivve haben
sollen kommen durch Burgundt und einsstheils durch Scham-
panien und Lothringen. Der Bot so durch Burgundt reiten
sollen ist noch nicht ankommen, so habe ich auch albie von
dem von Schombergk nichts gehört, ich hoffe aber, er sey
zu Heidelbergk gewesen.

Dem aber sey wie ime wolle, so habe ich diesses zu
Bevelch:

Es begeren die Stende zu Orlianz, das E. f. Gn. durch
die Barmherzigkeit Gottes inen zu ebister Zeit welle ezliche
Reutter zu Hilff schicken und dieselbigen ezliche Monat besolden, dergestalt, dass Ew. f. Gn. alles Geld, so hiezu auf-
gewendet, getrewlich widdergegeben werde, derfür sie, die
Stende, Ew. f. Gn. alle Ire Gütter, beweglich und unbe-
weglich verpfenden. Die Stende begeren sollichs so hefftig
und empsig, das sie auch mehr nicht thun kontenn — sie
versehen sich auch, ess werde der aller Christlichste Konig

und seine Frow Mutter die Konigin Ew. f. Gn. darfür sich
dankbarlich erzeigenn.

Wurden aber sie die Stende von dessen von Rogendorffs
und des Reingraven deutschen Kriegsvolk underdruckt und
Jnen und den evang. Fürsten kein Hilff gescheenn, so wollen
sie protestiren, dass sie in Ihrer gerechten und pillichen
Sachen zu Erhaltnus der Religion, des Koniges und des
Vaterlandts hilffloss gelassenen worden scien.

So viel mich belangt habe ich sie alwegen getröstet und
gesagt, sie sollten in gutter Hoffnung sein, Es wurde E. f. Gn.
Inen Hilff schicken. Dergleichen habe ich auch dem Pfalz-
graven und dem Herzogen von Würtembergk geschrieben. —
Ich bitte den Almechtigen Got, das er Ew. f. Gn. zu
Errettung und Beschirmung der Kirchen In Frankreich, des
Koniges und der frommen Konigin erwecken wolle und so
Ew. f. Gn. Hilffe thun wollen, muss solliches fürdersich ge-
scheen. Es sei denn das Ir. wollet das Euch bald zu er-
kennen gegeben werde, das die Stende Schadenn erlitten und
des Unglücks einseits In Deutschland in kurzem — da es
Got nicht verhütet — kommen werde.

Damit Got bevolhen zu Strassburgk den 7. Juny 1562.
P. S. Ich bin vom Schreibenn müde, dan ich habe auch
gleichergestalt den Pfalzgravenn und den Herzogen von
Würtembergk geschrieben, bitte derowegen undertheniglich,
E. f. Gn. wolle von dissen Dingenn die Fürstenn zu Sachssen
berichten, das sie mich entschuldigt nemen. Sie habenn Petrum
Clarum abgefertigt, sie wissen aber nicht, das derselbige von
ganzem Herzen gut Gwisianisch ist, so wirdt ime auch der
Prinz von Condé nicht glauben. Begere das sollichs Ire
f. Gn. erfahren mugen.

E. f. Gn. gehorsamster Diener
Hotomannus D^r.

XI.

Erneuertes Hülfsgesuch mit Bitte um beschleunigte Hülfleistung unter Darlegung der Sachlage in Frankreich.

H./Landgr. Phil. v. Hessen.

Strassburg 1562. Juni 16.

Illustrissime princeps, clementissime etc.

Scripsi jam aliquoties C¹ Vᵃᵉ et nuntiavi quid mihi a proceribus Aurelianis mandatum esset. — quoniam autem omnes legati vestri huc jam pervenerunt qui C. Vᵃᵉ scripturi sunt, deesse officio meo nolui et hanc occasionem praetermittere iterum atque iterum suppliciter C. V. rogandi, ut si quid subsidii nobis estis missuri id primo quoque tempore facere velitis. —

Movet me caussa communis — unum enim Deum colitis, et unam religionem, cujus defensio ad vos aeque ut ad illos pertinet. —

Agitur etiam honor et existimatio vestra apud omnes mortales, nam si nostros deseratis Papistae posthac clamitabunt, plus esse pietatis in phaffis vestris quam in principibus protestantibus. — Phaffos enim et pecuniam et milites Gwisianis subsidio misisse, vos autem miseras ecclesias afflictas deseruisse.

Considerandum est praeterea, periculum hoc non solis Gallis sed etiam Germanis imminere — constat enim conspirationem factam esse de religione evertenda non solum in Gallia, sed etiam in Germania, praesertim absoluto Tridentino Concilio.

Neque vero praetermittendum illud est, adepta a nostris victoria summum vobis inde fructum et emolumentum rediturum esse, propterea quod papistica tyrannide in Gallia exstincta longe tutior et securior erit Germania.

Eo accedit gratia quam inibitis a Rege, Regina ipsius matre, proceribus, denique ab universa nobilitate Gallica.

Quare si quid hæ rationes et ejusmodi quam plurime apud C. V. valent suppliciter peto quæsoque ne moram ullam in deliberatione interponatis, nam proceres nostri summam in caritate et benevolentia vestra spem collocarunt; ajunt n. C. V. sæpe illis anno superiore multa studia vestra detulisse et confirmasse, amicitiam vestram illis non defuturam.

Itaque tempus nunc venisse aiunt et necessitatem, a C. V., flagitare aliquid repentini subsidii, — præterea solum rumorem qui passim disseminabitur de subsidio Germanico vim habiturum esse incredibilem tum ad terrendos Parisienses, tum ad nostrorum militum animos excitandos. — Nam sine dubio si duo equitum millia jam haberemus et peditum quatuor millia (quantum humano judicio augurari licet) victoriam in manibus haberemus. — Etsi autun postulamus ut C. V. stipendium unius ant alterius mensis prænumeret, tamen proceres nostri vobis daturi sunt cautionem et hypothecam qualem exoptaturi estis. — Denique nisi caussa Jesu Christi vos moveat frustra plura scriberem. — Peto igitur a Deo, ut animum V. C. excitet et vestram Illustriss. familiam spiritu sancto suo gubernet. -- Illustrissime princeps, clementissime domine, vale et salve.

Argentorati 16. Juni 1562.

Hotomannus.

Zeitung.

Es seindt itzo newe Zeitungen aus Frankreich kommen, dass der Prinz von Condé sein Lager verruckt habe, um demnächsten uf Parcis zu ziehen, dan es seien nunmehr die Gasconier und die Provinzier, uff welche man so lange gewartet hat, ankommen. —

Es seindt vierthausent Spanier gein Aiguesmortes kommen, die ziehen stracks uff Vesier, dieselbige Stadt einzunemmen. — Die Schweizer seindt noch nicht auss Irm Lande, dan die von Bern Inen den Durchzug verhindern, darzu auch

andere mehr Hilff und Fürschub thun. — Die Valenser uff
der Grenz Saffoyens schicken dem Prinzen von Condé zweithausent Knecht zu Hilff. — Die zu Leon und im Delphi-
nat haben keinen Mangel, aber die in der Provinz leiden
noth. — Der Tumult zu Tholossen (Toulouse) hat geweret
vom VI May an bis auf den Pfingsttagk, uf welchen Tagk
bis zu zweithausent Christen auss der Stadt vertriben wordenn, da sie doch albereits etliche Tage herrauff grossen
Schaden gelitten. — Under denselbigen seindt hundert und
zwanzig Personen, welche sich von den andern abgesondert
hattenn und in die nächste Stadt ziehen wollten, von den
Feinden erschlagen worden. — Volgents hat in der Stadt
Galiardo (Gallardon) der Cardinal Stroza von Pfaffen
achthundert starrk, zweyhundert erschlagen. — So seindt
auch darnach zu Tholossen sechzig erschlagenn worden und
die so gefenklich eingezogenn, werden taglich getödtet. —
Zu Narbon und Carcassonne seindt alle Christen gefenglich
eingezogen worden, welche teglich heimblich in der Gefeng-
nuss getödtet werden. — Zu Parcis seind alle Christen aus
der Stadt verjaget und mit weissen Steckenn aussgewissen
worden, welche volgents unter die Feindt kommen und von
denselbigen übel geplagt werden. — Zu Dijon seindt auch
alle Christen auss der Stadt vertriebenn, ausserhalb die
Reichestenn, werden von Hern Tavannes im Schloss gefenglich enthalten. —

Wan die deutschen Fürsten nicht fürderlich und eilendts
den Christen etwas Hilff schicken, so werden sie in grosser
Gefahr sein und balt vernemmen, dass disses Sprichwort
nicht weniger war alss alt sey: „Wan deines nechsten
Wandt brennet, so gehet dir das Unglück auch zu Hauss.“

Zu Strassburgk den 16. Juny anno 1562.

XII.

Dank Hotmann's für das Entgegenkommen des Landgrafen im Gegensatz zu dem ablehnenden Verhalten der übrigen deutschen Fürsten. -- Bitte um beschleunigte Truppensendung.

H./Landgr. Philipp.

Strassburg 1562. Juni 22.

Illustrissime princeps, clementissime etc.

Intellexi ex literis D. Burgravii Baronis a Dhon (qui nuper legatus procerum Aurelianensium apud C. V. fuit) quam saucte et quam pie C. V. parata sit, nobis subsidium mittere, qua de re statim illis proceribus rescripsi, ut eorum animos, externis Hispanorum Helvetiorum et Germanorum copiis nonnihil fortasse territos, ad melioram spem excitarem. — Volo etiam C. V. gratias immortales agere, quod primus incipias milites nostra caussa conscribere, nam alii principes viciniores semper nobis respondent, se idem facturos quod alii, sed præterea nihil. — Ita quinque settimanæ in ista tergiversatione abierunt, cum nemo illorum teruncium adhuc erogavit, tametsi proceres nostri quamvis hypothecam et cautionem illis offerant: Ego certe dolore animi commotus coactus sum nonnullis scribere, illos idem facere acsi quis domum vicini sui conflagrantem aspiceret neque subsidium ullum afferret, sed rogatus de ope afferrenda responderet se idem facturum quod alii vicini atque interea domum incendio ardere sineret. - Demonstravi etiam pudendum esse, Hetretios (qui pro rusticanis et agrestibus hominibus numerantur) paratos esse, tantum subsidii nostris mittere quantum papistæ Gwisianis mittunt, atque ea ratione deterruisse papistas ab itinere capessendo, illustrissimi autem Germani Principes, qui toties Reginæ et principibus Christianis omnia amicitiæ officia promiserunt, nulla misericordia tantarum calamitatum commoveri: nam quotidie ex urbibus ejiciuntur Christiani qui ubi in militum insidiatorum manus inciderunt, spoliantur,

vexantur, et aut male multati ac vulnerati mendicare coguntur, aut in ipso vestigio trucidantur. Præterea tyranni Gallici quotidie contumeliosissime derident principem Condensem quod aliquid spei in principibus Germanis posuerit a quibus jam se frustratum videat. — Et possum sancte apud C. V. confirmare, principis Condensis animum nulla re æque tentatum fuisse. — Solet enim optimus princeps dictitare, se non petere a principipus Germanis ut illi dono dent aliquid pecuniæ, aut ut stipendium de suo conferant et militibus persolvant: sed ut quavis hypotheca aut cautione accepta non graventur stipendium unius aut alterius mensis prænumerare; quod postea ipsis fidelissime reddatur. — Quare suppliciter a C. V. peto quæsoque, princeps illustrissime, ut aliorum principum cunctatione neglecta primus hunc honoris florem decerpas et ante omnes equitum ac peditum aliquot copias celerrime in fines regni mittas, neque aliorum principum responsionem spectes qui semper ajunt, se exspectare quid alii facturi sint. — A Saxonia certe nihil exspectare possum, utpote qui nimium procul absint.

Quantum ad duces itineris — nos jam prospeximus. — Habemus 20 nobiles Lotharingos qui nobis viam certissimam demonstrabunt et de commeatu providebunt. — Præterea Trecenses (i. e. incolæ urbis quæ vocatur Troies en Champagne) tantum meas literas expectant: ut urbem suam occupent ut Germanis præsto esse possint: ibi magna est copia tormentorum et pulveris. — Deinde multa sunt alia mysteria quæ non audeo chartæ et atramento committere; poterit C. V. aliquid divinare de Gallina et pullis. Hoc cum quingentis equitibus tam facile est quam cum centum millibus. — Si C. V. dignetur hoc subsidium statim nobis mittere volo cruciatus omnes subire, nisi Regina et nostri proceres de liberis C. Vestræ quam optime et quam liberalissime mercantur. — Memini enim, cum Ocquinus diceret Admirallio: Nullum habetis meliorem amicum illustrissimo Landgravio, respondisse illum:

Si vivam comperiet me gratum et memorem saltem in suis liberis, si ipsius Celsitudini inservire non possum. — Itaque, ne multis C. V^{um} morer, iterum atque iterum snppliciter a vobis peto quæsoque, ut omni mora prætermissa, omnium etiam aliorum principum omissa et inexpectata responsione, C. V. statim subsidium nobis mittat. — Interea Deum optimum orabo, ut illustrissimam familiam vestram spiritu sancto suo gubernet.

Illustrissime princeps, clementissime D. vale et salve
Argentorati XXII Junij 1562.

XIII.

**In Erwiederung auf die beiden Hülfsgesuche d. d. 7. und 16.
Juni will der Landgraf mit Hülfleistung entsprechen, wenn
Würtemberg und Kurpfalz sich gleichfalls dazu herbeilassen,
im Uebrigen verweist er wiederholt auf die Dissensionen in
der Lehre vom h. Abendmahl.**

Phil. v. Hess./Hotomannus.

Cassel 1562. Juni 26.

Phil. Dei gr. Landgravius Hassiæ.

Comes in Cazenelpogen etc. etc. / Fr. Hotom°
litteras tuas 16. Junij Argentinæ scriptas accepimus et legimus.

Jam non ita facile procedit, sicuti tu putas et mecum specularis, ut velut in momento equites cogi aut conscribi possint, quasi picti aut sculpti equites essent qui semel et simul ex sacco ejiciuntur. — Non enim ignoras, si copiæ equitum conscribi debent, tunc et pecunia opus esse et cautione qua equitibus de stipendio in singulos menses et aliis eam ad rem necessariis provideatur. — Miramur quod vestrates tam tardi fuerunt nec eitius sibi de germano milite prospexerunt, præsertim cum satis mature, mense nimirum Aprili, iu armis fuerint et tamen huc usque nihil quidpiam effecerint, sed potius permiserint ut hostium copiæ indies crescerent. — Et sane omnes mirantur, quod vestrates tamdiu cunctati sint et omnino nihil profecerint; cum tamen in initio numero militum hostes superarent; et inde suspicantur simulationem quandam adfuisse. —

Non ignoras quæ semper tibi et dixerimus, et scripserimus, videlicet, quicquid palatinus Elector et Dux Wirtembergensis facturi essent idem quoque et tantundem quantum singuli ipsorum nos facturos. — Hoc ipsum adhuc offerimus, nec ea in re quidquam in nobis desiderabitur. —

Ut autem nos solos huic negocio immisceamus nobis consultum non est. Et propterea necesse non est, sicuti jam antea tibi scripsimus, ut hac de re nos porro interpellas, sed potius Palatinum et Wirtembergicum sollicites: quicquid enim illi promittunt et præstabunt idem et tantundem quantum singuli eorum nos quoque ut dictum est præstabimus.

Ceterum brevi Palatinus elector et nos conveniemus, ubi coram de hisce rebus collocuturi sumus et tunc quo in statu res sint tu quoque certior fies. — Veremur autem ne non auxilium palam et manifeste subministretur, sed eo res deducatur, ut vestrates saltem in cogendis copiis, equestribus ac pedestribus juventur, iisque aliqua pecunia prænumeretur, quanquam quod ad pecuniam attinet certi nihil sciamus.

Quæ tibi vicissim significare voluimus. — Vale.

Cassellis 26. Junii anno domini 1562.

Zedula. Non ignoras quæ sit controversia in articulo De cœna domini. Qua in re Dux Wirtenbergensis, Wolfgangius Palatinus, Elector Saxoniæ, Duces Saxoniæ et fere omnes Germaniæ Principes, major quoque pars civitatum ejus sententiæ sunt cujus Lutherus fuit. — Cum autem Ecclesiæ Gallicæ diversam sequantur opinionem in caussa est, quod præfati Principes et Status difficulter sese de auxilio intromittent.

Miramur quod Regina Angliæ et Evangelici pagi in Helvetia, Berna videlicet, Tigurum, Basileæ et ceteri qui omnes vobiscum in articulo de cœna domini sentiunt Principi Condensi ejusque Adhærentibus nullum præstent auxilium. (Dat. ut in litt⁸.)

Zedula. Intelligimus etiam ex literis tuis, vos omnino humanis confidere auxiliis et viribus. -- Jam vero oportet ut Deo confidamus, qui verus est Auxiliator et qui parva manu magnum exercitum fundere potest. — Sed et vestrates ita sunt instructi, ut una die cum hostibus sufficienter pugnare possint. — Aliæ quoque occasiones et media quærenda iisque utendum est. — Multi humanis duntaxat viribus et non Deo confidentes sæpe damnum perpessi sunt.

(Signatum ut in litt⁸.)

XIV.

Gesuch um Hülfstruppen zur Unterstützung der hugenottischen Kriegsoperationen. — Kriegsbericht.

II./Pfalzgraf.

Strassburg 1562. Aug. 24.

Illustrissimæ C. V. obsequentissimus Hotomannus.

Très illustre prince, nous venons présentement de recevoir lettre de Madame de Raye qui nous mande qu'elle arrivera demain en cette ville, Dieu aydant et que tout se portait fort bien à Orléans jusqu'au huictième de ce mois. — Le camp des ennemis était encores à Bloys, mais plusieurs coureurs avaient entièrement meurtry et ruynés tous les fidelles des petites villes d'alentour. — Poittiers et Bourges se portent fort bien. — La dite dame écrit que Billistain facteur du Rhingraff est depéché pour lever dix enseignes de Lansknech et les mettre en garnison aux villes frontières

pour couper le passage à Monsieur Dandelot qui fait trembler
toute la France. — Nous vous supplions très humblement
à donner ordre et en advertir Messeigneurs les Princes nos
voisins à ce que telle chose ne se fasse. — L'on pense que
cent reuters estans en quelque village de Lorraine empêche-
ront aisément cette levée et en seraient d'autant plus de
besoin que ces Billistain et Ozanses veulent ruiner l'église
de Metz, en chasser tous les fidelles et garder la ville pour
y recevoir nos Guisars s'ils ont du pire. Je vous envois des
nouvelles que je vous supplirai très humblement vouloir
communiquer à Messeigneurs les très illustres princes Duc
Richard frères etc. V. E. les Ducs de Würtemberg et des
Deux Ponts. — Je ne doute pour que Madame de Roye ne
vous envoye visites de sa part et Monseigneur Duc Richard
pour la remercier de la faveur qu'il lui a fait.

Très illustre prince je supplie le créateur maintenir V. E.
en sa Sainte grâce.   Strasbourg, 24. d'Aoust.

Votre très humble et très obéissant
serviteur Hotomanus.

1562. Aug.

Nachrichten über die Kriegsereignisse.

Le Baron des Adretz[1] bat la ville de Carpentras (Vau-
cluse) et tient-on qu'il ne durera, car ceux qui sont dedans
ne sont gens de guerre.

---

[1] Franç⁸. de Beaumont, baron des Adrets (geb. 1513, gest.
1586). An der Spitze einer Schaar französischer Adelicher trat er
damals auf die Seite Condé's, bemächtigte sich Valence, Lyon,
Grenoble's, Vienne's — war einer der Hauptführer des hugenottischen Heeres, wurde wegen vermeintlicher Verrätherei gefangen
gesetzt, aber durch den Frieden von Amboise, 19. Merz 1563,
wieder freigelassen.

Les cinq villes de Piedmont que l'on disait être rendues au Duc de Savoye sont encores au Roy.

Les capitaines qui levaient gens à Milan ont été cassés, mais on a levé de huit à neuf cent soldats qui sont embarqués sur huit galères à Gènes pour secourir Avignon. — On pense qu'ils y arriveront tard.

Le Baron des Adretz en veult à ceux d'Avignon d'aultant que c'est de là que tous ses ennemys prennent leur force et leurs secours et que jamais le Dauphiné ne sera assuré sans cela.

A. Romme est advenüe une grande sédition contre le Pape à cause d'un subside dont il voulait lever le tiers sur la noblesse, à quoi s'est opposé un gentilhomme, nommé Laurenzo Capposuto, qui a tué le Barisol qui l'avait pris : on ne sait quelle en sera l'issue. — Le Capitaine B l a c c o n y envoit au pays en Auvergne avec dix compagnies et à l'Abbaye de la chaise Dieu qui n'en est guère loin et fait grand frayeur aux papistes des environs.

Le Sieur de M o n a n t, aussi pour le Prince de Condé, poursuit l'armée de S o m m e r i v e s et de Carces qu'il a défait devant Cisteray et est après pour retirer l'Artillerie que les ennemis ont jetée dans la rivière nommée Durance. M a n g e r o n s'étant mis dedans Tournus qui est près Challons, la ville a été prise d'assault par nos Suisses conduits par le capitaine P o n c e n a t qui a deux mille harquebuziers et quatre cents chevaux de Lyonnais et six vingtz de Gènes. Tout ce qui était dedans de gens de guerre y a été tué avec le lieutenant de Mangeron, mais le de Mangeron s'est sauvé.

Toute cette troupe est maintenant devant Challons. Il y a dedans plusieurs chanoines de Lyon. Le chef est le S^r de F a n a.

Monsieur de Joyeuse s'est retiré à Narbonne. Le frère de Monsr De Crussell a défait une trouppe de cavallerie.

de Basle ce 22 d'Aoust.

Mandossé faict ce qu'il peult en ce pais de Suisse, mordisant de Monss^r le prince et ceux de sa compagnie et faignant de lever six mille hommes, mais jusques ici il n'a eû réponse qui le contente et pour certain ne fera rien de ce qu'il prétend. — Vrai est que pour le contenter ceux de Berne ont envoyé dire à leurs capitaines qu'après le temps expiré ils se retirent ou à Lyon signant la capitulation de La Levée ou en leur pays, mais il y a de l'intelligence entre eux.

de Lyon ce 8 d'Août.

Monss. de Soubize, gouverneur de Lyon, a présentement eu un courrier de la part de Monss^r le prince lui mandant que la Royne estonnée de la déroute, des Anglais ès pays de Normandie, lui a envoyé la carte-blanche, mais que cependant on ne laissat de passer oultre en toute diligence.

XV.
Bericht über den Verlauf der Kriegsführung.

Strassburg 1562. Dec. 24.

H./Phil. v. Hessen.

Condiani coeperunt obsidere Lutetiam 28 die Novemb. in eorum exercitu non sunt pauciores 24 hominum millibus. — Postridie Regina in eorum castra profecta spem illis summam pacis et concordiae attulit. — Induciae pacta sunt dierum IX. — Connestablius aliquoties cum Admirallio locutus est. — Evangelicis templa in urbibus omnibus concedebantur praeter quam Lutetiae Parisiensibus tamen dabantur templa extra urbem, sed non propius duobus passuum millibus. — Cum de Nobilitate Condiana in bona sua restituenda

ageretur Guisianus contradixit. — Interea Dux Mompen-
sienius introduxit Lutetiam Hispanorum duo millia: totidem
Gasconum. Ita spes pacis sublata est. —

Condiani octo tantummodo tormenta secum habebant
in his duo muralia — itaque nulla spes erat urbis per tormentorum oppugnationem occupandæ — scalas igitur pa-
rarant. —

Guisius extra urbem suas copias disposuit, ipse in Cár-
thusianorum æde commoratur — Tormentorum tautum habet
numerum, tot fossis e aggeribus, e propugnaculis se com-
munivit, ut difficillimus ad illum sit aditus.

Cum oppugnatio per scalas tentanda esset, et omnes
equites tum Galli tum Germani paratos te ostenderent, equis
relictis in murum conscendere Condæus certior factus est,
Anglos adventare sed a Roghendorphio et Rhingravio pro-
hiberi. — Anglorum sunt non minus VIII millia. Nuntius
etiam allatus est, si suos Germanos ad Rhingravianos adduceret, fore ut illi ad ipsum deficerent. — Hac spe ad
Anglos et Rhingravium profectus est: simul Carnutum
(Chartres) oppidum locupletissimum occupat: in quo mura-
lium tormentorum magnum numerum reperiet.

Lutetiæ sævit et pestis es fames et rerum omnium ca-
ritas intolerabilis.

Undecima Decemb. Condæus stipendium Germanis dis-
solvit; qui etsi semper ad prælia et pugnas sunt paratissimi,
tamen aliis in rebus nemini parent, crudelitatem summam
exercent: Omnia diripiunt, nec hoc tantum, sed etiam vastant
et inutiliter vina et alias fruges disperdunt. —

Duodecima Condæus castra versus Carnutum movit, noctu
Equites Parisienses circiter octingenti impetum in Condia-
norum impedimenta fecerunt. — Sed omnes fusi et fugati
sunt. — Monsieur d'Achon Dux illorum et Mareschalci
Santandreani ex fratre nepos captus est.

Inter pacis conditiones Mareschalco Hassiæ insigne

Equestris ordinis regii dabatur, ut suos placide in Germaniam reduceret.

Aureliis sex hominum millia peste periere, uxor Condæi dicebatur ipsa quoque periisse, sed vanus fuit rumor usque ad diem Decembris XII.

Monsieur de Genly, Eques ord. Regii, unus e Condianis noctu Lutetiam profugit et ad Parisienses defecit: frater ejus qui Biturigas prodidit.

Monsieur de Montgameni qui Rhotomagum propugnavit ductor est Anglici exercitus et urbem Caudebec in Normannia recepit.

Regina incredibili odio flagrat apud Parisienses qui se ab illa prodi vociferantur.

Andelottus plane convaluit et ad Condæum sexto induciarum die rediit. Modestissime tulit collocutionem Reginæ et pactionem induciarum.

In castris Condianis magna est copia omnis generis commeatus, sed Germani dimidiam partem crudeliter et inutiliter dispendunt ac ne principi quidem Condæo stricto gladio in illos irruenti morem gerunt.

Strasbourg 24. Dec.

Hotomannus.

XVI.

Gerüchte aus Metz über den Verlauf der Schlacht von Dreux und die darauf folgenden Ereignisse.

H. / Philipp Landgraf von Hessen.

1562. Dec. 29.

Illustrissime princeps, clementissime domine.

Scripsi . . . . Celsitudini vestræ nova Gallica certissima usque ad diem huius mensis XII et literas misi Electori Pa-

latino. — Ex eo tempore allatus est huc rumor mirificus eo
allatus Metis ubi quotidie fabulæ miræ finguntur; quo minus
ille rumor verus nobis videtur. — Aiunt prælium commissum XIX hujus mensis proxime Carnutum quod Galli Chartres appellant — vicisse nostros, Connestablium cum aliis
proceribus permultis captum, Santandream, Magnum priorem,
Pianium interfectos, Amirallium et principem Nivernensem
mortifere vulneratos. — Helvetios et Hispanos ad unum
omnes cæsos. — Equites quoque celeres profligatos, Gui-
sium effugisse. — Sed biduo post occupatis nostris in spoliis
colligandis rediisse et Condæum secum abduxisse. — Id
quod etsi mihi veresimile non videtur tamen ne officio meo
deessem, putavi Cl. V^ae potius istuc quidquid est scriben-
dum quam nihil prorsus nuntiandum quam quod probabile nobis videtur — hoc mirum est, quod Condæus ad Carnutum
obsedendum profectus erat; neque veresimile est, Guisæum
tam ignavum fuisse ut oppidum illud tam opportunum ac tam
opulentum desereret. — Itali qui contra Lugdunenses evocati
fuerant, stipendii penuria domum redierunt. — Dux Nemo-
rensis inducias cum Adressio fecit: tantum in Delphinatu. —
Adressius interea ne nihil ageret, ad Avenionenses profectus
est, ut illos pecunia emungat. — Lugdunenses excursionibus
aliquot complures e Nemorri copiis profligarunt. — Si quis
istic esset Capitaneus qui ducentos equites ad Lugdunenses
deduceret præclare suis rationibus consuleret.

Illustrissimus princeps, vale 29. Dec. 1562.

Illust. C. V. dedissimus.

Hotomannus.

XVII.

Kriegsberichte.

II./Philipp Landgraf von Hessen.

Strassburg 1563. Febr. 3.

Illustr⁃ princeps, clementiss⁃ domine.

Vehementer equidem doleo, nihil nunc ad nos perlatum esse dignum expectatione literarum vestrarum, quas proximas accepi et quibus prius respondissem si ad me tabellarius rediisset. — Tantum hoc constat: Connestabilium esse cum Regina et principe Condæo in oppido Chastraudum quod Aureliis distat 17 millium et serio inter illos de pace consilia iniri. — Obses pro Conestablio missus est Aurelias Guisii filius Ginillius. Conestablius sancte Aurelianensibus promisit, se pacem illis reportaturum. — Sed quod ad me attinet, non puto unquam illum unde discessit reversurum. — Guisius (quod Regina ipso inscio Mareschalcos duos crearat, Viellivillium et Bourdillionem) triginta sex Equites ordinis Regii creavit, qui numerus post homines natos nunquam auditus est. — In illis est Salsedus quidam Hispanus qui negotia Episcopatus Metensis pro Card. Lothar procurabat. — C. V. potest ex illo de ceteris conjecturam facere. — Equites Germani sunt in Biturigensi agro et spem pacis otiantur. — Guisius suas copias habet in Belsia (Beaune) et quotidie ad suos Parisienses commeat. — Mortua numeruntur in Gallia his decem mensibus ducenta hominum millia Angli occupant Dieppa, Havre de grace, Tanneville, Caudebech et Quilbeuf. — De Adressio nihil possum scribere, nisi quod arbitratus ex literis Reginæ Condianos omnes ad unum cæsos, dicitur e via deflexisse. — Deus et illum et

omnes alios errantes in viam removet quem oro ut C. V.
spiritu sancto suo tueatur.

  P. S. B a r o à D h o n in prælio interfectus est.

    Illustrissime princeps, vale et salve.

Argentorati III Feb. 1563.

      Illust^{ae} C. V. deditissimus
        Hotomannus D.

XVIII.

Kriegsberichte und einige Berichtigungen des früher Ge-meldeten.

  H./Philipp Landgraf von Hessen.

     Strassburg 1563. Feb. 4.

  Illustrissime princeps, clementisse De.

  Heri scripsi C. V. nova quædam, quorum pars nuntiata
nobis erat ex aula Lotharingica et Metis quæ quia falsa est
volui quæ jam verissima comperimus in has literas referre.
— Guisius cum exercitu suo, Regi et Regina per speciem
pacis faciendæ proxime Aurelias pervenerat. — Regem et
Reginam Blesis (Blois) collocavit, ipse Bogencii consedet. —
Paucis post diebus flumen Ligerim trajicit ut Amirallium
intercluderet Aureliarum aditu; is enim suas copias trans flumen duxerat interea dum de pace ageretur. — Amirallius
ea re comperta noctu suas copias per alterum pontem Gergiam
traduxit peditatim in urbem Aurelianam introduxit — parti-
culam in urbe Plenniers præsidii caussa collocat, Guisius
illum subsequens ·13 tormenta in pluvia et luculenta via
relinquere coactus est et statim Bogennium rediit. — Equites
Germani ad Anglos missi proxime Montletzery offendunt,
primo dilucuto ex improviso. D^s De Sixpierrus, quem Guisius cum equitibus 1500 ad pontem quendam miserat, ut

110

Germanos Sequanos transitu prohiberet, prælium committitur
XVI Jan. Guisiani equites mille interfecti sunt. — Siper-
rius Lutetiam cum paucis fugit, ubi trepidatio incredibilis
orta est. — E Germanis non putantur quatuor interfecti. —
In Normannia inter Rothomagum et Dieppam prælium inter
Anglos et Rhingravium commissum est 13. Jan. (si noster
bene meminit); cæsus Rhingravius et gravi vulnere affectus
Rhotomagum profugit. — Nepos ejus putatur mortuus.. —
Mareschalcus Brissaccus copias Parisiensium in Nor-
manniam eduxerat, ut Anglos a Reutheris intercluderet. —
Sed cum hi Sequanam trajecerint creduntur jam cum Anglis
conjuncti et Rothomagum oppugnaturi. Guisius quotidie a
Regina urgetur, ut pacem æquis conditionibus faciat. Ait,
Parisiensem Senatum nonesse in ea . . . . Et tamen illis nuper
nunfiavit, ut sibi caverent et suis rationibus consulerent,
neque enim se posse Regem deserere. — Veretur omnino,
ne, si se subducat, Regina se Aurelias conferat. Quod scripsi
de XXXVI Equitibus Regii ordinis verissimum est. — Sed
falsum est de Connestablio ; nam Anreliis detinetur. —

Parisienses cor habent pharaonicum, quotidie indurescit,
in Reginam vehementissime et contumeliosissime invehun-
tur. — Itaque constat, illum neque audere, neque velle
Lutetiam regredi. — In primo prælio 19. Decemb. constat
Helvetiorum quatuor millia interfectos, plura cum audiero,
fungar officio meo.

Celsitudo vestra nobis dedit Mareschalcum suum visum
Heroicum[1] qui ab omnibus nostris in coelum tollitur laudi-
bus. — Deus Illustrissimam familiam vestram benedicat.

Argentorati 4. Feb. 1563.

Illustriss[mo] C. V. deditissimus
Hotomannus.

---

[1] Fried. von Rollhausen, Marschall des Landgrafen von
Hessen, welcher an der Schlacht von Dreux Theil genommen hat.
cf. Rommel, Philipp der Grossmüthige.

Suppliciter peto a C. V. ut harum exemplum mittat. Illustriss. Electori Sax. et Elect. Brandenburgensi. Fortasse de me queruntur quod nihil scribam. — Haec incerta sunt et nobis jam allata ab eo quem in aulam miseramus.

_____

XIX.

Kriegsbericht.

II. / Philipp Landgraf von Hessen.

1563. Feb. 6.

Illustrissime princeps, clementiss[e].

Binas litteras scripsi hoc biduo C. vestrae easq. ambos Heidelbergam misi. — Ex eo tempore nuntius allatus est de nece Baronis Adressii. — Cum enim Capitaneus Movantius illum audisset esse Romantii statim illo profectus eum nec opinantem prehendit et in custodiam tradidit. Postea Nemausum perductus, metu tormentorum fassus est, se octo Librarum millia a Nemorro accepisse multaque illi majora esse promissa, si urbes quas in potestate habebat proderet. — Quem scribent addunt ei per carnificem caput amputatum. Hoc ternis litteris Lugduno nobis nuntiatum est et hic ab omnibus creditur. — Avaritiae et capacitatis nomine apud nonnullos qui propius eum norant male andiebat. — Lugdunum XVI Jan. fere ex improviso ab hostibus occupatum est; nox fuerat caliginosissima, primo diluculo admotis scalis 80 in muros conscenderunt et vigiles interfecerunt. Strepitu exaudito cives accurrunt eosque qui ingressi erant interfecerunt, reliquos vi tormentorum abegerunt. Eodem ipso momento pr. . . . . milites Lugdunenses Malisconum (Mascon) occupare eadem ratione conati similiter interfecti et repulsi sunt. — De Gallia scripsi C. V., Germani equites ad Anglos profecti sunt, in itinere Sipierrium cum 1500 equitibus ceci-

derunt, 1000 desiderati sunt ex hostibus, ex nostris prope nulli. — Amirallius et Andelottius Aurelii sunt Guisius cum Rege. Regina et magna suorum pars Bogencii et Blessis remoti, 17 millia passibus ab Aureliis. — Hæc tabellario C. V. ne inanis rediret tradere volui. — Si quid præterea nuntietur faciam C. V. certiorem, Deo volente, quem oro ut illustrissimam familiam vestram conservet.

Argent. 6. Feb. 1563.

Illustrissimæ C. V.

Deditissimus

Hotomannus.

XX.

Friedensschluss (von Amboise). — Erbitterung der evangelischen Truppen über dessen ungünstige Bedingungen.

H./Landgr. Wilhelm von Hessen.

Strassburg 1563. Merz 28.

Durchlauchtiger hochgeborner Fürst, gnädiger Herr.

Diesen Morgen hab ich an E. f. Gn. Herrn Vater geschrieben. — Denn diewiel der Pott so sehr fortgeeilet, hab ich inen lenger nicht aufhalten können. — Allein habe E. f. Gn. dieses wollen vermelden, dass zwischen beiden Kriegshauffen in Frankreich ein Fridt gemacht ist — doch uf solche Mittel und Conditionen, die die Condische nicht verhofft hatten. Aber wie man Im gemeinen Sprichwort pflegt zu sagen: was man haben muss wirdt wohlfeil erkaufft ob es schon viel kostet.

Als die Kriegsleuth in der Stat Orleans die Fridtspuncten vernommen (das ist als sie gehortt, das die Pfaffen wieder kommen und daselbst Mess halten werden) seind sie

tobent und wütend worden, dass sie in Gegenwärtigkeit des
Prinzen von Conde selbst und vor seinen Augen alle Kirchen zerstöret und umbgeworffen und iren grimmigen Zorn
über dieselbige Kirchen ausgegossen haben. — In Summa
wir seint in grosser Forcht, jedoch verhoffen wir, es werde
uns die Autoritet des Prinzen von Conde, der nunmehr die
Administration bekommen hat, solcher Forcht erledigen. —
Aus dem Schreiben so an E. f. Gn. Herrn Vater ich gethan,
werdet Ihr ferners vernemen: — Zu der newen Verwantnus
und Freundtschaft mit dem grossmechtigen Könige zue Schweden gemacht wünsch E. f. Gn. Ich von Herzen Glück und
bitt den Almechtigen Gott, das solcher Heurath glückselig
und wohl gerathe. —

Für wahr da ich mich besorgte, das der Fridt in Frankreich so ungwiss sorgsam und vortellhafftig wehre, wie es
viele meinen und darfür halten, wüste ich nicht ob ich diesen
kunftigen Sommer lieber in Schweden alls in Frankreich
hingienge und mit E. f. Gn. daselbst hinein verreisen wollte
uff welches ich von E. f. Gn. Gemüt (da es deren nicht
zue wider) gern vernemen wolt.

Es geschehe aber was da wolle. Ich sei auch gleich
wo Ich wolle, hie oder in Frankreich am Hof, so sollen E.
f. Gn. an mir anderst nicht haben als einen treuwen und
bereitwilligen Diener — und wolt Gott, dass E. f. Gn. Herr
Vatter Ich etwa einen angenemen Dienst und Wilfarung erzeigen konnte, was sonst mein Person anlangt wil ich für-
whar das durchlauchtig fürstlich Haus Hessen von wegen
der vilfaltig erzeigten Guthatt ewiglich zu Ehren und vor
Augen halten. —

Hiemit thue E. f. Gn. Ich Got dem hechsten zue glück-
seliger Wolfartt befehlen.

Dat. Strassburg den 28. Martii anno 63 E. f. Gn. ganz
gehorsamer.

Hotomannus D.

XXI.

Friedensaussichten. — Vorhaben Hotmann's nach Frankreich zurückzukehren.

H./Landgr. Philipp von Hessen.

Strassburg 1563. Aug. 15.

Illustriss° princeps, clementissime domine.

Cum hic tabellarius vester domum rediret deesse officio meo nolui, putavique me gratum obsequium C. V. facturum si eam de rebus nostris certiorem facerem. Pax inter Anglos et Gallos facta est ingressique sunt Galli in Havre de grace Kalendis Augusti, cum prius aggere in magnam altitudinem sublato oppidanos vehementissime vexassent et XVI Julii aditu in urbem tormentis patefacto ita illos oppugnassent ut fere in urbem irruperent. — Regina Metensi gubernatori scripsit, universum regnum jam summa pace frui ac statuisse pacem illam conservare. — Evangelium innumeris in locis prædicatur — sed Parisienses pharaonica obstinatione Dei beneficium quantum possunt ab sese removent — d'Andelottus scribit mihi ex villa sua Tauloy VII Augusti, D. Admirallium simul cum fratre suo Cardinali Castellioneo ad aulam profectum esse. — Ajunt Reginam Guysianos quoque principes evocasse, habereque in animo parem etiam concordiam inter illos constabilire. Lugduni et per totum Delphinatum optime agitur cum Hugenottis. Et quia Valentiana Academia me invitat fieri potest ut eo ad annum unum proficiscar. — Ubi si quid obsequii C. V°°, quæ de me optime merita est, præstare possim, promtum me et paratum exhibebo. — Puto tamen prius me in aulam iturum, unde C. V. rescribam. — Interea potest C. V. mihi quæ volet mandata dare, non enim ante dies XV sum profecturus.

Illustriss° princeps, clementissime vale.

Argentorati XV Aug. 1563.

Illustr°° C. V. deditissimus

Hotomannus.

XXII.

Hotmann's Besuch in Chatillon bei Coligny. — Fortdauernde Friedensaussichten. — Fortschreitende Ausbreitung des evangelischen Bekenntnisses in Frankreich.

H. / Landgraf Philipp von Hessen.

Châtillon 1563. Oct. 3.

Illustrissime princeps, clementissime domine.

Argentorati commendatus mihi fuit Bartholus tabellarius vester, quem mecum usque ad principis Portiani villam quæ in itinere recto est deduxi. — Ibi nuntiatum est, principem Condensem esse cum Admirallio. Et quidem constat inter omnes eum brevi affuturum. — Cum huc venimus in comitatu Domini de Bassi fratris principis Portiani allatus est nuntius Regem, evocasse caussam ducum Guysianorum ad suum sanctum consilium, itaque Condæum huc venturum non esse. Suasit igitur Amirallius ut ad illum proficiseretur. Ego quidquid potui pro meo erga C. V. obsequio diligenter præstiti et doleo me illi longius comitem esse non posse, sed et hic et Aureliis habeo negotia quæ me curare oportet. — De rebus Gallicis ex ipso plura C. V. cognoscet. — Rex alieno animo est ab armis et novis motibus. — Si jus reddendum est ducibus Guysanis sanctioris consilii sui judicium offert. Comestablius caussam nepotum suorum suscepit. Card^{lis} Castillioneus constans est in religione, Condensis ecclesiarum caussam constanter tuetur. Incredibile dictu est, quam multi proceres sese ad religionis caussam adjunxerint. — Navarræ regina ex sua ditione sustulit omnem idolatriam et virtutis exemplum præbet incredibili cum fortitudine animi et constantia. — Plura in præsentia non occurrunt et posthac ut spero melior dabitur occasio — nam hic haereo cum Amirallio et Andelotto, Castellione, quos video religionis nostræ et ecclesiarum Gallicarum fortes patrones ac defensores esse. — Perendie excurram in aulam, unde si occasio dabitur plura scribam. — Interea Illustrissime princeps, valebis in Domino quem oro, ut C. V. incolumem conservet. —

Castellione 3. Octob. 1563.[1])

Illustriss^{ae} C. V. deditissimus
Hotomannus.

XXIII.

Zum Verlauf der Bartholomäusnacht. — Die meisten Stadt-präfecten Frankreichs weigerten die Ausführung des Mord-befehls. — Die Papisten, selbst die königlichen Räthe bereuen die Unthat. — Starker Widerspruch zwischen den seitherigen königlichen Erlassen. — Bitte um seine kirchliche Fürbitte und um Verwendung beim Magistrat zur Verhütung eidge-nössischen Truppenzuzugs.

Fr. Hotmann an A. Sulzer, Dr. der Theologie und Pfarrer in Basel.

Genf 3. Oct. 1572.

Venerande pater, Jeri per vesperi singulari Dei provi-dentia, clementia et misericordia huc sum advectus et lapsus e manibus carnificum, quorum similes ætas nulla tulit. Cum essem de hujus . . . . . adminutus, deesse meo officio nolui, præsertim ut miserrimas ecclesias nostras tuis precibus com-mendarem, quarum crudelissima laceratio vel potius laniena ita papistarum nostrorum animos commovit, ut regios con-siliarios tantæ tyrannidis magnopere poeniteat. Nam annonæ penuria et caritate et prope fame plebs vexatur, aperteque et palam vociferatur: bellum si ingruat, se patrios sedes re-licturam. — Complures præfecti urbium regionum provinciarum

---

[1]) Ein gleichlautendes Schreiben an Herzog von Würtemberg ist abgedruckt in Revue historique d. 1876, I, cit. p. 45.

apertissime regi denunciarunt, se non esse carnifices : si velit, alibi suos carnifices quærat, neque se in ista exercenda laniena illius edictis obtemperaturos. — Itaque multo maxima pars civitatum Galliæ ab ista carnificina et crudelitate absti- nuit. — Verissime tamen hoc confirmari potest, quinquaginta hominum millia circiter octo dierum spatio interfectos fuisse. — Ad hanc crudelitatem accessit incredibilis impudentia : passim missa sunt diplomata regia aperte inter se pugnantia. Nam aliquoties scripsit et passim scripsit, magno suo cum dolore seditionem Lutetiæ excitatam esse, in qua cognatus suus charissimus Admiralius fuit interfectus. — Biduo post scribit, eundem Admiralium horrendæ conspirationis adver- sus majestatem suam autorem fuisse, ob eamque caussam illum suo jussu et mandato ceterosque ejusdem conjurationis parti- cipes interfectos fuisse. — Confido te, pater venerande, de rebus his diligenter cum magnifico vestro magistratu acturum et nostras ærumnas omnipotenti Deo in tuis precibus com- mendaturum. — Spero etiam Bezam nostrum tibi diplo- mata illa pugnantia missurum alioqui meo officio non de- fuissem. — Neque puto, Helvetios vicinos confœderatos vestros velle in ea caussa regiæ cupiditati morem gerere, quæ maximam Galliæ partem ab illo alienavit. — Bene vale vir clarissime et pater venerande.

Genevæ 3. Oct. 1572.

Fr. H.

XXIV.

Berichte und Eindrücke aus den Erlebnissen der Mordnacht — deren Folgen auch für die andern evangelischen Länder, — demnächstiges Erscheinen deren Geschichtsschreibung. — Empfehlung eines jungen Deutschen zu wohlwollender Aufnahme.

Fr. Hotmann an Wilh. v. Hessen.

Genf. 1572. Oct. 6.

Illustriss^e princeps, clementiss^e domine.

Spero celsitudinem vestram accepisse litteras a Corn-bergio adolescente lectissimo atq. ex iis de Gallicis nostris carnificinis et laniensis intellexisse. — Dolet mihi quod hic tum non fuerim cum ipse adesset, nam paucis diebus huc emersi, postquam hinc discesserat. — Adolescens est summæ spei et indolis amantissimæ et quem spero patriæ suæ summæ dignitati atq. ornamento futurum. — Confido etiam illum diligenter de miserrimo et calamitosissimo Galliæ statu scripsisse. — Quinquaginta hominum millia circa octo dierum spatio interfecta sunt: perfidia an crudelitate majore dici vix potest. — Neque quicquam mirabilius est quam Amirallium perfidiam istam non prævidisse, cum assiduo per duos fere menses ab incolis Rupellæ et Charitii (La Rochelle et la Charité) moneretur, urbes illas obsideri et insidias utrimque structas: neque quicquam propius esse quam ut illa a Strossii cohortibus, hoc a Ducis de Nevers turbis occuparetur. — Denique non modo in illis urbibus sed passim tota Gallia innumeri viri clamitabant, Amirallium nihil videre, præstigiis aulicis fascinatum et in summum discrimen Ecclesias nostras per ipsius imprudentiam adductas esse. — Itaque fatendum est, certissimam hanc Dei voluntatem fuisse et fatum . . . vitari non potuit. — Nimirum hæc sunt exordia telaque Tridentinæ et fœderis Papistici quod sanctam Ligam appellant, cujus consimiles effectus metuo ne propediem in

Anglia et vestra Germania videamus: nisi Deus praesidio sit et vos illustrissimi ac potentissimi principes sapientiam vestram in tantis periculis praecavendis adhibeatis. — Confido, C. V^m memoria tenere, decem abhinc annis, una cum Illustr° et fortissimo Heroe parente vestro de primis Guisianis consiliis verba facerem, saepe illum mihi respondisse, sibi non esse dubium, quin illa consilia ad principes Germanos pertine rent. — Quanto jam majus periculum videmus tot millibus hominum interfectis, tot viris fortibus et ducibus rei bellicae peritissimis insidiose trucidatis! — Praeterea imminente foedere papistico et tanta foederatorum potentia tantis copiis ad nostram perniciem comparatis! — Tanta autem fuit carnificum nostrorum crudelitas, ut eam multo maxima pars nobilitatis et plebejorum detestetur. — Quid dicam de Parlamentis quorum adversus Ecclesias nostras odium atq. acerbitas incredibilis fuit? — At Tholosani, Gratianopolitani, Diccionenses, Rhotomagenses manus ab iis caedibus abstinuerunt, neque nostrorum quenquam attigerunt; cum dicerent, sibi neque divino neque humano jure licere animadvertere in eos qui nihil nisi permissu ipsorum . . . ex suis Senatusconsultis commiserant. — Nam Parlamenta Edictum pacificatorium pro vetere instituto auctoratum comprobarant. — Itaque apertissime Parlamenta illa facinus istud horrendum condemnarunt. — Eo accedit miseratio omnium prope Gallicarum familiarum nobilium: nam omnes clamitant, Jura familiarum et agnationum mirandum in modum conturbata fuisse, tantamque in bona et hereditates confusionem inductam esse ut vel ob hanc unam caussam certissimum sit, caedes et discordias diuturnas fore. — Neque praetermittenda est incredilis et inaudita Lugdunensium lanionum inhumanitas, qui cum ad trium millium Christianorum quasi victimarum mactationem adhibiti fuissent, e corporibus occisorum, si qui pingujorum erant, adipem detrahebant, quam Pharmacopolis venditabant pretio in singulas libras quindecim denariorum constituto. — Sunt alia horrenda dictu et scriptu indigna de pudendis quæ in ora matronarum projiciebantur, quorum solem ipsum, ut opinor, puduit. — Lutetia quidem innumeris locis cunæ videbantur una cum infantibus pueris per fenestras dejectæ. — Denique constat inter omnes, horrendas istas carnificinas etiam monachis et sacrificulis execrabiles visas fuisse. — Sed, ut spero, propediem historia conscribetur, ex qua C. V. intelliget, Galliam, quæ sola monstris olim carnisse dicebatur, nunc unam omnium maxime monstris refertam esse. — Interea Deum oro, ut Illustriss.am Celsitudinem vestram benevolentia sua complectatur. — Vale Illustriss.e. Princeps.

Genevæ 6. Oct. 1572.

Illustriss.æ C. V. obsequentissimus cliens

H.

Verzeichniss der Briefe.

				Seite.
I.	H./Landgr. Phil.	1561.	Merz 19.	69
II.	dito.	„	Juli 12.	71
III.	H./Landgr. Wilh.	„	Aug. 6.	75
IV.	H./Landgr. Phil.	„	Aug. 6.	76
V.	dito.	„	Aug. 11.	78
VI.	dito.	„	Aug. 23.	80
VII.	Landgr. Phil./H.	„	Sept. 18.	81
VIII.	G. Harsack / Vezines.	1562.	Mai 28.	83
IX.	H./Harsack	„	Juni 7.	85
X.	H./Landgr. Phil.	„	Juni 7.	87
XI.	dito.	„	Juni 16.	94
XII.	dito.	„	Juni 22.	97
XIII.	Landgr. Phil./H.	„	Juni 26.	99
XIV.	H./Pfalzgraf.	„	Aug. 24.	101
XV.	H./Landgr. Phil.	„	Dec. 24.	104
XVI.	dito.	„	Dec. 29.	106
XVII.	dito.	1563.	Febr. 3.	108
XVIII.	dito.	„	Febr. 4.	109
XIX.	dito.	„	Febr. 6.	111
XX.	H./Landgr. Wilh.	„	Merz 28.	112
XXI.	H./Landgr. Phil.	„	Aug. 15.	114
XXII.	dito	„	Oct. 3.	115
XXIII.	H./Sulcero.	1572.	Oct. 3.	116
XXIV.	H./Landgr. Wilh.	„	Oct. 6.	118

Geschichte des Schulwesens der Landschaft Basel bis 1830.

Von

J. W. Hess.

An einer besondern Bearbeitung der Schulgeschichte von Baselland hat es bisher gänzlich gemangelt. In seiner sehr verdienstvollen, bahnbrechenden „Geschichte des Schulwesens in Basel" hat Dr. A. Fechter bloss die Stadtschulen, hauptsächlich das Gymnasium, und auch diese nur bis zum Jahre 1733, behandelt. Die vollständige, bis auf die Gegenwart reichende „Geschichte des Gymnasiums" hat Th. Burckhardt-Biedermann in seiner vortrefflichen Festschrift zum Jahre 1889 geschrieben. Eine Vorarbeit dazu war die Schilderung des Gymnasiums in der zweiten Hälfte des 18. Jahrhunderts von demselben Verfasser. Den nämlichen Zeitraum hat mit Berücksichtigung der untern Stadtschulen K. Schneider bearbeitet. Viel weniger sind die Landschulen zum Gegenstande geschichtlicher Darstellung gemacht worden. Was P. Ochs darüber berichtet, findet auf zwei kurzen Seiten Raum. Seine Angaben sind indessen nicht nur äusserst dürftig, sondern auch nicht frei von Ungenauigkeiten und Unrichtigkeiten und deshalb nur mit Vorsicht zu gebrauchen. Trotzdem beruht das Meiste, was über das Schulwesen der Landschaft Basel veröffentlicht worden ist, auf Ochsens Mitteilungen.

Die wertvollste Arbeit über das basellandschaftliche Schulwesen stammt aus der Feder J. Kettigers. Sie hat das grosse Verdienst, an der Hand der Schulgesetze

die allmähliche Entwicklung der Volksschule bis zur
Trennung des Kantons mit Wärme und liebevollem Eintreten auf manche Einzelheiten verfolgt zu haben. Leider
ist sie von manchen Unrichtigkeiten und entstellenden
Druckfehlern nicht frei; zudem hat sie in weitern Kreisen kaum die verdiente Beachtung und Würdigung gefunden, weil sie in einer pädagogischen Zeitschrift erschienen ist, die einem verhältnismässig kleinen Publi-
kum zugänglich war. Endlich verdient noch M. Bir-
manns kurze geschichtliche Übersicht über die schweizerischen Primarschulen im allgemeinen eine anerken-
nende Erwähnung. [1])

Für den Mangel an gedruckten Quellen entschädigt
die Reichhaltigkeit des handschriftlichen, bis dahin noch
soviel wie unbenützten Materials, auf dessen Durchfor-
schung die vorliegende Arbeit hauptsächlich beruht.
Weil die Schule bis ins 19. Jahrhundert hinein in der

---

[1]) Dr. A. Fechter. Geschichte des Schulwesens in Basel.
Schulprogramm von 1837 und 1839. 1. Teil bis zum Jahre 1589,
2. Teil bis zum Jahre 1733.

Th. Burckhardt-Biedermann. Geschichte des Gymnasiums zu Basel. Festschrift zur 3. Säcularfeier. Basel 1889.

— Das Gymnasium zu Basel am Ende des 18. Jahrhunderts
(1766—1800). Schulprogramm für 1873.

K. Schneider. Unsere Schulen vor hundert Jahren. Schulprogramm für 1869.

P. Ochs. Geschichte der Stadt und Landschaft Basel. Die
Landschulen. Band 6, Seite 432—434.

J. Kettiger. Histor. Entwicklung des Schulwesens in der
ehemaligen Landschaft Basel. Pädagogische Monatsschrift für die
Schweiz von Grunholzer und Zähringer. Zweiter Jahrgang,
Heft 5 und 6. Zürich 1857.

M. Birmann. Die Primarschulen. Separatabdruck aus der
allgemeinen Beschreibung und Statistik der Schweiz von Max
Wirth. Zürich 1878.

engsten Verbindung mit der Kirche stand, so finden sich
die wichtigsten Mitteilungen über das Schulwesen nicht
allein im S t a a t s -, sondern fast mehr noch im K i r -
c h e n a r c h i v, das zum Teil im Bischofshofe, zum Teil
in der von Antistes Falkeisen herrührenden Kirchenbibliothek, zum Teil im Antistitium aufbewahrt wird.
Wertvolle Akten, sowohl Manuscripte als Drucksachen,
enthält die mit der Lesegesellschaft verbundene V a t e r -
l ä n d i s c h e B i b l i o t h e k. Auch das S t a a t s a r c h i v
von B a s e l l a n d zu L i e s t a l, das H e l v e t i s c h e
A r c h i v zu B e r n und das P e s t a l o z z i a n u m zu
Z ü r i c h sind gewissenhaft benützt worden. Für die
freundliche Zuvorkommenheit, womit mir alle diese
Quellen zugänglich gemacht worden sind, fühle ich mich
den Archivvorständen zum lebhaftesten Dank verpflichtet.
In besonderm Grade gilt dieser den Herren Dr. Th.
B u r c k h a r d t - B i e d e r m a n n und Dr. R u d o l f Wa-
c k e r n a g e l, die beide meinem Vorhaben die wohl-
wollendste Förderung zu teil werden liessen, sowie
einigen Freunden, die sich der Mühe der Durchsicht
des Manuscriptes unterzogen.

Wenn trotz dieser Unterstützung meine Arbeit an
manchen Stellen das Merkmal der Unvollkommenheit
an sich trägt, so rechne ich hiefür auf gütige Nachsicht.
Zu meiner Entschuldigung kann ich darauf verweisen,
dass mir bei einem Amte, das an meine Zeit und Kraft
grosse Anforderungen stellt, zu Nebenarbeiten wenig
Musse übrig bleibt. Zudem stehe ich in einem Alter,
das die Leichtigkeit des Schaffens vielfach beeinträchtigt.
Um so mehr war mir daran gelegen, eine Beschäftigung,
woran ich seit einer Reihe von Jahren mit liebevollem
Interesse, wenn auch nicht ohne vielfältige, unfreiwillige
Unterbrechungen gearbeitet habe, zum Abschlusse zu
bringen.

Einleitung.

Dass das Verdienst der Einrichtung von Schulen für das Volk den Reformatoren gebühre, ist eine unbestrittene Thatsache. Es gab allerdings schon vor der Reformation Schulen; sie dienten aber nicht der Gesamtheit, sondern kamen nur Wenigen zu gute. Aus den da und dort in einzelnen Städten bestehenden deutschen Lese- und Schreibschulen traten solche, die sich zu Geistlichen oder Gelehrten weiter ausbilden wollten, in eine Lateinschule über. Der Besuch einer Schule beschränkte sich in durchaus freiwilliger Weise auf solche, die Lust hatten sich die Kenntnisse anzueignen, die ihnen zu ihrem weiteren Fortkommen im Leben von Nutzen sein mochten. Die grosse Masse des Volkes aber, insonderheit auf dem Lande, wuchs ohne das Bedürfnis nach weiterer Unterweisung in völliger Unkenntnis und in geistiger Vernachlässigung auf.

Diesem Zustande haben die Reformatoren überall durch die Einrichtung des Religionsunterrichtes für jedermann, junge und alte, auf das nachdrücklichste entgegengearbeitet. Eine Frucht ihrer Bemühungen ist die allgemeine Volksschule. Freilich sind durch die Reformatoren selber weder in Deutschland noch in der Schweiz Volksschulen ins Leben gerufen worden. Diese Männer waren für die Einrichtung von Lateinschulen und Gymnasien thätig, um durch die Heranbildung von Predigern, Staatsmännern, Ärzten und Rechtsgelehrten kräftige Stützen für die neue Lehre zu gewinnen. Zu Gunsten des Volkes im allgemeinen drangen die Reformatoren bloss darauf, dass die Leute in den christlichen Fundamentallehren unterrichtet würden, die jeder Christ, vornehmlich aber jeder Bekenner der reformierten Lehre, zu wissen schuldig sei. Neben der Aneignung dieser

„Hauptstücke" trat, wenigstens auf dem Lande, anfänglich jeder andere Unterricht in den Hintergrund. Erst in späterer Zeit sind Dorfschulen eingerichtet und besondere Lehrer bestellt worden, die sich dem Jugendunterrichte widmeten und unter der Aufsicht und Leitung der Kirche das von den Predigern begonnene Werk weiter führten. Bevor also von der Entstehung und Einrichtung der Landschulen die Rede sein kann, werden wir uns zuerst mit dem durch die Prediger erteilten Jugendunterrichte zu beschäftigen haben.

Erster Zeitraum.

Das Unterrichtswesen der Landschaft Basel von der Reformation bis zum Erlass der ersten Schulordnung. 1524—1660.

Für die Einrichtung des Schulwesens in den verschiedenen Landesteilen des nachmaligen Kantons Basel ist dessen politische und kirchliche Einteilung von entscheidender Bedeutung und nachhaltigem Einflusse gewesen. Zum bessern Verständnis muss deshalb das Wichtigste hierüber in Kürze vorausgeschickt werden.

Politische und kirchliche Einteilung der Landschaft.

Bis zum Jahre 1798 war die Landschaft Basel politisch in folgende sieben, an Grösse und Einwohnerzahl sehr ungleiche Ämter eingeteilt: Liestal, Farnsburg, Homburg, Waldenburg, Mönchenstein, Riehen und Kleinhüningen. An der Spitze des ersten stand ein Schultheiss; die sechs übrigen wurden durch Ober- oder Landvögte verwaltet.

Die Staatsumwälzung des Jahres 1798 setzte an die Stelle der Ämter die vier Distrikte Basel, Liestal, Gelterkinden und Waldenburg.

Im Jahre 1815 nach der Einverleibung eines Teiles des ehemaligen Bistums Basel traten an ihre Stelle folgende sechs Bezirke: Basel, Liestal, Sissach, Waldenburg, der untere Bezirk, Birseck.

Bis zum Jahre 1833 war die Landschaft Basel kirchlich in drei Diöcosen oder Kapitel eingeteilt, nämlich: Das Kapitel Liestal, das die Ämter Liestal, Mönchenstein und Riehen umfasste und 10 Pfarreien nebst 6 Nebendörfern enthielt.

Das mit dem gleichnamigen Amte zusammenfallende Farnsburger Kapitel mit 8 Pfarreien, 2 Filialen und 14 Nebendörfern.

Das Waldenburger- und Homburger Kapitel mit 9 Pfarreien, 3 Filialen und 15 Nebendörfern.

Die Geistlichkeit jedes Kapitels versammelte sich unter dem Vorsitze des Dekans zur Beratung über kirchliche und Schulangelegenheiten. Diese Versammlungen, woran als Vertreter des Staates die Obervögte teilzunehmen verpflichtet waren, hiessen Synoden. Man unterschied die Kapitelsversammlungen oder Provinzialsynoden und die Vereinigung sämtlicher Landprediger oder Generalsynoden. Bei diesen führte jeweilen das Haupt der Basler Kirche, der Pfarrer am Münster, als Antistes (Archidekan oder Oberstpfarrer) den Vorsitz.

Die Leitung des Kirchen- und Schulwesens lag in der Hand des Kirchenrates und der Deputaten. Jener, der venerabilis Conventus Ecclesiasticus, war zusammengesetzt aus den „Theologen", d. h. den drei Professoren der Theologie, und aus den „Pastoren", den Hauptpfarrern der vier städtischen Kirchgemeinden. Das

Kollegium der Deputaten bestand aus drei aus der Mitte des Rates gewählten, angesehenen Männern, die unter Beiziehung des Stadtschreibers namentlich bei der Besetzung von Kirchen- und Schuldiensten, bei der Festsetzung der Besoldung von Predigern und Lehrern, beim Bau und Unterhalt von Kirchen- und Schulgebäuden, bei der Unterstützung von Armen und Notleidenden u. s. w. ein gewichtiges Wort zu sprechen hatten. Wegen ihrer Hauptthätigkeit, der Besorgung der finanziellen Bedürfnisse sämtlicher Schulanstalten, haben die „viri dignissimi et gravissimi Deputati ad studia" auch den Titel Scholarchæ oder Schulherren erhalten.[1])

Um sich von dem Zustande der Kirchen und Schulen auf der Landschaft zu überzeugen, fanden durch den Kirchenrat und die Deputaten in Verbindung mit den Obervögten zuerst jährlich, später aber in unbestimmten Zwischenräumen Visitationen statt. Die zum Teil sehr ausführlichen Berichte über diese, jeweilen mit grosser Feierlichkeit und unter der Entfaltung eines der Wichtigkeit der Sache entsprechenden Ceremoniells vorgenommenen Handlungen sind für die Kirchen-, Kultur- und Sittengeschichte unseres Kantons überhaupt, ganz besonders aber für die Kenntnis der Schulzustände von grösster Bedeutung. Eine Hauptquelle der Schulgeschichte sind also einmal: die im Antistitium aufbewahrten Acta Ecclesiastica oder die Verhandlungen des Kirchenrates; sodann die teils im Antistitium, teils im

---

[1]) Über die Deputaten siehe: Ochs. Band 4, Seite 99 und 101. Rud. Wackernagel. „Das Kirchen- und Schulgut des Kantons Basel-Stadt" in den Beiträgen zur Vaterländischen Geschichte, herausgegeben von der Historischen Gesellschaft zu Basel, Band 13, Seite 87. Franz Fäh. Johann Rudolf Wettstein. Neujahrsblatt für 1894, Seite 47.

Kirchenarchiv befindlichen handschriftlichen Berichte
über die Kirchenvisitationen. Dazu kommen
dann noch für Einzelheiten die ebenfalls im Kirchenarchiv aufgestellten Akten der verschiedenen Kapitel
hinzu. [1])

1. Der von den Pfarrern erteilte kirchliche Religions-
unterricht.

A. Die Kinderlehre.

Die Basler Reformationsordnung vom 1. April 1529
legt den Pfarrern ausser der Predigt des Wortes Gottes,
der Spendung der Sacramente, der Tröstung von Kranken und Sterbenden und der Seelsorge überhaupt besonders die Belehrung der Jugend und ihre Erziehung
zur Gottesfurcht und christlicher Zucht als eine ihrer
hauptsächlichsten Amtspflichten ans Herz. Damit sich
aber das Volk um so leichter an die neue Ordnung ge-
wöhne, wurde der Jugendunterricht anfänglich auf ein
bescheidenes Mass beschränkt. Nur viermal im Jahre,
also in langen Zwischenräumen, sollten die Prediger die
Kinder im Alter von ungefähr 7 bis 14 Jahren öffentlich
in die Kirche berufen, sie da befragen, ob sie beten
könnten und die Gebote des Herrn wüssten, „und demnach sie in glauben und liebe Gottes tugentlich under-
wysen." Bei diesem Anlasse sollten zugleich „die jungen, so vorhin das Sacrament nie empfangen, und jetzt

---

[1]) Wer sich über den Verlauf einer Kirchenvisitation unterrichten will, findet das Nähere bei Ochs, Band 6, Seite 466 ff.
Die Abhaltung der Synoden ist beschrieben in der von Bruckner
besorgten „Fortführung der Basler Chronick", Seite 78—84. Eine
besondere, handschriftliche Aufzeichnung über die „Agenda betreffend Kirchen- und Schulvisitationen" befindet sich im Kirchenarchive unter A. 17, N⁰ 46.

des Herren Nachtmal nemmen wollen, was sie von den Sacramenten halten, in offener kilchen underrichtet werden." [1]) Diese Beschränkung ging aus der weisen Absicht hervor, um nicht durch allzugrosse Forderungen auf einmal die noch gar sehr am alten Herkommen hangenden Gemüter der Volkes von vorne herein gegen die Neuerung einzunehmen.

Es scheint uns nötig, an dieser Stelle auf den Unterschied hinzuweisen, der sich von Anfang an bei der Erteilung des kirchlichen Religionsunterrichtes in Deutschland und in der Schweiz, speziell zu Basel, bemerklich macht. In den protestantischen deutschen Ländern wurde den Pfarrern der kirchliche Jugendunterricht so gut übertragen, wie bei uns. Allein gar bald (schon 1533) riss dort die Gewohnheit ein, dass der Jugendunterricht den Geistlichen abgenommen und den Küstern oder Sigristen übertragen wurde, denen man zugleich die Erteilung des Leseunterrichtes überband. Aus diesen Küsterschulen ist im Laufe der Zeit die deutsche Volksschule hervorgegangen. [2])

Anders in der Schweiz. Zu Basel wenigstens haben die reformierten Prediger den Jugendunterricht stets und mit Vorliebe als eine ihrer schönsten und dankbarsten Amtspflichten betrachtet und dieses Vorrecht keinem andern überlassen. Unsre Volksschule ist daher aus dem durch die Pfarrer selber erteilten kirchlichen Jugendunterrichte, der Kinderlehre, hervorgewachsen.

---

[1]) Reformationsordnung, Art. 6: „Des Leütpriesters Ampt." Mandatensammlung, VIII. §. 2. 6. Staatsarchiv. (Enthält teils gedruckte, teils geschriebene Kirchen- und Schulordnungen.) Ein modernisierter Abdruck der Reformationsordnung findet sich bei Ochs, Band 5, Seite 686—739.

[2]) Konr. Fischer. Geschichte des deutschen Volksschullehrerstandes, I. 86, 87.

Werfen wir nun einen Blick auf die Ausführung
der Forderung der Reformationsordnung, zunächst in
der Stadt Basel.

Hier erhielt sich die Einrichtung der auf das geringe Mass eines vierteljährlich einmal stattfindenden
kirchlichen Jugendunterrichtes längere Zeit hindurch.
Es wird uns berichtet, dass unter Antistes S. Sulzer
(1553—1585) sogar nur dreimal jährlich, an den drei
hohen Festtagen, eine Kinderlehre sei abgehalten worden.
Sulzers Nachfolger J. Grynäus (1585—1617) strebte
eine Vermehrung derselben an, konnte aber nicht
mehr als eine fünf-, höchstens sechsmalige Abhaltung
erreichen.[1]

In der Stadt, wo seit der Reformation jede Pfarr-
gemeinde eine eigene Elementarschule besass, konnte
man sich mit einer kleinern Anzahl von Kinderlehren
leichter behelfen. Nicht so auf der Landschaft, wo mit
der Einrichtung von ständigen Dorfschulen erst gegen
das Ende des 16. Jahrhunderts ein Anfang gemacht
wurde. Da konnte bei der äusserst spärlich zugemes-
senen Zeit und bei der grossen Zahl der zu unter-
weisenden Jugend die gute Wirkung der Kinderlehre
selbst im günstigsten Falle nur höchst unvollkommen
erreicht werden. Eine öftere Abhaltung des Jugendunterrichtes war desshalb dringend geboten.

Ochs berichtet,[2] der Rat habe am 16. Juni 1533
verordnet, dass die Prädikanten auf dem Lande „alle
jungen Knaben und Töchterlein, die über sechs bis

---

[1] Angaben darüber finden sich in der Supplicatio ad Magistratum pro reformatione Catechisationis vom 17. April 1657,
deren Kopie durch Antistes L. Gernler in die Acta Eccles. IV,
S. 47—51 eingetragen worden ist.

[2] Band 6, S. 432.

in die vierzehn Jahre ungefähr alt wären, künftigs alle vier Wochen am Sonntag Nachmittag im christlichen Glauben unterweisen und vermahnen würden, wie sie beten sollen." Aber die Ausführung dieser Forderung stiess, wie aus andern Berichten hervorgeht, auf grosse Schwierigkeiten. Dem Befehle zuwider stellte sich die Jugend entweder gar nicht in der Kinderlehre ein oder störte den Gottesdienst durch allerlei Unfug und groben Mutwillen. Die Pfarrer machten die betrübende Wahrnehmung, dass die jungen Knaben und Töchter, wenn sie zum Tische des Herrn gingen, „der sachen nit gnugsam berichtet seien", und dass ihr Hinzutritt zum Abendmahle „mehr durch anrichten der eltern und us ansähen der jaren denn des verstands" erfolge.[1] Die Geistlichkeit trat deshalb mit den Obervögten in Verbindung, um mit Unterstützung der weltlichen Macht „die glichförmige haltung aller ussgangner Christenlicher Mandaten" ins Werk zu setzen. Der im Jahre 1540 vereinbarte und im Jahre 1582 erneuerte Kompromiss der Prädikanten und Obervögte, der den Namen „Liestaler Acta" trägt, ist als die Grundlage der späteren Kirchenordnungen von grosser Wichtigkeit.[2]

---

[1] „Der Herren predicanten anbringen von wegen des jungen volks und sacraments" vom 10. März 1640. Staatsarchiv St. 76. A. 4.

[2] Die „Vereinigung der glichförmigen haltung aller ussgangner Christenlicher Mandaten U. G. H. der Statt unnd Landt Basell, so die Herren Obervögt, Schuldthess unnd Predicanten glichförmig zuhalten sich vereiniget haben uff Donstag den 12. tag Augsten A° 1540," 9 Seiten fo. Mscpt., und die „Liestaller Acta", „Sontags den ersten Aprilis Anno 1582 uff zuvor in generali conventu Donstags den 29. Martij gehallten, beschechner Erkantnuss in der Kirch wider abgelesen und renouirt", 15 Seiten fo. Mscpt.,

Die vom Rate zum erstenmal im Jahre 1595 erlassenen und in den Jahren 1660, 1725 und 1759 erneuerten **Kirchenordnungen** enthalten über die Heiligung von Sonn- und Feiertagen, die Abhaltung und den Besuch der Gottesdienste, die Einrichtung des kirchlichen Religionsunterrichtes, die Handhabung der Kirchenzucht, später auch über das Schulwesen und andere, die Gottesfurcht und Ehrbarkeit betreffende Geschäfte und Handlungen die eingehendsten Vorschriften.[1]) Damit jedermann sich auf diesem weiten und verirrlichen Gebiete zurechtzufinden vermöge und niemand sich mit Unkenntnis zu entschuldigen versuche, musste die Kirchenordnung durch die Prediger jährlich zweimal von der Kanzel vorgelesen werden, was bei dem wachsenden Umfange dieser Publikationen sowohl von den Vortragenden als von den Zuhörern ein nicht geringes Mass von Ausdauer erforderte.

Alle diese in das öffentliche und private Leben tief eingreifenden Vorschriften haben dem Volke Verpflichtungen auferlegt, die dem Geschlechte unserer Tage, das an die Ausübung weitgehender Rechte im demokratisch eingerichteten Staate gewöhnt ist, befremdend und ganz unerträglich vorkommen müssten.

Schon der von den Freiheitsideen seiner Zeit begeisterte Geschichtsschreiber unserer Vaterstadt, P. Ochs, hat sich die Gelegenheit nicht entgehen lassen, sich über den von den Voreltern in kirchlichen Dingen ausgeübten Zwang und über die Bevormundung des Landvolkes in

---

findet sich unter Visitationsacta R. 1—4, N⁰ 11 u. 12 im Kirchenarchiv. Weder bei Ochs, noch sonst irgendwo habe ich eine Erwähnung dieser wichtigen Aktenstücke gefunden.

[1]) Gesammelt in den „Mandaten und Ordnungen der Stadt Basel", Band VIII, §. 3. b.

sehr missbilligender Weise auszusprechen und auf die
demoralisierende Wirkung solcher Vorschriften hinzuweisen.[1]) Ohne die dem Volke aufgedrungene Nötigung
in Sachen des Glaubens und Gewissens irgendwie in
Schutz nehmen zu wollen, mag doch zu ihrer Erklärung
folgendes angeführt werden. Als Dienerin, ja noch mehr,
als Stellvertreterin Gottes und im vollen Bewusstsein
der Verantwortung, die einst vor dem göttlichen Richter-
stuhle über die ihr anvertraute Gewalt von ihr werde
gefordert werden, hielt sich die Obrigkeit von ehedem
nicht nur für berechtigt, sondern auch geradezu für verpflichtet, nach bestem Wissen und Vermögen sowohl für
die zeitliche Wohlfahrt ihrer Untergebenen zu sorgen,
als auch ganz besonders deren ewiges Heil sich angelegen sein zu lassen. Durchdrungen von dieser lebendigen Überzeugung konnte, um nur ein einziges Beispiel
anzuführen, Antistes G e r n l e r bei einer Kirchenvisitation einmal den Landleuten zu bedenken geben, „dass
die obrigkeitlichen Ordnungen und Mandate nicht als
Menschenwerk anzusehen, sondern als von Gott selbst
geboten zu betrachten und zu befolgen seien."[2])   ·

Auch die Menschheit im Grossen und Ganzen ist
in ihrer Entwicklung zur geistigen Mündigkeit durch die
Periode des Gesetzes hindurchgegangen. Die rohe Natur-
kraft des Volkes musste, bevor sie einen höhern sittlichen Standpunkt gewinnen konnte, erst durch eine
strenge Lebensordnung von Oben in die richtige Bahn
gelenkt werden. Was aber in der Weltgeschichte als
notwendige Bedingung für eine künftige, freie Entfaltung
der menschlichen Anlagen und Kräfte gegolten hat, und

---

[1]) P. O c h s , Band 6, S. 487.

[2]) 1661, Octobr. 12. Kirchenarchiv A. 17. No 8. Acta
Eccles. IV. 160.

auf dem Boden des Hauses und der Familie immer noch
gilt, das bewährt sich auch wieder in jeder einzelnen
Volksgeschichte: durch Gehorsam zur Freiheit. Aber
freilich hat sich auch je und je das Schriftwort bestätigt,
dass das Gesetz Zorn anrichtet.

B. Besuch der Kinderlehre.

Wenn es schon schwer hielt, das Volk zur Beobach-
tung der in den Kirchenordnungen enthaltenen allgemeinen Forderungen zu vermögen, so war die Gewöhnung
an den kirchlichen Jugendunterricht eine keineswegs
leichtere Aufgabe.

Schon die Liestaler Acta und nach ihrem Vorgange
die Kirchenordnung von 1595 schreiben vor, dass am
„Kinderbericht" (so hiess anfänglich die Kinderlehre)
ausser den Kindern das Gesinde, die Eltern und die
Vorgesetzten der Gemeinde teilnehmen sollten. Auf das
Wegbleiben wurde eine Busse gesetzt. Aber auch die
bereits admittierten jungen Leute beiderlei Geschlechtes
waren durch ihre Admission des Besuches der Kinderlehre keineswegs enthoben, sondern gehalten, derselben
„für und für biss sy sich vereelichen" beizuwohnen.
Daneben war für sie ein besonderer Vorbereitungs-
unterricht eingeführt worden, der jedoch noch von
sehr kurzer Dauer war. Denn die Ordnung von 1595
schreibt vor, dass die Prädikanten den jungen Knaben
und Töchtern vor dem Hinzutritte zum Tische des Herrn
einen besondern Tag und Stunde bestimmen und sie
„dess brauchs, verstandts und nutzes der heiligen Sacramenten durch das Göttliche Wort unterweisen und leeren
sollten." Selbst bei einer so weit gehenden Einschränkung
des Admissionsunterrichtes wird jedoch noch über die
Unordnung „der catechumenorum" geklagt, „als welche
sich gar zu spath bey der underrichtung einstellen, in-

massen unmüglich, selbige, besonders so vil, etwann in
einer oder zwo stunden und das erst am Abent, do mann
nachvolgenden tags das H. Abendmal halten soll, zu
underrichten.[1])

Der Inhalt des kirchlichen Religionsunterrichtes
wird schon in der Reformationsordnung vom 1. April
1529 angegeben. Gebete, besonders das wichtigste von
allen, das Unservater, sodann die zehn Gebote, die zwölf
Artikel des christlichen Glaubens, endlich die Ein-
setzungsworte der h. Taufe und des h. Abendmahles,
das sind, in der reformierten Basler Kirche so gut wie
anderswo, die fünf Hauptstücke, auf deren Grundlage sich alle religiöse Belehrung aufbaut. Die Kirche
machte es sich daher zur ernsten Aufgabe, diese „capita"
einem jeden ihr zugehörenden Mitgliede von Jugend
auf recht zu eigen zu machen. Darum wurden die
Landpfarrer angewiesen, ihren Gemeinden allsonntäglich
insonderheit das Unservater, den Glauben und die zehn
Gebote „fein allgemach vorzusprechen, damit sy die wol
nachsprechen können." [2])

Auf dem Lande, wo das Lesenkönnen noch fast ganz
unbekannt war und der Besitz eines gedruckten Buches
zu den Seltenheiten gehörte, verursachte das Geschäft
des Einprägens durch langsames, deutliches Vorsprechen
ein mühsames, die Ausdauer und Geduld der Pfarrer in
hohem Grade in Anspruch nehmendes Stück Arbeit.
Eine nicht geringe Erschwerung bereitete das zäh Festhalten des Volkes an eingewurzelten Gewohnheiten beim

---

[1]) Akten des Liestaler Kapitels vom 14. März 1616. Kirchenarchiv D. 8. Seite 13.

[2]) Synodalakten, A. 24. No 5, a. Acta Eccles. I, 166. Akten
des Farnsb. Kapitels vom März 1593, 1599 und 1603. Akten des
Waldenb. Kapitels vom März 1619 und Mai 1620.

Sprechen der Gebete u. dergl. Dass in der Stadt Basel solche Angewöhnungen bekämpft werden mussten, erfahren wir aus Anlass der Aufstellung des Unterrichtsplanes für das Gymnasium im Jahre 1589.[1]) Auch aus der Landschaft wird uns darüber berichtet. Da klagt z. B. der Pfarrer von D i e g t e n, dass er bei der Jugend in der Erkenntnis eine schlechte Besserung verspüre; „behallten ihre alte phrases im betten, zehen gebotten, glauben etc. als: Herr Gott Vatter unser; Herr Gott gib uns heüt etc. Zum Beschluss des glaubens: Helff uns Gott ins ewig Leben. Amen. Werden daheim von den Alten so underwyson.“ Der Pfarrer von S i s s a c h ist der Ansicht, dass „die Kinder schwärlich von ihrer gattung zu betten gebracht werden können. Die Ellteren zürnens, wann mann bey inen die Enderung anhalt, sprechen, ire vorelteren haben auch so gebettet.“[2])

Was aber bei dem bereits etwas eingerosteten und stumpf gewordenen Fassungsvermögen der ältern Generation nicht ohne Anstrengung und auch da in vielen Fällen ohne merklichen Erfolg zu stande kam, das fand glücklicherweise in den aufgeweckten Köpfen der muntern Jugend leichter Eingang und eine gedeihlichere Stätte. Zwar blieb auch hier den Predigern das langsame Vorsprechen nicht erspart; allein das gesprochene Wort brauchte bloss durch öfteres Nachsprechen und durch die unerlässliche Wiederholung im Gedächtnisse aufgefrischt und befestigt zu werden. Der Unterricht der Geistlichen beschränkte sich also auf das Vorsprechen und auf das sich daran anschliessende Abfragen oder „Verhören“, wobei ein Kind nach dem andern an

---

[1]) Th. Burckhardt-Biedermann, Gesch. des Gymn. S. 66.

[2]) Acta Eccles. I. 26. 29.

die Reihe kam. Die schon admittierten Knaben und Töchter mussten mit den andern ebenfalls Rede stehen.

Es würde viel zu weit führen, wenn wir hier die Entwicklung des kirchlichen Jugendunterrichtes eingehend verfolgen wollten. Einige Andeutungen mögen genügen. Es mussten gar manche Vorurteile bekämpft und viele Schwierigkeiten überwunden werden, bevor an der ersten Kirchenvisitation, über die ein eingehender Bericht vorliegt, im Mai 1601, in einzelnen Gemeinden von einem erfreulichen Erfolge der Kinderlehre gesprochen werden konnte.[1]) So wird z. B. von Läufelfingen gemeldet, „die Jugend übe sich in der kinder bericht lustig und könne den catechismum zimlich fein." Zu Wintersingen rühmt der Prediger „den feinen anmuot der jugendt zum catechismo". Der von Munzach (einem einst bei Liestal gelegenen, im Laufe der Zeit verschwundenen Dorfe) berichtet, dass die Kinder von Frenken- und Füllinsdorf bereits das Vaterunser, den Glauben, und „die kurzen zehen Gebott" können. Das Behalten des ganzen Dekalogs galt nämlich als eine besonders schwierige Leistung, die nicht überall zu erreichen sei. Deswegen klagt der Pfarrer von Diegten: „Die langen zehen Gebott könnens nit begreiffen". Dagegen kann der Pfarrer von Bubendorf seiner Jugend das Lob spenden, „dass er nit nur die langen zehen Gebott, sondern auch ettliche Psalmen allgemach in sy gebracht habe".

Solche Ergebnisse sind jedenfalls nicht ohne ein reichliches Mass von Hingebung und Ausdauer zu stande gekommen und machen der treuen Arbeit der Seel-

---

[1]) Der ausführliche Bericht über die in sämtlichen Gemeinden vorgenommene Visitation vom 19.—24. Mai 1601 findet sich: Acta Eccles. II. 19—59.

sorger alle Ehre. Wohl mag freilich bei dem mühevollen Geschäfte auf dem oft recht steinichten und dornenvollen Boden der Unterweisung dem und jenem geistlichen Herrn der Faden der Geduld gerissen und die Versuchung nahe getreten sein, dem langsamen Fassungsvermögen der Kinder hin und wieder auf eine nachdrücklichere Weise zum Durchbruche zu verhelfen. In der That wird uns von der Anwendung solcher Mittel berichtet, doch niemals, wie mit Anerkennung hervorgehoben zu werden verdient, von gewaltthätigen. Wir lesen zwar hie und da von einem unfreundlichen, barschen Auftreten, von rauhem Anfahren, sogar von „Anschnauben." Die Rede war eben durchweg noch ungeschminkt, körnig und derb; selbst von den Kanzeln herab erschallte eine kräftige Sprache, und die zum Ausdrucke des Gedankens gewählten Redewendungen waren oft weit davon entfernt, besonders lieblich und wohllautend zu klingen. Von dieser allgemeinen Regel haben die Prediger auf der Landschaft Basel keine Ausnahme gemacht, und es wird uns mehr als einer genannt, der sich gegen seine Zuhörer „etwas ungleicher Worte" bedient habe.[1]) Die kirchlichen Behörden thaten in der Bekämpfung derartiger Ausschreitungen ihr Möglichstes. Wo ihnen etwas Ungehöriges zu Ohren kommt, erfährt es eine scharfe Zurechtweisung. Bei jeder Gelegenheit wird daran erinnert, besonders gegen die Jugend die gebührende Geduld und Nachsicht walten zu lassen, sie „ihres Unverstands halben nicht unfreundlich zu halten" und „zu Zeiten einen Ernst, zu

---

[1]) Siehe z. B. Kirchenarchiv, Visitationsacta R. 1 — 4, zum Jahre 1637. Acta Eccles. III. 183, wo über einen Prediger Beschwerde geführt wird, der seine Zuhörer von der Kanzel herunter „knöpff, hudler und bestien" gescholten habe.

anderen Fründtlichkeit zu erzeigen." Selbst ein bloss von der hergebrachten Gewohnheit abweichendes Aufrufen zum Antwortgeben wird beanstandet. Die Gemeinde- beamten des Kirchspiels St. Peter (Waldenburg) rüg- ten es, dass ihr Pfarrer die Kinder nicht der Reihe nach aufrufe, sondern „zu zeiten etliche überhupffe"; „es seye der Jugendt unmüglich druff zu antwortten." Da wurde dieses Verfahren nicht etwa als ein Hilfsmittel zur Auf- rechthaltung der Aufmerksamkeit für zulässig erklärt, sondern dem Pfarrer der Rat erteilt, „die kindt, damit sye nit forchtsam gemacht werden, fein der ordnung nach zu fragen."

Eine erwünschte Unterstützung fanden die Prediger in immer mehr zunehmendem Grade an den Lehrern. Die erste Erwähnung davon stammt aus dem Jahre 1601, wo der Pfarrer von Sissach seine geistlichen Obern anfragt, ob er nicht ein von ihm verfasstes „Compendium aus Herrn Öcolampadii Fragstuck" seinem Schulmeister in die Hand geben dürfe, damit er sich desselben beim Unterrichte bediene. Dies wird nun die passendste Stelle sein, um uns nach der Entstehung der Schulen umzusehen.

2. Entstehung und erste Einrichtung der Landschulen.

A. Die Schule zu Liestal.

1. Die ersten Anfänge.

Es ist in der historischen Entwicklung der Land- schaft begründet, dass die in politischer und sozialer Stellung an der Spitze der übrigen Ortschaften stehende Landstadt Liestal die erste eigene Schule besessen hat. Das Jahr ihrer Entstehung wird uns zwar nicht genannt; dagegen erfahren wir, dass es im Jahre 1524

daselbst einen Schulmeister gegeben habe. Es lebten
nämlich zu dieser Zeit zu Liestal zwei Geistliche,
namens Leonhard und Felix zum Stahl oder zum
Stall. Der eine von ihnen sei Lehrer gewesen, der
andere habe von Liestal aus das Amt eines Predigers
der benachbarten Gemeinde Lausen versehen. Beide
hätten sich um den Jugendunterricht überhaupt, insbesondere aber um die Pflege des Gesanges verdient
gemacht. Aus einer uns nicht näher angegebenen Ursache seien sie jedoch trotz ihrer verdienstlichen Thätigkeit von der Bürgerschaft des Städtchens angefeindet
und vertrieben worden, hätten sich nach dem Berner-
gebiet gewandt und seien als Verkündiger der reformierten Lehre in hohem Alter daselbst gestorben.[1])

Aus dieser Mitteilung geht bereits eine gewisse Beziehung zwischen dem Amte eines Lehrers zu Liestal
und dem des Predigers von Lausen hervor. Diese Beziehung wurde nach der Entfernung der Gebrüder zum
Stall noch enger, indem im Jahre 1526 beide Ämter
einem einzigen Manne übertragen wurden. Die Gründe

---

[1]) Kirchenbibliothek v. Antistes Falkeisen: Manuscripta et
impressa ecclesiastica a reformatione ad annum 1585, C. IV, 1.
Darin zwischen Seite 190 und 191 ein Doppelblatt mit den Namen
der „Ministri in Lausen und ludimoderatores in Liechtstall." Es
heisst da: „Cum in oppido Liechtstalio veritas Evangelica iam in-
cepisset fulgere, quam gliscente tumultu Rusticano Catabaptista
zizania extinguere conabatur, præfuerunt duo fratres germani Leon-
hardus et Fœlix dicti zum Stall. Unus præerat. Ecclesiæ, alter
scholæ: qui antea capellani fuerant. Illi ante reformationem re-
xerunt scholam, aut unus ex illis, qui pueros cantus missales et
antiphonias docere potuit et illis in templo præcinere.... Illi
duo fratres invisi magistratui et subditis in exilium acti sunt:
tamen suscepti a Bernensibus ad ministerium prædicationis admissi,
honeste et pie officio suo fungentes, ad provectam ætatem per-
venientes in agro Bernensi huic vitæ finem fecerunt."

für diese Vereinigung lagen nahe. Dem zu Liestal wohn-
haften Prediger von Lausen blieb neben der Thätigkeit
an dieser kleinen Gemeinde noch genug freie Zeit zu
anderweitiger Beschäftigung übrig. Was lag da wohl
näher, als die Übertragung des Lehramtes in seinem
Wohnorte? Dieses erhielt durch den geistlichen Stand
seines Inhabers von Anfang an ein erhöhtes Ansehen
und einen auszeichnenden Charakter. Die Einrichtung
blieb denn auch in der Folge bestehen und hat sich als
ein altehrwürdiges Herkommen volle 230 Jahre hindurch
erhalten.

Aus den ersten Zeiten erfahren wir über die Liestaler Schule wenig. Nicht einmal die Namen und die
Reihenfolge der Lehrer sind mit Sicherheit auszumitteln.
Dagegen geht aus einem vom 24. Juni 1537 datierten
amtlichen Schreiben des Schultheissen und des Rates
zu Liestal an „Burgermeister und Rhät der Statt Basel"
hervor, dass die Gnädigen Herren die Landstadt „ver-
gangenen Jars uff ihr begären mit einem Schuolmeister
versähen und (einen solchen) allher verordnet hätten." [1])
Die Schule ist also im Jahre 1536 aus ihrer selbständigen Stellung herausgetreten und als eine obrigkeitliche Deputatenschule unter die Leitung des
Staates übergegangen. In einem zweiten amtlichen
Schreiben vom 29. Juli 1540[2]) zeigen die Behörden von
Liestal dem Rate zu Basel die Erkrankung des Lehrers
an, „wie er in einem Huss, da vil unlusts und gschmacks
syge, welches Jn an gsundheidt hinderi, ja zubesorgen,
das die kind oder Jugent, so inn die Schuol gan sollen,
ouch ungsund werden möchten." Mit dieser Anzeige·

---

[1]) Staatsarchiv Baselland, L. 3. No 22.
[2]) Ebendaselbst No 81.

stcht offenbar die von O c h s[1]) erwähnte „Instruktion an die Deputaten vom 25. September 1540“ im Zusammenhange, die dort irrtümlicherweise „die älteste Spur von einer Landschule“ genannt wird.

Die erste Thätigkeit der Deputaten für die Liestaler Schule hatte der Beseitigung sanitarischer Übelstände im Schulhause und seiner nächsten Umgebung gegolten. Die nächstfolgende betraf den Neubau der Schule.

Nach der Vornahme der notwendigsten Verbesserungen scheint das Schullokal wegen Gefährdung der Gesundheit von Lehrenden und Lernenden zu keinen Bemerkungen mehr Anlass geboten zu haben. Um so häufiger sind die Klagen über den Mangel an Raum. Von den schweren Folgen der verheerenden Pest, die im Jahre 1564 zu Liestal allein nicht weniger als 500 Personen hinweggerafft und die Schule arg decimiert hatte, erholte sich die Stadt verhältnismässig bald.[2]) Die früheste Mitteilung über die Schülerzahl stammt aus dem Jahre 1587, wo die Schule von 66 Kindern besucht war.[3]) Jm Jahre 1595 war ihre Zahl schon auf 80 bis 100 gestiegen.[4]) Die in dem angeführten Schrei-

---

[1]) Band 6, Seite 432.

[2]) Angaben hierüber finden sich in den durch M a r k u s L u t z gesammelten „Historischen Denkwürdigkeiten des Städtchens Liestal“, Vaterländ. Biblioth. der Lesegesellschaft, Mscpt., O. 34, S. 4 und S. 8. Was O c h s, Band 6, Seite 433, Anmerkg. 2, über die damals eingetretene Unterbrechung des „Schulwesens“ auf der Landschaft berichtet, kann sich bloss auf die Schule zu Liestal beziehen, weil es noch keine andern Schulen auf der Landschaft gab.

[3]) Visitationsakten R. 1—4, unter 1587.

[4]) 80: Akten des Farnsb. Kapitels unter 1595. Acta Eccles. II. 8. Schreiben des Leutpriesters J. R y t e r an die Deputaten vom 27. August 1595, handschriftl. unter O. 62. 2. N⁰ 11 auf der

ben des Pfarrers Ryter vorkommende ausdrückliche Erwähnung, dass damals „etwan umb 80 knaben und
töchtern zur leer gekommen seien", ist ein Beweis
dafür, dass die Schule nicht, wie Brodbeck angenommen
hat, nur von Knaben besucht war, sondern dass sie eine
gemischte, für beide Geschlechter bestimmte gewesen
ist. Ihre Zahl konnte aber das Schullokal nicht fassen.

Schon im Jahre 1582 heisst es, „die Schuol sei der
Jugendt zu klein." Fünf Jahre darauf wird sie mit
dürren Worten „schlecht und eng" genannt. Unsre Voreltern haben zwar in der Ausnutzung von Schulräumlich-
keiten das äusserste geleistet.[1] Zu Liestal scheint aber
die Schulstube für 60 bis 70 Schüler schlechterdings
keinen Raum geboten zu haben, sonst hätten sich die
Behörden schwerlich zu einem Neubau entschlossen.[2]

Im Frühling 1589 wurde damit begonnen und der
Bau wahrscheinlich noch im Laufe desselben Jahres zu
Ende geführt. Die Zusammenstellung sämtlicher Baukosten ist noch erhalten, sodass wir imstande sind, folgende Angaben zu machen.[3]

Vaterländ. Biblioth. 100 Schüler: Brief des Stadtschreibers P.
Rippel an den Antistes, erwähnt bei Brodbeck, Gesch. der
St. Liestal, S. 71, und bei Birmann, a. a. O. S. 13.

[1] Im Jahre 1587 waren z. B. in der deutschen Schule zu
Barfüssern in Basel 264 Schüler in einem einzigen Schulzimmer
zusammengepfercht.

[2] Ratsprotokoll vom 25. September und 4. December 1588.
Band 1, Seite 112 und 138.

[3] Das sehr sauber und sorgfältig geschriebene Manuscript:
„Bau Costenn der neuwen Schuol zuo Liechstal. Durch Hanns
Rudolffen Hertzog, Stattschreibern daselbsten, verzeichnet
1589", hat sich unter einer Menge von „Kirchenrechnungen aus
den Jahren 1532 — 1600" im Kirchenarchive vorgefunden.

Der Bauplatz kam samt dem darauf stehenden alten
Eckhause auf 300 Pfund zu stehen. [1]) Der Verkauf des
bisherigen Schulhauses trug 350 ℔ ein. [2]) An den Bau
steuerten verschiedene Gotteshäuser der Landschaft beinahe 90 ℔ bei. Die Baukosten übernahm zum Teil der
Staat, zum Teil die Gemeinde Liestal.

Die Ausführung des ganzen Gebäudes mit Schulstube und Lehrerwohnung kostete laut den Handwerker-
rechnungen zusammen 866 Pfund, 4 Schillinge und 6
Pfennige. Wie das Äussere ausgesehen hat, wissen wir
nicht; jedenfalls einfach genug, wenn wir aus der Anschaffung des Schulmobiliars einen Schluss ziehen dürfen.
Denn die zehn neuen langen Bänke, ein kleinerer und
zwei grössere Tische, nebst zwei Stühlen kosteten im
Ganzen bloss 9 Pfund 15 Schillinge. Wenn uns ferner
berichtet wird, dass der Tischmacher „für vier Benckh
uss seinem Holz zemachen“ zusammen eine Rechnung
von 1 ℔. 8 β. ausstellte, für „4 Benckh uss seiner herren
(d. h. aus obrigkeitlichem) hollz“ aber bloss 8 β. verlangte, so kam also die Erstellung einer einzigen Schulbank nicht höher als auf 3 Batzen zu stehen!

Wäre die Baurechnung die einzige Quelle, die uns
über die Ausführung des Schulhausbaues berichtet, so
könnten wir uns mit dem Gedanken zufrieden geben,
dass die alte Zeit es verstanden habe, mit wenigen
Mitteln etwas zustande zu bringen, wozu heutiges Tages

---

[1]) Das Basler Pfund (℔), eine bloss gedachte Münze, galt
12 Batzen a. W., oder, von dem veränderten Geldwerte abgesehen,
nach heutiger Währung Fr. 1. 75 Rp. 1 ℔ = 20 Schillinge (β).
1 β = 12 Pfennige (ϑ). 1 β = 6 Rappen. 1 ϑ = ½ Rappen.
5 ℔ = 4 Gulden.

[2]) Notabene Rödel des Deputatenamtes v. 1579—1653, K./A.
sub. 1589.

ungleich grössere Summen erfordert werden. Hören wir
aber, was kaum sechs Jahre nach Vollendung des Baues
darüber berichtet wird. „Die schulstuben hat sich mit
den rigelwenden gesenckhet", schreibt Pfarrer Ryter
im Jahre 1595 an die Deputaten, „und grosse spält in
der muren sich erzeigt, und kan sie niemandts in dem
winter erwermmen, diewil der lufft allenthalben zuwcyet
und die muren dünn und nüdts getäfelet ist." Der
Lehrer „meine, er müsse in der neüw gebuwenen schul
verfrieren"; auch die Kinder seien „übel erfroren, dan
inen ire hendt und füss gehurniglet haben." Selbst der
die Schule visitierende Pfarrer habe „nitt lang von
wegen der kälte mögen bliben, wann er schon am offen
gestanden." Was sonst noch über den schlecht angelegten, unbrauchbaren Keller, den erfrorenen Treppenein-
gang und den feuergefährlichen Schornstein berichtet
wird, lässt vermuten, dass das Gebäude nicht nur mit
einer weit getriebenen Sparsamkeit, sondern geradezu
mit sträflicher Leichtfertigkeit aufgeführt worden sei
und dass dabei nicht die beste Aufsicht, jedenfalls keine
sachkundige Oberleitung gewaltet habe. [1]) Laut den
Kirchenrechnungen musste denn auch nachher beständig
daran geflickt werden. Kurz, der erste Schulhausbau
auf der Landschaft hat zwar nicht viel Geld gekostet,
ist aber durchaus nicht mustergültig ausgefallen.

---

[1]) Wahrscheinlich steht mit dem erwähnten Briefe des Leutpriesters Ryter die aus dem Jahre 1597 stammende Notiz in Verbindung, dass das Deputatenamt damit umgehe, die grosse Schulstube in zwei Räume zu teilen und jeden mit einem besondern
Ofen zu versehen. (Notabene Rödel des Deputatenamtes, K./A., v.
1579—1653). Aus einer Notiz zum Jahr 1629 in demselben
Sammelbande ist ferner ersichtlich, dass „der neue Schulmeister"
„umb erbuwung des Schulhauses" gebeten habe.

2. Die erste Schulordnung.

Die Ungunst der lokalen Verhältnisse war indessen nicht der einzige Übelstand, worunter die Schule zu leiden hatte. Eine noch grössere Schwierigkeit erwuchs dem geordneten Gange des Unterrichtes aus der Doppelstellung des Lehrers. Nicht nur war für so viele Schulkinder bloss ein einziger Lehrer vorhanden, sondern dieser wurde noch durch seine pfarramtlichen Verpflichtungen öfter, als es für die Schule zuträglich war, von der Besorgung des Unterrichtes abgehalten; denn seine Besoldung erlaubte ihm nicht, „einen zu underhalten, so etwan in seinem abwesen der Schul usswarte." [1] Häufig sind daher die Klagen über die Vernachlässigung der Schule. Schon im Jahre 1572 heisst es, „der Schulmeister sei liederlich und verhöre die knaben zur wuchen etwan nur zweimalen." Im Jahre 1595 klagte Pfarrer Ryter, „es seye beschwärlich, dass ein Schuolmeister auch müesse das Predigampt versechen. Denn wann in der Wochen hochzeit oder Leich Predigen, oder andere kirchen geschäfft, wie offt beschicht, fürfallen, und der Schuolmeister denselben ausswarten müesse, bedörffe es sich, dass Er, Leütpriester M. Ryterus, hiezwischen provisor in der Schuol sey." Da müsse er denn „zuhinston, die kinder bhören, fürschryben, federen schnyden und vorsingen." Damit „lige dem armen Leütpriester, der mit seiner grossen kilchöre gnug zeschaffen habe, ein grosse burde uff dem hals", besonders wenn „der Schuolmeister nitt schryben könne, dess gsangs ungeüebet und verdrüssig sei, lieber drei predig thun wölle, weder einmal vorzesingen oder ein stund schul zehalten." [2]

---

[1] Visitationsakten R. 1—4, unter 1594.

[2] Akten des Farnsb. Kap. unter 1595. Acta Eccles. II. 8. Ryters Schreiben vom 27. Aug. 1595,

Diese beständigen Klagen haben wohl die nächste Veranlassung zur Aufstellung einer Schulordnung gegeben. Sie ist datiert vom 12. April 1614 und hat sich als fliegendes Blatt im Archiv des Antistitiums vorgefunden. Sie ist wohl das Original einer, wahrscheinlich im Jahre 1622 zum ersten Mal gedruckten, aber nicht mehr vorhandenen Ordnung, von der in den Jahren 1631 und 1662 die Rede ist. [1]) Als die älteste Schulordnung der Landschaft verdient sie wohl im Anhange besonders abgedruckt zu werden.

Indem wir darauf verweisen, bemerken wir über die Einrichtung der Schule folgendes: Sie war eine einklassige, ungeteilte Ganzjahrschule. Der Unterricht begann des Morgens um 7 Uhr und dauerte bis 9 Uhr. Die 18 wöchentlichen Stunden waren so verteilt, dass auf das Lesen 9, auf das Auswendiglernen von Gebeten, Katechismus und Psalmen 5, auf das Schreiben 3 und auf den Gesang eine Stunde kamen. Rechnen wurde nicht getrieben. Dagegen konnte für solche Kinder, deren Eltern es wünschten, Unterricht in den Anfangsgründen der lateinischen Sprache erteilt werden, ähnlich wie in den Elementarschulen der Stadt Basel, ohne dass dabei, wie Kettiger annimmt, an eine eigentliche „Lateinschule" gedacht zu werden braucht. In der Gesangsstunde war dem Lehrer ein „Psalmensinger" behilflich, dass „das Gesang gehörig geübt und die richtigen Melodeyen gelehret" wurden. Als Lehrmittel beim

---

[1]) Acta Eccles. III. 17 vom 26. Februar 1631 (die statuta scholæ Liechstallensis werden dem neuerwählten Prediger v. Lausen vorgelesen, quibus se obtemperaturum compromisit). Bei der Kirchenvisitation des Jahres 1662 sagt der Lehrer: „Wir haben unsere gedruckte Ordnung", u. s. w. Acta Eccles. IV. 206. K/A. A. 17. N⁰ 4.

Unterrichte dienten: das Namenbüchlein oder die Fibel für die Anfänger, der Katechismus, das Psalmenbuch und die Bibel für die Fortgeschrittenern.

In einem besondern Paragraphen wird dem Lehrer bei der Anwendung von Strafen weise Mässigung empfohlen. Zu einer Zeit, wo in den Schulen allenthalben die Rute und der Stock als die unentbehrlichsten Disciplinarmittel angesehen und die Schulen „Zuchthäuser" genannt werden, worin die Ordnung allein durch die Furcht vor Strafe aufrecht erhalten werden könne,[1]) berührt es uns doppelt wohlthuend, wenn unsre früheste Landschulordnung den Lehrer auffordert, den Zugang zu den Herzen der Kinder mehr durch Freundlichkeit und Milde, als durch „rüche und strenge" zu gewinnen.

Neben der Handhabung guter Disciplin ist aber in einer Schule auch die Reinhaltung und Ordnung im Schullokale notwendig. Diese Seite seiner Thätigkeit wird dem Lehrer ebenfalls anbefohlen. Nicht nur soll er das Eindringen von Schweinen und Hühnern in die Schulstube verhindern, sondern er darf auch den dem Unterrichte der Jugend gewidmeten Raum nicht durch Veranstaltung von Zechgelagen entweihen und soll überhaupt „keine ergerliche, der Schull unzimliche arbeit darinnen verrichten."

3. Die Besoldung des Lehrers.

Obschon der Lehrer zwei Ämter bekleidete, so reichte doch sein Einkommen kaum hin, um eine Familie zu ernähren.

Als Prediger von Lausen bezog er anfänglich anstatt Geld bloss eine Naturalcompetenz von jährlich vier

---

[1]) Siehe z. B. K./A. A. 23. № 129.

Saum Wein. Ungefähr ebensogross war der Ertrag
eines Zehntens, den ein vermöglicher Landmann ums
Jahr 1565 aus Mitleiden mit dem geringen Einkommen
des Predigers gestiftet hatte. [1] Etwas reichlicher war
die Schulstelle dotiert. Im Jahre 1595 finden wir ein
festes Einkommen von 14 Viernzeln Korn (1 Viernzel
= 2 Sack) und 24 Pfund an Geld. Als Schulgeld hatte
jeder Schüler während des Winters fronfastentlich 4,
während des Sommers fronfastentlich (d. h. vierteljährlich) 2 Schillinge zu entrichten. Der Ertrag dieses Schulgeldes wird jährlich auf etwa 30 Pfund geschätzt. [2]
Ausserdem machte auch das zur Erwärmung der Schulstube notwendige Brennholz einen Teil der Besoldung
aus. Jeder Schüler hatte während des Winters täglich
ein Scheit Holz mitzubringen; wer keines lieferte, der
hatte „für alles" fronfastentlich 6 Schillinge zu entrichten. Das Holz für seinen eigenen Bedarf musste der
Lehrer kaufen. Ferner bezog er 50 Wellen Stroh.
Endlich hatte er noch die Nutzniessung einer freien
Wohnung im Schulhause, eines Krautgartens und einiger Grundstücke.

Wenn man die ganze Einnahme des Lehrers zu-
sammenrechnet, so kommt eine sehr bescheidene Summe
heraus. Von Anfang an ertönen denn auch wegen der
kümmerlichen Besoldung die lautesten Klagen. Nichts
als Hunger und Mangel, heisst es, habe der Schulmeister

---

[1] Auszugsrödelin auss denen Kirchenrechnungen und Notabene Büechlin (der Deputaten) von A° 1538—1659 im Kirchenarchiv. Ferner giebt der mehrerwähnte Brief Pfarrer Ryters vom
27. August 1595 Auskunft über die Besoldungsverhältnisse.

[2] Kirchenarchiv D. 8, N° 40, Seite 1001 im Catalogus mini-
strorum Evangelij etc.

von seinen beiden Ämtern. [1] Kein Wunder, dass ein beständiger Lehrerwechsel stattfand, der für das Gedeihen und die ruhige Entwicklung der Schule nicht vorteilhaft war. In dem ersten Jahrhundert ihres Bestehens begegnen wir der Zahl von 25 Lehrern, von denen die meisten bloss ein, höchstens zwei Jahre auf ihrem Posten ausgeharrt haben. [2]

Da der Lehrer dem geistlichen Stande angehörte, so wurde es mit seiner Wahl gleichgehalten wie mit der anderer Geistlichen. Der Kirchenrat zu Basel machte einen Vorschlag und der Rat wählte, ohne dass die Bürgerschaft von Liestal zur Wahl ein Wort mitzureden hatte. Der Gewählte hatte das Versprechen abzulegen, dass er nach der Basler Konfession lehren und der Schulordnung gehorchen werde.

Nicht immer waren die Behörden glücklich in der Auswahl der Lehrer. Es war oft recht schwierig, einen Mann zu finden, der den bescheidenen Anforderungen entsprach, die man damals noch an einen Landschullehrer stellte. Es gab Lehrer, die der Jugend keineswegs als Muster vorleuchteten, sondern durch Unmässigkeit, Pflichtversäumnis oder Ungehorsam den Behörden viel zu schaffen machten. Mehrere mussten ihres Amtes entsetzt werden. Diese Zustände waren in Verbindung mit der Rücksicht auf das Doppelamt des Lehrers, der

---

[1] Briefe des Magistrates v. Liestal an den Rat zu Basel vom 10. August 1543 und 24. Mai 1547. Staatsarchiv Baselland, L. 4. C. No 1 und 2. Kirchenarchiv A. 24. No 5 und 6. Acta Eccles. I. 251 ff.

[2] Laut den Verzeichnissen der Landpfarrer sind von 1526 bis 1767 die Prediger von Lausen durchschnittlich bloss fünf Jahre im Amte gewesen, während die durchschnittliche Amtsdauer anderer Landprediger in derselben Zeit mehr als das Doppelte und Dreifache beträgt.

bei der wachsenden Schülerzahl den Unterricht kaum mehr allein zu bewältigen imstande war, die nächste Veranlassung, dass am 5. Februar 1622 ein zweiter Lehrer, und zwar „ein Unstudierter", [1] mit dem Titel eines Provisors angestellt und ihm der Unterricht der Anfänger übertragen wurde. [2] Bei diesem Anlasse erfuhr die bisherige Schulordnung eine kleine Veränderung. Die Ungleichheit des Schulgeldes für die Winter- und für die Sommerschule wurde aufgehoben und ein einheitlicher Betrag (vierteljährlich von jedem Schulkinde 2 Batzen) eingeführt, worein sich die beiden Lehrer gleichmässig zu teilen hatten. Zugleich wurde zur grossen Freude der Liestaler Bürgerschaft das Mitbringen des Schulholzes durch die Kinder wenigstens in der Theorie aufgehoben. In der Praxis blieb die Übung aber noch längere Zeit bestehen. [3] Aus einer im Jahre 1668 auf der Synode zu Sissach gefallenen Äusserung, worin von der „in anno 1622 aussgegangenen (also wohl der gedruckten) Ordnung der Schul zu Liestal" die Rede ist, geht hervor, dass die Änderung mit der Anstellung des zweiten Lehrers zusammenfällt. [4] Dem Provisor wurde der Sigristendienst übertragen; ausserdem erhielt er die 40 Gulden aus dem Luterburgischen Legat, „so lang es meinen Gn. HH. den Deputaten gelieben würdt." Im Jahre 1654 war seine Besoldung aus folgenden Bestandteilen zusammengesetzt: An Korn 10 Viernzel; an Geld 50 Pfund. Von jedem Kind fronfastentlich 1 β 8 ϑ (1 Batzen). An Holz: 2 Klafter. Eine Behausung auf dem

---

[1] Vaterländ. Biblioth. O. 34. S. 9.

[2] Acta Eccles. II. 346. 348.

[3] Siehe darüber auch Kapitelbuch Liestal unterm 30. Januar 1623. Kirchenarchiv D. 17. Seite 74.

[4] Kirchenarchiv A. 24. No 11.

Kirchhofe und die Nutzung einer Wiese. Als Sigrist hatte er die Uhren auf dem Kirchturm und auf dem obern Thor zu richten, was ihm eine jährliche Extravergütung von 7 ₰ 10 β eintrug. [1]

B. Die Entstehung der übrigen Deputatenschulen. [2]

Über die Entstehung der Deputatenschulen berichtet Ochs [3] in Kürze folgendes: „Man habe den Entschluss gefasst, sechs obrigkeitliche oder sogenannte Deputatenschulen (mit Inbegriff derer von Liestal sind es aber sieben) nach und nach für die ganze Landschaft zu errichten, nämlich: eine zu Liestal für das Amt dieses Namens; eine zu Sissach für das Amt Farnsburg; eine zu Buckten für das Amt Homburg; eine zu Waldenburg für das Waldenburger Thal; eine zu Bubendorf für das Bubendorfer Thal und das Amt Ramstein; eine zu Muttenz für das Amt Mönchenstein, und eine zu Riehen für Riehen und Bettingen."

Nur von zweien, Sissach und Buckten, nennt Ochs das Jahr der Einrichtung (1624), spricht aber die richtige Vermutung aus, dass es sich dabei nicht sowohl um etwas Neues, als um die „Erneuerung einer bereits bestehenden Stiftung" gehandelt habe. Wenn wir dem historischen Verlaufe der Einrichtung der Deputatenschulen folgen, so ergiebt es sich, dass dazu nicht sowohl ein „Entschluss" der Obrigkeit nötig gewesen ist, als die nachträgliche obrigkeitliche Sanktion des

---

[1] Kirchenarchiv D. 8. No 40. Seite 1002.

[2] Ausser dem, was sich in den Actis Eccles. über diese Schulen findet, siehe über die zu Sissach, Buckten und Bubendorf besonders K./A. D. 8. No 5. Seite 145—148.

[3] Band 6, Seite 433.

Vorgehens einzelner Prediger, die in ihren Gemeinden Schulen einrichteten und nachher, gewöhnlich bei der Ablegung der Kirchenrechnung, das Deputatenamt um einen Beitrag an die Besoldung oder um die gänzliche Übernahme derselben ersuchten. Die Deputaten verfuhren hiebei verschieden. Zuerst willfahrten sie; als später, am Ende des 16. und am Anfang des 17. Jahrhunderts, die Gesuche sich mehrten, verhielten sie sich, wie aus einzelnen Kirchenrechnungen ersichtlich ist, geradezu ablehnend. Im Jahre 1604 erhielt der Pfarrer von Sissach die Weisung, „dem Schulmeister ohne erlaubtnuss meiner Herren nützit mehr zuverehren." Als der Pfarrer von Rümlingen im Jahre 1609 um einen Beitrag an die Besoldung des Lehrers bat, gewährte man diesem zwar „umb Gottes willen", also gleichsam als ein Almosen, eine kleine Beisteuer an Getreide aus dem Kirchenvermögen von Rümlingen und Läufelfingen, aber mit dem ausdrücklichen Zusatze „semel pro semper", ein für allemal; der Pfarrer solle den Lehrer entweder „abschaffen", oder, „ohne der Gottesheüsseren entgeltnuss erhalten." Erst nach und nach ist eine grössere Willfährigkeit der staatlichen Behörden eingetreten.

Bei der Aufzählung der Deputatenschulen halten wir die Reihenfolge ihrer Entstehung ein.

1. Nächst Liestal ist das Dorf R i e h e n die erste Landgemeinde, die nachweisbar eine Schule besessen und dieselbe höchst wahrscheinlich dem Pfarrer A m b r o s i u s K e t t e n a c k e r (1528—1541) zu verdanken hat. Nicht nur wird schon im Jahre 1538 der Name eines Lehrers genannt, sondern es finden sich in einer Reihe von Kirchenrechnungen aus den Jahren 1532—1600 Angaben, dass dem dortigen Lehrer „uss verwilligung unserer Gn. HH. Deputaten", oder „uss erlaubnuss unsers Gn. Herren Obervogts", oder „uff befelch miner Gn.

Herren" Beiträge an die Besoldung oder an den Hauszins verabfolgt worden sind. [1] Aus diesen Eintragungen geht unzweifelhaft hervor, dass die Schule zu Riehen schon sehr frühe eine von der Obrigkeit unterstützte, mit andern Worten eine Deputatenschule, gewesen ist. [2]

In den Kirchenrechnungen des 16. Jahrhunderts, die namentlich aus der Gemeinde Riehen beinahe lückenlos erhalten sind, kommen die an die dortigen Lehrer geleisteten Beiträge nicht regelmässig, sondern lückenhaft und ziemlich sporadisch vor. Das ist ohne Zweifel ein Beweis dafür, dass die Schule anfänglich noch keinen fest angestellten Lehrer besessen habe. Diese Annahme findet durch die Mitteilung ihre Bestätigung, dass am 27. October 1595 eine Abordnung der „Riechamer und Bettickher" vor dem Rate zu Basel erschienen sei mit der Bitte, „Inen steur zethun, domit sie umb der Jugendt willen eine schul anrichten möchten." [3] Der Rat entsprach und gewährte dem wahrscheinlich bereits im Amte stehenden Lehrer aus dem Kirchenzehnten eine Kompetenz an Frucht und Wein, lud auch die Deputaten ein, „aus dem corpus der Kirchen" eine Barbesol-

---

[1] Z. B. 1544: „dem Schulmeister für husszins III ℔." 1561, 1562 und 1563: „dem Schulmeister verehrt II ℔ 10 β." 1562 ausserdem: „dem Schulmeister für 1 Vrzl. Korn III ℔. 1579: „dem alten Schulmeister XV β." 1586: „dem Schulmeister umb ein Viertzel Korn geben VI ℔ X β. Item dem neuen Schulmeister X β VI ϑ." u. s. w.

[2] G. Linder, Gesch. der Kirchgemeinde Riehen-Bettingen, S. 65. Worauf sich Bruckners Angabe stützt (Merkwürdigkeiten der Landsch. Basel, S. 764), „die Schule Riehen sei A° 1584 nach gehaltenem Synodo errichtet worden", habe ich nirgends auffinden können.

[3] Ratsprotokoll Band 5, Seite 36.

dung hinzuzufügen. So bekam die Schule eine gesicherte
Existenz und der Lehrer ein festes Einkommen von 15
Pfund an Geld, 4 Viernzel Korn und 4 Saum Wein.
Hiezu kam das Schulgeld, das wahrscheinlich von Anfang an das später in den meisten Deputatenschulen
übliche, fronfastentlich 5 Schillinge vom Schüler, gewesen ist. Zur Aufbesserung wurde dem Lehrer K a s -
p a r G i g e r im Jahre 1601 der Sigristendienst und
die damit verbundene Besoldung übertragen. Als aber
der Pfarrer bei der Kirchenvisitation desselben Jahres
auf die Wünschbarkeit hinwies, dem Lehrer „eine
bestendige Schul - behausung zu erwerben, damit die
Jugendt mit desto mehrerem nutz des bettens, lesens,
schreibens, gsangs und catechismi underrichtet werden
könne“, mochte der Rat finden, er habe für die Einrichtung der Schule bereits genug geleistet. Im Ratsprotokoll findet sich die etwas barsch klingende Ein-
tragung: „Mögen die Pauren Ime umb ein huss lugen.“ [1]
    2. Um dieselbe Zeit erhielt die Gemeinde M u t -
t e n z eine Schule. Der Kirchenrat ergriff die Gelegenheit, um einen jener reformierten Prediger, die durch
die gewaltsam durchgeführte Gegenreformation in den
Vogteien Zwingen, Pfeffingen und Birseck um Amt und
Brot gekommen waren, durch die Übertragung eines
kleinen Amtes für die erlittene Verfolgung einigermassen
zu entschädigen. In Folge dessen wurde der ehemalige
Pfarrer von Therwil, P e t e r S t ö c k l i n, im Jahre 1589
Lehrer zu Muttenz. [2] Nach seiner im Jahre 1595 erfolgten Berufung als Prediger nach Arisdorf erteilte der
Rat seinem Nachfolger im Jahre 1598 die Bestätigung

---

[1] Ratsprot. Bd. 8, S. 64. Fürs übrige siehe Ratsprot. Band
7, S. 17. Kirchenarch. A. 17. No 2. a. Acta Eccles. II. 60—63.
    [2] Synodalakten A. 24. No 5. Acta Eccles. I. 26, 93, 94, 163.

und erkannte ihm dieselbe Besoldung zu wie dem zu
Riehen. [1]) Also wurde die Schule zu Muttenz eine obrigkeitliche Deputatenschule. Der Lehrer bezog ausser
seinem festen Einkommen das Schulgeld: von einem
Schüler, der buchstabieren und lesen lernte, 4, von
einem solchen aber, der sich im Schreiben übte, 6 Rappen wöchentlich. Von einem besondern Schulhause ist
noch nicht die Rede. [2])

3. In den von der Stadt entfernter gelegenen Landesteilen machte sich der Wunsch nach einem regelmässigen Schulunterrichte gleichfalls bemerklich. Im
Winter 1589/90 wurde zu Waldenburg durch den
Pfarrer eine Schule eingerichtet, woran der Kirchenrat
in seiner Freude die wohl etwas zu weit gehende Hoffnung knüpfte, „dass aus der Solothurner gebiett gewiss-
lich junge knaben sie besuchen und unsern Catechismum
und Religion lernen könndten." [3]) Die Schule war für
das Amt Waldenburg und zunächst für die das Kirchspiel St. Peter bildenden Ortschaften Waldenburg, Ober-
und Niederdorf, Titterten, Liedertswil und Lampenberg
bestimmt. [4])

---

[1]) Ratsprotokoll Bd. 6, S. 44.

[2]) Kirchenarchiv A. 17. No 4. Acta Eccles. IV. 270. Siehe
auch: Vaterländ. Bibl. O. 62. 2. No 14, 16 und 17, enthaltend 3
die Schule Muttenz betreffende Schreiben aus den Jahren 1595
und 1598.

[3]) Acta Eccles. I. 113. 115.

[4]) „6 coetus sunt, qui suos liberos eo mitterent." Acta Eccles.
III. 412. Siehe auch Schreiben des Antistes E. Merian an E. Löbl.
Haushaltung vom 16. Febr. 1792 im Archive des Antistitiums.
Über Lampenberg, das später zur Pfarrei Bennwil kam, siehe
Bruckner S. 1571, woraus hervorgeht, dass die Lampenberger noch
im 18. Jahrhundert „mehrerer Komlichkeit wegen meistentheils zu
Oberdorf zur Kirche giengen."

Während die Lehrstellen zu Riehen und Muttenz von Anfang an mit einem, wenn auch geringen, festen Einkommen ausgestattet waren, fand zu Waldenburg nicht dasselbe statt. Der erste Lehrer, O s w a l d M ü l l e r, mit dem man anfangs gar wohl zufrieden gewesen war, sah sich wegen seiner geringen Besoldung genötigt, sich nach einem Nebenverdienste umzusehen. Zu männiglichem Verdrusse „gebrauchte er sich dess würtens und Tabernenweinschenckhens und dergleichen händlen" und vernachlässigte darob sein Amt. [1]

Da die Schule nicht recht gedeihen wollte, trat ein gemeinnütziger Privatmann, ein thätiger Förderer des Schulwesens, ins Mittel. Ratsherr H e i n r i c h L u t e r b u r g oder L u t t e n b u r g e r, der seine schulfreundliche Gesinnung schon zu Gunsten des städtischen Gymnasiums durch eine sehr ansehnliche Vergabung an den Tag gelegt hatte, stiftete im Jahre 1602 ein Kapital von 800 Gulden, dessen Zinsen zur Aufbesserung der Besoldung eines Landschullehrers dienen sollten. Der Genuss der Stiftung wurde dem Lehrer zu Waldenburg zugewendet und dadurch seine ökonomische Stellung gesichert. Im Jahre 1611 wandte aber der Kirchenrat die 40 Gulden, die das Luterburgische Legat abwarf, dem Lehrer zu Liestal zu, wodurch die Schule zu Waldenburg von neuem in grosse Bedrängnis geriet. Noch im Jahre 1642 wird der Wegfall des Luterburgischen Legates zwar bedauert, aber bemerkt, Meine Herren (die Deputaten) seien nicht gewillt, etwas an die Schulhaltung zu geben „in Betrachtung, das Deputaten Ampt sei sonsten beschwärt." [2] Die Schule befand sich des-

---

[1] Visitationsacta R. 1 — 4, K/A. unter 1593. Ratsprotokoll vom 22. October 1593, Bd. 4, S. 53.

[2] Notabene Rödel von. 1579—1653, sub 1642, im K/A.

halb länger als andere Deputatenschulen in einem sehr
provisorischen Zustande. Vom Jahre 1635 an scheint sie
etliche Jahre lang keinen Lehrer besessen zu haben.
Seit 1640 oder 41 amtete wieder ein solcher, lange Zeit
nur provisorisch, bis ihm endlich nach langem Harren
und vergeblichem Flehen im Jahre 1656 durch Übertragung des Sigristendienstes und durch Verlegung der
Schule nach O b e r d o r f eine gesichertere Stellung verschafft ward. [1]

4. Aus einzelnen Mitteilungen in den Jahren 1589,
1601 und 1604 geht das Vorhandensein einer Schule zu
S i s s a c h hervor; aber erst im Jahre 1624 erteilte der
Rat auf „drungenliches" Anhalten der ganzen Pfarrge-
meinde den Deputaten den Auftrag, „einen schullmeister
nacher Sissach zuordnen." [2] Mitte Februars melden die
Akten des Kirchenrates die Wahl P e t e r Z w e y b r u-
c k e r s, eines rechtschaffenen Mannes, der zwar ein ein-
facher Handwerker (ein „Wullwäber") war, aber neben
einer saubern Handschrift einige Kenntnis im Rechnen
besass. Die Schule war anfänglich zur Miete. Im Jahre
1627 oder 1628 wurde ein eigenes Schulhaus erworben. [3]
Über das Schullokal erfahren wir, dass bis zum Jahre
1724 die Schule in der untern Stube des Schulhauses
gehalten worden sei. Diese sei aber so klein gewesen,
dass man nicht begreifen konnte, wo damals die gesamte

---

[1] Acta Eccles. II. 204. III. 385. 412. Ratsprot. Bd. 13, S. 52.

[2] 1624, Januar 16. Efflagitantibus Sissacensibus, ut in tam
magno vico schola ordinaria institueretur. Acta Eccles. II. 357.

[3] Notabene Rödel v. 1579—1653. K/A. unter 1627. Visitationsakten K/A. R. 1—4, unter 1637. Acta Eccles. II. 359. Notabene Rödel v. 1579—1653 unter 1604. Ratsprot. v. 7. Febr. 1624,
Bd. 19, S. 110. Staatsarchiv Baselland, L. 11/88. No 1. Kirchenarchiv Basel D. 8. No 5.

Schuljugend darin habe Platz finden können, „wann man sie auch wie Holz aufeinander gebeugt hätte." [1]

Die Errichtung der Sissacher Schule stiess trotzdem, dass zur damaligen Zeit die Staatsfinanzen durch die wegen der Kriegsbegebenheiten notwendig gewordenen Verteidigungsmassregeln der Stadt stark in Anspruch genommen wurden, auf keine Schwierigkeiten, weil die Besoldungsfrage ohne Beihilfe aus Staatsmitteln gelöst werden konnte. Pfarrer Nikolaus A g r i c o l a von Sissach hatte sich nämlich das höchste Missfallen der Obrigkeit zugezogen, weil er im Herbste des Jahres 1623 dem gemessenen Befehle zuwider Lebensmittel ausgeführt, seinen Kompetenzwein zu Luzern auf dem Markte selber feilgeboten und dadurch das Ansehen seines geistlichen Standes in den Augen der Andersgläubigen tief herabgesetzt hatte. Deshalb wurde er nicht allein seines Amtes entsetzt, sondern der Rat ergriff auch den Vorfall, um dem neugewählten Deputatenschulmeister aus dem Einkommen des Predigers eine Besoldung von 15 Vrzl. Korn, 3 Vrzl. Haber und 4 Saum Wein anzuweisen. Im Übrigen gab man sich der Hoffnung hin, dass das Schulgeld von vierteljährlich 5 Schillingen von jedem Kinde des aus den 6 Dörfern Sissach, Itingen, Zunzgen, Böckten, Thürnen und Diepflingen bestehenden Schulkreises hinreichen werde, um dem Lehrer ein anständiges Auskommen zu verschaffen.[2] Wir erfahren nebenbei, dass beim Aufzug des neuen Pfarrers und des Lehrers eine Wirtsrechnung von 71 Pfund auflief, deren Bereinigung noch Jahre lang Anlass zu Erörterungen gab.[3]

[1] Bericht von Pfarrer J. J. Huber vom 4. April 1798 im Staatsarchiv Baselland.

[2] Acta Eccles. II. 357. 359. K/A. D. 8. No 15, S. 145. Staatsarchiv Baselland L. 11/88. No. 1.

[3] Notabene Rödel, 1579—1653, sub 1624.

5. Nachdem das Amt Homburg schon längere Zeit (seit 1583) eine eigene Schule besessen hatte, fand am letzten Tage des Jahres 1624 die Errichtung einer ständigen Schule für dasselbe durch die obrigkeitliche Bestätigung des von den Deputaten zur Wahl vorgeschlagenen Lehrers B e r n h a r d W ü e s t, bisher Schulmeister zu Bretzwyl, ihren Abschluss. Die Schule befand sich im Dorfe B u c k t e n, dem Sitze des Amtsgerichtes. Der Lehrer erhielt ausser dem gewöhnlichen Schulgelde als Besoldung den Zehntelszehnten an Korn aus den Dörfern Läufelfingen und Wisen. Ein Schulhaus wurde im Dorfe „an der Adelgassen, so dem Schloss Homburg zugeht", um 350 Pfund erkauft. Zum Schulkreise Buckten gehörten die Dörfer Läufelfingen, Buckten, Rümlingen, Witinsburg, Känerkinden und Häfelfingen.[1]

6. Die letzte Deputatenschule wurde im Jahre 1626 zu B u b e n d o r f, dem Hauptorte eines ausgedehnten Kirchsprengels mit den Nebendörfern Ziefen, Ramlinsburg, Lupsingen und Arboltswyl, eingerichtet. Der Lehrer erhielt als Einkommen an Korn und Wein den zehnten Teil vom grossen Pfrundzehnten, ausserdem noch 4 Vrzl. Korn, 1 Vrzl. Haber und ein Klafter Holz. „Das übrige (Holz) tragen die Lehrkinder, und so er (der Lehrer) hiemit nit gnug hätte, soll er in seim Costen machen lassen." Die Bitte um die Erwerbung eines eigenen Schulhauses wurde anfänglich „bey dieser beschwehrlichen Zeit" abgelehnt. Erst im Jahre 1630 ist von der Miete eines Lokales die Rede.[2] Der Lehrer erhielt „fürn Hausszins" 10 Pfund. Dazu kam das Schulgeld,

---

[1] Visitationsacta R. 1—4. Acta Eccles. II. 268 ff. 360. 361. Kirchenarchiv D. 8, N⁰ 5. S. 146. N⁰ 40. Seite 1042. Akten des Waldenb. und Homb. Kapitels, S. 82.

[2] Notabene Rödel von 1579—1653, K/A. unter 1629 und 1630.

bei dessen Entrichtung, abweichend von der sonstigen
Übung, zwischen einheimischen und fremden Schülern
ein Unterschied gemacht wurde; jene hatten vierteljährlich 5 Schillinge, diese wöchentlich einen Batzen zu
zahlen. Der erste Lehrer **Johann Georg Hulsius**
war ein Student aus Westfalen. [1])

Ausser den eigentlichen Deputatenschulen sind
noch einige andere zu nennen, die mit obrigkeitlicher
Unterstützung ins Leben traten und sogar hin und wieder
den Namen von Deputatenschulen erhielten. Es waren
dies die Schulen zu **Benken**, **Mönchenstein** und
Arisdorf.

a. Das durch bischöfliches Gebiet vom Amte Mönchenstein getrennte Dorf **Benken** hatte sich wegen
seiner isolierten Lage von jeher der besondern Fürsorge
der Obrigkeit zu erfreuen. Als sich die Gemeinde im
Jahre 1627 um die Einrichtung einer Schule verwendete,
fand sie geneigtes Gehör, indem die Deputaten nicht
allein dem Lehrer eine Besoldung anwiesen, sondern
auch zur Erwerbung eines Schulhauses Hand boten.
Laut einer Angabe aus dem Jahre 1655 bestand das
Einkommen des Lehrers aus 11 Vrzl. Korn. Dazu kam
das Schulgeld, vom Kinde wöchentlich 1 Schilling.
„Item Sommer und Winter wuchentlich von jedem Kind
3 Scheiter Holz." Dazu „hat er ein Hauss und garten
vom Deputatenambt." Die Deputaten setzten den Lehrer. Im Berichte vom 1. Nov. 1694 wird Benken eine
Deputatenschule genannt. [2])

---

[1]) Kirchenarchiv D. 8. No 5. S. 147. Akten des Waldenb.
und Homb. Kapitels, S. 84. Acta Eccles. III. 473. K./A. A. 8.
No 271. Staatsarchiv Baselland V. 13.

[2]) Ratsprot. Band 21, Seite 32; Band 22, Seite 50. Notabene Büechlin des Deputaten Amtes unter 1638, 1655, 1659.
Kirchenarchiv D. 8. No 5, Seite 148. K./A. A. 4. No 6.

b. **Mönchenstein** besass schon im Jahre 1609
eine Schule. Vom damaligen Lehrer wird im Ratsprotokoll[1]) als ein etwas sonderbares Begehren angemerkt,
dass er sich anheischig gemacht habe, ohne feste Besoldung Schule zu halten, wenn ihm das alleinige Recht,
den Zuchtstier halten zu dürfen, gewährt werde. Erst
im Jahre 1659 hatte es aber die Gemeinde der kräftigen
Fürsprache des Obervogtes **Daniel Burckhardt** zu
verdanken, dass sie eine ständige Schule erhielt. Die
Besoldung des Lehrers wurde vom Rate mit 14 Vrzl.
Korn und 15 Pfund Geld der zu Riehen und zu Muttenz
beinahe gleich gestellt. Aus dem fiscus legatorum legte
der Kirchenrat jährlich noch 3 Thaler darauf.[2])

c. Von der Schule zu **Arisdorf** wird im folgenden Zeitraume die Rede sein.

Bei der Verteilung der obrigkeitlichen Schulen wurde
lediglich darauf gesehen, dass jedes **Amt** seine eigene
Schule erhalte, wobei zum Teil sehr ausgedehnte Schulbezirke geschaffen wurden, wie für Sissach, Buckten,
Waldenburg und Bubendorf. Die grosse Entfernung
und der für die meisten Kinder weite und beschwerliche
Schulweg übten von Anfang an auf den Schulbesuch
den nachteiligsten Einfluss aus. Aus sämtlichen sechs
zum Kirchspiel Waldenburg gehörenden Ortschaften
kamen beispielsweise im Jahre 1601 nur „biss uff 30
Kinder im Winter, im Sommer gar keins in die Schule."[3])
Die Einrichtung der einzelnen Schulen war nicht ein-

---

[1]) Unterm 15. März 1609. Band 11, Seite 217.

[2]) Staatsarchiv Baselland FF. 34. Notabene Büechlin unterm 9. Juni 1659. Acta Eccles. IV. 473. In der Kirchenordnung
von 1725 wird unter den Schulen, deren Lehrer von den Deputaten besoldet werden, auch der von Mönchenstein aufgeführt.

[3]) Acta Eccles. II. 48. Akten des Waldenb. und Homb.
Kap. vom 28. Febr. 1605 im Archiv d. Antist.

heitlich, sondern von Ort zu Ort verschieden. Eine nicht geringe Schwierigkeit verursachte ferner die Auswahl der Lehrer. Man hatte Mühe, Leute ausfindig zu machen, die im Besitze der zur Führung einer Schule nötigen Eigenschaften und geneigt waren, um geringen Lohn die Stelle eines Dorfschullehrers zu übernehmen. Ein charakteristisches Beispiel von der Amtsführung eines damaligen Lehrers giebt die Klageschrift der Gemeinde Riehen wider ihren Schulmeister vom 27. Sept. 1644, also lautend: [1])

„Ein Ehrsame Gemein zu Riehen und Bettigen, und in ihrem Namen Undervogt, Weibel und Geschworene sampt den Bannbrüdern, neben dem Predicanten, klagen wider den Schulmeister und Sigrist daselbsten:

1. Betreffend das Schulmeister ampt.

Das die Jugendt, deren bey 120. die Schul besuchen, vielfältig versaumet werde: da er die grössere Zeit seines beywesens mitt seinem Handwerck zubringt, oder viel mahlen abwesend ist: dass oft ein Kind in 2. oder 3. tagen nur einmahl behört, ihnen liederlich und selten fürgeschrieben wird: auch Sommerszeitt die Kinder gar von der Schul abweist, und überreden will, Man soll im Sommer nicht Schul halten. Und obschon die Schul durch den Predicanten besucht wird, doch eintweders auf ihn gelaustert und die arbeit einsmahls weggeworfen, oder das abwesen mitt liederlichen faulen entschuldigungen verantwortet wird, oft gar mit pochen und spätzlen.

Das auch das Christliche Lobgesang in der Kirchen gar schlechtlich geführet wird: da gar wenig Psalmen und auch dieselben nicht recht gesungen werden, dessen

---

[1]) Staatsarchiv JJ. 15. Bei Linder, Gesch. d. Kirchgem. Riehen-Bettingen, S. 87, aber ganz verstümmelt und unverständlich.

sich vor so vielen fürnemmen Leüthen auss der Statt und anderstwoher, so unsere Gemein oft besuchen, zu beschemen.

Demnach betreffend das Sigristenampt:
Das er in der Kirchen schlechtlich aufwartet, alle unordnung lasst fürgehen, und nichts abschaft, er werde dan von der Cantzel offentlich darzu ermahnt und angetrieben. Auch oft in die Sambstags Bettstunden trunckens weins kommet: und ob [es] schon von uns allen an ihm vermerckt wird, doch nicht der sein will und noch darzu pochet und polderet.

Das auch das Geleütt gar unordentlich geschicht, und mitt grosser beschwerd deren von Bottigen, so über feld herkommen, gar zu lang verzogen wird: Auch die Glocken so unordenlich gelitten werden, dass man bald nicht weist, ob es zu Kirchen gelitten oder gestürmt seye.

Drittens, wo etwas zuschreiben ist im gericht oder ausserhalb demselben, so ists oftmahl so wunderlich, dass niemand darauss kommen kan, oder dadurch die Leüth aneinander gebracht werden, weil es sich nicht befindt wie angeben: welches doch mitt ungestüme und unwillen von ihm geschicht, neben dem dass er ihm seine schreiben gar zu theür zahlen lässt.

Vierdtens, was sein übrigen Wandel betreffen thutt: Gibt es der Zanckhändlen so viel, dass fast nicht zuverzehlen, und viel Leüth sich seiner müssigen müssen, damit sie nicht in gezänck gerahten.

So sind auch die seinigen etwan sehr beschwerlich in Matten, Feld und Holz.

Welches alles, ob ers schon mit scheinbarem geschwätz oder mitt Crocodilthränen understehet zu beantworten und abzuwenden, getrauwen wir mitt wahrheits grund auf ihn zu bringen und zuerweisen, und in stäti-

ger, gewohnlicher falschheit und unwahrheit zu über-
zeügen. Hoffen auch Unterthänigst, Es werden Unsere
Gnädige Herren und Obere solches Vätterlich zu gemütt
führen, und uns solcher burde dermahlen eins Gnädigst
entladen."

Dieses Begehren fand aber erst sechs Jahre später
seine Erledigung. Die Deputaten fanden am 28. September 1650 für gut, „es sei der gantzen gemeind billich
grössere Rechnung als dises einzigen unruhigen ärgerlichen Mannes zutragen, desswegen die lang verschobene
enderung vorgenommen, er, Schulmeister, dess diensts
erlassen und an sein stell ein andre taugliche, fridfer-
tige und bescheidene Person geordnet werden sollte",
.was denn auch geschah.

C. Die Entstehung anderer Schulen.

Die Deputaten beteiligten sich ausser der Unterhaltung der nach ihnen benannten obrigkeitlichen Schulen auch an solchen, die durch Geistliche und Gemeinden von sich aus waren eingerichtet worden. Gewöhnlich leisteten sie an die Besoldung des Lehrers einen
Beitrag, sei es für einmal, oder für längere Zeit, je nach
dem Stande des Kirchenvermögens. Aus den zahlreichen
Gesuchen, die jeweilen bei der Ablage der Kirchenrechnungen für solche Unterstützungen gestellt zu werden
pflegten, können wir ersehen, dass es neben den Deputatenschulen eine ganze Anzahl von Schulen gegeben
hat, die teils am Ende des 16., teils im 17. Jahrhundert
entstanden sind. Es werden ausser den bereits angeführten Schulen solche genannt zu: Gelterkinden (1583),
Buus (1607 f.), Arisdorf (1615), Frenkendorf
(1619), Pratteln (1619), Oltingen (1621 ff.), Bretzwyl (vor 1624), Wintersingen (1629), Anwyl (1633),

Kilchberg (1635 ff.), Diegten (1637), Rotenfluh
(1637), Ormalingen (1637, 1640). [1]) Unter ihnen verdient die älteste, Gelterkinden, einer kurzen Erwähnung.
Schon im Jahre 1583 besass die Gemeinde einen Lehrer,
der sich des Kirchengesanges so kräftig annahm, dass
ihm der Prediger „umb Gsangs verfüerung willen" ein
Legat von 5 Gulden vermachte. Einige Jahre später
kommt ein Würtemberger, „Georg Rüeber aus Studt-
garten", als Lehrer vor, an dessen Besoldung der Rat
einen kleinen Beitrag leistete. [2]) Aus den Noten zu den
Kirchenrechnungen von 1579—1653 ist ersichtlich, dass
die Deputaten Jahr um Jahr eine kleine Beisteuer an die
Besoldung des Lehrers leisteten. Darum deutet auch die
aus Anlass der Kirchenvisitation von 1637 durch den
Antistes ausgesprochene Drohung, „man wurde ein
anders mit dem Schulmeister vornemmen, wenn er seinen
Unfleiss nicht verbessere", darauf hin, dass der Staat
zur Anstellung des Lehrers ein Wort mitzusprechen hatte.
    Mit dem aktenmässig beglaubigten Bestehen so vieler
Landschulen fällt eine von Ochs [3]) geäusserte Vermutung
dahin. Unser Geschichtsschreiber spricht nämlich seine
Verwunderung darüber aus, dass die ganze schulfähige
Jugend der Landschaft auf die wenigen Deputatenschulen

---

[1]) Meistens aus den Notabene Rödeln v. 1579—1653, aber
auch aus einzelnen Synodalakten, namentlich K/A. R. 1—4 unter
den betreffenden Jahreszahlen.

[2]) Auszugs Rödelin der Kirchenrechnungen von 1538 bis
1659 unter 1583. Akten des Farnsb. Kapitels unter 1592. Ratsprot.
vom 20. October 1593, Band 4, Seite 53. Woher die Angabe über
den im Jahre 1594 als Lehrer genannten Virgilius Schlam stammt
(siehe Heimatkunde von Gelterkinden von J. J. Schaub und J. J.
Keiser, Liestal 1864, Seite 69), habe ich nicht in Erfahrung
bringen können.

[3]) Gesch. d. Stadt u. Landsch. B. 6, 434, Anmerkg. 1.

habe eingeschränkt werden können und meint, „die Schulmeister hätten sich im Sommer in die andern Dörfern
begeben und den Kindern vermöglicher Eltern Unterricht im Lesen und Schreiben erteilt. Denn das Übrige
sei Religionsunterricht und Sache des Pfarrers und des
Sigristen · des Kirchsprengels gewesen, die ihnen das
Vater Unser und die zehn Gebote und den kleinen
Katechismus so lange vorgesprochen hätten, bis sie solche
auswendig wussten." Das ist also zu berichtigen. Soviel
ist aber sicher, dass die Unterstützung aller der genannten Schulen durch das Deputatenamt eine äusserst
dürftige war·und eher einem Almosen als einem mit
Freudigkeit geleisteten Beitrage ·gleichsah. Ein wenig
Korn (1—2 Vrzl. = 2 oder 4 Säcke) war im günstigsten
Falle alles, was gegeben wurde. Bei diesem zurückhal-
tenden Verfahren der Regierung bekamen auch die
Gemeinden keinen Mut, ein Mehreres zu thun, und so
wurde denn die ökonomische Lage der Lehrer von Anfang an eine gedrückte und sorgenvolle.

Auf der Landschaft Basel wie anderswo,·namentlich
in Deutschland, trugen die Dorfschulen dasselbe gemeinsame Gepräge: Ein dürftiger, zur verlangten Arbeit
in keinem Verhältnisse stehender Lohn für den Lehrer;
ein ungenügender Raum, worin die Schulkinder zusammengepfercht waren; eine Winterschule von kurzer
Dauer, da die Kinder während der übrigen Zeit bei den
Feldgeschäften und beim Viehhüten für unentbehrlich
gehalten wurden oder im Müssiggang herumliefen; keine
feste Ordnung in der Schule; ein regelloses Kommen
und Sitzen der Schüler; ein einförmiger, ermüdender
Einzelunterricht ohne Abteilung der Schüler nach dem
Alter und den Fortschritten, indem sämtliche Schulkinder
während der Schulzeit in demselben Lokale beisammen
waren, und jedes einzelne der Reihe nach zum Buch-

stabieren, Lesen oder Aufsagen aufgerufen wurde; endlich die häufige Anwendung von Rute und Stock als einziges Disciplinarmittel, — das war bei uns, wie in Deutschland, die damalige Einrichtung einer Dorfschule.[1]) Aber auch in unsern Schulen hat die stille, bescheidene und unscheinbare Thätigkeit manches Lehrers, den das Herz zur Jugend zog, allmählich das Zutrauen der Kinder und den Beifall der Eltern gewonnen. Diese gewöhnten sich an das Bestehen der Schule als einer notwendigen und unentbehrlichen Einrichtung und lernten die Vorteile einer solchen immer besser schätzen. So gewann die Schule Boden und schlug Wurzeln im Volke.

Mag freilich das deutsche Volksschulwesen sich frühzeitiger entwickelt haben als das unsrige; mag ihm im Laufe des 16. und beim Beginne des 17. Jahrhunderts durch die liebevolle Fürsorge einsichtiger Fürsten und thatkräftiger Lenker städtischer Gemeinwesen ein rascherer Aufschwung beschieden gewesen sein zu einer Zeit, wo bei uns erst schwache Anfänge und unbedeutende Ansätze zu schönerer Entfaltung zu erblicken waren, so hatten wir in der Schweiz doch das nicht hoch genug anzuschlagende Glück, dass wir vor der Not und dem grenzenlosen Jammer und Elende gnädig bewahrt geblieben sind, das die Geissel des dreissigjährigen Krieges über ganz Deutschland gebracht hat. Während hier unter seinen Greueln die Kirche und die Schule in ganz besonderm Grade zu leiden hatten, durfte bei uns die Volksschule unter den Segnungen des Friedens ungehindert Wurzel schlagen, wachsen und fröhlich gedeihen.

---

[1]) Vgl. Fischer, Gesch. des deutschen Volksschullehrerstandes, I. S. 95—99.

Zweiter Zeitraum.

Das Unterrichtswesen der Landschaft Basel vom Erlass
der ersten Schulordnung des Jahres 1660 bis zur
Aufstellung der zweiten im Jahre 1759.

A. Der kirchliche Religionsunterricht.

Da für den Schulunterricht die Lehrmittel, deren
sich die Prediger bei dem von ihnen erteilten Religionsunterrichte bedienten, von besonderer Wichtigkeit geworden sind, so ist hierüber zuerst das Wichtigste mit-
zuteilen.

Am Anfange hatte sich der Unterricht der Geistlichen an das kleine Büchlein angeschlossen, das von
Ökolampad für diesen Zweck in deutscher Sprache
abgefasst worden und unter dem Namen „Kinderbericht"
in Basel allgemein bekannt war. Dieses vortreffliche
Lehrmittel zeichnet sich nicht nur durch Bündigkeit und
Klarheit des Ausdrucks, sondern auch durch leichte Ver-
ständlichkeit aus und war der Fassungskraft der Jugend
angemessen. Dem spätern Geschlechte erschien es jedoch
bald zu schlicht und zu einfach. Besser entsprach seinem
Geschmacke der Katechismus, den Antistes J. Wolleb
(1618—1629) im Jahre 1622 im Auftrage des Rates verfasste. [1] Der Name „Nachtmahlbüchlein", der
seiner Schrift vom Volke beigelegt wurde, zeigt aber
zur Genüge, dass sie nicht für Kinder, sondern für Erwachsene bestimmt war, die sich auf den würdigen Em-

---

[1] Über den Wollebischen Katechismus und die übrigen
Basler Katechismen siehe K. R. Hagenbach, Gesch. der ersten
Baslerkonfession, S. 260—266.

pfang des heil. Abendmahles vorbereiteten. Trotzdem
bürgerte sich gerade dieses Buch beim Jugendunterrichte
ein, verdrängte den Kinderbericht und gelangte schliesslich in Kirche und Schule zur Alleinherrschaft. Die bei
seiner Einführung vom Rate abgegebene ausdrückliche
Zusicherung, man sei „nit der Meinung, dass jemand
angebunden sein solte, den Inhalt von Wort zu Wort zu
wissen", [1] geriet gänzlich in Vergessenheit.

Antistes L. Gernler (1655—1675), der persönlich
den „vollkommenern und verständlichern" Heidelberger
Katechismus vorgezogen hätte, wagte es schon nicht
mehr, seinen Wunsch zur Geltung zu bringen. Sein
Nachfolger P. Werenfels (1675—1703) erweiterte das
Nachtmahlbüchlein zu einem umfangreichen Buche, das
in seiner abstrakten, rein dogmatischen Fassung selbst
für Erwachsene, geschweige denn für Kinder, schwer
verständlich war. Allein die Absicht, den konfessionell
scharf ausgeprägten Lehrbegriff der reformierten Basler
Landeskirche zum Ausdrucke zu bringen und zu verschaffen, dass sich jeder Angehörige dieser Kirche deren
Bekenntnis recht zu eigen mache, trug über alle andern
Bedenken und Rücksichten, besonders in Bezug auf die
für den Jugendunterricht wünschenswerte Fasslichkeit,
vollständig den Sieg davon. Werenfels setzte es durch,
dass das Nachtmahlbüchlein im Jahre 1686 für den
Unterricht in den Kirchen und Schulen der Stadt als
obligatorisches Lehrmittel angenommen wurde. So kam
es, dass hinfort viel Mühe und Arbeit auf die Behandlung und Erlernung eines für die Jugend ganz un-
geeigneten Lehrmittels verwendet werden musste. Der
Religionsunterricht wurde dürr, trocken, abstrakt und

---

[1] Mandat vom 6. April 1622 in der Mandatensammlung
Band VIII. §. 2. a. 9.

bereitete durch die Forderung des wörtlichen Auswendig-
könnens Lernenden und Lehrenden viele bittere Stunden.

Die Geistlichkeit auf der Landschaft behauptete
freilich noch längere Zeit ihre Selbständigkeit in der
Auswahl des einem jeden Einzelnen zusagenden Lehrmittels. Einige Pfarrer gebrauchten, wohl um des Zu-
sammenhanges mit der Stadt willen, gleichfalls das Nachtmahlbüchlein; andere bedienten sich anderer Leitfäden,
des „Heidelbergers", des Osterwaldischen Katechismus
u. a. [1] Ein Buch, das für die Unterweisung der Jugend in der Folge wichtig geworden ist, waren Hüb-
ners biblische Geschichten. [2] Dem Pfarrer Leonhard
Bartenschlag zu Binningen (1719—1760) gebührt
das Verdienst, den grossen Wert der biblischen Geschichte für den Jugendunterricht erkannt und dem
Werke des Hamburger Rektors zuerst bei uns Eingang
verschafft zu haben. [3] Der Vollständigkeit halben führen
wir hier noch an, dass der Gebrauch des Nachtmahlbüchleins in den Kirchen und Schulen der Landschaft
durch die Kirchenordnung von 1759 für obligatorisch
erklärt und die Entlassung aus der Schule u. a. auch von

---

[1] „Herrn Johann Friedrich Osterwalds (Pfarrers zu Neuenburg) Kurtzer Begriff der Biblischen Geschichten und der Christlichen Catechismus-Lehre. Aus dem Frantzösischen ins Teutsche
übersetzt durch Johann Burckhardt, Pfr. zu Oltingen (1732—43).
Basel bey Joh. Conrad. von Mechels sel. Wittib." Ohne Jahreszahl.
Osterwalds Buch war „absonderlich wegen in sich haltenden
schönen Moralien" geschätzt.

[2] Johannes Hübner, Rektor des Johanneums zu Ham-
burg, 1668—1731, gab im Jahre 1714 seine zweimal 52 aus-
erlesenen Biblischen Historien nebst einer Anleitung zu ihrer Behandlung heraus. Sein Buch fand überall rasch die günstigste
Aufnahme und weiteste Verbreitung.

[3] Acta Eccles. IV. 122. 123. 227. 275. 316. Kirchenarchiv
A. 8. No 22. Visitationsacta R. 1—4.

der gedächtnismässigen Aneignung desselben abhängig
gemacht wurde. Nachdem im 18. Jahrhundert eine Umarbeitung des Lehrmittels umsonst versucht worden war,
gelang es endlich im Jahre 1809 dem Einflusse des Deputaten P. Ochs, dass das Nachtmahlbüchlein in den Landschulen beseitigt und an seiner Stelle bis zur Erstellung
eines neuen Katechismus eine „Sammlung biblischer
Stellen zum Schulgebrauche" eingeführt wurde. [1]

Eine andere Neuerung, die Einführung des kate-
chetischen Verfahrens in der Kinderlehre durch
Antistes Gernler (1657), soll hier nur beiläufig erwähnt werden, weil wir uns auf die weitere Entwicklung
des kirchlichen Religionsunterrichtes nicht näher einlassen können. [2] Dagegen muss noch ein Wort über die
Forderung des Lesenlernens gesagt werden. Sobald
einmal der Gebrauch des Nachtmahlbüchleins eingeführt
und die Nötigung, dass selbst die Kinder seinen Inhalt
auswendiglernen mussten, ausgesprochen war, stellte sich
das Bedürfnis des Lesenkönnens ein; damit stand die
Forderung im Zusammenhange, die zur Erlernung des
Lesens dienenden Bücher anzuschaffen. Der davon
handelnde Abschnitt der Kirchenordnung schlägt, der
kriegerischen Zeit entsprechend, einen ganz militärisch
klingenden Ton an. „Wie in einer wolbestellten Policey",
heisst es, „ein jeglicher Burger mit seinem Ober- und
Undergewehr sich gefasst halten muss: Also auch die
Burger der Kirchen Christi sich mit den geistlichen
Waffen dess Worts Gottes billich gefasst halten sollen."
In jedem Hause müsse der Katechismus nebst einem
Psalmen- und Gebetbuche zu finden sein; Vermöglichere

---

[1] Druckschrift im Archiv des Antistitiums.

[2] Siehe darüber Gernlers supplicatio ad Magistratum pro
reformatione Catechisationis vom 17. April 1657 in den Actis Eccles.
IV. 47—51. K/A. A. 20. 2. No 115 und 116.

sollten sich über den Besitz einer ganzen Bibel oder wenigstens eines Neuen Testamentes ausweisen. In der Schule aber dürfe nicht mehr nach bisherigem bösem Brauche das Lesen des Geschriebenen allein, sondern „fürnehmlich das getruckte" Lesen geübt werden, weil dieses ganz besonders „zu Ables- und Erforschung Göttliches Willens, Glaubens und Gebets" diene, wodurch allein „die Göttliche Erkanntnuss erlehrnet und das Wort Gottes eingepflantzt werde." [1]) Die Kinder aber sollten fleissig „daheimen in der Bibel und anderen geistlichen Bücheren lesen, damit auch die Alten in Glaubenssachen underrichtet würden." Durch diese Forderungen trat das Lesen nebst dem damit im Zusammenhange stehenden Auswendiglernen des Katechismus samt den vorgeschriebenen Gebeten in den Vordergrund des Schulunterrichtes.

An diese Neuerung schloss sich die Aufstellung einer besondern Schulordnung.

B. Die Schulordnung des Jahres 1660 nebst andern derartigen Ordnungen aus dem 17. Jahrhundert.

Bald nach der blutigen Niederwerfung des grossen Bauernaufstandes (1653), woran sich das Basler Landvolk lebhaft beteiligt hatte, fand sich der Rat veranlasst, seinen Unterthanen die Pflichten gegen Gott und gegen die Obrigkeit mit besonderer Eindringlichkeit einzuschärfen. Es geschah dies durch die Kirchenordnung des Jahres 1660. Uns berührt hier lediglich, was darin über die Erziehung und den Unterricht der Jugend gesagt wird. Die wenigen Sätze, die dieses Thema unter

---

[1]) Acta Eccles. IV, 246. 153. 127. 147.

dem Titel „Von Fortpflanzung der wahren Religion
und Gottesforcht" berühren, enthalten, wenn auch noch
in sehr unvollkommener und lückenhafter, aber doch
deutlich erkennbarer Weise die Keime einer spätern
vollständigern Schulgesetzgebung.

Als alleinige Aufgabe der Schule wird noch die
rein religiöse genannt, „der Jugend die Mittel zur Erkantnuss Gottes zu verschaffen." Der Lehrer ist bloss
Kirchendiener. Dieses Verhältnis wird, zunächst nur
in den Deputatenschulen, später aber auch in den
sogenannten „Baurenschulen", durch die als Regel
geforderte Übertragung des Sigristendienstes gekenn-
zeichnet. Die bezügliche Vorschrift lautet: „Bey einer
jeden Kirchen, wo das Sigristen-Ampt wirt zubestellen
sein, sollen wo möglich solche Siegerist von unseren
jeweiligen Deputaten geordnet werden, die Schreibens
und Lesens berichtet und tüchtig sind, auch der Schul
abzuwarten." Dies geschah hauptsächlich in der Absicht,
die Lehrer durch die Zuwendung des mit dem Neben-
amte verbundenen Einkommens ökonomisch besser zu
stellen. Schon vor dem Erlass der Kirchenordnung
hatten die Deputaten damit den Anfang gemacht. [1]

Vor der Wahl „konnte der Predigern attestation

---

[1] Z. B. 1655: „Haben die Deputaten den Onimus Rudj den
Sigrist zu Oberdorff abgesetzt, auss Ursachen Er sich bey ver-
gangener Bäurischen Rebellion übel gehalten und gesagt, man
müese zuallervorderst den Landvogt und den Pfaffen zu todt schlagen etc., und an dessen statt den Schulmeister angenommen."
Ferner 1656: „Dieweilen der Sigrist Hans Jak. Stoler in Buben-
dorff vom Landvogt ein schlecht zeügnuss hat, störrig und ungehorsam ist, als ist derselbe abgeschafft und soll der Schulmeister
solchen dienst zu mehrerer besserung seiner besoldung versehen."
Notabene Büechlin des Deputatenamts, 1638—1668, (Staatsarchiv)
unter 1655 und 1656.

und Zeugnuss von einem und anderen in das Mittel kommenden Subjecto erforderet werden."

Den Lehrern wird zur Pflicht gemacht: „der Schul getrewlich abzuwarten, in denen Stunden, da man die Jugend behören soll, sich aller weltlichen händlen zu entschlagen und sich an keinem andern Ort als in der Schul finden zu lassen." Die Deputatenschullehrer insbesondere („jenige Schulmeister, welche von uns besoldet werden") „sollen nicht nur im Winter, sondern das gantze Jahr Schul zuhalten schuldig und verbunden sein." „Ein jeder soll sich mit demjenigen Wochen- oder Fronfastengelt, so ihme die verordnete am Deputaten-Ampt jeweilen zuerkennen werden, ersättigen und benügen lassen und darüber das Landvolck nit beschweren."

Alle Eltern werden „vermahnt, ihre Kinder fleissig zu den Schulen zu schicken bey ohnaussbleiblicher straaff."

Endlich sollen „die Prediger aller Orten visitatores der Schulen sein, dieselbigen wochentlich besuchen, und dass alda dieser Ordnung in allen Stucken nachgelebt und die Jugend zu aller Gottesforcht angewiesen werde, ein fleissiges auffsehen haben."

Bevor wir über die Ausführung der in dieser Schulordnung enthaltenen Vorschriften sprechen, müssen wir noch bei einigen andern, aus derselben Zeit stammenden besondern Ordnungen verweilen. In der zweiten Hälfte des 17. Jahrhunderts kommen drei solche vor: eine gedruckte Ordnung der Schule Liestal und zwei im Manuscripte vorhandene für die Schulen zu Sissach und zu Kleinhüningen.

a. An die Stelle der ersten Schulordnung von Liestal trat im Jahre 1670 eine neue. [1] Kettiger nennt sie

---

[1] Mandatensammlung VIII. 4. e. Druck in Plakatformat. Siehe auch Acta Eccles. VI. 415 mit dem im Jahre 1668 dem

„ein merkwürdiges, kulturhistorisches Aktenstück, das für Liestal als eine Art Vollziehungsordnung zum Gesetze von 1660 anzusehen sei." Allein dem ist durchaus nicht also; die erneuerte Liestaler Schulordnung ist nichts anderes als ein beinahe wortgetreuer Abdruck der im Jahre 1632 für die St. Theodorsschule zu Basel im Druck erschienenen. [1] Die einzige Abweichung von einigem Belang betrifft das Fach des Rechnens, das in der Basler Ordnung sehr dürftig, in der Liestaler dagegen gar nicht vertreten ist. Ferner wird in der Schule der Landstadt beim Gesang ausdrücklich die ausschliessliche Einübung der Lobwasserischen Psalmen gefordert, eine neue Bestätigung der von Riggenbach in seiner „Geschichte des Kirchengesanges in Basel seit der Reformation" [2] hervorgehobenen Thatsache, dass Lobwassers Gesänge von der zweiten Hälfte des 17. Jahrhunderts an bei uns eine stetsfort zunehmende Bedeutung erlangt haben.

Die Ordnung wurde im Jahre 1709 fast wortgetreu wieder abgedruckt [3] und ist, wenigstens dem Namen nach, beinahe 140 Jahre lang bis zum Jahre 1808 in Kraft geblieben.

b. Die „Ordnung der Schul zu Syssach" [4] trägt kein Datum, stammt aber sehr wahrscheinlich aus

---

Antistes Gernler erteilten Auftrage, statuta scholæ Lucisvallensis revidenda — ut typis iterum describantur.

[1] Siehe diese in der Mandatensammlung VIII. 4. d.

[2] Beiträge zur Vaterländ. Geschichte, Band 9, S. 434, 439.

[3] Ein Exemplar findet sich auf der Vaterländ. Bibliothek, O. 34 am Ende, und im Staatsarchiv Baselland unter A. 58. Die Mandatensammlung von Basel, VIII, 4, e, besitzt nur eine handschriftl. Kopie „ex impresso".

[4] Das Original ist die Beilage eines Schreibens des Pfarrers Hans Rudolf Frey von Sissach an Antistes Hieron. Burckhardt vom 29. September 1724, Staatsarchiv Baselland E. 31.

dem 17. Jahrhundert. Wir begnügen uns, daraus Folgendes anzuführen:

Im Winter dauert der Unterricht, vor- und nachmittags, je drei Stunden, bloss im Sommer nur je zwei Stunden lang. Bei Strafen soll der Lehrer „zwischen frevlen und erschrockenen Lehrjüngern einen genauen Unterscheid machen, und die erstern mit Ernst, insonderheit die Flucher, die anderen mit Sanfftmuth zu ihren schuldigen Pflichten antreiben.“ Er soll die Schüler „nicht nur etliche Wort oder Zeilen aufsagen lassen, sondern soviel jeweilen die gesetzten Stunden leyden mögen.“ „Er soll die so schreiben zu ergreiffen willens, aufweisen, wie die Buchstaben zu formiren und selbige nicht übereylen.“ An jedem Nachmittage soll wenigstens eine halbe Stunde aufs Schreiben verwendet werden. „Die Music [d. h. der Gesang] ist Sommerszeit nach der Kinderlehre in der Kirche zu üben; Winterszeit soll am Freitag in der Schule der zu singende Psalm geübet werden.“ „Weilen die Unwissenheit in Religionssachen überauss gross, soll das Nachtmahlbüchlein der Jugend zu gewissen Zeiten wohl eingescherfft werden, insonderheit denen, so willens, das erstemahl zu des Herren Tisch zu gehen, den übrigen aber soll der Lehrer die zehen H. gebott, die 12 glaubens Articul neben anderen gebätteren vorsprechen.“

c. Die im Archive des Antistitiums aufbewahrte Schulordnung für Kleinhüningen ist „mehrentheils auss unserer Gn. Herren Lands-kirchen-ordnung hergenommen“ und trägt das Datum des 18. Mai 1682. An diesem Tage „haben Hr. Matthäus Merian, Pastor, und Hr. Friedrich Seiler, Diaconus zu St. Theodor, zu klein Hüningen (damals noch eine Filiale der Kleinbasler Kirche) eine schul-ordnung angerichtet“, die sich auf folgende wenige Sätze beschränkt:

1. „Sol eine schul alda gehalten werden· alle tag zwo stund vor Mittag und zwo stund nachmittag. Donnstags und Sambstags nachmittag sind Feriæ." 2. „Die Einwohner sollen ihre kinder so bald möglich und sie zum verstand kommen, fleissig zur schul halten und schicken." 3. „Der Schulmeister soll sein Ampt fleissig und embsig verrichten und die kinder im lesen, schreiben, Bätten und nachtmahlbüchlein unterweisen, und zu gutten Sitten und tugenden und einem christlichen leben und wandel alles ernsts anhalten." 4. „Die Einwohner versprechen dem Schulmeister für sein besoldung wochentlich für ein kind 1 β 4 ϑ und winterszeit, wan die stuben muss gewärmet werden, für ein jedes kind täglich ein scheit holtz."

Der Lehrer Martin Bartsche erhielt im Jahre 1692 „auff sein underthäniges Bitten, doch mit Ihr Gn. offener Hand", „alss ein Personal" eine vierteljährlich zu entrichtende fixe Besoldung, bestehend in einem Sack Korn und 2 ℔ 10 β an Geld.

C. Vollzug der Schulordnung.

Die Basler Landschulordnung von 1660 nimmt sich im Vergleich mit andern derartigen Erlassen recht unscheinbar und dürftig aus. Wir denken hiebei nicht sowohl an die deutschen Schulordnungen des 16. und 17. Jahrhunderts, sondern fassen bloss die zuerst im Jahre 1658 dem Druck übergebenen, im Jahre 1684 aber bedeutend erweiterten „Satzungen" ins Auge, die „von den Obersten Schulherren der Statt Zürich ihren Landschulen fürgeschrieben" worden sind. [1]) Als Vorzüge der

---

[1]) O. Hunziker. „Aus der Reform der zürcherischen Landschulen, 1770—1778" im Züricher Jahrbuch f. 1894, S. 4 f. Die „Satzungen" von 1684 sind abgedruckt in O. Hunzikers Geschichte der schweizerischen Volksschule, 1887, I. Seite 118—127.

Zürcher Landschulordnung führen wir hauptsächlich an:
die ungleich grössere Anzahl der staatlich unterstützten
Schulen; die Teilung der Schuljugend in drei, der Fertigkeit im Lesen entsprechende Abteilungen; die Aufnahme
des Rechnens in den Rahmen der Lehrfächer; die Anfänge von Fortbildungs- (Nacht-)schulen; die Abhaltung
eines jährlichen Schulexamens; die Prüfung sämtlicher
Lehrer durch die oberste Schulbehörde in Zürich; die
Beteiligung der Gemeindebehörden an der Schulaufsicht.

Während aber unsre Kenntnis von den zürcherischen
Schulzuständen auf den Inhalt der Schulordnungen beschränkt ist, sind wir zu Basel in der Lage, uns über
die Ausführung der gesetzlichen Forderungen und damit
zugleich über die damalige Schuleinrichtung ein ge-
treues Bild machen zu können. In augenscheinlichem
Zusammenhange mit der Publikation der neuen Kirchenordnung fand nämlich eine Kirchenvisitation statt, die
diesmal besonders eingehend und mit grösserer Feierlichkeit als gewöhnlich vorgenommen wurde und sich
über die Jahre 1661, 1662 und 1663 erstreckte. Nirgends
wurde versäumt, nach dem Stande des Jugendunterrichtes im allgemeinen und nach dem Zustande jeder
Schule, namentlich der obrigkeitlichen, im besondern zu
fragen und die Antworten zu Protokoll zu nehmen. Die
Prediger mussten berichten, „ob sie die Schule alle
Wochen besuchten" und „ob die Bibeln, Testament,
Psalmen-, Bett- und andere Bücher eingeführt seien."
Die Lehrer hatten Rede zu stehen, „ob sie die Schul
fleissig gehalten, wie sichs gebeürt", „ob sie das truckte
oder geschribene Lesen vorderist lehren", wie der Schulbesuch beschaffen und wie es um die Entrichtung des
Schullohnes bestellt sei. Endlich wurde noch das Urteil
der Pfarrer und der Gemeindebeamten über die Amtsführung und den Lebenswandel der Lehrer angehört

und zum Schlusse einem jeden Lob oder Tadel ge-
spendet. [1)

An der Hand der Berichte soll hier das Wichtigste
über die Schulen und den Unterricht zusammengestellt
werden.

a. Schulbesuch, Schullokalien.

Ausser den sieben Deputatenschulen besassen zwanzig
Dörfer eigene Schulen. Weitaus die meisten davon waren
Winterschulen. Selbst in den Deputatenschulen hatte
sich die Sommerschule noch nicht überall Eingang verschaffen können. Zu Liestal kamen viele Kinder im
Sommer nur, wenn es regnete. Zu Sissach dauerte
der ganze Unterricht nur „etwan in 4 Monat", zu Muttenz nur 12 Wochen. Der Lehrer zu Buckten hielt
überhaupt liederlich Schule; der zu Waldenburg hatte
am Ende der Sommerschule nur noch 3 Kinder beisammen. Nur aus Richen und Bubendorf erfahren
wir über den Schulbesuch während des Sommers Er-
freulicheres. In der Folge schlief aber in letzterer Gemeinde die Sommerschule wieder so vollständig ein, dass
sie im Jahre 1709 aufs neue eingeführt werden musste. [2)
Noch im Jahre 1732, mehr als 70 Jahre nach dem Erlass der Schulordnung, muss nachdrücklich an die Forderung erinnert werden, dass die Lehrer der Deputatenschulen verpflichtet seien, im Sommer und im Winter

---

[1) K./A. A. 17. No 3, 4 u. 5. Acta Eccles. IV. 113—160;
201—285; 315—320. Ganz ähnlich war die Einrichtung der Kir-
chen- und Schulvisitationen in den protestantischen deutschen
Ländern. Siehe Fischer, Gesch. d. deutschen Volksschullehrerstandes, I. 97 und 98.

[2) Kirchenarchiv A. 24, No 26. Akten der Provinzialsynode
Liestal vom 10. Sept. 1709.

Schule zu halten.[1]) Dagegen gab es einzelne Gemeinden, wie z. B. Arisdorf, wo der Unterricht freiwillig über die Sommermonate ausgedehnt wurde.

War der Schulbesuch im Sommer schon mangelhaft genug, so liess er während des Winters ebenfalls sehr viel zu wünschen übrig. Allgemein sind die Klagen über das Ausbleiben der Kinder. Absenzenverzeichnisse gab es noch nicht. Die Prediger suchten durch Aufmunterung, z. B. durch Bezahlung des Schullohnes oder durch unentgeltliche Verabfolgung der Bücher an Unbemittelte, bessere Zustände herbeizuführen, jedoch ohne grossen Erfolg.

Bei diesem Anlasse mögen noch einige vereinzelte Angaben über die Schülerzahl eine Stelle finden. Sie machen zwar keinen Anspruch auf Vollständigkeit; denn es waren weder Schülerlisten, noch statistische Zusammenstellungen vorhanden. Immerhin mögen sie zur Vergleichung dienen.

Zu Liestal war die Winterschule von 120 — 130, die Sommerschule von 30—40 Schülern besucht. Riehen zählte „in 120“, der Schulkreis Waldenburg (Oberdorf) 70—80 Schüler. Der Lehrer zu Muttenz „könnte“ im Winter wenigstens 60, im Sommer immerhin noch „zimlich viel“ Schüler haben. Die 100 Bürger der drei Dörfer Bretzwyl, Reigoldswyl und Lauwyl schickten zusammen 20, höchstens 30 Kinder in die gemeinsame Schule nach Bretzwyl. Rotenfluh zählte im Winter 1660/61 etwa 30 — 40, Arisdorf zur nämlichen Zeit 40 Schüler; „sie könnten aber wohl hundert schicken“, wird hinzugesetzt. Das kleine Dorf Lausen endlich hatte 20 — 25 Schulkinder.

---

[1]) A. 24. No 34. Siehe auch Kirchenarchiv A. 8. No 6 vom Jahre 1712: „Deputatenschulen sollen im Sommer auch gehalten werden, wie wenig Schueler es gleich seyn möchten.“

Die Angaben über die Schullokalien sind sehr
spärlich. Wie im Kanton Zürich, so gab es auch auf
der Landschaft Basel nur in den wenigsten Dörfern besondere Schulstuben, geschweige denn eigene Schulhäuser. Gewöhnlich heisst es, „für die Schule sei kein
bequemer" oder nur „ein schlechter Platz" vorhanden.
Meistens gab der Lehrer ein Gemach seiner eigenen
Behausung dazu her. Zu Liestal wurde wegen Raum-
mangels im Jahre 1668 ernstlich davon gesprochen, „die
Knaben und Mägdtlein zu separiren", also eine besondere
Mädchenschule einzurichten. Es geschah aber nichts.
Im Jahre 1745 wurde daselbst beim Bau eines neuen
Pfarrhauses, das zugleich als Schulhaus dienen musste,
die alte Gewohnheit eines gemeinschaftlichen Schullokales
für sämtliche Schulkinder beibehalten und die günstige
Gelegenheit zu der je länger je nötiger werdenden
Trennung, sei es nach dem Geschlechte, sei es nach
Schulstufen, versäumt. [1]

b. Der Unterricht.

Der Leseunterricht stiess aus Mangel an einem
geeigneten Lehrmittel auf grosse Schwierigkeiten. Arme
Leute besassen selbstverständlich keine Bücher; daher
die an die Geistlichen gerichtete Weisung des Deputatenamtes, für die unbemittelten Kinder nicht nur das Schulgeld zu geben, sondern auch „büechlin kouffen zulassen
und specifice in die Rechnung zu bringen." [2] Aber
auch bemittelte Eltern waren zum Ankaufe von Büchern
keineswegs willig, sondern zogen vor, ihren Kindern

---

[1] Kirchenarchiv A. 24. No 11 und 12. Bruckners Merkwürdigkeiten, S. 1056.

[2] Z. B. unter 1641 in den Notabene Rödeln v. 1579—1653,
im Kirchenarchiv.

allerlei Handschriften mit in die Schule zu geben. Gegen diese Übung wandte sich die Kirchenordnung mit aller Schärfe und erklärte das Lesen von Handschriften für einen „bösen Brauch", der nicht einreissen dürfe. Allein mit Hartnäckigkeit stemmte sich das Volk dagegen. Bei der Kirchenvisitation entschuldigten sich die Leute teils mit ihrer Armut und dem teuren Brote; andere versprachen, die Bücher kaufen zu wollen, wenn etwa der Herbst gut ausfalle. Auch wo grösseres Entgegenkommen zu bemerken war, geschah dies doch mehr von einzelnen wenigen, als von der Gesamtheit. Nur die Aris - dörfer erwarben sich Lobsprüche, weil sie „in 20 Exemplaria der Bibel und biss gegen 60 Testamenta und gar viel Psalmen und Gebettbüchlein" angeschafft hätten. Freilich bekannten sie hintendrein, dies sei „aus Nöthigung ihres Herrn" (Pfarrers) geschehen, und sie hätten die Bücher „um Brot" wieder verkauft. [1]

Gewöhnlich wurden die Lehrer von den Eltern genötigt, bei der alten Übung zu verbleiben und mit dem Lesen der Handschriften zu beginnen, und die Lehrer waren um des lieben Friedens willen zum Nachgeben geneigt. Der zu Oberdorf z. B. übte seine Schüler „am Morgen drey stund im Truckten, nach Mittag aber von 12 biss 3 Uhren im geschriebenen." [2]

Aber selbst dann, als die Bücher bereits Eingang gefunden hatten, hielt das Landvolk mit Zähigkeit an der Forderung fest, dass die Jugend nicht nur aus Büchern, sondern auch aus Manuscripten müsse lesen können. Noch im Jahre 1775 diente in der Schule zu

---

[1] Über die Anschaffung der Bücher siehe Acta Eccles. IV. 114. 122. 149. 157. 215. 263.

[2] Acta Eccles. IV. 237. Siehe auch 145.

Oltingen ein vergilbter Brief „aus Landvogt Frobenii Zeiten" als Lehrmittel,[1]) und in dem Berichte an den Minister Stapfer vom Jahre 1799 rügt der Pfarrer von Bubendorf, dass in der Schule „abgeschmacktes Zeug von Ganträdeln, worin oft die pöbelhaftesten Ausdrücke vorkommen, welche zu den giftigsten Zweideutigkeiten Anlass geben", zum Lesen gebraucht werde.[2])

Aber die Geistlichen liessen nicht nach, überall auf die Anschaffung der vorgeschriebenen Bücher und auf das Lesen der Druckschrift zu dringen. Als Mittel dazu machten sie die Zulassung zum Abendmahle vom Lesen- können abhängig. Aus Anlass der Kirchenvisitation von 1739 vernehmen wir, dass wegen Unkenntnis des Lesens in einem Dorfe von 30 Katechumenen 24, in einem andern von 10 sogar 9 zurückgestellt worden seien.[3]) Das half. Allein noch im Jahre 1757 wird berichtet, dass in einer Gemeinde, die noch dazu im Kreise einer Deputaten- schule gelegen war, einige nie admittiert werden könnten, weil sie des Lesens unkundig seien. „Sie machen sich aber nicht viel daraus", setzt der Pfarrer seufzend hinzu.[4]) Derselbe Pfarrer erklärt noch im Jahre 1781, dass er diesmal keine Konfirmanden gehabt habe, weil keiner die von ihm gestellte Anforderung des Lesenkönnens er- füllt habe.[5]) Einzelne Pfarrer mochten darin wohl zu weit gehen. Deshalb wurde den Predigern „gegen ca-

---

[1]) Aurel Froben war von 1627—1698 Landvogt zu Farns- burg gewesen. Bruckners Merkwürdigkeiten S. 2149.

[2]) Helvet. Archiv in Bern, Band 1426, N⁰ 37.

[3]) Bretzwyl: Kirchenarchiv A. 24, N⁰ 38. Diegten: Visitations- akta von 1739, R. 4.

[4]) Bericht über das Schulwesen von 1757. Kirchenarchiv A. 4. N⁰ 85.

[5]) Kirchenarchiv A. 4. N⁰ 127.

techumenos, welche weder lesen, noch schreiben, noch die fünf Hauptstück können", ein behutsames Verfahren empfohlen. [1])

Auf den Wunsch der Geistlichkeit fand die For- derung des Lesenkönnens als Bedingung zur Admission in der Kirchenordnung von 1759 Aufnahme. Dass sie aber nicht überall aufrecht erhalten werden konnte, darauf deutet schon die aus dem Jahre 1765 stammende Klausel hin, „es solle ohne gröste Noht diesorts keine Nachsicht beobachtet werden." [2]) Eine Gleichförmigkeit liess sich bei der Verschiedenartigkeit der Verhältnisse überhaupt nicht durchführen und ist immer nur ein frommer Wunsch geblieben. [3]) Soviel ist aber ausgemacht, dass ohne die Energie, womit die Geistlichkeit auf der Forderung des „gedruckten" Lesens beharrte, die Schule allein damit nicht durchgedrungen wäre und dass sie ohne diese nachdrückliche Unterstützung mit noch un- gleich viel mehr Schwierigkeiten würde zu kämpfen gehabt haben, als dies ohnehin schon der Fall war.

Wie aber die Prediger die Schularbeit wesentlich förderten, so hatten sie sich ihrerseits in der Kinder- lehre der kräftigen Unterstützung der Lehrer zu erfreuen. Gewöhnlich teilten sich Pfarrer und Lehrer in die Ar- beit. Jener hielt im Schiff der Kirche mit den grössern Kindern und den Erwachsenen die eigentliche Kinder- lehre, während der Lehrer im Chor die „minderjährigen" oder „minorennes" Gebete und Hauptstücke aufsagen liess.

---

[1]) Z. B. 1735 Juni 2. Akten des Waldenb. u. Homb. Kapitels. A. 8. No 294.

[2]) Synodalakten vom 21. März 1765, A. 24. No 57. 7.

[3]) Siehe z. B. den Beschluss des Farnsb. Kapitels vom Mai 1792. D. 14. II. pag. 146.

Ausserdem ist aber auch von einem auf den Konfirmationsunterricht vorbereitenden Unterricht des Lehrers die Rede, wofür dieser von den Eltern besonders honoriert wurde. [1]) Bei der Kirchenvisitation zu Richen, 1663, erhielt der Lehrer vom Antistes geradezu den Auftrag, „zu der catechisation jeweilen die præparatoria zu machen, die Jugend absonderlich zu underrichten und dem Herrn Pfarrer sonsten möglichst an die Hand zu gehen." Im Jahre 1738 wurde verfügt, dass „neue Kommunikanten zuerst vom Schulmeister informirt und erst hernach vom Pastore loci wenigst sechs Wochen vor der admission unterrichtet werden sollten." [2]) Wir haben uns diese Mithilfe der Lehrer als eine Wiederholung des früher in der Schule Gelernten und nach dem frühzeitigen Austritte aus der Schule in Vergessenheit Geratenen zu denken. Daraus ist nach und nach die Einrichtung der Repetier- oder Nachtschulen hervorgegangen, deren Erwähnung uns zuerst aus Anlass der Kirchenvisitation von 1739 begegnet und von denen unten noch die Rede sein wird.

c. Anstellungs- und Besoldungsverhältnisse der Lehrer.

Die Lehrer an den Deputatenschulen wurden durch den Kirchenrat auf Lebenszeit aus Stadtbürgern gewählt, meistens aus solchen, die an der Universität studiert und promoviert hatten. Dies galt als genügende Vorbereitung auf das Schulamt. Da aber die Lehrer über-

---

[1]) „Die Eltern sollen angehalten werden, dem Schulmeister, wenn er dero Kinder zu dem h. Nachtmahl unterweiset, wenigst 5 β recompens zu geben." Akten des Farnsb. Kapitels vom 8. Juni 1713, A. 8. N⁰ 185. Kapitelbuch Liestal vom 21. April 1718, D. 18. S. 252.

[2]) Akten des Farnsb. Kap. März 1738, A. 8. N⁰ 205.

aus gering besoldet waren, so fanden sich die Stadtbürger veranlasst, jede Schmälerung ihrer dürftigen Einnahme ernstlich abzuwehren, dagegen jeden Anlass, ein Mehreres zu erlangen, mit ebensogrossem Eifer sich zu Nutze zu machen. Dadurch machten sich viele von ihnen beim Landvolke nicht eben beliebt. Es hiess, „die Schulmeister aus der Stadt seien unersättlich", „man könne ihnen nicht genug zutragen"; „wo sie einen Schmaus wüssten, da drängten sie sich herzu"; „sie fänden sich viel in den Wirtshäusern ein, hielten sich da ungebührlich und seien bei Gastmählern und Metzgeten den Leuten überlästig." [1]) Andere machten sich durch „cyclopische" Züchtigung der Kinder, durch Wuchergeschäfte (indem sie „hefftig mit dem Judenspiess rannten"), durch Eigendünkel, Hochmut und andere Untugenden verhasst. Öfter sahen sich deshalb die obersten Schulbehörden veranlasst, besonders Fehlbare ihres Amtes zu entsetzen.

Die Gemeinden, die eigene Schulen eingerichtet hatten, nahmen das Recht der Lehrerwahl, in der Regel eines Gemeindebürgers, für sich in Anspruch. Man kann indessen nicht behaupten, dass sie dabei immer auf den Nutzen der Schule bedacht gewesen seien. Meistens hielt die Mehrheit den für den besten und tüchtigsten, der am wenigsten forderte. Aus Gelterkinden wird sogar berichtet, dass ein Mann durchs gemeine Mehr zum Lehrer gewählt worden sei, der weder buchstabieren, noch recht lesen und schreiben, noch singen gekonnt habe. [2]) Um solchen Vorkommnissen zu begegnen, beschloss die Synode im Jahre 1668, dass den Gemeinden die Wahl der Lehrer nur „mit Rath und Zuziehung des

---

[1]) Bericht aus dem Jahre 1694, Kirchenarchiv A. 4. No 14. 16.
[2]) 1694. K./A. A. 4. No 13. Siehe auch K./A. A. 17. No 3 und Acta Eccles. IV. 131. 141 über Lehrerwahlen vom Jahre 1661.

Obervogtes und des Predigers" überlassen werden sollte,
was freilich das Landvolk nicht immer hinderte zu thun,
was es wollte.[1])

Eine Hauptursache, warum bei der Erledigung von
Schulstellen auf dem Lande Mangel an tüchtigen Bewerbern herrschte, war wie überall sonst in der Gering-
fügigkeit des Einkommens zu suchen. Jedes Schulamt
nährte seinen Mann nur kümmerlich. Die wichtigste Einnahme, das Schulgeld, wöchentlich ein Schilling oder täglich ein Rappen vom Kinde, wurde selten oder nie von allen
Schülern entrichtet. Allgemein herrschte der Brauch,
für jede Absenz einen Rappen in Abzug zu bringen.
Das Schulgeld war deshalb eine sehr unsichere Ein-
nahmequelle. Daher die beständigen, immer wieder-
kehrenden Klagen der Lehrer, „dass sie ihr auskommen
nicht hätten", und „dass ihnen ihr Lohn nicht werde."
Daher auch die Erscheinung, dass die meisten Lehrer
neben ihrem Amte irgend eine Nebenbeschäftigung,
meistens einen Beruf, trieben.

Mit der nachlässigen Entrichtung des Schullohnes
stand der unfleissige Schulbesuch im engsten Zusammenhange. Unverständige oder geizige Eltern schickten,
um einige wenige Rappen zu sparen, ihre Kinder entweder gar nicht, oder nur selten zur Schule, „etwan für
eine Fronfasten oder nicht einmal so lang." „Sie hielten
es für eine grosse Beschwerd und Last, dass sie ihre
Kinder zur Schul schicken müssen, wollen das nicht thun,
biss der Erdboden mit Schnee bedecket ist, und solte
es biss Weihnachten nicht schneien." [2]) Zu der Abneigung
gegen den regelmässigen Schulbesuch gehörte ferner
das allzu frühzeitige Herausnehmen der Kinder aus der
Schule.

---

[1]) Synodalakten, A. 24. No 11; A. 4. No 49.
[2]) K./A. A. 4. No 44. 49.

Die Kirchenordnung enthielt freilich die Forderung, dass alle Eltern „bey ohnaussbleiblicher straaff" ihre Kinder fleissig zur Schule zu schicken hätten. Von einer Bestrafung saumseliger und liederlicher Eltern ist jedoch nirgends die Rede; nur an die Prediger ergeht jeweilen die Aufforderung, den Eltern die Pflicht, ihre Kinder zu regelmässigem Schulbesuch anzuhalten, recht eindringlich vorzuhalten und sie überhaupt über den Nutzen und Wert der Schule aufzuklären.

Man muss sich nur wundern, dass sich unter solch ungünstigen Umständen noch so viele Lehrer fanden, die, wenn auch vielleicht mit mangelhafter Befähigung, doch nach dem bescheidenen Masse der ihnen verliehenen Gaben getreulich ihres Amtes walteten. Bei jener grossen Kirchenvisitation in den Jahren 1661—63 gab eigentlich von allen Lehrern nur ein einziger, der dazu noch ein ehemaliger Prediger und Lehrer an einer Deputatenschule war, Anlass zu erheblichen Klagen. Ausser solchen Ausnahmen gab es wackere Männer, die nicht nur in der Schule redlich ihre Pflicht thaten, sondern auch durch ihren rechtschaffenen Wandel nicht wenig dazu beitrugen, dem Volke Achtung vor der Schule und dem Lehrstande einzuflössen. Von Kaspar Pfeiffer, dem Lehrer zu Mönchenstein, einem aus dem schwäbischen Städtchen Bahlingen stammenden ehemaligen Studenten der Theologie, wird berichtet, nicht allein dass er die lateinische Sprache verstanden und den ganzen Psalter auswendig gewusst habe, sondern, was die Hauptsache ist, dass er in seinem Amte und Wandel untadelig gewesen sei. Der Lehrer Jakob Müller zu Riehen wartete seinen Amtsgeschäften wohl ab und führte „ein fein, still Hauswesen und einen exemplarischen Wandel." Giebt es endlich ein schöneres Lob für einen Lehrer als das von der Gemeinde Bubendorf

dem Bonifacius Liechtenhan gespendete: „Sie wissen
von ihm nichts als liebs und guts"? [1]) Nur schade, dass
solche gute Lehrer selten lange im Amte blieben, sondern gewöhnlich nach kurzer Zeit an bessere Stellen
versetzt wurden und dann Leuten Platz machten, die
oft das gerade Gegenteil von ihnen waren.

Übrigens liess Antistes Gernler bei der Kirchenvisitation keine Gelegenheit vorbeigehen, dem Volke den
Nutzen einer guten Schule vor Augen zu halten und
zu ermahnen, die Kinder „bey Zeiten und im Blust"
dahin zu schicken; „denn die Schul seye das Fundament
alles guten." Den Lehrern sprach er zu, ihr Amt „mit
sonderem Fleisse" zu verrichten und „mehr auf das Amt,
dan nur auf das Brodt zu sehen und ihrem Gewissen
genug zu thun." Fehlbare strafte er ungescheut von der
Leber weg. Der gewissenlose Schulmeister von Muttenz
wurde scharf zurecht gewiesen: „Er solle die Kinder
behören, in wehrenden Schulstunden selbs anwesend
verbleiben und nicht nur am Winter, sondern das gantze
Jahr, wan er gleich nur 4 oder 5 Kinder hette, auss-
harren; die Kinder im Gesang fleissig underrichten; in
der Kirchen für das Gesang stehen, den baculum und
tact führen, und nicht auss stoltzem wohn [d. i. Wahn]
im Stuhl singen; die Kinder in der Schul solchermassen
tractiren, dass kein Klag komme, und sein schärfe und un-
behutsambkheit mit gebeürender gelindigkeit moderiren,
dass Ers mit gutem Gewissen vor Gott und der Erbar-
keit getraue zu verantworten. Dess leydigen Geitzes
und schandtlicher Ungerechtigkeit müssig stehen; der
Trunkhenheit, Fluchens, schweerens, schändens und
schmähens er und sein Frau sich enthalten. Dess Schul-
gelts halben mitleiden mit den Armen haben und mit

---

[1]) Acta Eccles. IV. 272. 317. 256.

ihnen glimpflich übereinkommen, dan ein Schulmeister
müsse das publicum betrachten und die Leüth nicht auss-
saugen, damit die Gemeind ihre Jugend zuschikhen den
Unwillen fallen lasse." [1])

D. Die Schuleinrichtung zu Arisdorf.

Unter den Landpfarrern, die sich in der zweiten
Hälfte des 17. Jahrhunderts um die Hebung der Schule
vorzüglich verdient gemacht haben, ist Jakob Maximilian Meyer zu Arisdorf (1669—1694; von
1694—1714 Pfarrer zu Munzach oder Frenkendorf) mit
besonderer Anerkennung zu nennen. Es gelang ihm,
um das Jahr 1670 in seiner Gemeinde eine Schuleinrichtung zustande zu bringen, die nicht bloss die Besoldungsfrage auf eine ebenso einfache wie praktische
Weise löste, sondern auch eine völlige Umgestaltung
der bisherigen Schulverhältnisse herbeiführte.

Um einen regelmässigen Schulbesuch zu erzielen,
wusste er es durchzusetzen, dass der Schullohn nicht
mehr wöchentlich, sondern fürs ganze Jahr bezahlt
wurde. Vermögliche Eltern entrichteten für ein Kind
ein Pfund, minder begüterte 10 bis 15 Schillinge „Geld
oder Geldeswert." Arme Kinder wurden mit Unterstützung des Deputatenamtes „gratis informirt". Durch
diese Änderung wurde zugleich der Fortbestand der
Sommerschule gesichert.

Ausserdem verstand sich die Gemeinde zu einer
Schulsteuer, die ohne Rücksicht auf die Kinderzahl
von jedem Hausvater erhoben wurde. Sie richtete sich
gleichfalls nach dem Vermögen. Ein Bauer mit einem
„ganzen Zug", d. h. mit zwei Zugtieren, erstattete nach

---

[1]) Acta Eccles. IV. 225. 271.

Martini ein Viertel, ein Bauer mit einem halben Zug ein halbes Viertel, ein Tauner, d. h. ein Bauer ohne Zugvieh, drei Becher Korn. Die keines bauten, entrichteten den Wert dafür in Geld oder Viktualien. Unvermögliche hatten entweder einen Frondienst zu leisten oder giengen ganz leer aus.

Das Mitbringen von Holz durch die Schulkinder wurde abgeschafft; die Gemeinde sorgte für die Beholzung der Schule. Endlich wurden auch noch die dem Lehrer in seiner Eigenschaft als Sigrist gebührenden Gefälle geregelt.[1]

Pfarrer Meyer sorgte auch für ein eigenes Schulgebäude. Die gemietete Schulstube wurde aufgegeben und ein neues Haus errichtet, wozu der Pfarrer den Platz schenkte; an den Bau leisteten die Deputaten einen namhaften Geldbeitrag und sicherten sich dafür das Recht, als Lehrer einen Bürger von Basel zu wählen. Deshalb zählte Arisdorf mit Benken und Mönchenstein zu den von der Obrigkeit unterstützten Schulen.[2]

Endlich wurde im Jahre 1677 durch die Aufhebung der besondern Schule in dem zum Amte Liestal gehörenden Dorfe Gibenach und deren Vereinigung mit der zu Arisdorf das Geschäft der Schulverbesserung vollendet.

---

[1] „Bericht wegen des Schuldiensts zu Aristorff" im Ratsprotokoll, Band 78, Seite 227 ff. Ferner im Schreiben des Antistes Werenfels vom 19. October 1694, K./A. A. 4. No 1. Siehe auch B. Riggenbach, Geschichte der Pfarrei Arisdorf, im Basler Jahrbuch für 1885, Seite 115. Aus einem Briefe des Obervogts auf Farnsburg vom 5. September 1673 an die Vorgesetzten der Gemeinde Arisdorf, worin es heisst, „dass die Sachen in dem Gang, wie jetzt etliche Jahr beschehen, fürters erhalten und was die Gemeinden die Zeit über jährlich geräichet, noch fürbas ohnfehlbarlich gefolgen lassen sollen", geht hervor, dass die Einrichtung wohl ums Jahr 1670 ins Leben getreten ist.

[2] Notabene Büchlein der Deputaten von 1668—1687, II. unter 1673 März 9. und Decemb. 18. und 1676 Aug. 10.

Leider gieng in der folgenden Periode das also Er-
worbene wieder verloren und die schulfreundliche Gesinnung der Gemeinde schlug ins Gegenteil um. Ein
späterer Gemeindepfarrer trug durch Eigensinn und
Rechthaberei das meiste zu den unerquicklichen Schulzuständen bei, denen wir vom Jahre 1740 an zu Arisdorf begegnen. Der Pfarrer setzte es im Jahre 1743
durch, dass bei der Besetzung der Lehrstelle die Gemeinde zwar auch mitstimmte, dass aber ihre Stimme
bloss als eine Einheit galt. Die beiden andern Stimmen
gaben der Landvogt auf Farnsburg und der Pfarrer ab,
und da diese zusammen hielten, wurde der von ihnen
Erkorene gegen den Willen der ganzen Gemeinde von
den Deputaten bestätigt. Dieses Wahlsystem dauerte
bis 1798, wo die Revolution solcher Missachtung des
Volkswillens ein Ende machte.[1]

E. Die Untersuchung der Schulzustände im Jahre 1694 und ihre Folgen.

Die Gestaltung des Schulwesens zu Arisdorf fand
nur noch zu Benken und zu Reigoldswyl einige Nach-
ahmung;[2] die übrigen Gemeinden verhielten sich gleichgültig oder geradezu ablehnend. Es ist zu bedauern,
dass der schöne Anlauf, den die Einrichtung von Schulen
damals genommen und der in der Organisation zu Arisdorf seinen Höhepunkt erreicht hatte, wegen des passiven
Verhaltens der andern Gemeinden erlahmte. Es will
uns bedünken, dass der Staat sich damals der Sache
weit kräftiger hätte annehmen und besonders den Ge-

---

[1] Staatsarchiv Baselland, P. 12. ff.
[2] Berichte von 1694, K./A. A. 4. No 6, und von 1704: ibid.
No 58.

meinden, deren Armut bekannt war, durch eine aus-
reichende Unterstützung hätte zu Hilfe kommen sollen.
Deshalb war es ein besonderes Glück, dass wohldenkende
Privatleute einzelnen Landschulen durch Zuwendung von
Geschenken und Vermächtnissen eine unter den obwal-
tenden Verhältnissen doppelt erwünschte Unterstützung
gewährten. Wir erfüllen bloss eine Pflicht der Dankbarkeit, wenn wir solcher schulfreundlich gesinnten Geber
an dieser Stelle gedenken.

Im Jahre 1661 nach Vollendung der Kirchenvisitation
im Farnsburger Amte übersandte Antistes Gernler den
zehn Pfarrern dieses Kapitels im Ganzen 60 Pfund, die
eine Anzahl Wohlthäter aus der Stadt zusammengelegt
hatten, um durch Bezahlung des Schullohnes unbemittelten Kindern den Schulbesuch zu ermöglichen. Im Jahre
1668 vermachte der gewesene Obervogt auf Farnsburg,
Hans Burkhard Rippel, ex pio affectu ein Kapital
von 600 Pfund, dessen Zinse zur einen Hälfte an die
Schuldiener in der Stadt, zur andern an solche im Amte
Farnsburg, „welche sonsten etwan gering besoldet wären“,
verteilt werden sollten. Daraus erhielten die beiden
Lehrer zu Arisdorf und zu Gelderkinden jeder 6 Gulden
jährlich. Zu Mönchenstein vermachte Hans Jakob
Burckhardt, der Besitzer des Gutes bei der Brücke,
dem Lehrer jährlich ein Quantum Getreide. Zu Muttenz
ist von einem „sonderbaren Gestifft“ die Rede, „so zum
Schulgeld für arme Kinder verordnet“ sei. „Aus Samuel
Zehndners Legato“ war zu Pratteln ein Stück Matt-
land zum Gebrauch des Lehrers um 50 Pfund erkauft
worden. Der Lehrer derselben Gemeinde hatte jährlich
den Zins von 283 Pfund zu geniessen, die ein ungenannter Wohlthäter zum Besten der Schule bestimmt hatte.
Dem Lehrer zu Kilchberg endlich fielen jährlich 12 ℔
10 β zu als Zins einer durch Deputat Huber gemach-

ten Schenkung. Alle diese Legate und Geschenke stehen augenscheinlich mit der Kirchen- und Schulvisitation von 1661—63, sowie mit der im Jahre 1668 an die Pfarrherren gerichteten Aufforderung des Antistes im Zusammenhange, „vermögliche Leute aus ihren Gemeinden, sonderlich solche ohne Leibes Erben, zu Gutthätigkeiten zu Gunsten der Schule zu „verleiten". [1] Im 18. Jahrhundert nahmen mit dem Rückgange des Schulwesens auch die Vergabungen ab. Wir erwähnen bloss noch das Legat von 500 ℔ von der verwittweten Frau Doktor Beckin geb. Zässlin ums Jahr 1754 an die Gemeinde Füllinsdorf „zu Erhaltung eines Schulmeisters." Dieselbe Wohlthäterin übergab im Jahre 1757 dem Pfarrer von Diegten 300 Pfund zur Erwerbung eines Schulhauses zu Eptingen.[2]

Alle jene im 17. Jahrhundert gemachten Vergabungen, so verdankenswert sie auch waren, vermochten dem Bedürfnisse auch nicht entfernt zu genügen. Da wäre der Staat berufen gewesen, mit kräftiger Hand einzugreifen. Er beschränkte aber seine Thätigkeit auf das Wenige, was er für die Deputatenschulen leistete. Für das Übrige mochten die Gemeinden sorgen. Nicht alle von diesen besassen aber so energische und praktische Pfarrer wie Arisdorf. Zudem wirkten beim Landvolke Gleichgültigkeit, Scheu vor jeder mit finanziellen Mehrleistungen verbundenen Neuerung, Trägheit und Unverstand, Geiz und Eigennutz, Misstrauen und Missgunst mit andern schlimmen Faktoren zusammen, um das mit Glück angefangene und zu so schönen Hoffnungen berechtigende Werk gänzlich ins Stocken geraten zu lassen.

---

[1] K./A. A. 24. N° 11. Über die Legate selbst siehe Acta Eccles. IV. 415. 494. K./A. A. 4. N° 2. 3. 4. 16. D. 8. N° 30, S. 313. N° 38ᵇ, S. 516.

[2] Staatsarch. B'Land. D. a. N° 7. c. K./A. A. 4. N° 75.

Mit Wehmut nahmen die Prediger diese Wendung
wahr. Bei ihren brüderlichen Zusammenkünften bildete
die Unwissenheit der Jugend und die zunehmende Ver-
wilderung des Volkes das stehende Thema der Verhandlungen. In der Überzeugung, dass eine bessere Erziehung
in Schule und Haus allein imstande sei, erfreulichere
Zustände herbeizuführen, fasste das Generalkapitel zu
Sissach am 28. April 1687 einen einhelligen Beschluss,
der im wesentlichen auf die Einrichtung des Schulwesens
nach dem Muster von Arisdorf hinausgieng. Da es Thatsache sei, hiess es, dass in manchen Gemeinden „die
Kinder sehr schlechtlich zur Schule gehalten und dadurch
im Lesen und Schreiben, wie auch in Religionssachen
und wahrer Gottesforcht ohnverantwortlichen versaumbt
würden, so sollten, diesem Übel abzukommen, was vermögliche Eltern seien, dem Schulmeister das Lehrgelt
für ihre Kinder für das vollkommene Jahr entrichten,
die gar dürftigen und ohnvermöglichen aber einem Lobl.
Deputaten-Ampt gebührend recommandirt werden."[1])

Als dieser Beschluss weder die Beachtung noch die
Unterstützung der staatlichen Behörden fand, wiederholten die Geistlichen ihre Beschwerden noch eindringlicher auf den Provinzialsynoden zu Liestal, zuerst am
22. Juni 1693 und darauf am 30. August 1694. Sie fass-
ten dieselben in folgender „Universal-Klage" zusammen:
„Man dörffe sich gantz nicht verwundern, wenn die
Jugend auff der Landschafft gleichsamb in einer Viehi-
schen Thumbheit aufferzogen, dadurch zu dem müssiggang, c. v. Diebstahl, auch anderen abscheülichen Sündt-
und Lasteren verleitet und hiemit ihres zeitlichen und
ewigen Heyls und Wohlfahrt halben in nicht geringe

---

[1]) K./A. A. 24. No 13 und 17. D. 8. No 32. d, Seite 355.
A. 4. No 28.

gefahr gesezet werden." Diesem Übel könne bloss „durch bessere bestellung der Schulen gesteuert und vorgebogen" werden. Die Folge dieses Vorgehens war die Vornahme einer genauen Untersuchung der bestehenden Schulzustände auf der Landschaft durch die Obrigkeit und in deren Auftrage durch den Kirchenrat.

Bisher hatten solche Erhebungen bei Anlass der Kirchen- und Schulvisitationen stattgefunden, wobei sich die Visitationsherren durch mündliches Befragen und durch den persönlichen Verkehr mit den Predigern, Lehrern und Beamten in den einzelnen Gemeinden die Kenntnis dessen verschafften, was sie zu wissen begehrten. Nunmehr wurde zum ersten Male der Weg einer schriftlichen Berichterstattung eingeschlagen. Im Auftrage des Kirchenrates richtete Antistes Werenfels am 19. Oktober 1694 ein Circular an sämtliche Landpfarrer mit der Aufforderung, zwölf Fragen über das Schulwesen zu beantworten und sich darüber auszusprechen, wie den schon wiederholt namhaft gemachten Übelständen am besten abzuhelfen wäre. Als „die fürnembste Ursach des auff der Landschafft der schulen halben sich befindenden prästens" sei genannt worden, „dass hie und dorten, wo es vonnöthen wäre, gar keine Schulen, oder die Schulen sehr übel bestellt seyen, wegen mangel komlicher Schulhäuseren oder Schulstuben, wegen Untüchtigkeit und Unfleiss der Schulmeisteren, auch desswegen, dass die Elteren die Kinder zur Schul nit halten, entweder aus liederlichkeit, dass sie der Kinderen nichts achten, oder aus geitz, dass sie kein schulgelt für dieselben geben müssen, oder aus armut, dass sie das schulgelt zubezahlen nit vermögen." Das Schreiben schloss mit der Frage, „ob nit die sach einzurichten were, wie zu Aristorff" und ob nicht aus den Gemeindegütern etwas zur Verbesserung der Schulen könnte hergenommen werden.[1])

Die im Laufe des Monats November beim Antistes eingelaufenen 20 Berichte geben über 42 Schulen mehr oder minder ausführliche Auskunft und bilden ein überaus wertvolles Material zur Kenntnis des damaligen Schulzustandes, wobei allerdings nicht ausser acht zu lassen ist, dass sie nur die Meinung der Geistlichen, nicht aber die des Volkes. wiedergeben.

Sie bestätigen aber allesamt die ungünstigen Urteile über den Zustand der Landschulen in vollstem Umfange. Wir führen als besonders bezeichnend folgende Mitteilungen daraus an. „Der halbe Theil der kinderen", heisst es im Berichte von Pratteln, „pfleget nur 4 oder 5, der andere halbe 10 biss 12 Wochen die Schul zu frequentiren." In die Deputatenschule Muttenz „gehen im Sommer wenig Kinder, weil die meisten zu dem Pflug und dem Obs zu hüten gebraucht werden." Die Schulstube ist „etwas zu klein und müssen die Kinder bald auffeinander sitzen." Zu Mönchenstein „wird die Schul in einer abgelegenen, gantz unbequemen, engen stuben oder vielmehr stüblin abgehalten", wofür „der Schulmeister auss seinem geringen Salario 12 biss 13 ℔ Hausszins zahlen muss." In demselben Dorfe „ist der Mangel einer Schlaguhr eine grosse Beschwerd für die gantze Gemeind, sonderlich für den Schulmeister und die Schulkinder. Man höret von nirgend her schlagen oder einige Stunden melden; auch keine Sonnenuhr ist im Dorff. Die Kinder wissen nicht, wann sie zur Schul kommen sollen. Bald kommen sie zu früh, bald zu spät, und der Schulmeister muss fast den gantzen Tag Schul halten." Wenn es in der nächsten

---

[1]) K./A. A. 4. No 1—20. D. 8. No 38. c. Seite 517.

Nähe der Stadt so bestellt war, so wird es in den
entferntern Gegenden nicht besser ausgesehen haben.
Das Urteil über die Lehrer lautete im allgemeinen:
„Die Schulmeister sind unberichtete Landleute, denen
die rechte Manier die Kinder zu informiren unbekannt.
Nur im Lesen besitzen sie etwas Wissenschafft, im
Schreiben nicht; ihre Handschrifft kann man weder
lesen noch verstehen." [1])

Einige Berichte sind so charakteristisch, dass wir
es uns nicht versagen können, sie wörtlich anzuführen.
Der Pfarrer von Wintersingen berichtet: [2]) „Auff
der gantzen Landschafft finde ich bey nahem kein
ort, wo die aufrichtung einer Schul nach der Form
deren zu Aristorff höchstnöhtiger wäre alss alhier zu
Wintersingen. Gegenwärtig findet sich der erbärmliche
Zustand dess hiesigen Schulwesens also beschaffen:
Der Schulmeister wird alle Johr auf ein neüwes gleich,
ja mit dem Schweinhirten von der Gemeind widerumb
aufgedingt, haltet dess Johrs auf das höchste 10. oder
12. Wochen, so lange die allergrösste Kälte währt, Schul,
bissweilen in einem kleinen Stüblein, je nachdem ein
Schulmeister alsdann eine Behausung hat. In die Schul
gehen sehr wenig Kinder, weilen die Elteren theils auss
Geitz, theils auss Liederlichkeit, theils auss Armuht, theils
under dem Vorwand, die Kinder lernen nichts, sie in die
Schul zu schicken verabsaumen. Der Schulmeister hat
keine andere Besoldung, alss für ein Kind wochenlich
einen Schilling. Zu Zeiten ist er ohnfleissig, gehet seinen

---

[1]) Bericht No 15.

[2]) Dieser Bericht ist nicht mit den übrigen im Kirchenarchiv
unter A. 4 eingereiht, sondern hat sich vereinzelt nebst andern
Schreiben des Pfarrers Eman. Meyer von Wintersingen aus den
Jahren 1698 und 1704 im Archive des Antistitiums vorgefunden.

Geschäfften nach oder lasst die Kinder ohne Unterrichtung wider nacher Hauss gehen. An meinem sowohl
offentlichen alss privat zusprechen und bestraffen mang-
let es nicht, allein wo keine rechte Schul Sommer und
Winter durch gehalten wird, wo die Elteren selber auss
Mangel einer solchen Schul in aller Unwissenheit und
Gottlosigkeit erzogen worden und hiemit auch ihre
Kinder in aller Bossheit und Halssstarrigkeit mit ihrem
bösen Exempel steiffen, wie ist es müglich, dass es
alles in einer Gemeind allein durch die Aufsicht, das
Pflantzen und Wässeren eines Predigers könne zurecht
gebracht werden? Welcher Gärtner wird einen von sich
selbsten krumb gewachsenen starcken und grossen Baum
mit aller seiner Mühe und Arbeit widerumb gerad bie-
gen?".

Der Pfarrer von Oltingen schreibt (N° 14): „Die
Zeit hero ist in dehnen drey Dorffschafften Oltingen,
Wenslingen und Anweil jeden Orts ein absonderlicher
Schulmeister bestellet worden, der nur Winterszeit, auffs
lengste von Martinj biss Fassnacht, und zwar in seiner
eigenen Wohnstuben, Schul hat gehalten. Der erste kann
fein schreiben und lesen, ist aber bissweilen zimlich un-
fleissig und liederlich. Er hat neben seiner Behausung,
die täglich tröwet einzufallen, zehen lebendige, theils
noch unerzogene Kinder. Der andere ist ein alter, fast
blinder Mann, seines Berufs ein Schuhmacher. Der
dritte arbeithet offt in dehnen stunden, da die Schul
solte gehalten werden, auf seinem Handwerckh alss
Löffler, weilen der Schullohn nicht sufficient, sich und
die seinigen damit ausszubringen. Bey allen dreyen
ist die armuth fast gross, welche dan auch die meiste
ursach ist, dass sie bisshero um die Schul haben angehalten. Weilen nun dergleichen und andere mängel an
diesen Schul-Meisteren beobachtet werden, habens die

meisten Eltern nicht hoch geachtet, ob sie ihre Kinder
zur Schulen schicken oder nicht. Nun were freylich zu
wünschen, auch höchstnötig, dass dieser Orten der
Schulen halb ein bessere Anstalt könte gemachet werden.
Aber unsere Bauren sagen, man seye derorthen, wo
allbereit bestendige Schulmeister gehalten werden, dennoch nicht geschickter als bey ihnen."

Der Pfarrer von Gelterkinden endlich berichtet
(No 13), es gebe in seiner Gemeinde vermögliche Leute,
die keinen Buchstaben lesen können und sagen, „man
seye vor disem auch in Himmel kommen und habe kein
solch wesen mit den Schulen gehabt, und auch weder
lesen noch schreiben können." Viele „bilden ihnen ein,
die Schulen seyen nur zur Underhaltung dess Schulmeisters, nicht aber zur Underrichtung der Kindern verordnet, meinen, der Schulmeister müsse es für eine
sonderbare gnad halten, ja er seye ihnen desswegen
obligirt, wann sie ihre Kinder zur Schul schicken."

Alle Berichte stimmen darin überein, dass freiwillig
von den Gemeinden nichts für die Schule werde gethan
werden; das müsse „auff obrigkeitlichen Befehl und
authoritet" erfolgen. Denn „wan den Landleuten die
Verbesserung der Schulen, Schuldiensten und Schulhäuseren absolute überlassen wurde, so ists gantz gewiss,
dass wir nimmermehr eine recht bestelte Schul über-
kommen wurden; dan etliche solches für unnötig, andere
für überflüssig, andere aber gar für unnutzlich halten."
(No 13.) Der Oltinger Bericht zweifelt deshalb an dem
Gelingen des Verbesserungswerkes; denn, meint er, „wan
die Bauren einmahl etwas in ihren kopf gefasst haben,
bleiben sie hartneckig dabey und ist durch persuasion
wenig bey ihnen auszzurichten." (No 14.)

Die Wahrheit dieses Ausspruches sollten die Herren
in der Stadt bald selber erfahren.

Es war keine geringe Arbeit für den Kirchenrat, an der Hand der eingegangenen Berichte das vom Rate geforderte „Bedenckhen wegen komblicher Einrichtung der Schulen" abzufassen, besonders da er sich nicht nur auf die Berichte allein stützen, sondern auch die Ansichten der Prediger und der Gemeindebeamten persönlich anhören wollte. Dabei liess es der Antistes an freundlichen und ernsten Worten nicht fehlen, um die Bedenken der Landleute zu zerstreuen, irrige Meinungen aufzuklären, vorgefasste Ansichten zu widerlegen und die Gemeindevorsteher von der Notwendigkeit der Schulreorganisation zu überzeugen. Seine Vorschläge giengen dahin:

1. In jeder Gemeinde soll ein S c h u l h a u s sein. Für die Erbauung oder Erwerbung eines solchen werde durch die staatlichen Behörden möglichste Unterstützung und Erleichterung gewährt werden.

2. Alle Schulen sollen G a n z j a h r s c h u l e n sein, mit einer, die ländlichen Verhältnisse berücksichtigenden ähnlichen Einrichtung wie im städtischen Waisenhause zu Basel, „wo die Kinder in der Schul bald expedirt werden, und hernach wieder an ihr arbeit gehen."

3. Die ö k o n o m i s c h e L a g e d e r L e h r e r müsse verbessert werden, teils durch Vereinigung der schlecht bestellten Nebenschulen mit der Schule des Pfarrdorfes, teils durch grundsätzlich durchgeführte Vereinigung des Schul- und des Sigristendienstes.

4. Bei der A n s t e l l u n g der Lehrer müsse in erster Linie auf deren T ü c h t i g k e i t geschaut werden.

5. Endlich müsse nicht nur eine allgemeine, in Naturalien zu entrichtende S c h u l s t e u e r eingeführt, sondern auch die bisher willkürliche und ungleichartige Entrichtung des S c h u l g e l d e s abgeändert und in einen

jährlich abzustattenden, gleichmässigen, fixen Beitrag umgewandelt werden.

Auf der Landschaft gelangten über die in der Stadt gepflogenen Beratungen bald allerhand Gerüchte in Umlauf, die das Volk mit Unruhe erfüllten. Es war von der Auferlegung neuer Steuern, von der Nötigung zum Bau von Schulhäusern, von der Aufhebung sämtlicher Schulen in den kleinern Nebendörfern und ihrer Verschmelzung mit der Schule in den Pfarrdörfern die Rede. Namentlich erweckte die Befürchtung, man wolle hinfort keine andern als Schulmeister aus der Stadt anstellen, allgemeine Besorgnis. Eine eigentliche Gährung entstand, die ihren Sitz vornehmlich im Farnsburger und im Waldenburger Amte hatte. Abgeordnete aus den Gemeinden Buus, Maisprach, Hemmicken, Wintersingen, Tennicken, Diegten, Eptingen, Bennwyl, Hölstein, Lampenberg, Oltingen, Rotenfluh, Kilchberg u. a. erschienen mit Schreiben von ihren Obervögten „supplicando" vor Rat und „erklagten sich" mündlich und schriftlich „beschwärlich" über die ihnen in Bezug auf die Einrichtung ihrer Schulen drohenden Zumutungen. Mit beweglichen Worten schilderten sie den „durch hochschädliche Obergewitter", „erschröckliche Was123güss", „anhaltende strenge Theürung und Misswachs" entstandenen Notstand, den Holzmangel, der ihnen den Bau von Schulhäusern ganz unmöglich mache, den weiten Schulweg, den ihre kleinen Kinder bei der schlimmen Beschaffenheit der Wege zurückzulegen hätten. Man solle sie deshalb „bey ihren alten Bräuchen und ordinari Dorfschulen fürbass lassen." Sie seien mit den aus ihrer Mitte hervorgegangenen Schulmeistern vollkommen zufrieden; deshalb bedürften sie keine „in den studiis erfahrene Schulmeister aus der Stadt." „In hochverständiger Beherzigung der fast durchgenden Armuth der Gemeinden

und darauss erscheinlicher puren Unmöglichkeit" möge
sie eine hohe Obrigkeit „bey bissher gewohnter Unter-
·haltung ihrer Schulen und Schulmeisteren aus deren Gemeinden in Gnaden verbleiben lassen, guter Hoffnung,
dass Gottes Geist, wie bissher, also auch fürbas, in geringen Subjectis dasjenige würcken werde, was zu seiner
Ehr und der lieben Jugend Seligkeit dienet." [1]

Vergebens suchte der Antistes die Befürchtungen
der Landleute zu entkräften. „Uns duncket", schreibt er,
„sie haben ihre Schwerter, mit denen sie so tapffer
wider die Schulen streiten, hier in der Statt wetzen
und sich von denen informiren und anstifften lassen,
welche sich besorgen, da die Landleut etwas zu Auff-
richtung und Erhaltung der Schulen hergeben müssten,
sie wurden diss zum Anlass nemmen, in dem Zinsen desto
langsamer zu sein. Denn dis ist des Baurvolcks humor,
dass sie zum Ungehorsam auch in Sachen, die ihre und
ihrer Kinderen eigene Wolfahrt antreffen, geneigt sind,
und als lang sie ein Ausweg wissen oder einen Rucken
vermeinen zu haben, weder Predigeren, noch Land-
vögten, noch anderen höheren Beamteten pariren, summa
die zum Guten müssen gezwungen werden, und was man
ihrer discretion und freyen Willen überlasset, ungethan
bleybet." [2]

Der Rat nahm das Gutachten zwar an, schob aber
die Sache auf die lange Bank. Erst nach vier Monaten
fasste er (am 27. Nov. 1695) den Beschluss, „mit dergleichen neuen Schulgebäuwen für dissmahlen zuzu-

---

[1] Die schriftl. Eingabe der Gemeinden Diegten, Eptingen
und Tennicken ohne Datum findet sich im Original im Archiv des
Antistitiums.

[2] Bedenckhen der HH. Deputaten und Pfarreren, die Einrichtung der Schulen auff der Landschafft betreffend, vom 9. Juli
1695. Kirchenarchiv A. 4. № 28.

halten, hergegen aber zu verschaffen, dass die schon
bestehenden Schulen in gute und bessere Ordnung gerichtet wurden und dass zu dem Ende die Prediger
fernerhin gute Aufsicht darüber führen und nach deren
Verbesserung trachten möchten."

So kläglich endete das mit so grosser Zuversicht
unternommene Werk einer bessern Schuleinrichtung.
Mit tiefem Schmerze machte der Antistes von diesem
Ausgange seinen Amtsbrüdern auf dem Lande Mitteilung.[1]

**F. Neue Versuche zur Hebung des Schul-
wesens. Die Untersuchung des Jahres 1704.**

Es gereicht den Landpredigern zu hoher Ehre und
ist ein neuer Beweis für die unter ihr lebendige, schulfreundliche Gesinnung, dass sie sich durch diesen Misserfolg in ihrem Streben nach der Verbesserung des Schulwesens nicht irre machen liessen. Bei jeder Gelegenheit
wiesen sie auf die Schäden der Kinderzucht und auf
die Mängel des Unterrichtes, „in specie in Deputaten
Schulen", hin und wurden nicht müde, auf die Berichte
des Jahres 1694 zurückzukommen und die Behörden auf-
zufordern, das damals „mit vielen erheblichen Motiven
und rationibus wohlerdauerte Bedenckhen zu reassumi-
ren und dessen Bewerckhstelligung möglichst zu be-
schleunigen."[2] Der Rat liess sich schliesslich bewegen,

---

[1] K./A. A. 24. 19. „Decretum a Senatu: Tempus non pati,
ut subditi graventur impensis in scholas. Omnia linquenda esse in
statu quo hactenus fuerint. Et sic labor noster quem in conventi-
bus non paucis adhibuimus omnino inanis fuit." D. 8. 32. h.
Seite 373. Acta Eccles. IV. 675. 679.

[2] Akten des Farnsb. Kap. vom 8. Juni 1702, A. 8. No 178.
Generalkapitel zu Liestal, 10. Juni 1704, A. 24. No 23. D. 8. No 32.
Seite 383 ff.

„das Predigtambt", d. h. die vier Hauptpfarrer der Stadt,
und die Deputaten zu beauftragen, ein neues „Bedenckhen, wie die Schulen auff der Landschafft zu redressi-
ren", abzufassen. [1])

Die hierauf vorgenommene abermalige Berichterstattung über sämtliche Landschulen [2]) förderte nichts
wesentlich Neues zu Tage. Das alte Elend und die alte
Klage tönt aus den Akten heraus. Unter solchen Umständen war es eine schwierige Aufgabe für die mit der
Vorlage eines neuen Bedenkens beauftragten Pastoren
und Deputaten, eine befriedigende Lösung zu finden,
zumal da der Rat die bestimmte Weisung ausgesprochen
hatte, dass „weder das Landvolck, noch das ærarium
publicum beschwäret werden sollten." Das am Ende
des Jahres 1706 dem Rate vorgelegte Gutachten aus
der Feder des Antistes Joh. Rud. Zwinger [3]) gelangte
zu dem Vorschlage, zur Hebung der Landschulen eine
Erbschaftssteuer einzuführen. „Es solle hinfort kein
Testament von vermöglichen Leuten ohne Kinder Krafft
haben, der Testator hätte dann auch die Schul ehrlich
bedacht. Daraus wurde mit der Zeit ein kleiner fundus
zu des Schulmeisters Unterhalt erwachsen, oder das
Legierte könnte man zu Erkauffung einigen Güetlins zu
Nutzen des Schulmeisters anwenden." Für die Erwerbung
oder Herstellung besserer Schullokalien sprach das Gutachten auch von „einer allgemeinen Collect in unserer
Statt." Es war vorauszusehen, dass auch diese gut-
gemeinten Vorschläge keine Aussicht auf Erfolg haben
würden. Die Herren XIII (der engere Rat) gaben zwar zu,

---

[1]) 23. Juli 1704. A. 24. No 31.

[2]) Kirchenarchiv A. 4. No 36—59.

[3]) In extenso enthalten im Ratsprotokoll vom 8. Dec. 1706,
Band 78, Seite 225 ff.

dass dieses Vorhaben „ein sehr nutzlich und Rhuemliches werkh" sei, fürchteten aber, „es möchten sich bey dessen Bewerkhstelligung allerhand schwärigkeiten hervorthun"; nicht einmal der Vorschlag, „bey einer oder zwon Gemeinden, bey denen man etwas leichter zum Zweckh zu gelangen verhoffet", wenigstens „einen Versuch zu thun und den Anfang zu machen", fand Anklang. Die Einrichtung der Schulen wurde wieder völlig den Gemeinden überlassen.

Wie diese vorgiengen, ist aus dem Schicksale der Lehrer zu Bennwyl und Hölstein ersichtlich. Beide wurden eigentlich vertrieben, indem ihnen niemand mehr eine Wohnung einräumen wollte. Dagegen stellten die Hölsteiner und die Lampenberger zwei besondere Lehrer an, von denen freilich laut dem Berichte des Pfarrers „keiner im Stande war, einen Psalmen publice zu singen oder orthographice zu schreiben, sogar nur zu buchstabieren." [1]

Unter solchen Verhältnissen sank das Schulwesen noch tiefer. Nach Belieben schickten die Eltern ihre Kinder zur Schule oder nahmen sie daraus weg. Nur bis ins achte Jahr, heisst es in den Verhandlungen des Farnsburger Kapitels des Jahres 1716, besuchen die Kinder die Schule; „hernach werden sie zum Seidenwinden und anderer Arbeit gezogen." Und im Jahre 1719 schreibt der Pfarrer von Buus an den Antistes:[2] „Keiner von den drei Schulmeistern zu Buus, Maisprach und Hemmicken kann einen cantorem agiren." Der Lehrer von Maisprach hat seinen Dienst „wegen allzuschlechter Besoldung" aufgekündigt. Ad interim ist vom

---

[1] Kirchenarchiv A. 4. No 59, a. b. A. 24. No 24. D. 8. No 32, m. Seite 399.

[2] Brief vom 27. November im Archiv des Antistitiums.

Pfarrer ein anderer Lehrer angenommen worden. 50 bis
60 arme Kinder in den drei Gemeinden haben keine
Bücher; noch viel weniger können sie den Schullohn
geben, „welches ja capabel ist, den willigsten Schulmeister unwillig zu machen." Nirgends ist ein eigenes
Schulhaus; „alles ist nur entlehnt und sind finstere
Winkel." „Der Schulmeister zu Hemmicken, obwohlen
ein feiner und geschickter Bauren-Schulmeister, ist von
einem ordinari Gassen-Bettler nicht wohl zu unter-
scheiden." — Dieser gering geachteten Stellung entsprach denn auch der durchschnittliche Bildungszustand
eines gewöhnlichen Landschullehrers. Als Beispiel mag
das am 5. November 1748 abgefasste Bittgesuch des
Lehrers von Lausen an das Deputatenamt dienen, das
sich[1] im basellandschaftlichen Staatsarchive befindet und
wortgetreu also lautet: „Ihr knecht. hs Jacob Singeisen.
der schul Meister. Vnd Sigrist zu Lausen hat Meinen
hoch ge achten. Vnd wohl Weysen herren. in Vndter-
thänigster bitt. etwass Vor zu tragen. Nemlich ihr knecht
hat gar ein geringen. Vnd schlechten dienst. Nicht mehr
als Nur einige Viertzel korn Jährlich fix dass Übrige
ist in gütheren: als Nemlich äckere die böss und schlecht
land ist. welche mir Mehr zur last als Nutzlich sind.
indem es zu Viel bau kösten erforderet."

G. Die Kirchenordnung des Jahres 1725.
Die Kirchen- und Schulvisitation des
Jahres 1739.

Mehr der Vollständigkeit wegen, als weil etwas
Neues über das Schulwesen zu berichten wäre, soll hier .
das Wenige angeführt werden, was die 1725er Kirchen-

---

[1] Unter A. N° 76.

ordnung enthält. Der Forderung des Lesenkönnens ist
schon gedacht worden. Neu ist die Bestimmung über
die Entrichtung des Schulgeldes. Die bisherige gute
Übung, dass „kundlich armen Leuten" das Schulgeld
erlassen und von den Deputaten bezahlt werde, findet
nunmehr die förmliche, obrigkeitliche Bestätigung. „Sollten aber", fügt die Ordnung hinzu, „vermögliche Eltern
aus Geitz oder anderen liederlichen Absichten unterlassen,
ihre Kinder zur Schule zu schicken, so sollen sie zur
Strafe dem Schulmeister das geordnete Schulgeld dennoch zu erlegen schuldig seyn." [1]) Allein die auch in
der Folgezeit fortdauernden beständigen Klagen über
die mangelhafte Entrichtung des Schulgeldes sind ein
Beweis dafür, dass der Forderung nicht nachgelebt
wurde. Galt doch in den Augen vieler Landleute die
Kirchenordnung überhaupt als ein Gebot, zu dessen
Observanz niemand gebracht werden könne. [2]) Zwar
verfügten sich im Jahre 1727 Abgeordnete des Rates auf
die Landschaft und zogen in allen Gemeinden Erkun-
digungen ein, ob und wie die Kirchenordnung befolgt
werde. Unter den jeweilen gestellten Fragen waren
auch solche nach dem Stande der Schulen. Der Bericht
darüber ist jedoch so allgemein gehalten, dass diese
Untersuchung mehr wie eine Förmlichkeit, der man genügen müsse, aussieht, als dass wirklich ein nachhaltiger
Erfolg davon zu erwarten gewesen wäre. [3]) Auch die
allgemeine Kirchenvisitation, die nach langer Unterbrechung im Jahre 1739 vorgenommen wurde und sich eingehend mit dem Schulwesen beschäftigte, bestätigte nur

---

[1]) Siehe auch die Akten des Farnsb. Kap. v. 8. Juni 1713.
A. 8. No 185.
[2]) K./A. A. 24. No 31. D. 8. No 22. r.
[3]) Vaterländ. Biblioth. O. 35, S. 198 und 225—227.

die Fortdauer der alten Übelstände. Dabei drängt sich
uns die bemühende Wahrnehmung auf, dass die Deputaten selber aus Gunst und persönlicher Rücksicht nicht
überall so für die Schule sorgten, wie sie dies hätten
thun sollen. Wir denken hiebei zunächst an das im Jahre
1723 in der Schule zu Bubendorf geschaffene Provisorium.
Dem „um besserer komlichkeit willen" mit seiner kränk-
lichen Frau in das Spital nach Basel übersiedelnden
Lehrer wurde nicht nur ein Teil seines Einkommens
gelassen, sondern auch die Anstellung eines Vikars gestattet und dieser provisorische Zustand zum grössten
Nachteil der Schule 14 Jahre lang stillschweigend geduldet.[1]) Wir erfahren ferner aus derselben Quelle, dass
es mit den Anforderungen an die Deputatenlehrer gar
leicht genommen wurde. Bei der Besetzung der Schulstelle Riehen im Jahre 1727 wurde z. B. von den Bewerbern nur verlangt, ihren Namen zu schreiben und auf die
Frage zu antworten: „Wie sie diesen Dienst sich getrauten
zu versehen."[2]) Es ist deshalb nicht zum Verwundern,
dass gerade aus einzelnen Deputatenschulen uns über
die Persönlichkeit der Lehrer und über den mangelhaften
Unterricht, sowie über den nachlässigen Schulbesuch
allerlei unerfreuliche Mitteilungen gemacht werden. Dass
dem Schreibunterrichte eine etwas grössere Beachtung
geschenkt wurde, ist das Verdienst der Geistlichkeit, die
im Jahre 1716 dem als Schreiblehrer wohlverdienten
Mag. J. J. Spreng in Basel 6 Gulden aus dem Kammer-
gute verabfolgte, damit seine Vorschriften in den Landschulen überall verbreitet werden möchten.[3]) Wie es

---

[1]) Protokoll des Deputatenamtes, V. 1772—1739, S. 6. 7.
94. 106.

[2]) Protokoll des Deputatenamtes, V. S. 34.

[3]) Kirchenarchiv D. 8. Seite 243.

freilich um die Kenntnis mancher Lehrer selber im Lesen und Schreiben mag bestellt gewesen sein, ist aus folgender Notiz ersichtlich. Das kleine Dorf Lampenberg, heisst es im Berichte über die Visitation von 1739, habe zwar eine eigene Schule eingerichtet; „jenige aber", wird hinzugesetzt, „so recht schreiben und lesen lernen wollen, kommen nach Bennwil." [1])

II. Die Einrichtung von Repetier- oder Nachtschulen und die ersten Anfänge des Handarbeitsunterrichtes.

Einer der von Predigern und Lehrern am meisten empfundenen und beklagten Übelstände der bestehenden Schulzustände war das frühzeitige Herausnehmen der Kinder aus der Schule meist bevor sie noch recht lesen konnten. Das Wenige, was in der Schule gelernt worden war, wurde in der langen Zeit bis zur Admission wieder gründlich vergessen. Da nun aber die Prediger darauf hielten, dass die Katechumenen lesen konnten, so musste das Vergessene durch einen besondern Unterricht vor der Admission wieder aufgefrischt werden. Auf diese Weise entstanden an den meisten Orten Repetierschulen, an denen sich zunächst solche Knaben und Töchter beteiligten, die sich im Lesen nicht mehr ganz sicher fühlten. Es nahmen aber auch solche Kinder daran teil, die das in der Schule Gelernte noch mehr befestigen oder die sich in einzelnen Fächern weiter ausbilden wollten. Da die Zeit dieses Unterrichtes auf die späten Abendstunden verlegt wurde, so erhielt diese Einrichtung den Namen Nachtschule. Jeder Nacht-

---

[1]) Die „Visitations-acta de anno 1739" unter R. 1—4 und A. 24. No 38 im Kirchenarchiv.

schüler hatte dem Lehrer im Ganzen 5 Schillinge zu
entrichten.[1]) In dem Visitationsberichte des Jahres
1739 wird die Nachtschule in einer ganzen Reihe von
Gemeinden erwähnt, obschon auch diese Einrichtung,
wie so manche andere, anfänglich auf bedeutende
Schwierigkeiten stiess. Die Prediger versäumten nirgends, immer wieder aufs neue zum Besuche dieses Unterrichtes einzuladen.

Die ersten Anfänge eines Handarbeitsunterrichtes verdanken ihr Zustandekommen einem allgemeinen Notstande, der durch das Zusammenwirken von
unruhevollen Kriegszeiten, Misswachs und verheerenden
Naturereignissen am Ende des 17. und am Anfang des
18. Jahrhunderts namentlich die Landbevölkerung schwer
heimsuchte. Eine entsetzliche Hungersnot trieb die Leute
zum Genusse solcher Dinge, die der Überfluss sonst
verschmäht. Scharen von fremden und einheimischen
Bettlern und „allerhand herrenloses Strolchen-Gesindlin"
durchzogen das Land. Der Anblick so vieler armen Kinder, die in Gesellschaft von Erwachsenen dem Bettel
und dem Müssiggange nachzogen, gieng mancher mit-
leidigen Seele zu Herzen. Da machte der Pfarrer Joh.
Rud. Zwinger von Liestal, der nachmalige Antistes,
im Juni 1693 auf der Synode die Anregung, „die Haus-
armen, sonderlich junge Leute, zu ein oder anderer
Fabrique [d. i. Handarbeit] anzuhalten, massen sie auff
der Landschafft, allwo fast alle Arbeit in Feldgeschäfften
bestehe, aus Mangel der Mittlen kein sonderliche Gelegenheit zur Arbeit hätten und dahero gantz verwilderten, in allen Sünden und Lasteren zum Bettel und
Müssiggang aufferzogen, auch etwann noch zu grösseren
Ungebühren verleitet würden."

---

[1]) K./A. A. 8. No 185. D. 8. S. 252.

Der zeitgemässe Vorschlag fand allgemeinen Bei-
fall. Die Prediger vereinigten sich zu der Bitte an die
Obrigkeit, es möchte „nach dem Exempel der Stätte
Zürich, Solothurn und anderer Botmässigkeiten die
Strümpff-Fabrique eingeführt, in jedwederer Gemeind ein
sonderbarer, hierzu tauglicher, vertrauter Mann (denn
das Stricken von Strumpfhosen war damals ein eigenes
Handwerk) bestellet werden." [1]

Unter der Leitung eines zünftigen Meisters nahm
der Kurs, wie wir heutzutage eine solche Einrichtung
benennen, zu Liestal mit einer Anzahl grösserer Knaben
seinen Anfang. Es hatten sich dazu 60 Teilnehmer,
davon 18 aus dem Städtchen selbst, angemeldet. Im
Amte Homburg, wo das „Hosenstrickhen" gleichfalls
mit einer Anzahl von Kindern begann, hatte man zur
Bestreitung der Kosten eine milde Beisteuer eingesammelt,
die jedoch wenig über 40 Pfund abwarf. Nun bereitete
aber die Bezahlung des Lehrgeldes, die Anschaffung
des Arbeitsstoffes und die Beköstigung so vieler unbemittelten Kinder grosse Verlegenheit. Den Deputaten,
an die man sich um Bezahlung wandte, „kam diss begehren fremd für." Sie meinten, dass die einzelnen
Gemeinden für ihre armen Kinder selber sorgen sollten.
Die Stadt Liestal zahlte Einiges. [2] In diesem Amte
scheint die Sache überhaupt am längsten fortbestanden
zu haben; denn noch im Winter 1771/1772 macht der
Pfarrer von Frenkendorf den Deputaten die Anzeige,
dass sich in seiner Pfarrei 13 Haushaltungen zur Erlernung des Strickens und Wollenspinnens gemeldet
hätten. [3] An andern Orten gieng die Sache aus Mangel

---

[1] K./A. A. 24. No. 15. D. 8. No 32. f. S. 360.

[2] 1693. Brodbeck, Gesch. der Stadt Liestal, S. 151; 1732;
ibid. S. 161.

[3] Staatsarchiv Baselland, D. b. 21.

an nachhaltiger Unterstützung wieder ein. Es gab aber auch Gemeinden, wo kein Versuch mit der Handarbeit scheint gemacht worden zu sein. Von Kleinhüningen z. B. heisst es, „die Lissmer Arbeit sei nicht üblich, dahero die Hintersässen Kinder keine Arbeit haben und dem Bettel nachziehen." [1]) Die von der Geistlichkeit ausgegangene Anregung zur Einführung der so nützlichen, wenn auch damals von den am meisten Beteiligten und von den Behörden noch nicht genugsam gewürdigten Handarbeit verdient aber mit besonderer Anerkennung erwähnt zu werden.

Dritter Zeitraum.

Das Unterrichtswesen der Landschaft Basel von der Aufstellung der Schulordnung des Jahres 1759 an bis zum Jahre 1830.

A. Die Schulordnung von 1759.

Nachdem die in den Jahren 1694 und 1704 angestrebte Verbesserung der Landschulen gescheitert war, trat zum grössten Schaden der Schule eine Periode des Gehenlassens ein. Es fehlte zwar nicht an Stimmen, die eine Verbesserung durch die Aufstellung „einer uniform- und gleichlichen Ordnung" für sämtliche Landschulen befürworteten. [2]) Allein bis zur Aufstellung einer

---

[1]) Kirchenarchiv R. 1—4. Kirchenvisitation in Kleinhüningen 1740.

[2]) Synodalakten v. 13. Juni 1726, K./A. A. 24, No 31. Akten der Provinzialsynode Liestal, D. 8. No 32. r. Seite 425.

neuen Schulordnung verfloss viele Zeit. Erst im Jahre
1754 wurde die Revision der Kirchenordnung hauptsächlich im Sinne der Abwehr von Separatisten, Sek-
tierern und fremden Predigern mit Ernst ins Auge gefasst. [1] Wegen der im Schulwesen etwa vorzunehmenden
Veränderungen beschlossen die Behörden, das Ergebnis
einer eingehenden Berichterstattung abzuwarten, die
durch die Landgeistlichen über den Zustand jeder einzelnen Schule schriftlich vorgelegt werden musste. [2]

Im allgemeinen lässt sich aus den 27 Berichten über
49 Landschulen ein gewisser Fortschritt nicht verkennen, der namentlich an den wenigen Orten deutlich
zu Tage tritt, die das Glück hatten, nicht nur tüchtige
Pfarrer, sondern auch begabte Lehrer zu besitzen. Hie
und da war ein Anfang zu einer bessern Schuleinrichtung durch Teilung der Schüler nach Kenntnissen und
Fortschritten gemacht und der Unterricht durch grössere
Berücksichtigung des Schreibens, sogar in einzelnen
Schulen durch Aufnahme der ersten Anfänge des Rechnens erweitert worden. Auch die Zahl der Schulen
hatte durch die Entstehung von sogenannten Nebenschulen etwas zugenommen. Mit wie grossen Schwierigkeiten aber der Unterricht besonders in kleinern Ortschaften zu kämpfen hatte und wie er eingerichtet war,
geht wohl am besten aus der schlichten Schilderung
eines Lehrers hervor, die der Pfarrer von Pratteln seinem
Berichte beigelegt hat.

Johann Rudolf Soller von Basel, Lehrer an
der „hochnötigen, aber schlecht einkommenden" Schule

---

[1] Ochs, 7, S. 616. 628. K./A. A. 24. No 49.
[2] 1757. K./A. A. 4. No 61. No 65—91. Kopie im Archiv
des Antistitiums.

zu A u g s t, entwirft zuerst eine Schilderung von der allmählichen Zu - und Abnahme der Schülerzahl. Die Schule beginne am ersten Montag des Novembers und dauere bis Ostern. „In der 1. Woche erscheinen 2 — 3, in der 2ten 3 — 4, in der 3ten etliche mehr, in der 4ten gleichfalls etliche mehr, und so fortan, bis endlich nach dem neuen Jahr sich ihre Anzahl auf 20.—24. beläuft. Es gehörten aber 30—40 Kinder in die Schule." Um Fastnacht nehme die Schülerzahl ebenso allmählich wieder ab. Sodann fährt der Lehrer wörtlich also fort:

„Weilen wir hier die Zeit der stunden niemahls wissen, und die Uhr auf U. Gn. Herren Wihrts - Hauss nicht gerichtet wird, muss ich mich nach der Gemeind ihrer kommlichkeit richten wann selbige von ihren Eltern geschickt werden, da etwann eins umb 7. ein anders umb 8. das dritte umb ½ 9. und endtlich umb 9. Uhr die wenig Kinder vast beysammen seyn. Die anfangen zu lesen müssen zusammenstehen und nachfahren von dem ersten an biss es an das letztere kommt und also auch mit den Buchstabierenden, und a. b. c. Kindern. Nach diesem hat ein jedes, das nur ein wenig lesen kan, ein Lection in dem Nachtmahlbüchlein ausswendig zu sagen, und endlich bleibt noch ½ stunde bis gar 11. Uhr mit ihnen zu beten.

Mittags kommen dann einige gleich in einer ½ stund wieder, andere in einer stund, und so weiters biss 1. Uhr. Die welche anfangen zu lesen haben ihre Psalmen Bücher und geistliche Opfer [eine Sammlung geistlicher Lieder] mitzubringen, um erstlich ihre Psalmen oder geistl. Lieder zu lesen und hernach ausswendig zu lehrnen, auch bringen einige uhralte Brieffe oder Schrifften mit in die Schul, welchen von Hauss anbefohlen wird, darin zu lesen, mithin das druckte lesen dadurch versaumen. Endtlich ein ½. stund vor 3. Uhr thu ich

alle nachmittag die 5 Hauptstuck mit ihnen absprechen,
und dann wann mein stund glass 2. mahl abgeloffen, da
dann ohngefehr 3. Uhr lass ich sie nach Hauss."

„Die Nacht Schüler sollten zwar bey angehender
Nacht in die Schul gehen, es verzieht sich aber auch
1—1½ stund ehe diese wenig Kinder beysammen. Wann
sie dann beyeinander, kehr ich mein stund glass zum
2. mahl umb, und underweise selbige folgendermassen:
Erstlich sing ich mit ihnen 1. bis 2. Gesatz eines Psal-
mens, hernach lesen sie die erste Nacht in der Bibel,
die andere Nacht in der Biblischen History, die dritte
in einem über unser Nachtmahl Büchlein geschriebenen
catechismus, die vierte im Krugischen catechismus von
dem H. Abendmahl, die fünfte in ihren mitbringenden
geschriebenen Brieffen, die 6te ein Singstund, und jede
Nacht ein Lection auss dem Nachtmahl Büchlein ausswendig zu sagen." [1]

Gestützt auf die Einzelberichte fasst der kirchen-
rätliche Schlussbericht (vom 29. Nov. 1757) [2] folgende
Wünsche ins Auge: Die durch die Geistlichen geübte
Schulaufsicht möchte besser geregelt und sämtliche Lehrer
zur Ablegung einer Fähigkeitsprüfung verpflichtet werden;
die Lehrerbesoldungen seien zu verbessern und dem
Unterrichte überall „ein gewisser und beständiger Ort"
anzuweisen. Denn „wenn es mit der Besoldung und dem
Losament etwas besser bestellt wäre, würde man auch
tauglichere Subjecta für den Unterricht gewinnen." Der
Kirchenrat wünschte ferner die allgemeine Einführung
der Sommerschule; endlich die förmliche Sanktion der
Übung, die Admission zum Abendmahle vom Lesen-

---

[1] K./A. A. 4. No 68ª.
[2] K./A. A. 4. No 64. 92. 94. 96.

können abhängig zu machen. In einer spätern Eingabe kam zu diesen Wünschen noch derjenige einer bessern Beholzung der Schule hinzu. Alle diese Wünsche haben im wesentlichen in der Schulordnung Berücksichtigung gefunden.

Die Schulordnung vom 5. März 1759 bildet zwar noch einen integrierenden Teil der allgemeinen Kirchenordnung. Indessen nimmt sie als Anhang zu dieser eine selbständige Stellung ein, zeichnet sich auch vor derjenigen des Jahres 1660 durch grössere Vollständigkeit vorteilhaft aus.[1] Ihr wesentlichster Inhalt ist folgender:

Im Eingange wird der Zweck der Schule nicht mehr einzig auf die Bildung der Jugend zu guten Christen beschränkt, sondern auf die Erziehung des Volkes zu ehrbaren Menschen und getreuen Unterthanen ausgedehnt und dadurch die allgemein menschliche und die speziell bürgerliche Aufgabe der Schule im Grundsatze wenigstens angedeutet.

Die Anforderungen an die Lehrer werden auf gutes, geläufiges Lesen, sauberes und deutliches Schreiben und Vorsingen nach den Noten erweitert. Ferner soll der Lehrer wenigstens die Anfangsgründe des Rechnens verstehen. Ein ganz besonderer Nachdruck wird auf seine Rechtgläubigkeit gelegt. „In Ansehung der Lehre", d. h. der reformierten Kirchenlehre,[2] „soll der Schulmeister richtig und gesund sein und keine Gemeinschaft oder anhänglichen Umgang mit Sektirern oder Irrgeistern

---

[1] Mandatensammlung, VIII. §. 3. b. Siehe auch: K. Schneider, Unsere Schulen vor hundert Jahren, Schulprogramm v. 1869. S. 12 bis 15. Kettiger, a. a. O. S. 146, 147 (nicht ohne Unrichtigkeiten). Birmann, a. a. O. S. 19.

[2] Nicht etwa „des Lehrens", d. h. des Unterrichtens, wie Kettiger meint.

pflegen, oder an Versammlungen Theil nehmen, die zu
Verachtung des öffentlichen Gottesdiensts gereichen.«

Durch die Forderung der obligatorischen Sommerschule, wenn auch mit Beschränkung auf wenige Tage
und Stunden, wird die Ganzjahrschule grundsätzlich
überall eingeführt. Das Schulgeld soll demgemäss in
den Deputatenschulen, wo die Forderung der Ganzjahrschule schon längst bestand, fürs ganze Jahr entrichtet
werden. In den übrigen Schulen, „da man wochentlich
einen Schilling gibet", ist das volle Schulgeld nur während
des Winters zu bezahlen. Im Sommer wird es auf ein
Dritteil ermässigt. Für Arme zahlt „wie bissher" das
Deputatenamt. Nur ganz kleinen Nebengemeinden wird
die Einrichtung von blossen Winterschulen gestattet; es
bedarf aber dazu der besondern Erlaubnis des Kleinen
Rates.

Wo noch keine eigenen Schulhäuser vorhanden sind,
soll die Schule „in einer von der Gemeinde anzuschaffen-
den, sonderbaren Stube" gehalten werden, die während
der Unterrichtszeit zu nichts anderem gebraucht werden
darf.

Die unter dem Namen „Nachtschulen" bestehenden
Repetier- und Fortbildungsschulen sollen „als etwas un-
entbährliches und nutzliches" beibehalten werden; doch
ist darin die Trennung der Geschlechter durchzuführen.

Für sämtliche Schulen wird der Gebrauch der gleichen Bücher vorgeschrieben. Obligatorisch sind: „für
die kleinern Schüler das Namenbüchlein; für die grössern
aufs wenigste das allhiesige Nachtmahlbüchlein, das Psalmenbuch, das Geistliche Opfer und wenn möglich das
Neue Testament."

Ein ausführlicher Stundenplan regelt die Verteilung
der 19 Unterrichtsstunden während der ganzen Woche.
Auf das Buchstabieren und Lesen allein fallen 6 Stunden,

davon eine auf das Lesen der Schreibschrift; auf das
Lesen neben Schreiben 6, auf das Lesen neben Aufsagen 3, auf das Aufsagen und Memorieren allein 3, auf
den Gesang eine Stunde. Das Rechnen geht sonderbarer-
weise ganz leer aus.

Der Ein- und Austritt der Schüler wird geregelt.
Für jenen wird das 6. Altersjahr festgesetzt. Die Dauer
der Schulpflicht ist von der Erreichung eines Lehrzieles
abhängig. „Wer perfect lesen kann und das Nachtmahlbüchlein gelehrnet hat", der kann vom Pfarrer die Entlassung aus der Schule erhalten.

Endlich wird den Eltern jede Einmischung in Sachen
des Unterrichtes oder der Schuldisciplin untersagt, die
Schulaufsicht der Geistlichen geordnet, der regelmässige
Schulbesuch und die vollständige Entrichtung des Schulgeldes jedermann zur Pflicht gemacht.

B. Die Ausführung der Schulordnung.

Aus allem dem ist ersichtlich, dass die Schulordnung
des Jahres 1759 einen ganz bedeutenden Fortschritt bezeichnet und dass sie eine Reihe von Bestimmungen
enthält, die noch heutzutage als Kardinalpunkte der Volksschulgesetzgebung betrachtet werden müssen. [1] Allein
von Anfang an hafteten ihr Mängel an, die ihre Durchführung schwer beeinträchtigten.

Schon Ochs [2] weist auf den Widerspruch hin, dass
zwar die Kenntnis des Rechnens von den Lehrern
gefordert, diesem Fache aber im Stundenplane nicht
einmal eine Viertelstunde eingeräumt sei, und dass alles,
was etwa darin gethan werde, sich auf das Aufschreiben
von Ziffern und das Aussprechen von Zahlen beschränke.

---

[1] Kettiger, S. 147.
[2] Bd. 7. S. 629.

Dieser Mangel war jedoch nicht der einzige, sondern man darf behaupten, dass das Gesetz von Anfang an nicht mit Ernst beobachtet und nicht in allen Teilen ausgeführt worden sei.

a. Schulbesuch, Schulgeld, Armenschullöhne.

Als eine besonders wunde Stelle am Schulorganismus war schon längst der nachlässige S c h u l b e s u c h empfunden worden. Darin brachte das neue Gesetz keine Besserung zustande, was die in den Jahren 1763— 1765 abgehaltene Schulvisitation bestätigte. [1]) Wenn schon im Jahre 1757 von der angesehensten Schule der Landschaft, der zu Liestal, berichtet worden war, „dieses illustre gymnasium habe so wenig discipul, dass es oft nicht der Werth sey Schul zu halten", [2]) so wird es uns nicht verwundern, wenn aus sämtlichen übrigen Land- schulen dieselbe Klage erschallt. In dem soeben er- wähnten Memorial rügt denn auch der Kirchenrat na- mentlich die Gleichgültigkeit der Passamenter, die ihre Kinder nicht zur Schule schicken, dagegen sie schon „vom 5. oder 6. Jahre an zu einer Arbeit anhalten, die ihren zarten Körpern nicht wohl anderst als schädlich und ihrem Wachsthum hinderlich sein könne." Noch im Jahre 1798 wird berichtet, die Schulen seien im Winter höchstens von zwei Dritteilen, im Sommer von einem Dritteil der in die Schule gehörenden Kinder besucht. [3]) Um billig zu sein, muss aber auch darauf hingewiesen

---

[1]) „Memorial E. Hochw. Kirchenrathes über den Zustand der Kirchen und Schulen auf der Landschaft" vom 30. Octobr. 1766, enth. im Ratsprotokoll vom 15. Nov. desselben J., Band 139, S. 390 ff. Siehe auch Acta Eccles. V. 464, 468.

[2]) K./A. A. 4. N⁰ 66.

[3]) Akten des Erziehungscollegii, AA. 25. N⁰ 1.

werden, dass nicht immer die Gleichgültigkeit und Saum-
seligkeit an den vielen Schulversäumnissen schuld war.
Der weite, beschwerliche Schulweg trug, besonders im
Winter und bei schlimmer Witterung, ebenfalls das
Seinige zum Wegbleiben vieler Kinder bei.

Mit dem nachlässigen Schulbesuche stand die Nicht-
bezahlung des Schulgeldes im engsten Zusammenhange. Auch in diesem Stücke blieb die Forderung des
Schulgesetzes ein toter Buchstabe. In einem Schreiben
vom 5. Februar 1767 [1]) gesteht der Kirchenrat selber die
Thatsache zu, „die Verordnung, dass Eltern, welche ihre
Kinder nicht zur Schule senden, den Schullohn dennoch
bezahlen sollen, werde niemahlen effectuirt, weil der
Schulmeister solche Eltern nicht betreiben und sich die
halben Gemeindsgenossen nicht zu Feinden machen
möge.“ [2]) In einem Briefe des Pfarrers J. J. Huber
von Sissach an das Deputatenamt heisst es um dieselbe
Zeit: „Die Schulmeister müssen den gesetzten Lohn,
worin ihre meisten Einkünfte bestehen, mehrentheils
ängstlich zusammenbetteln, ja wohl durch den Weg
Rechtens mit vieler Mühe eintreiben.“ Als Beispiel
führt Huber seine eigene Gemeinde Sissach an, „wo die
Wenigsten das gesetzte Fronfastengeld mit Willen zahlen;
bei den Meisten müsse man die Execution suchen, wozu es aber im Farnsburger Amte sehr selten komme;
denn darinnen werden des H. Obervogts Executions-
Befehle sehr wenig geachtet, so dass die Bauren den
Schulmeister nur auslachen, und er also noch den Spott
zu dem Schaden haben muss.“ [3])

---

[1]) Memoriale Conv. Eccles. wegen Unterweisung der Kinder
in der Religion, behandelt den 7. Febr. 1767. Erziehungsakten EE.
No 5, 12—19.

[2]) Staatsarchiv, St. 76. A. 67.

[3]) Schreiben vom 14. Octobr. 1767. Staatsarchiv Basel-Land,
E. 61. K./Arch. Basel D. 14. No 47. Seite 43.

Der Kirchenrat nahm sich der Lehrer an. Auf seinen Antrag fasste der Rat am 11. März 1767 den Beschluss, dass „zur Erleichterung und Anfrischung der Landschulmeister" der Schullohn durch die Dorfbeamten eingezogen und den Lehrern eingehändigt werden solle. Der Antistes knüpfte an die Anzeige von diesem Beschlusse die Erwartung, dass dies den Lehrern „zu grossem Trost gereichen und ihnen das Einkommen einiger Massen verbesseren und Sie ihrem Amt mit mehrerem Nutzen und wenigerem Verdruss abzuwarten in Stand stellen wurde."[1]) Allein die Ausführung des Beschlusses unterblieb gänzlich. Es hiess, durch ein Versehen der Kanzlei sei den Obervögten keine Anzeige davon zugekommen.[2]) Gesetzt auch, ein solches Versehen wäre vorgefallen, so hätten dem Rate doch noch immer Mittel und Wege genug zu Gebote gestanden, um seinen Willen zur Geltung zu bringen. Dass dies nicht geschah, ist ein neuer Beweis für die in Sachen des Schulwesens herrschende Gleichgültigkeit der weltlichen Behörden.

Zwei Jahre nach diesem verunglückten Versuche regte zwar das Deputatenamt die Schulgeldangelegenheit von neuem an, aber nur zu Gunsten der obrigkeitlichen Lehrer; denn „an den Orten, wo Bauren-Schulmeister sind, gehe es mit der Entrichtung des Schullohnes besser von Statten. Der Bauren-Schulmeister habe seine Verwandten und Gevattern; da zahle man schon williger. Aber der Herr Magister habe niemand, müsse sich mit dem Landmann herum beissen, zum Pfarrer und Landvogt lauffen und aller Orthen beschwerlich seyn." Wiederum fasste der Rat (am 20. September 1769) den Beschluss, dass die Unterbeamten in den Deputatenschul-

---

[1]) Staatsarchiv St. 76. A. 68. Synodalakten A. 24. No 62.

[2]) K./A. D. 14. No 11. S. 13. Acta Eccles. VI. 107, 108.

dörfern „dem Schulmeister fronfastenlich den ihm gebührenden Lohn selbsten einziehen und sammethafft
ihnen einlieffern und dass die Oberbeamten sie darin
kräftig unterstützen sollten." [1]

Bei diesem Anlasse können wir nicht umhin, darauf hinzuweisen, dass man im Jahre 1759 die Gelegenheit versäumte, die schon längst gewünschte und als
notwendig erkannte Gleichheit sämtlicher Landschulen
einmal zur That und allen Schulen die nötige staatliche
Fürsorge und Unterstützung zu teil werden zu lassen.
Statt dessen behielten die Deputatenschulen ihre bevor-
zugte Stellung. Der Schule zu Liestal wurde „die ihro
vorgeschriebene und ihren sonderbaren Umständen angemessene" Schulordnung vom Jahre 1670 von neuem
gewährleistet und die Deputatenschullehrer durch die
stillschweigende Befreiung von der Ablegung einer Fähigkeitsprüfung vor allen ihren Kollegen bevorzugt. Nun
sollte denselben ein neuer Vorzug eingeräumt werden.
Obschon der Ratsbeschluss von Anfang an „schlechtlich
befolgt und selten in Execution gebracht" wurde,[2] erregte
er doch unter den übrigen Lehrern eine nicht geringe
Unzufriedenheit. Mit Wärme nahmen sich ihrer die
Pfarrer an, und das Waldenburger Kapitel verlangte,
dass die Geschworenen durchgehends in allen Dörfern mit
dem Einzuge des Schulgeldes beauftragt werden möchten. „Dies wurde", heisst es, „das einzige Mittel seyn,
die Schulen in ihrer Ordnung und in einem guten Stand
zu erhalten." [3]

---

[1] Gutachten der Deputaten, Vaterländ. Bibl. O. 35. I. 554
bis 558. Ratsbeschluss: St./Arch. Erziehungsacten EE. N° 10.

[2] Siehe K./A. A. 4. N° 103. ff. unter Liestal. Staats-Arch.
Basel-Land E. 69 unter Sissach.

[3] 11. Juni 1772. Kapitelsverhandlungen, D. 14. N° 57. Acta
Eccles. VI. 90, 91.

Nicht ohne Empfindlichkeit über dieses Vorgehen
der Geistlichkeit in einer Angelegenheit, die eigentlich
bloss dem Deputatenamte zustehe, liess sich diese Behörde
herbei, den Antrag zu empfehlen, weil die Landschulmeister „ohnehin ihren geringen Lohn mit Schweiss ver-
dienen müssten." Die von den Deputaten zur Ausführung vorgeschlagene Art des Schulgeldbezugs war aber
so schwerfällig, umständlich und unpraktisch, dass er nie
zur Ausführung kam und alles beim Alten blieb. [1]
    In dieser Zeit der Ratlosigkeit gieng von Pfarrer J.
J. H u b e r in Sissach ein Vorschlag aus, der allen
Schwierigkeiten ohne grosse Mühe hätte ein Ende machen
und die Schulgeldfrage zu einem guten Ziele hätte
führen können. „Um das Salarium der Landschulmeister
ohne grosse Belästigung des Ærarii zu bessern", schlug
Huber dasselbe Mittel einer mässigen Steuer vor, wodurch
einst Pfarrer Jak. Maximilian M e y e r die Schule zu
Arisdorf in Aufnahme gebracht hatte. Er rechnete aus,
dass durch eine auf sämtliche bemittelte oder kinderlose
Familien gelegte kleine Auflage von jährlich 5, höchstens
10 Schillingen nebst einem mässigen Zuschusse des Deputatenamtes „die kundlich Armen" von allen Leistungen
für die Schule befreit, „die mit Kindern Beladenen"
merklich erleichtert und nur diejenigen Eltern unbedeu-
tend belastet würden, deren Mittel eine solche Belastung
ertrugen. Die Abschaffung des Schulgeldes, „dieses
ewigen Zankäpfels zwischen den Eltern und Lehrern",
war überhaupt ein Lieblingsgedanke Hubers. Er war
durch seine Erfahrungen und Beobachtungen zu der

---

[1] Kapitelsverhandlungen, D. 14. No 11, 67, 69. D. 19, Seite
58, 59. Acta Eccles. VI. 99, 107, 108. Staatsarchiv A. 12. No 38.
K./A. A. 4. No 98, 99, 105, 123. Staatsarchiv Erziehungsakten EE.
No 21, 22.

230

Ansicht gelangt, „das Schulgeld sei ein Hinderniss der Unterweisung." „Der Schulmeister", sagte er, „dürfe nicht mehr vom Bauren abhangen oder an seine Gnade kommen müssen." Es ist zu bedauern, dass die staatlichen Behörden Hubers Vorschläge nicht einmal einer nähern Prüfung würdigten. Die Zeit war zur Verwirklichung solcher Gedanken noch nicht reif. Hubers Absicht, die Schule als eine der Gesamtheit dienende, allgemein nützliche und notwendige Einrichtung vom guten Willen der Einzelnen unabhängig zu machen und auf einen gesicherten Boden zu stellen, verdient gar wohl, der Vergessenheit entrissen und in dankbarem Andenken bewahrt zu werden.[1]

Wie sehr überhaupt das Bestreben der weltlichen Behörden auf möglichste Sparsamkeit gerichtet war, geht unter anderm aus dem Streite über die Bezahlung der Armenschullöhne hervor.

Nach alter, löblicher Sitte bezahlte das Deputatenamt den Schullohn für unbemittelte Kinder. Als aber im Jahre 1772 die Ausgabe dafür die Höhe von etwas über 1100 Pfund (890 Pf. für Schullöhne, 230 Pf. für Schulbücher) erreichte, kam diese Summe der Behörde so bedenklich vor, dass sie die Sache dem Rate vorlegte. Nach neunjähriger Überlegung fand dieser (30. April 1781) „die Rubricke an Schullöhne und Schulbücher so starck", dass er die Vermutung nicht zurückhalten konnte, „E. Lobl. Deputaten-Amt sey in derselben Berechnung mehrmalen übernommen worden" und habe

[1] Hubers Vorschläge sind ausser in dem oben citierten Briefe vom 14. October 1767 enthalten in dem an die Gemeinnützige Gesellschaft gerichteten Gutachten vom 29. Juni 1778, im Archiv der G. d. G. u. G. Band 2, und im K./A. A. 4. No 102. b. Über Huber siehe die Biographie aus der Feder seines Enkels, Pfr. K. Sartorius, im Basler Jahrbuch f. 1893, S. 101 ff.

auf Empfehlung der Prediger Kinder berücksichtigt, deren Eltern den Schullohn wohl zu bezahlen imstande gewesen wären. Der Rat wollte deshalb den Beitrag des Deputatenamtes kurzweg auf 200—250 Pfund herabmindern und nur „kundlich wahre Arme, insonderheit Waisen" berücksichtigen; für das Übrige sollten die Armenseckel eintreten.

Dies rief unter den Landgeistlichen einen Sturm der Entrüstung hervor. Sie verwahrten sich hauptsächlich gegen den Vorwurf, die Behörde „übernommen" zu haben. Unter ihren Eingaben zeichnet sich wiederum die des Pfarrers J. J. Huber (vom 16. Mai 1781) durch Würde und Sachlichkeit aus.[1])

Ausgehend von der ungleichen Stärke des Armengutes der einzelnen Gemeinden, dessen Ausgaben meistens die jährlichen Einkünfte beträchtlich überstiegen, weist Huber schlagend nach, „dass es, ohne seinen augenscheinlichen Ruin vorzusehen, nicht Mehrers præstiren könne." Er zeigt sodann, dass die Schule selbst durch eine solche Massregel aufs empfindlichste geschädigt würde, und gelangt zu dem Schlusse, „eine Ausgabe von 1000 bis 1200 ℔ · für Schullöhne und Schulbücher sei bei einem Bestande von 2678 Haushaltungen, die ohne wirkliches Vermögen zu besitzen vom täglichen Verdienste leben müssten, keineswegs exorbitant und enorm." „Es ist ja verhoffentlich für eine Landes-Obrigkeit kein so übel angewandtes Lieveswerk", sagt er, „wenn aus ihrer Mildigkeit ein nichts als seinen knappen, täglichen Verdienst habender Hausvater für ein Kind wegen dem Schullohn und den Schulbüchern erleichtert, oder eine arme Haushaltung mit Erbauungsbüchern versehen, oder einem fleissigen und lehrbegierigen Kinde mit einem nützlichen Buche eine

---

[1]) K./A. A. 4. N⁰ 136—151.

Aufmunterung erweckt und sein Fleiss belohnet wird." Er erinnert schliesslich an die in der jährlich abgelesenen Kirchen- und Schulordnung garantierte Zusage, dass das Schulgeld für unbemittelte Kinder durch das Deputaten- amt bezahlt werden solle. „Welch einen Unwillen würde es bey dem Landvolke erwecken, wenn diese Wolthat nun auf Einmal, ohne dass sie sich derselben auf einige Weise unwürdig gemacht hätten, aufhören sollte? Wür- den nicht die Hintersässen in Basel, darunter doch viele Landsfremde sind, deren Kinder in eigens angestellten und Hochobrigkeitlich bezahlten Freyschulen gratis unter- richtet werden, sich grösserer Gnade zu berühmen haben, als die Kinder des Landes selbsten?" Die allgemeine Ansicht der Geistlichen gieng dahin, „in Bezug auf die Kosten für arme Schüler solle nichts gespart, das Armen- gut aber gnädigst verschont werden." Das einmütige Auftreten der Geistlichkeit hatte Erfolg. Der Rat kam nicht mehr auf die Sache zurück.

Später freilich, zur Zeit der Staatsumwälzung, scheint indessen doch mit der Verabfolgung der Armenschullöhne einiger Missbrauch getrieben worden zu sein, wozu ein- zelne Lehrer Hand boten. Es wird ihnen vorgeworfen, sie seien bei der Auswahl willkürlich verfahren, hätten Unwürdige bevorzugt und Bedürftige leer ausgehen las- sen. Wie weit man darin gieng, zeigt das Beispiel von Waldenburg, wo im Jahre 1799 der Armenschullohn für sämtliche Kinder mit Ausnahme von zweien durch die Obrigkeit bezahlt wurde. Schulinspektor S p ö r l i n, der dies berichtet und von dem weiter unten die Rede sein wird, setzt unmutig hinzu: „Das Volk will immer nur nehmen und nicht geben; Letzteres bürdet es dem seiner Meinung nach unerschöpflichen Stadtbürger auf." [1])

---

[1]) Spörlins Journal, Vaterländ. Biblioth. O. 100, S. 45. 89. 94.

b. Nebenschulen.

Von Alters her war die Errichtung von sogenannten
Nebenschulen die Ursache lebhafter Erörterungen
gewesen, besonders wenn es sich dabei um die Interessen
einer Deputatenschule gehandelt hatte. Wir begegnen
dabei einer verschiedenen Praxis. Als z. B. das zu Liestal
gehörende kleine Bergdorf Seltisberg eine eigene
Schule einrichtete (zwischen 1704 und 1739), wurde ebensowenig eine Einwendung erhoben, als im Jahre 1718,
wo sich Läufelfingen von der Zugehörigkeit zum
Schulkreise Buckten loslöste und auf die Verwendung
des Pfarrers Joh. Rud. Wettstein durch namhafte
Beiträge von Korporationen und Privatleuten in der Stadt
in den Besitz einer eigenen Schule und einer Schulstube
gelangte, die im Jahre 1801 als eine der geräumigsten
des ganzen Kantons gerühmt wurde. [1]

Nicht so glimpflich lief es ab, als sich Ziefen und
Waldenburg von den Schulkreisen Bubendorf und
Oberdorf trennten. Da liessen es die in ihrem Einkommen
bedrohten Deputatenschullehrer an Protestationen und
Beschwerden nicht fehlen, und die Deputaten nahmen
sie in Schutz, indem sie an die frühern Zeiten erinnerten,
wo die Kinder trotz dem weiten Schulwege „robust und
stark gezogen und dauerhafft gewöhnt" worden seien,
während „nunmehr die Baursame angefangen habe, ihrer
Kinder Gemäch- und Zärtlichkeit zu suchen." [2] Ver-

---

[1] Acta Eccles. IV. 218. K./A. A. 17. No 4. A. 24. No 27.
A. 4. No 54 und 55. Das Verzeichnis der „Schulsteür zur Besoldung
eines Schulmeisters zu Leüffelfingen" befindet sich im Archive des
Antistitiums.

[2] Bedenken wegen der Nebenschulen vom 16. December
1761, St./A. Erziehungsakten EE. No 4.

gebens versuchten aber die Deputaten, die Errichtung
von Nebenschulen durch allerhand lästige Vorschriften
zu erschweren. [1] Verhindern konnten sie dieselben nicht,
denn das Bedürfnis machte sich je länger desto stärker
geltend, und die Pfarrer kamen ihm nach Kräften zu
Hilfe. Am Ende des 18. Jahrhunderts waren nur noch
wenige kleine Ortschaften ohne eigene Schule. Freilich
war die ökonomische Lage der Schullehrer in Nebendörfern über alle Massen armselig.

Pfarrer und Schulinspektor Fäsch [2] berichtet darüber, die Wahl dieser Lehrer sei grösstenteils den
Gemeinden überlassen, „die nicht immer in der edeln
Absicht, ihren Kindern einen bessern Unterricht zu erteilen, sondern oft mehr aus Neid und Hass gegen das
Hauptdorf oder dessen Lehrer einen eigenen Schulmeister anstellen. Gewöhnlich entscheiden sie sich eher
für den wohlfeilsten als für den geschicktesten, und
schreiben ihm oft solche Bedingnisse vor, die nur der
elendeste Schlucker eingehen kann; daher denn auch
in den meisten Nebenschulen die Lehrer oft und viel
ihre Entlassung bekommen oder nehmen. Nichtsdesto-
weniger sind diese Schulen viel kostspieliger als die
andern; denn gewöhnlich erhält der Lehrer wochentlich
1 Batzen vom Kinde und noch der Kehr nach von jedem
Hausvater die Kost, so dass jeder Hausvater 3 Franken
Schullohn für sein (nur eine Winterschule besuchendes)

---

[1] Jedes eine Nebenschule besuchende Kind hatte dem Lehrer
der Hauptschule fronfastentlich 15 Rp. Schullohn zu zahlen. Staatsarchiv Baselland. L. 11/88. N⁰ 7. Die Gemeinde Itingen zahlte dem
Lehrer zu Sissach jährlich 8 ℔. Für die Schule Bettingen bekam
d. Lehrer zu Riehen von den Deputaten 12 ℔ und zwei Klafter
Eichenholz. Für Titterten zahlten die Deputaten 20 ℔ an den
Lehrer zu Oberdorf, Staatsarchiv Baselland, S. 44.

[2] „Die Schulen des Districts Gelterkinden, 1801.“

Kind berechnen kann, während in den Hauptdörfern,
wo man die Kinder Sommer und Winter in die Schule
schickt, nicht einmal 2 Franken jährlich bezahlt werden."

c. Die Verhältnisse in den Deputatenschulen.

Die rücksichtslose, kleinliche und vorteilsüchtige Art,
wie manche Deputatenschullehrer gegen das Aufkommen
von Nebenschulen auftraten, war nicht geeignet, jene
Lehrer, die, wie wir von früher her wissen, beim Landvolke ohnehin nicht besonders gut angeschrieben waren,
beliebter zu machen. Die Deputaten selber konnten sich
dieser Wahrnehmung nicht verschliessen. „Es ist erwiesen", heisst es in einem Schreiben vom 28. Juni 1769
an den Rat, „dass der Landmann seine Kinder nicht
nach obrigkeitlicher Verordnung in die Schule schickt.
Wir müssen beobachten, dass solches am meisten an den
Orten beschehe, wo sogenannte Deputatenschulen, d. i. wo
die Schulmeister Burger von Basel sind. Ist es kein Hass,
so ist es doch ein Unwillen gegen solche Schulmeister,
und diese sind vielen Anstössen unterworfen, welche
die Bauren-Schulmeister nicht auszustehen haben." [1]
Dieses Verhältnis gab zu der Untersuchung Anlass,
ob das bisher den Stadtbürgern gewährte Vorrecht bei
der Besetzung der obrigkeitlichen Schulstellen auf der
Landschaft aufrecht erhalten werden könne oder nicht.
Die Wahl war von jeher in der Weise getroffen worden,
dass die Deputaten dem Rate drei Bewerber zur Wahl
vorschlugen. Unter den Vorgeschlagenen entschied seit
1718 laut Gesetz das Los.
In der Regel hatten sich nun für jene Stellen Männer
gemeldet, die an der heimischen Hochschule nach ab-

---

[1] Staatsarchiv Baselland, S. 44.

solviertem Studium in den Besitz des Grades eines Magisters oder eines Kandidaten des Predigtamtes gelangt waren. Indessen waren hin und wieder auch einfache Handwerker gewählt worden. Dagegen hatten aber die akademisch Gebildeten im Jahre 1745 beim Rate Beschwerde eingelegt und die Behauptung aufgestellt, dass „Handwerkhs Leüthe von der Zusammenfügung der Wörter, von der wahren Manier zu unterweisen und von den Wahrheiten der Christlichen Religion keine genugsame Kenntniss hätten" und deshalb nicht imstande seien, einen erfolgreichen Unterricht zu erteilen. Dafür „sei es ganz gewiss, dass diejenigen, die ihre ganze Lebenszeit auf die Sprachen und Wissenschaften verwendet hätten, weit tauglichere Schulmeister abgäben." Auf das empfehlende Gutachten der Regenz hatte der Grosse Rat am 7. Februar 1746 das Vorrecht der Magister und anderer Universitätsangehörigen auf die Schuldienste in der Stadt und an den Deputatenschulen auf der Landschaft bestätigt. [1]

Allein die Zeiten änderten sich. Während es früherhin an Bewerbern um Deputatenschulstellen selten gefehlt hatte, fanden nun Leute von einigem Lehrgeschicke ihre Rechnung viel besser bei der Erteilung von Privatunterricht in der Stadt. Das mit einer Schulstelle auf dem Lande verbundene kärgliche Einkommen und die Mühe, zu demselben zu gelangen, lockte niemanden an. Als daher im Jahre 1775 die Schule Muttenz erledigt war, fand es sich, dass unter den angemeldeten Magistern keiner mit Ehren in die Wahl gezogen werden konnte. Das Deputatenamt berichtete an den Rat: wenn die Wahl nach der Vorschrift vorgenommen werden

---

[1] Bedenken der Regenz vom 22. Nov. 1745 und Grossratsbeschluss vom 7. Febr. 1746 im Staatsarchiv St. 74. A. 12.

müsste, „so haben wir Ursach zu befürchten, dass diese weitläufige Muttenzer Gemeinde eben nicht zum besten versorgt wurde." [1])

Der um seine Ansicht angegangene Kirchenrat fand, der Beschluss des Jahres 1746 sei nicht mehr aufrecht zu halten. Einige Mitglieder befürworteten die Anstellung tauglicher Landleute. Sie machten geltend, wenn es sich um das Beste der Jugend in so vielen und bevölkerten Gemeinden handle, so könne doch die Aufrechthaltung einiger geringen Vorteile zu Gunsten von ein paar verkommenen Stadtbürgern nicht in Betracht kommen. Wenn auch vielleicht Lehrer vom Lande nicht gleich von Anfang an alle erforderliche Tüchtigkeit und Fertigkeit besässen, so sei doch von ihnen eher als von Stadtbürgern zu hoffen, dass sie sich die guten Anweisungen und Erinnerungen ihres Pfarrers zu nutze machen würden.

Die Mehrheit des Kirchenrates konnte sich jedoch von der herkömmlichen Gewohnheit nicht losmachen, dass man, wenn auch nicht akademisch gebildete, so doch jedenfalls keine andern als Basler Bürger berücksichtigen dürfe, und der Grosse Rat pflichtete ihr bei. Am 1. April 1776 hob er das den Universitätsangehörigen verliehene Vorrecht auf und dehnte die Anwartschaft auf die Deputatenschulen auf sämtliche Stadtbürger aus. [2])

Im Jahre 1790 zogen die Herren XIII. die Wahlfähigkeit von Landleuten zwar in nochmalige Erwägung, kamen aber zu dem Ergebnisse, dass nur dann ein Landmann gewählt werden sollte, wenn sich unter den bewerbenden Stadtbürgern keine taugliche Persönlichkeit finde. Wie ungerne man überhaupt eine solche Möglich-

---

[1]) Memorial vom 18. December 1775, Staatsarch. St. 74. A. 24.

[2]) Gutachten des Kirchenrates vom 4. März 1776, Staatsarchiv St. 74. A. No 25.

keit ins Auge fasste, beweist der Zusatz, dass nur in dem
Falle, wenn der Dienst einem Stadtbürger bleibe, „die
Notwendigkeit einiger Verbesserung des Einkommens
ganz sichtbar sei."[1])

1. Liestal.

Zur Begründung ihres Vorschlages hatte sich die
Minderheit nicht nur auf die guten Leistungen verschiedener Landschullehrer, sondern auch namentlich auf den
Präcedenzfall der Besetzung der Schulstelle zu L i e s t a l
mit einem Landbürger berufen. Damit verhielt es sich
folgendermassen.

Die Verhältnisse hatten dort die Auflösung der Verschmelzung des Schuldienstes mit dem Amte des Predigers von Lausen zur gebieterischen Notwendigkeit
gemacht. Nach langen, öfters unterbrochenen Unterhandlungen war endlich im Jahre 1767 eine Vereinbarung
zustande gekommen, deren wichtigste Folge die Besetzung der Schulstelle mit einem Bürger von Liestal
war. Die Begründung dieser Neuerung lautet charakteristisch genug und ist für die Bürger von Basel im
allgemeinen und für die bisherigen Inhaber der Stelle
keineswegs schmeichelhaft. „Ein Burger von Liestal",
heisst es, „wird seine Herren Schul Visitatores wahr-
scheinlicher Weise mehr scheuen und von diesen besser
in der Ordnung gehalten werden können, als einer aus
unserer Stadt. Auch wird ein Bürger von Liestal von
vorn herein mehr Zutrauen geniessen und für seine Mit-
bürgers Kinder mehr Liebe und Sorge tragen als ein
anderer."

So ganz ohne Klausel geschah indessen die Wahl

---

[1]) Ratschlag MGHH. der XIII. wegen der Deputatenschulen
auf der Landschaft. Erziehungsakten EE.

doch nicht. „Damit", heisst es weiter, „unsere cives academici oder andere hiesige Burger keine Ursach hätten, sich zu beschwären, dass ein Dienst, der bisher von Bürgeren bekleidet worden, einem Unterthanen zugeeignet wurde; So hielten wir für rahtsam, dass ein solcher Schulmeister nur auf eine Probe und als vicarius, und zwar nach abgelegten genugsamen speciminibus, angenommen wurde." Also geschah es. „Die Absönderung beider Diensten" wurde zwar im Jahre 1781 aus Anlass der Vakanz der Pfarrei Lausen „für beständig" gutgeheissen, das Provisorium aber keineswegs aufgehoben. Nach wie vor musste der Lehrer alljährlich demütig um die Bestätigung seines Dienstes nachsuchen, die ihm auch jeweilen „auf Wohlverhalten" gewährt wurde, und führte zeitlebens den Titel Vicarius. [1])

Der also Gewählte, ein ehrsamer Handschuhmacher, war zwar ein schwacher Lehrer und namentlich in der „Ottografi" ganz unerfahren. [2]) Aber er war doch ein rechtschaffener Mann und von untadeligem Wandel. Seine Kollegen an den Deputatenschulen gaben aber, wenigstens teilweise, sowohl in Bezug auf ihre Befähigung als ihren Charakter zu schweren Klagen Anlass. Besonders schlimm stand es in den Schulen zu Muttenz, Riehen und Sissach.

2. Muttenz, Riehen, Sissach.

Der von 1776—1790 im Amte stehende Lehrer zu Muttenz war ein alter, mürrischer, geiziger Magister,

---

[1]) Staatsarchiv Baselland, L. 3. C. No 28. und A. 58. Vaterländ. Bibl. O. 62, 2. No 53 und 54. Brodbeck, Gesch. der Stadt Liestal, S. 177 und 216.

[2]) Siehe seinen Schulbericht im Helvet. Archiv zu Bern, Band 1426, No 30.

„dessen Geisteskräfte, Gesicht und Gehör alle beinahe
gleich schlecht waren", „dem es an allen zu gehöriger
Versehung seines Amtes erforderlichen Eigenschaften
und Fähigkeiten fast gänzlich mangelte" und dessen
Schule „erbärmlich schlecht" bestellt war. Von seinem
Kompetenzholze pflegte er das Meiste zu verkaufen, so
dass die Kinder im Winter erbärmlich froren.[1] Dem
von 1773—1801 an der Schule Riehen angestellten
Lehrer, einem Kandidaten, fehlte es so sehr an Begabung
und Geschick zum Unterrichten, dass manche Eltern
ihre Kinder lieber in die Schulen der benachbarten
markgräfischen Ortschaften schickten. Noch im Jahre
1801 besuchten etwa 20 Knaben aus Riehen die Schule zu
Lörrach. Von dem schlimmen Einflusse, den der Lehrer
samt seiner Frau auf die Jugend ausübte, von dem
schlechten Beispiele, das beide gaben, von dem gänzlichen Mangel an Pflichtgefühl beim Lehrer, von dessen
Gewaltthätigkeit und Jähzorn, von dem Benehmen seiner
Frau, der das Betreten der Schulstube amtlich verboten
werden musste, werden zahlreiche Beispiele erzählt.
Am auffallendsten ist dabei die Thatsache, dass derselbe
Lehrer, der im Jahre 1801 nach 28 jähriger, unwür-
diger Amtsführung in den Ruhestand versetzt wurde,
wenige Jahre nachher (1805) aus Mangel an einem
bessern Bewerber seine frühere Stelle von neuem erhalten
und sie bis zu seinem Tode (1810) bekleiden konnte.[2]

---

[1] Über die Schulzustände zu Muttenz siehe K./A. A. 17.
N⁰ 82. Acta der Schulvisit. von 1784—86, Staatsarchiv Erziehungs-
akten EE und Archiv des Antistit. sub 2. Nov. 1784. Staatsarchiv
Baselland EE. 45.

[2] Über die Schulzustände zu Riehen siehe den Bericht vom
16. Juli 1784 im Archive des Antistitiums. Ferner Acta Eccles. VI.
241. Staatsarchiv JJ. N⁰ 66. Erziehungsakten EE. Linder, Gesch.
der Kirchgem. Riehen. Seite 136. 137. 139.

Besonders charakteristisch sind aber die Schilderungen, die Pfarrer J. J. Huber von Sissach im Jahre 1798 von der dortigen Schule entworfen hat, und die ein vernichtendes Urteil über die unverantwortliche Vernachlässigung des Schulwesens enthalten. [1] Seit mehr als fünfzig Jahren, schreibt Huber, habe die Sissacher Schule das Unglück gehabt, solche Lehrer zu erhalten, denen es zum Teil am Willen, noch mehr aber an der zur nutzbringenden Ausübung ihres Amtes erforderlichen Tüchtigkeit gemangelt habe. Er habe sich als Pfarrer „mit den elendesten und erbärmlichsten Schullehrern abgeben müssen, in denen nichts steckte und also auch nichts herauszubringen war." So „seien mehrere Generationen auf sündhafte Weise vernachlässigt und geschädigt worden." Der im Jahre 1771 durchs Los an seine Stelle berufene, im Jahre 1798 noch im Amte stehende Lehrer, den auch Fäsch [2] einen „der elendesten Schullehrer des ganzen Kantons" nennt, besitze keine einzige Eigenschaft zu seinem Amte. Mit seinen Kenntnissen sei es gar übel bestellt; in jemandes Gegenwart etwas zu schreiben sei er ohne Zittern nicht imstande; vom Rechnen verstehe er so wenig, dass niemand von ihm darin unterrichtet zu werden begehre; zum Singen fehle es ihm an jeglicher natürlichen Begabung; im Unterrichte habe er sich den elendesten Schlendrian angewöhnt, von dem er sich durch nichts abbringen lasse. An einem andern Orte nennt Huber die Deputatenschullehrer überhaupt „bodenschlecht" und behauptet, sie wären schwerlich gewählt worden, wenn sie vor-

---

[1] Bericht an die Schul-Commission vom 4. April 1798; Staatsarchiv Baselland.

[2] „Die Schulen des Districts Gelterkinden, 1801," Seite 9.

her vor tüchtigen Richtern eine Probe ihrer Befähigung
hätten ablegen müssen.[1]

3. Anstellung von Adjunkten.

Zu allen diesen Mängeln kam hinzu, dass so un-
tüchtige Männer gerade an solchen Schulen angestellt
waren, deren Schülerzahl mit 100, 120, 150, ja 180 Kindern die Kräfte eines einzigen Lehrers weit überstieg.
Selbst ein gewandter Lehrer konnte da Schiffbruch leiden, geschweige denn ein Magister oder Kandidat, der
von der gleichzeitigen Beschäftigung so grosser Massen
keine Ahnung hatte. Nach unserm Dafürhalten hätte
unter solchen Verhältnissen unbedingt wenigstens ein
zweiter Lehrer angestellt werden sollen. Das Deputatenamt war anderer Ansicht. Es meinte: „Wan die Anzahl
der Schulkinderen [zu Sissach] so starckh anwachset, dass
der Schul-Meister für so viele nicht sufficient seyn sollte,
alsdann auch des Schul-Meisters Lohn so mehrers anwachset, dahero derselbe auch billich gehalten seyn
sollte, in seinen Kösten sich eine taugliche Beyhülff
anzuschaffen“. Dabei war zunächst an die Verwendung
eines ältern Schülers gedacht, wie man denn schon im
Jahre 1694 den Rat gegeben hatte, „der Schulmeister
solte etwan einen wohlberichteten Knaben, der die
jüngsten Kinder zu informiren anfangen thäte, zu sich
nehmen.“[2] Nur dem energischen Auftreten des Pfarrers
Huber war es zu verdanken, dass für die 243 schul-
pflichtigen Kinder (127 Knaben, 116 Mädchen) des Kirchspiels Sissach nach langen Verhandlungen am 2. März
1772 ein Provisor oder Unterlehrer mit einer kleinen

---

[1] Bericht an die Gemeinnützige Gesellschaft vom Juni 1778.

[2] Synodalakten, K./A. A. 24. No 17. Staatsarchiv Baselland, E. 51 und L. 11/88. No 9, 10.

Besoldung (30 Pfund an Geld, 4 Sack Korn, 4 Sack
Haber, 2 Saum Wein, 1 Klafter Holz) angestellt wurde.¹)
Huber klagt jedoch, ²) dass die Anstellung eines zweiten
Lehrers der Schule wenig genützt habe. Ohne den
Pfarrer zu befragen, habe das Deputatenamt auf irgend
eine obscure Empfehlung hin einen gewöhnlichen Passamenter gewählt und dadurch deutlich gezeigt, dass es
ihm im Grunde wenig Ernst damit gewesen sei, der
Schule wirklich aufzuhelfen. Auf ebenso grosse Schwierigkeiten stiess die Anstellung von Hilfslehrern zu Muttenz
und zu Riehen.³) Welche Mühe es im Jahre 1781 kostete, für den durch einen Schlaganfall gelähmten Lehrer
zu Oberdorf die Anstellung eines besoldeten Vikars
durchzusetzen, mag in den Akten nachgesehen werden.⁴)

C. Der Unterricht am Ende des 18. Jahrhunderts.

Dass es bei solchen Lehrern mit dem Unterrichte
traurig genug aussah, ist begreiflich. Im Jahre 1798
veranlasste die Schulkommission, von deren Thätigkeit
weiter unten die Rede sein wird, eine in allen Schulen
vorzunehmende Prüfung aller Kinder bis zu 14 Jahren.
Das Ergebnis war äusserst niederschlagend. Im Schulkreise Sissach z. B. konnte laut amtlichem Bericht von

¹) Staatsarchiv Baselland, E. 61, N⁰ 8, 11, 12; L. 11/88. N⁰
9—13. Vaterländ. Bibliothek, O. 35. I. 622—627. K./A. D. 14.
N⁰ 108, S. 130—132. N⁰ 118, S. 137.

²) Bericht vom 4. April 1798.

³) Archiv des Antistitiums, Schreiben vom 29. Januar und
2. November 1784 und vom 26. October 1796. Staatsarchiv Erziehungsakten EE. Linder, Gesch. der Kirchgemeinde Riehen-
Bettingen, S. 142.

⁴) Staatsarchiv Baselland, S. 27 ff. K./A. A. 4, N⁰ 132.

beinahe 400 examinierten Kindern nicht einmal der vierte
Teil schreiben und höchstens der 50ste Teil rechnen. Auch
das Lesen „wurde schlecht genug gelehrt." Zwar sollten
die Schulkinder laut Schulordnung alle gleiche Bücher
haben; „allein es sei nicht dahin zu bringen gewesen.
Man habe den Kindern erlaubt, jede Scarteque mit in
die Schul zu bringen und daraus zu lesen." „Von Dik-
tiertem zu schreiben konnte keine Rede sein, weil dieses
über die eingeschränkten Begriffe der Lehrer gieng."
„Auswendig gelernt wurden höchstens die 5 Hauptstücke,
das Nachtmahlbüchlein und einige Gebete aus dem
trockenen Geistlichen Opfer. Andere Lehrbücher kannte
man hier nicht, und wann man auch hätte, wüssten sie
die Lehrer nicht zu benutzen, noch mit Verstand an-
zuwenden." [1] Schulinspektor Spörlin berichtet zu derselben Zeit: „Von den Forderungen der Schulordnung
werden die wenigsten erfüllt. Der Unterricht beschränkt
sich bloss auf notdürftiges Lesen und auf einige ebenso
dürftige Religionskenntnisse. Im Unterricht herrscht
meist noch der alte Schlendrian." [2] Im Widerspruche
mit der Schulordnung wurden die Kinder aus der Schule
behalten, wenn sie kaum recht lesen und wenn die
Knaben zur Not ihren Namen, oft unleserlich genug,
schreiben konnten. Dagegen nahmen die Lehrer, um
etwas an Schullohn zu gewinnen, „Kinder unter den
Jahren" auf, wodurch die Schulen zu Kinderbewahr-
anstalten und die Lehrer, wie es irgendwo heisst, zu
„Kindsmägden" degradiert wurden. [3]

---

[1] Pfarrer Hubers Bericht vom 4. April 1798. Staatsarchiv
Baselland.

[2] Journal, an verschiedenen Orten.

[3] K./A. A. 8. S. 349. Spörlin Journal, S. 34. 62. 86. Wie
schwer die Abschaffung des Missbrauches, die kleinen Kinder mitzubringen, war, geht aus einer Klage von 1823, Staatsarchiv AA.
25. No 5, hervor.

Alle Kinder insgesamt bildeten beim Unterrichte eine einzige Masse; die einen sollten buchstabieren, die andern lesen, die dritten auswendig lernen. Wer mit seiner Aufgabe fertig war, trat zum Lehrer hervor, der jedem besonders abhörte. Natürlich war dadurch Anlass zu Mutwillen und Unfug genug geboten, bis der Lehrer mit geschwungenem Stocke dazwischen fuhr und für einige Zeit eine notdürftige Ruhe herstellte. Namentlich die jüngsten Schüler sassen stundenlang unbeschäftigt und wussten vor langer Weile nicht, was sie anfangen sollten.

Der ganze Schulunterricht gieng auf nichts anderes hinaus als auf die Einübung von religiösem Wissen. Pfarrer Huber klagt in seinem Berichte an die Gemeinnützige Gesellschaft über das Landschulwesen vom Jahre 1778, „dass nichts gelesen, nichts geschrieben, nichts gesungen werde als Geistliches, eben als wenn alle Baurenbuben·Candidaten und alle Bauren Maidli Nonnen geben sollten." Dadurch werde gerade das Gegenteil von der beabsichtigten Wirkung erzielt und im Volk ein Widerwille gegen die Religion geweckt. Das Übel wurde durch die verkehrte Behandlungsweise und den Unverstand der Lehrer vermehrt, die den Kindern die Religion „unter Drohung und Stock und ohne vernünftige Erklärung" glaubten beibringen zu müssen.[1]) Als ein Beispiel der Art nennt Schulinspektor Spörlin einen sonst nicht unfähigen Lehrer, der aber in Gegenwart des Inspektors beim Schulexamen „die Kinder mit aufgehobenem Stock zum Gebet und zur Andacht zwang und sie mit geballter Faust, die ihre Rippen und Lenden bei jedem Versehen fühlen musste, aufsagen liess." Das

---

[1]) Gutachten von Pfarrer Fäsch vom Jahre 1798.

Auswendiglernen des Nachtmahlbüchleins nennt derselbe Gewährsmann eine „Gedächtnismarter", eine „Fronarbeit", ein „sinnloses, papageimässiges Daherplappern." Da nicht alle Kinder beim Aufsagen gleichweit gekommen waren, so entstand „durch das Dahersagen einiger Fragmente, bald von vorne, bald aus der Mitte oder gar am Ende des Büchleins" ein wirres Durcheinander, wobei „alles ohne einige Erklärung oder Zusammenhang wie Kraut und Rüben durcheinander geworfen wurde." [1]

Beim L e s e n herrschte nicht nur durchgängig ein das Ohr beleidigender, widerwärtig schreiender Schulton, sondern der Lesestoff hatte oft einen sehr profanen Inhalt. „Die Auswahl der Schulbücher", heisst es in einem Berichte, „macht dem Schulmeister von Lauwyl wenig Kopfzerbrechens. Calender, Bänkelsängerlieder, Obligationen, Handschriften, uralte Gebetbücher — alles ist ihm willkommen, wenns nur schwarz auf weiss gekleckset ist. Die Kinder selbst lesen ihre Lektionen frohnsmässig, in einem ganz eigenen und unerträglichen Tone her; sie beten die Schwänke des lustigen Schweizers und Bernerkalenders mit der gleichen Andacht und mit gefaltnen Händen her, wie die Bibel und andere Erbauungsbücher." [2]

Der S c h r e i b u n t e r r i c h t wurde durch die allgemein herrschende Meinung beeinträchtigt, dass man damit nicht eher beginnen dürfe, als bis eine gewisse Lesefertigkeit erreicht worden sei. Für die Mädchen hielt man das Schreiben vollends für überflüssig. Im Jahre 1793 sprach das Waldenburger Kapitel den Wunsch aus, dass „ein ausdrücklicher obrigkeitlicher Befehl alle Schulkinder ohne Unterschied" zur Erlernung des Schrei-

---

[1] Spörlins Journal. Vaterländ. Bibl. O. 100, S. 21. 42.
[2] Helvet. Archiv in Bern, Band 1426, N° 53.

bens anhalten möchte. [1]) Die Anregung blieb erfolglos.
Als Schulinspektor Spörlin im Februar 1799 mit seinen
Schulvisitationen begann, fand er zu Diegten unter
den 54 Kindern bloss zwei, die schreiben lernten, des
Lehrers eigene Knaben. Zu Tennicken sassen die
vier Schreibschüler in der finstersten Ecke der Schulstube. Die 16 mit Schreiben beschäftigten Schüler zu
Hölstein sassen an einem viel zu schmalen, unbequemen Tische. Schreibhefte gab es noch nicht; die
Ausgabe dafür war den meisten Eltern zu gross. Man
musste froh sein, wenn sie den Knaben einzelne Blätter
mitgaben. Wandtafeln zum Vorschreiben fehlten in den
meisten Schulen. Auch wenn eine solche vorhanden war,
wurde sie oft nicht benutzt, sondern stand auf dem
Estrich in einem Winkel. [2]) So mangelhaft indessen der
Schreibunterricht beschaffen war, so verdient doch bemerkt zu werden, dass eine grosse Zahl von Lehrern
selber eine saubere, deutliche, „satte" Baslerhand schrieben. Der ihnen im allgemeinen gemachte Vorwurf, ihre
Schrift sei „erbärmlich", kann sich weniger auf die
kalligraphische, als auf die orthographische Ausführung
beziehen. [3])

Was ausser dem Auswendiglernen, dem Lesen und
dem bisschen Schreiben sonst noch im Schulunterrichte
vorkam, war kaum der Rede wert. Im Rechnen
geschah fast gar nichts. Bei der während der Jahre
1784—86 angestellten Visitation war zu Mönchenstein
ein einziger Knabe, der etwas rechnen konnte und es
bis zur Erlernung von drei Spezies gebracht hatte. Zu

---

[1]) Akten des Waldenb. Kapitels vom 23. Mai 1793, K./A. D.
14. No 156. S. 204.

[2]) Spörlin, Journal, S. 4. 6. 8. 9. 30. 34.

[3]) Gutachten von Diakon Fäsch von 3. Juni 1798, Akten
des Erziehungscollegii, AA. 25. No 1.

Rotenfluh konnte ein Knabe die Addition. Zu Maisprach war einer, der alle 4 Spezies rechnete. Zu Benken konnten einige das Einmaleins. Zu Bubendorf war einer, der „ordentlich" rechnen konnte. Das ist alles, was uns über den Rechenunterricht zu dieser Zeit berichtet wird. [1]) Teils konnten viele Lehrer selber nicht rechnen, teils beriefen sich solche, die es konnten, auf den in der Schulordnung enthaltenen Stundenplan, worin kein Wort vom Rechnen gesagt sei. Schulinspektor Spörlin schreibt, „was man früher Rechnen geheissen habe, sei blosse Zeitverschwendung gewesen." [2]) Auch für die Mädchen hielt das Volk die Kunst des Rechnens für völlig überflüssig.

Obgleich die meisten Lehrer von Amtes wegen den Vorsängerdienst zu versehen hatten, stand es mit dem Gesangunterricht ebenfalls schlimm. Meistens wurde in der Schule gar nicht, oder in einem das Ohr beleidigenden, widerwärtig schreienden Tone gesungen. Da man nur geistliche Lieder übte, so erschallte selbst aus den Wirtshäusern Psalmengesang. Nur an ganz wenigen Orten traf Spörlin bei seinen Schulbesuchen Anfänge eines bessern Gesanges nach Kompositionen von Bachofen, Egli und Schmidlin an. Auch Lavaters Schweizerlieder und Gellerts Oden hatten da und dort Eingang gefunden. [3])

---

[1]) K./A. A. 17. No 33—46.

[2]) Journal, S. 30.

[3]) Spörlin, Journal, S. 22. 26. Bericht über die Kirchenvisitation von 1784—86, Staatsarchiv, Erziehungsakten EE. Es ist eine Pflicht der Dankbarkeit, hier der drei aus dem Kanton Zürich hervorgegangenen Begründer und Förderer eines bessern Volksgesanges zu gedenken, des Cantors Joh. Kasp. Bachofen (1692—1755), des Pfarrers und Dekans Joh. Schmidlin (1722—1772) und des Tondichters Joh. Heinr. Egli (1742—1810).

Wenn es in der Alltagsschule so schlimm bestellt war, so sah es in der Repetierschule nicht besser aus. „Seitdem die Gemeine (Sissach)", schreibt Pfarrer Huber im Jahre 1798, „mit solchen schlechten Lehrern versorgt worden, und sonderlich seit die Lichter auf einen so hohen Preis gestiegen, ist keine Frage mehr von Nacht-Schulen." Pfarrer Fäsch, der in Gelterkinden aus eigenem Antriebe einen Wiederholungskurs im Rechnen einrichtete und selber darin, sowie „in denen in die Landwirtschaft einschlagenden mathematischen und anderen Materien" Unterricht zu geben bereit war, musste sein Vorhaben nach kurzer Zeit aus Mangel an Teilnahme aufgeben.[1]

Aber, wird man einwenden, gab es denn niemanden, der sich der Schule und der Jugend angenommen und sich dem Zerfall des Unterrichtswesens widersetzt hätte? Vom Volke war nichts zu erwarten; es war an völlige Unterwürfigkeit gewöhnt und zum absoluten Gehorsam erzogen worden. Dagegen thaten einsichtige Geistliche soviel sie vermochten; allein sie richteten nichts aus. Pfarrer Huber erzählt 1798, dass er bei der A° 1784 gehaltenen Kirchen- und Schulvisitation die schlechte Beschaffenheit seiner Schule dringend vor Augen gelegt habe. Seit 14 Jahren warte man aber noch immer auf den Bescheid und auf die nötige Remedur. Als er einst beim .Oberamt verlangte, man möchte verschiedenen saumseligen Eltern gebieten, ihre Kinder fleissiger zur Schule zu schicken, habe er zur Antwort erhalten: „Man hätte viel zu thun, wenn man sich mit dergleichen Pedantereien abgeben müsste."

„Man musste", fährt er fort, „alles Gott und der Zeit befehlen. Aber bei jedem Schulbesuche hätte einem.

---

[1] K./A. A. 4. N° 103 ff. unter Gelterkinden.

das Herz bluten mögen, wenn man die arme Jugend so
heillos versäumt sah."[1]

Zur Steuer der Wahrheit darf aber darauf hingewiesen werden, dass es doch auch einige bessere
Schulen gab. Spörlin rühmt z. B. die Schulen zu
Langenbruck (unter dem tüchtigen Lehrer Martin Schneider) und zu Bretzwyl. Huber kann der elenden Schule
zu Sissach mit Befriedigung die Schule des Filialdorfes
Itingen gegenüberstellen, wo der treue und gewissenhafte
Kinderfreund Ambrosius Weibel schon über 50 Jahre
trotz der Ungunst der Verhältnisse so Befriedigendes
leistete, dass seine Schüler die zu Sissach in jeder Hinsicht übertrafen. Überhaupt sei in dem Dorfe Itingen
dank dem moralischen Einflusse des trefflichen, wenn
auch ungelehrten Lehrers mehrere Sittlichkeit unter der
Jugend als sonst in keinem andern zum Schulkreise
Sissach gehörenden Dorfe zu finden gewesen.

D. Schullokalien. Lehrer-Besoldungen.

In den wenigsten Dörfern gab es besondere Schulhäuser. Im Jahre 1801 hatten z. B. von den neun
Dörfern, die zum Distrikt Basel gehörten, nur drei
solche Schulhäuser, denen man das Prädikat der Zweckmässigkeit und der Geräumigkeit erteilen konnte. Zwei
Dörfer besassen nicht einmal eine ordentliche Schulstube. Im Distrikt Gelterkinden mit 29 Ortschaften
waren zur nämlichen Zeit bloss sechs Dörfer mit Schulhäusern versehen; 14 behalfen sich mit Schulstuben; 9
entbehrten auch einer solchen. Von den 20 Schullokalien
dieses Distriktes waren nur zwei „geräumig"; alle übrigen
waren entweder zu klein, oder zu finster, oder mit andern

---

[1] Hubers Bericht vom 4. April 1798.

Fehlern behaftet. In einem ganzen Dorfe fand sich oft
keine Stube, die zur Aufnahme von 50—60 Kindern den
nötigen Raum dargeboten hätte. Man musste froh und
dankbar sein, wenn der Lehrer erbötig war, in seinem
eigenen Hause Schule zu halten. Gar oft gab dieses
Anerbieten den Ausschlag bei seiner Wahl. Auffallend
war hiebei noch das Verhältnis, dass der Lehrer in
vielen Ortschaften nicht einmal eine Entschädigung für
die Benützung seiner eigenen Stube erhielt, ja sogar,
dass er die Unterhaltungskosten aus seinem eigenen
Sacke bezahlen musste.[1]) Um uns ein Bild von dem
Aussehen einzelner Schulstuben vor hundert Jahren zu
machen, wollen wir den Schulinspektor S p ö r l i n auf
einigen seiner Schulbesuche begleiten. Die Schulstube
zu L a n g e n b r u c k beschreibt er uns als einen über dem
Feuerspritzenschopf gelegenen Raum von 14 Fuss Breite,
17 Fuss Länge und 7 Fuss Höhe. Darin sassen n e u n z i g
S c h u l k i n d e r aufs engste zusammengepfercht, so dass
einige hinter, andere auf den Ofen gesetzt werden mussten und kaum noch Raum für den Lehrer übrig war.
Im Winter war es in der Stube so kalt, dass die Kinder
„an den Füssen bald verfroren"; dennoch mussten beständig einige Fenster offen gehalten werden, weil man
sonst in der niedrigen Stube vor dumpfer Luft nicht
hätte atmen können. Einen äusserst abstossenden Eindruck machte die Schulstube zu T e n n i c k e n auf den
Besucher: „Ein zweischläfriges Bett und andere haus-
rätliche Gegenstände beschränkten den Raum. Die grösstenteils zerbrochenen Fensterscheiben waren notdürftig
mit Papier überklebt. In der schmutzigen Stube sassen
31 meist jämmerlich zerfetzte Schüler äusserst zusam-

---

[1]) F ä s c h s Berichte über die Landschulen des Distriktes
Basel und des Distriktes Gelterkinden vom Jahre 1801.

mengedrängt. Dazu die böse Luft, die man einathmen und das · Ungeziefer, das man aufzulesen besorgen musste." [1]) Aus solchen Spelunken konnte unmöglich eine sittlich-erzieherische Einwirkung auf die Jugend, eine Gewöhnung zur Reinlichkeit und Ordnungsliebe, an Anstand und Schicklichkeit ausgehen. „Wenn man", bemerkt Pfarrer Huber in seinem Berichte vom 4. April 1798, „aus der Schul-Stube einen Hüner-Stall macht, wie zu Sissach geschieht, so kann man sich leicht vorstellen, wie wenig Rücksicht man sonst auf Sittlichkeit und Reinlichkeit der Schulkinder nehmen werde." Ein anderer Geistlicher entwirft im Jahre 1799 von dem Mangel an erzieherischem Einflusse, der von der Schule ausgehen sollte, folgendes traurige Bild: „Die elende Auferziehung der Bewohner (gemeint ist ein armes, abgelegenes Nebendörfchen, dessen Namen ich nicht nennen will) äussert sich in ihrem sowohl häuslichen als gesellschaftlichen Leben. Sehr viele von ihnen sind grob, ungesittet im Umgange, zänkisch und missgünstig; in ihren Häusern sowohl als an ihrem Leibe scheinen sie in der äussersten Unreinlichkeit mit den Ostiaken und Hottentotten zu wetteifern, und ihre Kinder laufen auf den Gassen halbnackend, mit Schmutze geschminkt, wie Wilde umher; überhaupt stellt dieses unglückliche Dorf das treue Bild der tiefsten Armuth vor und bestätiget die schon oft gemachte Erfahrung, dass Dürftigkeit, Unreinlichkeit, Barbarey und Unwissenheit einander gemeiniglich zu Gefährten haben."

Den Lokalverhältnissen entsprach die Besoldung der Lehrer. Es ist zwar schon mehrmals davon die Rede gewesen; doch dürfte es nichts schaden, an dieser Stelle einige zusammenfassende Angaben zu machen.

---

[1]) Spörlin, Journal, Seite 10. 6.

Als eine Unbilligkeit wurde die herrschende un-
gleichmässige Verteilung des Staatsbeitrages an die
Schulen empfunden. Während der Staat an die Besoldung der Lehrer einzelner, und zwar gerade der reichsten
Gemeinden einen verhältnismässig grossen Beitrag leistete,
bezog die weitaus grössere Menge der Lehrer vom Staate
überaus wenig oder gar nichts. Von den 20 Lehrern
im Distrikte Gelterkinden z. B. erhielten zwei ausser
freier Wohnung und etwas Land einen fixen Staats-
Beitrag von 450 bis 500 Franken; von den 18 übrigen
erhielten elf vom Staate durchschnittlich nicht mehr als
je 30 Franken, sieben gar nichts.[1] Ein fernerer Übelstand war die Ungleichheit des zu bezahlenden Schullohnes, der zwischen 12 und 20 Batzen vom Kinde jährlich schwankte, sowie der auffallende Unterschied, dass
ohne Rücksicht auf den Schullohn der Unterricht in
der einen Schule täglich 6, in der andern nur 4 Stunden
dauerte.

Der durchschnittliche Gehalt eines Landschullehrers
überstieg nach Pfarrer Hubers Schätzung kaum hundert
Gulden, betrug also nicht so viel, wie der geringste Taglöhner verdiente.[2] Diakon Fäsch giebt in seinem Berichte[3] folgende Zusammenstellung:

„Für die 67 Ortschaften im Kanton sind 50 Lehrer
angestellt. 17 Ortschaften, wo die Schülerzahl 20 nicht
übersteigt, haben keinen eigenen Schulmeister. Die 8
Schulmeister an den Deputatenschulen" (Liestal mit
zweien) „bezogen bis dahin 2938 ℔ à 12 Batzen das ℔

---

[1] Fäsch, Schulen des Distriktes Gelterkinden 1801. S. 1.

[2] Hubers Gutachten an die Gemeinnützige Gesellschaft vom
28. Juni 1778.

[3] Vom 3. Juni 1798; Akten des Erziehungscollegii, AA.
25. No 1.

und hatten 11 1/2 Jucharten Land zu benutzen, folglich
einer durchschnittlich 369 1/2 ℔ und ungefähr 1 1/2 Jucharten Land, nebst freier Wohnung. Die übrigen 42 Schulmeister bezogen in Früchten, Schulgeld, Siegrist-, Vor-
singer- und andern geringen Competenzen jährlich 4712 ℔
und benutzten 55 1/2 Jucharten Land, folglich einer im
Durchschnitt 112 ℔ und ohngefähr 1 1/2 Jucharten Land.
Doch sind 17 unter ihnen, welche unter 100 ℔ jährlich
Einkünfte beziehen, und von allen 42 haben nur 13 Schulhäuser, und noch andere 3 sind hauszinsfrei. 27 Schulmeister sind ohne freie Wohnung. Diese erbärmliche
Besoldung", setzt Fäsch hinzu, „ist eine Hauptquelle
der unwissenden Schulmeister und der vernachlässigten
Geistescultur unseres Landvolkes." Auch Spörlin
weist darauf hin, dass, „solange dergleichen armselige
Gehalte nicht erhöht werden, man sich über den Mangel
an tüchtigen Subjekten bei der Erledigung von Lehrstellen so wenig verwundern, als sich befremden müsse,
wenn alles beim alten Schlendrian bleibe und nie etwas
Grosses zur Verbesserung des Landschulwesens gethan
werden könne." [1])
Unter der Ungunst dieser Verhältnisse litt das Ansehen des Lehrerstandes. Dieser wurde auf dem Lande
„unter dem Hirten geachtet." „Den, welchen man zu
einem Handwerker zu dumm und ungeschickt und zu
einem Taglöhner zu schwach an Leibeskräften fand, bestimmte man zum Schulmeister," heisst es noch im Jahre
1823 in dem Gutachten eines Landpfarrers. [2])
Hieran wollte ich eigentlich noch einige Auszüge aus
den im Februar 1799 ans helvetische Ministerium gerichteten Lehrerberichten schliessen. [3]) Allein ich verzichte

---

[1]) Journal, S. 77.
[2]) Akten des Erziehungscollegii, AA. 25. No 5.
[3]) Helvet. Archiv in Bern, Band 1426.

darauf, um nicht zu weitschweifig zu werden. Zudem findet, wer sich dafür interessiert, die hauptsächlichsten Angaben aus Baselland in der vortrefflichen Zusammenstellung, die Walter Gimmi unter dem Titel: „Das Volksschulwesen in den Jura-Kantonen am Ende des 18. Jahrhunderts" in der Zeitschrift „Vom Jura zum Schwarzwald", Band 8 und 9, veröffentlicht hat.

E. Private Anregungen und Bestrebungen zur Hebung des Schulwesens.

Die Schäden der bestehenden Schulverhältnisse konnten keinem Einsichtigen verborgen bleiben. Es gab denn auch Männer genug, denen die bessere Erziehung und Ausbildung des Landvolkes am Herzen lag und die ihren dahin zielenden Wünschen in Wort und Schrift Ausdruck verliehen. Unter ihnen verdient Isaak Iselin in erster Linie genannt zu werden, der niemals müde geworden ist, teils allein, teils in Verbindung mit gleichgesinnten Freunden an der Verbesserung der Schulen zu arbeiten. Der von ihm ins Leben gerufenen Gemeinnützigen Gesellschaft gebührt das grosse Verdienst, Alles was zum Besten des heranwachsenden Geschlechtes und zur Förderung von Erziehung und Unterricht irgend beitragen konnte, von Anfang an und mit Vorliebe in den Kreis ihrer Thätigkeit gezogen zu haben. Es ist bezeichnend, dass die bessere Erziehung der Jugend auf der Landschaft die Gesellschaft gleich in ihrer ersten Sitzung am 1. Juni 1777 beschäftigt hat. Von da an bis zum Ende der von uns behandelten Schulgeschichte, bis 1830, ist beinahe kein Jahr vergangen, wo sie sich nicht der Landschulen angenommen und durch diese Beschäftigung, wie es in einem ihrer Berichte heisst, den Grundsätzen ihres Stifters gehuldigt und seinen Geist verewigt hätte.[1])

Im Jahre 1778 zog sie zwei Berichte in nähere Beratung, die ihr durch Pfarrer Joh. Rud. Zwinger in Liestal und Pfarrer J. J. Huber in Sissach über den Zustand des Schulwesens auf der Landschaft vorgelegt worden waren.[2]) Beide Berichte, besonders aber der letztere, sind von grossem Interesse. Während Zwinger mehr die Verhältnisse seiner Gemeinde Liestal ins Auge fasste und in Bezug auf das Allgemeine sich damit begnügte, die Wahlart der Lehrer durchs Los zu kritisieren, nimmt Huber einen höhern Standpunkt ein und bringt eine Reihe von Verbesserungsvorschlägen, die ebensosehr von seiner Einsicht und Sachkenntnis, als von seiner warmen Liebe für das Volk und dessen Wohlfahrt beredtes Zeugnis ablegen.

Als die Hauptursachen des schlimmen Zustandes der Landschulen nennt er: die mangelhafte Ausbildung der Lehrer, die Unzulänglichkeit der Besoldungen, die Beschränkung der Lehrerwahlen auf den engen Kreis von Stadt- und Kantonsbürgern, die mangelhafte Lehrart. Er verlangt, dass bei der Besetzung von Lehrstellen „nicht so fast auf eine zierliche Handschrift oder eine gute Stimme als vornehmlich auf den moralischen Charakter, auf ein gutes Herz, auf Treue und Fleiss, auf die einem Schulmanne so nötige Gabe der Geduld, mit einem Worte auf einen Kinderfreund gesehen werden sollte." Besonders eingehend und mit Sachkenntnis spricht er von der Verbesserung der Lehrart. Der Unterricht müsse auf Herz und Gemüt einwirken, das Nachdenken wecken

---

[1]) Jahresbericht von 1817, Seite 59.
[2]) Protokoll der Gesellschaft, II. 49. 101, 102. K./A. C. III. 4. 102 a und b.

und auf die Aneignung der im Leben anwendbaren
Kenntnisse ausgehen. Denn die Kinder müssen nicht
allein zu guten Christen, sondern auch zu brauchbaren
Gliedern der menschlichen Gesellschaft erzogen werden.
Hubers Wünsche gelten der Anleitung zur Erlernung
der Muttersprache, der Erstellung eines Schullesebuches,
der Berücksichtigung des Unterrichtes im Rechnen, in
der Naturkunde, in der Geographie, in der vaterländischen
Geschichte und im Gesange patriotischer Lieder. Praktisch
sind seine Vorschläge zur Kontrolle der Schulversäumnisse durch die Führung genauer Absenzenverzeichnisse,
zur Einführung regelmässiger Schulprüfungen und damit
in Verbindung zur Regelung des Austrittes aus der
Schule, lauter Anregungen, die volle Beachtung verdient
hätten.

Damals freilich war an die Erfüllung solcher Wünsche
durch den Staat nicht zu denken. Zwar hatte „der Hoch-
vermögende Stand in Basel" im Jahre 1771 an das durch
den bekannten Pädagogen Basedow bearbeitete „Ele-
mentarwerk für Kinder" einen Beitrag von 150 Thalern
gezeichnet[1]) und dadurch sein Interesse an der Förderung des Erziehungswesens bekundet. Allein die lässige
Art, wie die Schulordnung des Jahres 1759 zur Ausführung kam, und die Gleichgültigkeit, die von den
weltlichen Behörden der Verbesserung der Landschulen
überhaupt entgegengebracht wurde, liess die Unfähigkeit
des Staates zu einer solchen aufs deutlichste erkennen.
Huber machte deshalb in seinem Berichte an die Gemeinnützige Gesellschaft auch kein Hehl daraus, dass er
vom Staate nichts erwarte und keine Besserung hoffe.
„Alle Vorschläge", schreibt er, „so patriotisch, so über-

---

[1]) v. Raumer, Geschichte der Pädagogik, II. 262. Anm. 3.

zeugend, so dringend sie auch mögen abgefasst sein, werden doch nicht mehr ausrichten als die Bittschriften der von den General-Pächtern bedruckten Franzosen ausrichten. Sie werden angenommen — gelesen — bei Seite gelegt — vergessen — und die Sache geht in ihrem alten Geleise und elenden Schlendrian fort."

Unter solchen Verhältnissen konnte sich eine Vereinigung von Privatleuten, wie die Gemeinnützige Gesellschaft, nicht veranlasst finden, in die erzieherische Aufgabe des Staates so einzugreifen, wie es zu einer wirksamen und nachhaltigen Verbesserung hätte geschehen müssen. Sie musste sich sagen, dass ein solches Unternehmen nicht nur ihre Kräfte, sondern auch ihre Aufgabe weit übersteige, und stellte die Akten dem Antistes zur Vorlage an die zuständige Behörde zu. Um aber wenigstens ihren guten Willen für die Sache zu zeigen, schlug sie den Weg der Belehrung und der Aufmunterung durch Verbreitung nützlicher Schriften ein.

Schon zehn Jahre früher (1767) hatte ein ungenannter „Gönner einer bessern Erziehung unserer Landjugend" (Isaak Iselin?) von sich aus eine belehrende Schrift auf der Landschaft verbreitet. Es war dies eine gekrönte Preisschrift des Pfarrers Albrecht Stapfer in Diesbach bei Thun (eines nahen Verwandten des nachmaligen Ministers), betitelt „Von der besten Auferziehung der Jugend auf dem Lande in Absicht auf den Landbau." [1] Wie schon aus dem Titel hervorgeht, hatte die Arbeit

---

[1] Mittheilungen der ökonomischen Gesellschaft von Bern, 1764. Stück 3, Seite 1—102. Spörlin, über die Beschaffenheit des Schul- und Erziehungswesens in unserm Kanton, Mscpt. Vaterländ. Bibl. O. 62, 2. N° 90.

Stapfers die Verbesserung des Schulunterrichtes erst in
zweiter Linie im Auge.

Eine ungleich nachhaltigere Einwirkung auf das
Schulwesen übten die Schriften Eberhards von Ro-
chow aus. Im Jahre 1772 war dessen „Versuch eines
Schulbuches für Kinder der Landleute" erschienen, eine
Anleitung zur bessern Einrichtung des Unterrichtes für
die Lehrer. Noch grössern Erfolg und Beifall fand im
Jahre 1773 Rochows „Kinderfreund", ein schlichtes Buch,
das aber mit Geschick und Glück ein schon längst em-
pfundenes Bedürfnis befriedigte und der Anfang der
heute so reichhaltigen Lesebuchlitteratur geworden ist.
Rochows Schriften fanden wegen ihres, Unterhaltung mit
Belehrung verbindenden Inhaltes bald die weiteste Verbreitung. Zugleich hatte sich ihr Verfasser durch die
gelungene Verbesserung seiner verkommenen Dorfschulen als praktischer Schulmann bewährt. Seine Schriften,
die also keineswegs blosse Theorien enthielten, sondern
aus der Praxis hervorgegangen waren, gaben denn auch
zu Basel dem Gedanken an die Verbesserung der Landschulen neue Nahrung. Die Gemeinnützige Gesellschaft
verbreitete auf ihre Kosten das „Schulbuch" und den
„Kinderfreund"; mit jenem beschenkte sie die Lehrer,
mit diesem munterte sie die fleissige Jugend auf.

Dem von der Gemeinnützigen Gesellschaft gegebenen
Beispiele folgte der Kirchenrat, gleichfalls durch die Verbreitung einer belehrenden Schrift. Pfarrer Escher von
Pfäffikon, Dekan des Kyburger Kapitels im Kanton Zürich,
hatte im Jahre 1771 unter dem Titel „Anleitung für
schweizerische Lehrmeister" eine recht gute, praktische
Pädagogik im Kleinen herausgegeben, die in ansprechen-
der Form ganz vortreffliche Ratschläge und Winke zur
Einrichtung des Unterrichtes enthält und namentlich auch

die erzieherische Thätigkeit des Lehrers berücksichtigt.[1])
Nach der 1775 erschienenen zweiten Auflage dieser
Schrift veranstaltete der Basler Kirchenrat im Jahre
1779 eine für die hiesigen Verhältnisse berechnete Über-
arbeitung und verteilte sie unter dem Titel „Anleitung
für die Landschulmeister" samt dem Stundenplane der
Schulordnung von 1759 in allen Landschulen.[2])

So löblich und gutgemeint auch die Absicht war,
durch belehrende Schriften anregend auf die Lehrer
einzuwirken, so blieb im allgemeinen die gehoffte Wirkung doch aus. Es mangelte das konkrete Beispiel und
die unmittelbare Anleitung. Die Lehrer besassen zwar
meistens guten Willen und waren der Belehrung nicht
unzugänglich; sie standen aber unter dem Banne eines
hergebrachten Schlendrians, aus dem sie sich nicht leicht
aufrütteln liessen.

Diese Lücke auszufüllen liessen sich einzelne Landpfarrer angelegen sein. Es gab unter ihnen eine Anzahl
solcher, die sich mit Vorliebe mit pädagogischen Fragen

[1]) Ein competenter Beurteiler (Finsler, „Zürich in der
zweiten Hälfte des 18. Jahrhunderts", S. 33) schreibt darüber: „Die
in alles Einzelne eingehenden Anweisungen über die Schule sind
trefflich. Es wird auf Trennung der Schüler in verschiedene
Klassen, auf eine bessere Methode zur Erlernung des Lesens und
Schreibens gedrungen. Die Lehrer werden ermahnt, den religiösen
Gedächtnisstoff zuvor zu erklären, biblische Geschichten zu erzählen und nacherzählen zu lassen und mit Berücksichtigung der
verschiedenen Anlagen die Schüler zur Einsicht in ihre Pflichten
und zu guter Sitte anzuleiten." Siehe auch O. Hunziker: „Aus
der Reform der zürcherischen Landschulen, 1770—1778", im Zürcher Jahrbuch für 1894, S. 51 f.

[2]) „Gedruckt zu Basel bey Gebrüdern von Mechel, 1779." 63
Seiten in-8°. Das dem Drucke zu Grunde gelegte Exemplar des
Originaltextes mit den daran vorgenommenen Änderungen befindet
sich im Archive des Antistitiums.

und mit der Verbesserung des Volkswohles beschäftigten.
Dies thaten sie nicht etwa bloss theoretisch, sondern versuchten sich auch in der Praxis. In uneigennützigster
Weise nahmen sie sich des Unterrichtes an, versammelten an schulfreien Tagen die ältere Jugend um sich und
erteilten ihren Lehrern in den Fächern Anleitung, worin
dieselben besonders schwach waren. Unter den Geistlichen, die sich durch ihre Thätigkeit für die Schule
verdient gemacht haben, ist namentlich Sebastian
Spörlin (1745 – 1812) zu erwähnen. Als Prediger zu
Markirch im Elsass war er in seiner Jugend mit Pfeffel
und dessen Freundeskreise bekannt geworden und hatte
da mancherlei Anregung erhalten. Dem Rufe an die
Pfarrei Diegten in seinem Heimatkantone folgte er (1779)
mit dem Vorsatze, das Seinige zur Hebung der Volks-
wohlfahrt redlich beizutragen, und trat in der helvetischen Gesellschaft mit gleichgesinnten Männern aus andern Kantonen in Verbindung. Als Pfarrer widmete er
seine Mussezeit am liebsten der Veredlung des Volkes
und der Verbesserung der Erziehung. Der freundliche
Ausblick, der sich auf seinem Lieblingsplätzchen, den
spärlichen Überresten der Burg Eschenz bei der Kirche
zu Diegten, seinem Blicke darstellte, bot ihm Stoff zum
Nachdenken über das, was ihn besonders bewegte. Seine
Gedanken darüber hat er zum Teil durch den Druck
veröffentlicht; [1] anderes ist Manuscript geblieben. [2] Spör-

---

[1] „Verschiedenes über Allerhand", mit einem beachtenswer-
ten Aufsatze über den Kinderunterricht vom 5ten bis 10ten Jahre
(Seite 25—32). „Hanns und Bethe. Versuch eines nach den Bedürf-
nissen unsrer Landleute zu bearbeitenden Lesebuchs", I. 1790,
II. 1792 (in Gesprächsform).

[2] „Über die Beschaffenheit des Schul- und Erziehungswesens
in unserm Kanton." (Siehe S. 258, Anm. 1.) „Materialien zu ge-

lin hätte es mindestens mit ebensoviel Recht wie mancher
andere verdient, von O. Hunziker in dessen sonst so
verdienstvollen und lehrreichen „Geschichte der schweizerischen Volksschule“ unter den bedeutendern vaterländischen Schulmännern genannt zu werden. Das Einzige,
was über ihn zusammengestellt worden ist, stammt
aus der Feder Benedikt Meyers,[1]) erschöpft aber
Spörlins litterarische und pädagogische Thätigkeit bei
weitem nicht. Eine allseitige Würdigung des verdienten
Mannes wäre eine Pflicht der Dankbarkeit für seine
mannigfachen und unbestreitbaren Verdienste um das
Landschulwesen.

F. Die letzte Kirchen- und Schulvisitation nach alter Ordnung.

Hinter all diesen privaten Versuchen und Unternehmungen durfte der Staat ehrenhalber nicht zurück-
bleiben, zumal da die Klagen über seine eigenen Schulen
immer lauter sich vernehmen liessen. Im Jahre 1781
veranlasste der Kirchenrat zuerst eine schriftliche Berichterstattung über die Landschulen in der hergebrachten Form der Beantwortung von Fragen,[2]) die jedoch
durchaus nichts zu Tage förderte, was nicht schon zur
Genüge bekannt gewesen wäre. Drei Jahre darauf ordnete der Rat eine allgemeine Kirchen- und Schulvisitation auf der Landschaft an, die letzte derartige
Handlung unter dem alten Regimente. Obgleich dieselbe

---

wünschter Verbesserung des Landschul- und Erziehungswesens“,
Vaterl. Bibl. Q 90. 2. No 1. „Journal die meiner Inspektion anver-
trauten Schulen betreffend“, ebendas. O. 100.

[1]) Vaterländ. Bibl. Mscpt.

[2]) K./A. A. 4. No 103 — 134.

sich über die drei Jahre von 1784—86 ausdehnte und ungleich mehr Geld kostete als irgend eine vorhergegangene, entsprach das Ergebnis wenigstens für das Schulwesen dem Aufwande von Zeit und Geld in keiner Weise. Die Hauptschuld mag der Flüchtigkeit zuzuschreiben sein, womit jeweilen die Schulvisitation abgethan wurde. Am Vormittage mussten die Lehrer in der Kirche über ihre Schulführung, den Schulbesuch und andere die Schuleinrichtung betreffenden Dinge Rede stehen. Am Spätnachmittage nahmen die Visitationsherren unmittelbar nach einem opulenten Mittagsmahle die eigentliche Schulvisitation vor. Der Besuch der Schule und die damit verbundene Prüfung der Jugend fiel aber in der Regel ganz kurz und ziemlich oberflächlich aus und hinterliess den Eindruck, dass man nur der Form habe Genüge leisten wollen. Am meisten Freude hatten wohl die Schulkinder; denn jedes von ihnen erhielt von den vornehmen Herren aus der Stadt einige neugeprägte Basler Rappen zum Geschenke. [1]

In dem ausführlichen Schlussberichte des Kirchenrates [2] wurden zwar die Mängel namentlich der Deputatenschulen zugegeben, dagegen der befriedigende Stand mancher Dorfschule hervorgehoben und eine Anzahl von Wünschen aufgestellt, denen sich die HH. XIII. in ihrem Gutachten vom 1. März 1790 im allgemeinen anschlossen. Die ganze Angelegenheit verlief aber ohne nennenswerten Erfolg. Der Grosse Rat war (am 11. Juni 1791) nämlich der Ansicht, alle die auf die Verbesserung des Landschulwesens abzielenden Wünsche seien ja bereits

---

[1] „Agenda betreffend Kirchen- und Schulvisitationen,“ K./A. A. 17. No 46.

[2] Staatsarchiv, Erziehungsakten EE.

in der Schulordnung enthalten; man müsse diese nur
richtig befolgen. Die Oberbeamten und Prediger erhielten also bloss eine hierauf bezügliche Ermahnung,[1]) und
alles blieb beim Alten.

G. Die Staatsumwälzung und ihre Folgen für die Landschulen.

Mit einem so nichtssagenden Ergebnisse konnte sich
aber das Bedürfnis nach einer Umgestaltung der Schulen
nicht zufrieden geben. Am 3. November 1794 erfolgte
die Niedersetzung einer besondern Schulkommission,
die sich zunächst die Untersuchung der städtischen Schulzustände zur Aufgabe setzte. Bevor sie jedoch ihre
Thätigkeit den Landschulen zuwenden konnte, traten
Schlag auf Schlag jene grossen politischen Ereignisse
ein, die nicht nur das Basler Staatswesen, sondern damit
zugleich auch das der ganzen schweizerischen Eidgenossenschaft von Grund aus umgestalteten.

Der Kanton Basel stand in dieser unruhevollen Zeit
an der Spitze der Bewegung. Als einer der ersten
schaffte er alle Vorrechte ab und proklamierte neben
der Freiheit die allgemeine bürgerliche Gleichheit. Die
bisherigen Unterthanen auf der Landschaft wurden
gleichberechtigte Bürger. Die aus den landvögtlichen
Schlössern Farnsburg, Homburg und Waldenburg hoch-
auflodernden Flammen verkündigten der ganzen Um-
gend weithin den Sturz des alten Regimentes und den
Anbruch einer neuen Zeit.

Eines der ersten Geschäfte der am 6. Februar 1798
zusammengetretenen „Nationalversammlung des Kantons

---

[1]) K./A. A. 17. No 43.

Basel" galt wiederum der Verbesserung der Landschulen;
denn „nur eine gute und vernünftige Erziehung bilde
den Menschen zum guten Bürger und wahren Repu-
blikaner." Für die damalige Zeit ist die Hast bezeichnend,
womit die Verbesserungspläne an die Hand genommen
wurden. Binnen kürzester Frist sollten die Landschullehrer mit sämtlichen Schulkindern eingehende Prüfungen vornehmen, das Ergebnis in Tabellen eintragen
und eine ganze Reihe von Fragen „aufs allergenaueste"
beantworten. [1] Mit der Verarbeitung eines zusammen-
fassenden Berichtes wurde Bürger J. J. Fäsch, Diakon
zu St. Theodor, beauftragt.

Allein bevor dieser mit seiner Arbeit im Reinen
war, brachten die politischen Ereignisse eine abermalige
Veränderung mit sich. Am 12. April 1798 machte der
Einheitsstaat der helvetischen Republik der Selbständigkeit der Kantone ein Ende. Unter den die Fürsorge
des neuen Staates in besonderm Grade in Anspruch
nehmenden Geschäften stand das Erziehungswesen obenan.
Der Minister der Künste und Wissenschaften, Philipp
Albert Stapfer, ordnete sofort die Aufstellung kan-
tonaler Erziehungsräte und die Wahl von Schulinspektoren an und veranstaltete, um einen Einblick in das
gesamte vaterländische Unterrichtswesen zu gewinnen,
eine Erhebung über die Verhältnisse jeder einzelnen
Schule nach einem von ihm selbst ausgearbeiteten Plane.

Es war für unser Basler Schulwesen eine bedeut-
same Stunde, als am 12. Februar 1799 des Nachmittags
um 2 Uhr die Glocken des Münsters die Mitglieder der
Regierung, die Professoren der Universität, die Pfarrer,

---

[1] K./A. R. 5. No 17. Die Antworten nebst den tabellarischen
Eintragungen befinden sich im Staatsarchive Baselland.

die Lehrer an sämtlichen städtischen Schulen, begleitet von ihren fleissigsten und gesittetsten Schülern, in den „akademischen Münstersaal" (den spätern „Betsaal") zusammenriefen, um daselbst in Gegenwart eines zahlreichen Publikums der feierlichen Einführung der neun kantonalen Erziehungsräte und der vier Schulinspektoren samt ihren Stellvertretern beizuwohnen.

Die bei diesem Anlasse gehaltenen Ansprachen sind erfüllt von frohen Hoffnungen. Mit Begeisterung stellten die Redner als eine Folge der bürgerlichen Gleichheit die Einrichtung allgemeiner Bildungsanstalten in Aussicht, priesen die einheitliche, nationale Erziehung und erwarteten von den künftigen öffentlichen Schulen alles Heil: Aufklärung, Verbrüderung der Bürger, Entwicklung des Gemeingeistes, Bewusstsein der Nationalehre, Veredelung der Denkungsart, Verbannung des zwischen den verschiedenen Ständen waltenden Misstrauens, Vereinigung der Bemühungen aller Bürger auf den einen Zweck des Wohles des Vaterlandes. In der Schweiz so gut, wie nachher in Deutschland, versprachen sich gerade die erleuchtetsten Männer von der Vervollkommnung und grössern Verbreitung des Unterrichtes ein goldenes Zeitalter und hofften eine wesentliche Verbesserung der ökonomischen und sittlichen Zustände. Gab es doch in Deutschland Männer (z. B. Falk in Weimar), die zuversichtlich behaupteten, dass die auf die Errichtung von bessern Lehranstalten verwendeten Ausgaben durch verminderte Leistungen für die öffentliche Sicherheit, für Zucht- und Arbeitshäuser u. drgl. reichlich würden aufgewogen werden. Aus dem überschwenglichen Tone, den die Basler Redner bei jener Einführung des Erziehungsrates anschlugen, klingt eine ebenso freudige Begeisterung, die erkennen lässt, mit welchem idealen Schwunge die zur Leitung des Erziehungswesens in

unserm Kanton berufenen Männer an ihre Aufgabe heran-
getreten sind.[1]

In demselben Monat Februar, als bei uns die Erziehungsräte und die Schulinspektoren ihre Thätigkeit
begannen, liefen beim Minister Stapfer die Antworten
ein, die die Lehrer im ganzen Gebiete der schweizerischen Eidgenossenschaft über ihre Schulen abzu-
statten hatten. Eine derartige Arbeit war für die bisher
so gering geachteten „Schulmeister" etwas Neues und
Ungewohntes; denn alle Berichte über das Schulwesen
waren bis dahin jeweilen aus den Federn der Pfarrer
geflossen. Kein Wunder, dass sich nun die Lehrer bei
der an sie gestellten Forderung ziemlich unbeholfen be-
nahmen, Einzelnes nicht recht verstanden und nicht auf
alle Fragen die gewünschte Auskunft zu geben vermochten. Es wäre darum unrecht, wenn man an ihre
Einsendungen den Massstab einer strengen Kritik an-
legen wollte. Was nun die Berichte der Basler Lehrerschaft, speziell der Landschullehrer, betrifft, so geht daraus im allgemeinen das augenscheinliche Bestreben hervor,
ihre Aufgabe nach bestem Vermögen zu lösen. Dies geht
schon äusserlich aus der Form der Abfassung deutlich
hervor, die mit einigen wenigen Ausnahmen durchweg
eine, wenn auch nicht immer schöne, aber doch deutliche und leserliche Handschrift zeigt, obschon freilich
die Zahl der Verstösse gegen die Gesetze der Recht-
schreibung und der Sprachlehre gross ist. Doch ver-
sichern solche Gewährsmänner, die, wie z. B. Birmann,
Gelegenheit gehabt haben, einen vergleichenden Blick
in die vollständige Sammlung der Berichte zu werfen,
dass die Antworten der Basler Lehrerschaft den Ver-

---

[1] „Einführung des Erziehungs-Rathes und der Schul-In-
spektoren des Kantons Basel, 1799." 32 Druckseiten in-8º. Siehe
auch Kündig, Erinnerungen an J. Fr. Miville, S. 145 ff.

gleich mit denen aus andern Teilen des Vaterlandes, z. B.
aus Zürich, in jeder Hinsicht wohl aushalten können.

Die zur Zeit der Helvetik in den Landschulen an-
gebahnten Verbesserungen bestanden aber mehr aus Pro-
jekten als aus wirklichen Umgestaltungen. Spörlin that
als Schulinspektor so viel, wie ein Einzelner nur immer
leisten konnte. Er musste sich freilich auf fleissige Schulbesuche, Aufmunterung schwacher Leistungen, Abschaffung von schreienden Missbräuchen u. drgl. be-
schränken. Ein besonders grosses Verdienst hat er sich
durch die Einrichtung der Sommer- und durch die
bessere Organisation der Repetierschulen in dem seiner
Aufsicht unterstellten Distrikte Waldenburg, sowie durch
die Abhaltung von Lehrerkonferenzen erworben. Dadurch wurde unter den Lehrern nicht nur das Bewusstsein der Zusammengehörigkeit geweckt, sondern auch
Einiges zur Einführung einer bessern Lehrweise gethan.
Spörlin ist wohl auch der Verfasser einer nur im Manuscripte erhaltenen „Anleitung an die Schullehrer zur nützlichen und zweckmässigen Führung ihres Amtes", einer
Arbeit, die in 12 kurzen, leicht fasslichen Abschnitten
das Wesentlichste über eine zweckmässige Schulführung
enthält. [1] Er beschäftigte sich noch mit einer Reihe
von Verbesserungsplänen, deren Ausführung jedoch teils
wegen der Ungunst der Zeit, teils wegen seiner Versetzung an die Pfarrei Sissach und der damit verbundenen Niederlegung des Schulinspektorates unterblieb.

Mehr theoretisch als praktisch sind die Vorschläge,
die Pfarrer J. J. Fäsch in dem von ihm im Auftrage
der Schulkommission verfassten Gutachten vom 3. Juni
1798 niedergelegt hat. [2]

---

[1] Vaterländ. Bibl. Q. 90. 2. No 2.
[2] Akten des Erziehungs-Collegii, AA. 25. No 1.

Nach einer düster gehaltenen Schilderung der Un-
zweckmässigkeit und Unzulänglichkeit dessen, was bisher für die Landschulen gethan worden sei, stellt der
Verfasser folgende Forderungen auf: Der Unterricht
müsse hauptsächlich auf die Bedürfnisse des Landvolkes,
besonders auf die Landwirtschaft und die Seidenband-
weberei, Rücksicht nehmen, ausserdem aber über die
heiligsten Menschenrechte und die Staatsverfassung be-
lehren. An die Stelle des bis dahin „im Geiste des Mit-
telalters" erteilten Religionsunterrichtes habe „eine kraft-
volle Sittenlehre" zu treten. Der eigentliche Religionsunterricht müsse nicht mehr vom Lehrer, sondern vom
Pfarrer erteilt werden. Unter den neu einzuführenden
Lehrfächern wird „wegen der innigen Verbindung, in
welcher wir dissmalen mit der französischen Republik
stehen", namentlich die französische Sprache empfohlen.
Zu den Lieblingsgedanken Fäschs gehört die hohe Meinung von der Stellung der Schule und die Überschätzung
der Lehrer. „Ein Schulmeister", erklärt er, „ist in
mancher Hinsicht eines der nutzlichsten Glieder der
menschlichen Gesellschaft, nutzlicher gewiss als ein Prediger." Fäsch sucht folgerichtig die Schule von der Kirche
möglichst frei zu machen und den Einfluss der Geistlichen
wo nicht ganz zu beseitigen, so doch bedeutend zu be-
schränken. Da er aber in seinem Ideal von einer Landschule zu einem wöchentlichen Pensum von nicht weniger
als 56 Stunden für den Lehrer gelangt, so kann er die
Mithilfe des Geistlichen doch nicht ganz entbehren. Er
weist ihm die Stelle eines Unter- oder Nebenlehrers an,
der dem eigentlichen Lehrer etwa 12 Stunden abzunehmen hätte. Weil es ihm ferner ganz besonders daran
gelegen ist, dass das Volk aufgeklärt und mit den Rea-
lien und der Verfassungskunde recht bekannt gemacht
werde, so möchte er hiefür eigene Kurse, auch für

Erwachsene, einrichten. „Am Sonntag nach der Kinderlehre", meint er, „solle der Schulmeister in der Kirche
zuerst eine Stunde lang eine Vorlesung über Naturge-
schichte mit Berücksichtigung dessen halten, was er in
Journalen Neues und Bemerkenswertes gefunden hat,
sodann in der andern Stunde über Schweizergeschichte
lesen und im Anschlusse daran das Wichtigste aus den
Verhandlungen des Grossen Rates besprechen!"

Praktischer klingen Fäschs weitere Vorschläge. Was
er z. B. über die erklärende Vorbereitung des Auswen-
digzulernenden, über die Notwendigkeit der Entwicklung des Denkvermögens, über die einem Lehrer nötigen
Eigenschaften, über seine Ausbildung zum Schulamte,
über die Sorgfalt bei der Auswahl der Disciplinarmittel
bemerkt, das alles ist ganz zweckmässig und wird jederzeit seine Geltung behalten.

Im Zusammenhange mit Fäschs Gutachten stehen
die Vorschläge einer im Jahre 1800 zur Untersuchung
der Landschulen niedergesetzten Dreierkommission (Rektor Miville, Dr. Bernoulli, Pfarrer Fäsch).[1] In ihrem
Gutachten taucht zuerst der Gedanke auf, für ältere,
fähige Schüler Distrikts- oder Bezirksschulen einzurichten und wenigstens in einer derselben Unterricht im
Französischen zu erteilen.

Leider waren aber die Zeiten der Helvetik der
Verwirklichung solcher Vorschläge keineswegs günstig.
Auf dem Landvolke lasteten die Kriegsjahre mit ihren
beständigen Truppendurchmärschen, Einquartierungen
und Requisitionen aller Art schwer. Die mit so grossem
Jubel begrüsste Freiheit hatte eine Menge drückender
Sorgen im Gefolge. Unter denen, die die Ungunst der

---

[1] 6. Janr. 1801. Staatsarchiv. Erziehungsakten. Landschulen
insgemein, 1749—1819. EE.

Zeit am schwersten zu empfinden bekamen, standen die
Lehrer obenan. Schulgeld, Schulholz, Zehnten und
Bodenzinse giengen nicht mehr ein. Sogar die Regierung
sah sich mehrmals ausser Stande, die Auszahlung der
verfallenen Schullöhne zu leisten. „Bald blieb“, schreibt
Spörlin, „dem Lehrer nichts mehr übrig als die Last
seines Amtes“. [1]) Dazu kamen die unrichtigen Vorstellungen, die das Landvolk mit den Schlagwörtern Freiheit und Gleichheit verband. „Der Landmann“, schreibt
am 23. Mai 1798 der Präsident der Verwaltungskammer,
Heinrich Wieland, an den Minister Stapfer, „achtet
sich vom sogenannten Schulzwange erlöset und haltet
sich auch von der Entrichtung des Schullohnes befreit.
Die Gleichheit suchet er in der Entfernung derjenigen
Lehrer, die Stadtbürger sind, und fordert überall ausschliesslich Anstellung von Gemeindegenossen.“ [2]) Auch
Spörlin weiss von der eingerissenen Begriffsverwirrung
zu berichten. Er schreibt: „Die beim Anfang der Revolution von schlechtdenkenden Leuten vorsätzlich miss-
verstandene Freiheit und Gleichheit hat eine merkliche
Verschlimmerung der Jugend hervorgerufen, den schäd-
lichsten Gift in unsere Kinderherzen geleget, den frech-
sten Muthwillen und die sträflichste Ungebundenheit
gezeuget.“ Er beklagt die so häufig entstandenen
neuen Wirts- und Weinhäuser, die in vielen derselben
herrschende Zügellosigkeit und das von ihnen ausgehende
böse Beispiel. Als unausbleibliche Folgen davon sieht
er nicht nur den ökonomischen, sondern auch den moralischen Ruin des Landes voraus, dem selbst die besten
und herrlichsten Lehr- und Schulanstalten ohne das
energische Dazwischentreten der Regierung vergebens

---

[1]) Journal, S. 63.
[2]) Helvet. Archiv in Bern, Bd. 1426, No 8.

entgegen zu arbeiten imstande sein würden. Und doch teilt uns derselbe Gewährsmann mit, dass es im Kanton Basel mit der Ausführung der Forderungen für den Volksschulunterricht, namentlich mit der Abhaltung der Sommerschule, deren Besuch sich in seinem Distrikte Waldenburg von 364 auf 706 Teilnehmer gehoben habe, ungleich besser bestellt gewesen sei, als in den benachbarten Gebieten der Kantone Solothurn und Bern, wo man kaum einen Anfang mit der Sommerschule gemacht habe. [1]

Von höchst unheilvoller Wirkung war endlich das Zerwürfnis, das infolge der politischen Umgestaltung durch die Aufhebung der Bodenzinse zwischen den Gemeinden und den Geistlichen entstand. Gerade die für die Förderung des Schulwesens und für die Einführung sonstiger Verbesserungen am meisten thätigen Landprediger büssten in dieser Zeit allen Einfluss auf ihre Gemeinden ein und mussten mit äusserster Vorsicht auftreten, um das ohne ihr Verschulden entstandene Misstrauen zu beschwichtigen und die Erbitterung nicht zur hellen Flamme anzufachen. [2]

II. Die Schulordnung des Jahres 1808 und ihre Folgen.

Kaum war nach dem Zusammenbruche des helvetischen Einheitsstaates eine etwas ruhigere Periode eingetreten und hatte das „Deputaten-Collegium" die Leitung des Schulwesens wieder in die Hand genommen, so wurde die Verbesserung der Schulen; namentlich auch

---

[1] Journal, S. 39. 57. 63. 68. 94.

[2] Siehe darüber Pfarrer Fäschs Bericht über das Schulwesen im Distrikt Gelterkinden vom Jahre 1801. Seite 3.

der Landschulen, wieder aufs lebhafteste besprochen.
Schon im September 1803 verlangten die Deputaten eine
schriftliche Berichterstattung darüber von den Landpfarrern.[1] Darauf liess sich das Deputatenkollegium durch
den Rat die Ausarbeitung eines neuen Landschulgesetzes
übertragen, freilich nicht ohne dem lebhaften Widerspruche des Kirchenrates zu begegnen, der das historische
Recht zur Aufstellung einer Schulordnung in Verbindung
mit den Deputaten für sich in Anspruch nahm. Auch
stiess sich der Kirchenrat an der Forderung, dass Abänderungsvorschläge des neuen Schulpensums durch die
Landprediger direkt an die Deputaten zu richten seien.
Die oberste geistliche Behörde fürchtete, auf diese Weise
nach und nach allen Einfluss auf das Landschulwesen zu
verlieren, „woraus für die Religion ein grosser Nachtheil
erwachsen würde, wenn einmal mit der Zeit Deputaten
und Pfarrer sein sollten, welchen an der reinen Lehre
des Evangelii nichts gelegen wäre."[2]   Ohne Zweifel
gieng der Präsident des Deputatenkollegiums, P. Ochs,
nach dem Vorgange von Pfarrer Fäsch darauf aus, der
Schule eine von der Kirche etwas unabhängigere Stellung anzuweisen; die Befürchtungen des Kirchenrates
erwiesen sich aber, wie wir sehen werden, als grundlos.

Nach längern, nicht ohne Empfindlichkeit geführten
Verhandlungen kam die „Schul-Ordnung für die
Land-Distrikte des Kantons Basel" vom 30.
Januar 1808 zustande,[3] die den Präsidenten des Depu-
tatenkollegiums selber zum Verfasser hatte.

---

[1] K./A. R. 5. N⁰ 19 und Archiv des Antistitiums.

[2] Acta Eccles. VI. 504. 508. ff. u. a. Aktenstücke im Archive des Antistitiums in besonderm Umschlage.

[3] Druckschrift in 8⁰, 24 Seiten.

Obgleich das neue Gesetz mit der Schulordnung
des Jahres 1759 in vielen Stücken wörtlich übereinstimmt,
bezeichnet es doch schon darum einen bedeutenden Fortschritt, dass es das erste selbständige, von der Kirchenordnung völlig unabhängige Landschulgesetz ist. Als
Zweck der Schule wird neben der Ausbreitung der Ehre
Gottes die Beförderung des wahren Wohlstandes des
Volkes genannt. Die Unterweisung der Jugend soll
nicht nur eine „christliche", sondern auch eine „vernünftige", die Verstandesthätigkeit entwickelnde, sein und
ausser der „Gottesfurcht" noch „andere nützliche Dinge"
ins Auge fassen. Zum ersten Male wird die Fürsorge
des Staates auf sämtliche Schulen ohne Unterschied ausgedehnt. Ausserdem enthält es eine Reihe von wichtigen
Verbesserungen.

Die hauptsächlichste derselben ist die Einteilung
der 57 Schulen in drei Klassen. Die Lehrer an den 12
Schulen erster Klasse mit je 80 bis 150 Schülern erhielten einen jährlichen Staatsbeitrag von je 100, die der
22 Schulen zweiter Klasse mit je 50 bis 80 Schülern
einen solchen von je 80, die Lehrer der übrigen 23
Schulen mit weniger als 50 Schülern einen solchen von
je 60 Franken. Ausserdem hatte jede Gemeinde dem
Lehrer ein gewisses Quantum Holz zu liefern. Als
Schulgeld wurde überall gleichmässig der Betrag von
wöchentlich 6 Rappen festgesetzt und verordnet, dass es
nirgends mehr durch die Lehrer selbst, sondern aller
Orten durch die Gemeindeschaffner einzuziehen sei. Es
sollte ferner fürs ganze Jahr ohne Abzug entrichtet
werden, Fälle längerer Erkrankung oder andere wichtige
Ursachen ausgenommen. Für arme Kinder bezahlte der
Staat zwei Dritteile, das andere Dritteil die Gemeinde.
Regelmässiger Schulbesuch allein gab Anspruch auf diese
Unterstützung.

Die Erlaubnis zur Entlassung aus der Schule wurde erschwert. Sie soll wie früher auf Grund einer Prüfung erteilt werden, aber nicht bloss vom gut Lesen-, sondern auch vom fertig und richtig Schreibenkönnen abhängig sein. Eine Neuerung ist ferner die Einführung eines Examens am Schlusse der Winterschule. Auch die Anforderungen an das Wissen und Können des Lehrers werden erhöht. Er muss nicht mehr bloss lesen, schreiben, singen und ein wenig rechnen können, sondern soll „einige Kenntniss von der Geometrie" besitzen. Im Übrigen wird die Wahl der Lehrer nicht mehr von dem Besitze des Stadtbürgerrechtes oder eines akademischen Grades, sondern bloss von der Befähigung abhängig gemacht, über die eine „gründliche" Prüfung entscheiden soll. Zur Anstellung eines Lehrers hat indessen die Gemeinde noch immer nicht mitzusprechen. Das ist Sache des Pfarrers, der den Vorschlag macht, und der Deputaten, die die Wahl treffen.

Der Schulunterricht erhielt durch die Forderung einer täglich fünfstündigen Unterrichtszeit mit zusammen 26 Stunden wöchentlich und durch die Ausdehnung der Sommerschule auf jeden Wochentag eine angemessene Erweiterung. Eine Unterbrechung des regelmässigen Ganges der Schule war nur während der sogenannten „Werke" (Heuet, Ernte, Weinlese) je zwei Wochen lang gestattet. Unter den Schulbüchern wird ein einzuführendes Lesebuch genannt. Auffallend ist die sehr untergeordnete Stelle, die noch immer dem Rechnen eingeräumt wird, dessen Anfänge nur ein einziges Mal in der Woche und nur mit ältern Schülern geübt werden sollen.

Eines aber blieb unverändert, die Unterordnung der Schule unter die Kirche und der massgebende Einfluss der Geistlichkeit in allen Schulangelegenheiten. Das Amt der Schulinspektoren wurde nicht wieder eingeführt. Die

Gemeindepfarrer waren, wie von Alters her, die alleinigen Visitatoren ihrer Schulen. Sie allein prüften, sie statteten Bericht ab; sie schlugen den Lehrer zur Wahl vor und führten ihn in sein Amt ein; sie beaufsichtigten und beurteilten seinen Unterricht, kontrollierten seine Amtsführung und seinen Lebenswandel; sie mahnten und verzeigten saumselige Eltern wegen der Schulversäumnisse ihrer Kinder. Zwar stand den Lehrern laut Gesetz die Befugnis zu, Abänderungsvorschläge für die Einrichtung des Schulpensums ans Deputatenkollegium zu richten; ohne die zustimmende Empfehlung des Pfarrers hatten solche Wünsche aber von vorn herein keine Aussicht auf Erfolg, abgesehen davon, dass für eine Änderung im Religionsunterrichte die Genehmigung des Kirchenrates erforderlich war. Das Verhältnis von Pfarrer und Lehrer findet seinen charakteristischen Ausdruck in der gesetzlichen Vorschrift: „Der Schulmeister soll, wenn es der Herr Pfarrer nöthig findet, den Vorkinderlehren" (also nicht nur der Sonntags-, sondern auch der Wochenkinderlehre) „beywohnen, um Stille und Aufmerksamkeit darinn erhalten zu helfen." [1]

Die Einführung der neuen Schulordnung gieng an einigen Orten nicht ohne Feierlichkeit vor sich. Zu Liestal wurden unter sehr grosser Beteiligung des Publikums am ersten Sonntage im Mai die beiden neubestellten Lehrer „in der Kirche introduciert", wobei einige von den Kindern Reden hielten; der Pfarrer M. von Brunn las die Schulordnung ab und hielt Lehrern, Eltern und Kindern ihre Pflichten vor. [2] Zu Sissach gestaltete

---

[1] Dass übrigens, wie Kettiger Seite 150 behauptet, die Lehrer im Gesetze von 1808 noch durchwegs „Schulmeister" tituliert worden seien, ist nicht richtig. Beide Titulaturen, Schulmeister und Schullehrer, finden sich nebeneinander.

[2] Brodbeck, Gesch. der Stadt Liestal, S. 226.

sich die Schulprüfung am 4. und 5. Mai zu einem besonders festlichen Akte. Am 8. Mai hielt Pfarrer S. Spörlin eine besondere Schulpredigt. Die bei diesem Anlasse
gehaltenen Reden wurden auf Anordnung des Deputatenkollegiums dem Druck übergeben und dem Verfasser
der Dank der Behörde bezeugt.[1])

Es ist im Gesetze unter anderm von einem einzuführenden Lesebuche die Rede. Ein derartiges Lehrmittel erschien in demselben Jahre 1808 unter dem Titel:
„Kleines Handbuch für die Landschulen des Cantons
Basel" und hatte keinen geringern als Peter Ochs
zum Verfasser. Ein Lesebuch nach heutigem Begriffe,
d. h. eine Sammlung von Musterstücken in poetischer
und prosaischer Form zum Gebrauche der Jugend und
entnommen den besten Werken der Litteratur, ist es
nicht, sondern der Verfasser will den Lehrern „einen
Überblick des menschlichen Wissens und Könnens" in
die Hand geben, um Aufsatzübungen daran anzu-
knüpfen. Aber trotz der logischen Anordnung des Stoffes
und bei allem guten Willen des Verfassers ist das Buch
nichts weniger als ein Schulbuch. Es ist hiezu nicht
einfach und fasslich genug. Zur Trockenheit der Behandlung kommt die zusammengepresste Form der Darstellung, die von Schwerfälligkeiten, stilistischen Härten
und sprachlichen Unrichtigkeiten nicht frei ist. Die
Lehrer, für die das Buch zunächst bestimmt war, vermochten nicht, durch die spröde, rauhe Schale zum Kern
hindurchzudringen und wussten nichts damit anzufangen.
Wenn das Buch gegen die Absicht des Verfassers
längere Zeit dennoch als Schullesebuch benützt worden

---

[1]) „Kurze Reden beym Anfang und Beschluss der Prüfungen
der Schule zu Sissach." Druckschrift, 31 Seiten kl. Octav. Vaterländ.
Biblioth. Q. 90. x No 4.

ist, so ist dies eben ein Beweis für das geringe Verständnis, das es unter der Lehrerschaft gefunden hat. Ochs hat sich übrigens mehr noch als durch sein Schulgesetz und durch sein Schulbuch um das Landschulwesen durch seine Schulbesuche und durch die den Lehrern und Schülern dabei ausgesprochene Aufmunterung grosse Verdienste erworben, und das Landvolk hat ihm deshalb ein dankbares Andenken bewahrt. [1])

Um sich von der Ausführung des neuen Schulgesetzes zu überzeugen, fand eine eingehende Schulvisitation im ganzen Kantone statt, nicht nach dem Muster der frühern, sondern in etwas veränderter Weise. Denn man wollte die Erfahrung gemacht haben, dass die ehemaligen Visitationen nicht immer die Gewähr der Zuverlässigkeit geboten hätten. Deshalb wollten jetzt die Deputaten selber die Schulbesuche vornehmen. Während der Sommermonate 1808 überzeugten sich die Deputaten Ochs, Rosenburger und Schorendorf durch eigene Anschauung von dem Wert oder Unwert jeder einzelnen Landschule. Ihren Bericht legten sie am 1. November desselben Jahres dem Rate vor. [2])

Im allgemeinen lässt sich daraus eine erfreuliche Wendung zum Bessern nicht verkennen. Wohl gab es noch einige wenige ältere Schulmeister, die nach ihrer eigenen Aussage „nie versucht hatten, ihre Lehrart zu verbessern", und die die Unwissenheit ihrer Schüler damit entschuldigten, „es sei in ihrem Dorfe nie der Brauch gewesen, mehr zu können." Neben solchen war aber bereits schon eine nicht unansehnliche Zahl von jüngern Männern vorhanden, die es sich angelegen sein

---

[1]) Siehe: Gesammelte Schriften von M. Birmann. Peter Ochs, Bd. II, Seite 388.

[2]) Staatsarchiv, Erziehungsakten EE.

liessen, ihren Unterricht nach den Anforderungen der
Zeit einzurichten. Die Deputaten liessen es diesen
Lehrern gegenüber so wenig an Aufmunterung fehlen,
als sie den untüchtigen ihr Missfallen zu erkennen gaben.
Die besten Leistungen wurden durch Zuwendung von
Gehaltsaufbesserungen oder von einmaligen Gratifika-
tionen ausgezeichnet; die untüchtigsten Lehrer traf das
Los der Entlassung, teils mit, teils ohne Ruhegehalt.
Dasselbe Schicksal wurde einer Anzahl anderer in Aus-
sicht gestellt. [1]

Die gänzliche Entfernung untauglicher und anstös-
siger Elemente gereichte der Schule zu grösserm Nutzen,
als das indolente Gehenlassen, das in frühern Zeiten
Übung gewesen war. Als Ersatz für die Entlassenen
fehlte es zum Glücke nicht. Dafür sorgte eine besondere
Bildungsanstalt für Schullehrer.

Der Gedanke, durch ein eigenes Seminar für die
Heranbildung tüchtigerer Lehrkräfte zu sorgen, war in
Basel nicht neu. Schon am Ende des 17. und am Anfang des 18. Jahrhunderts hatten Antistes Werenfels
(1692) und Prof. Johannes Bernoulli (1718) die
Sache angeregt und dabei u. a. auch an die Vorbereitung
der Lehrer an den Deputatenschulen gedacht.[2] Isaak
Iselin befürwortete in seinem Entwurfe zur Reorganisation des Schulwesens von 1761 die Anlage einer „Pflanz-
schule tüchtiger und geübter Lehrer." [3] Ums Jahr 1772
war die Sache im Hinblick auf die Landschullehrer über-

---

[1] Der Ruhegehalt des damals pensionierten Unterlehrers zu
Liestal betrug laut Pfarrbuch 230 Franken, nebst dem Rechte,
lebenslänglich das der Gemeinde gehörige Sigristenhaus zu be-
wohnen. Brodbeck, S. 225.
[2] Th. Burckhardt, Geschichte des Gymnasiums, S. 106. 114.
122.
[3] Th. Burckhardt, ibid. S. 143.

haupt im Kirchenrate wieder zur Sprache gekommen,
aber fallen gelassen worden, „weil die Ausführung für
einen so kleinen Stand als der hiesige allzuschwer und
kostspielig sei.“ [1]) Im Jahre 1778 empfahl Pfarrer J. J.
Huber der Gemeinnützigen Gesellschaft „die Einrichtung eines Seminarii zur Pflanzung guter Schulmeister“
aufs angelegentlichste.[2]) Die Gesellschaft hielt sich jedoch
aus den schon früher angeführten Gründen nicht für
kompetent, ein solches Werk ins Leben zu rufen. Als
im Jahre 1793 in einem Landkapitel der Antrag gestellt
wurde, die Landschulen „auf Normal-Fuss einzurichten
und die Lehrer mit der Normal-Methode bekannt zu
machen“, entgegnete man, „es möchten sich wegen der
geringen Besoldung keine Subjecta finden, die sich einer
solchen Præparation zu Ertheilung eines bessern Unterrichts unterziehen würden.“ [3])

Zur Zeit der Helvetik tauchten verschiedene Pro-
jekte für ein Lehrerseminar auf. Pfarrer Fäsch redete
von der Errichtung eines solchen zu Liestal oder zu
Bubendorf; andere befürworteten Schulbesuche von Landschullehrern in einer guten Stadtschule; man sprach auch
von der Benützung einer fremden Anstalt, z. B. zu Karls-
ruhe; schliesslich blieb man aber bei dem wohlfeilsten
Auskunftsmittel stehen, bei der Unterweisung von Lehrern
und Lehramtskandidaten durch Landgeistliche. Zugleich
mit dem neuen Schulgesetze trat die erste derartige
Anstalt zu Sissach ins Leben. Dieses Dorf besass an
Pfarrer Sebastian Spörlin einen tüchtigen Pädagogen, dessen Wirksamkeit als Schulinspektor noch in
bestem Andenken stand. Zu Sissach war ferner als

---

[1]) Acta Eccles. VI. 147.
[2]) Hubers Gutachten vom 29. Juni 1778.
[3]) K./A. A. 8. S. 172.

Lehrer Erhard Schneider thätig, der im Jahre 1801 durch die Gemeinnützige Gesellschaft nach Burgdorf entsendet worden war und sich dort in kurzer Zeit Pestalozzis Methode mit solchem Geschick angeeignet hatte, dass er unter allen damaligen Lehrern im Kanton als der beste galt. Sissach war darum die geeignetste Stätte, um den Lehrerbildungskurs ins Leben treten zu lassen. Am 18. April 1808 wurde er mit drei Zöglingen feierlich eröffnet. Die Anzahl der jeweilen aufgenommenen Seminaristen betrug vier. Für ihren Unterhalt sorgte der Staat. Je nach den Vorkenntnissen und Fähigkeiten dauerte der Kurs 3 bis 6 Monate. Nach etwas mehr als einem Jahre giengen bereits 26 Lehrer aus der Anstalt hervor, und es wurde dadurch eine Saat ausgestreut, die für die Fortentwicklung der Landschulen ein grosser Segen geworden ist.

Leider starb die Seele des Werkes, Pfarrer Spörlin, schon im Jahre 1812, und Lehrer Schneider wurde nach Muttenz versetzt. So geriet die Sache ins Stocken, bis im Jahre 1820 ein zweiter Kurs unter völlig veränderten Verhältnissen in der Stadt Basel ins Leben trat. An der Spitze der Sache standen Deputat Huber, Rektor Hanhart und Pfarrer Fäsch. Auf dem Wege der Freiwilligkeit, ohne staatliche Unterstützung, veranstalteten diese Männer eine Kollekte, deren Ertrag mit einer kräftigen Unterstützung der Gemeinnützigen Gesellschaft hinreichte, um während der Sommermonate 1820 und 1821 zusammen 19 Lehrer vom Lande in der Stadt zu verkostgelden und ihnen in allen Unterrichtsfächern die nötige Anleitung zu erteilen. Die Kosten beliefen sich auf nicht ganz 2600 Franken. Über das sogenannte „Landschulmeister-Institut" macht Pfarrer Fäsch in einem an Antistes Falkeisen gerichteten Briefe vom 5. Juli 1820 folgende Angaben: „Das Institut ist durch Subscription gestiftet und vom Erziehungsrate und dem Deputaten-Kollegium genehmigt. Seit dem 19. Juni 1820 ist es in vollem Gange. Die Schullehrer von Waldenburg, Gelterkinden, Sissach, Nusshof, Benken, Bottmingen, des Schulmeisters von Muttenz Sohn und 2 Katholische aus dem Bezirk Birseck sind aufgenommen. Hiesige [aus der Stadt] haben sich keine gemeldet. Die Schullehrer werden von Herrn Scholer im untern Collegio mit Kost und Wohnung gegen 6 Franken wöchentlich par tête versorgt. Die Vikarien in den Dörfern werden von hier aus bezahlt.[1] Alle Lehrbücher erhalten sie gratis. Die Kosten sind bereits mehr als hinlänglich gedeckt." Die Zahl der wöchentlichen Unterrichtsstunden betrug 28. Ausserdem erhielten die Zöglinge Gelegenheit, in 14 Stunden „den Lehrstunden des vordern Stockes", d. h. der Münster-Gemeindeschule, „und der ersten Klasse des hintern Stockes der Schule auf Burg", d. h. des Gymnasiums, beizuwohnen. Die Lehrer waren: Rektor Hanhart (7 St.), Rektor Otto (6 St.), Pfr. Fäsch (6 St.), Oberlehrer Schneider an der Münsterschule (4 St.), Schreibmeister Matzinger (2 St.), Musiklehrer Metzger, später Laur, (3 St.). Die Aufsicht war drei Mitgliedern des Erziehungsrates übertragen. Über den ganzen Kurs ist eine kleine Broschüre, betitelt „Die Schullehrer Bildungsanstalt in Basel in den Jahren 1820 und 1821", veröffentlicht worden,[2] worin die guten Erfolge der Einrichtung sehr gerühmt werden. Dem gegenüber wird von anderer Seite der Erfolg bestritten; die Teilnehmer hätten aus Leuten von mittelmässiger Begabung

---

[1] Dass einige Landpfarrer während der Zeit, wo ihre Lehrer am Kurse zu Basel beteiligt waren, den Schuldienst selber versahen, verdient hier mit Anerkennung erwähnt zu werden.

[2] Vaterländ. Biblioth. W. III. 248. Staatsarchiv, R. 5. No 25.

bestanden und einer der Normallehrer (der Thurgauer
Schneider, ein Günstling Hanharts) sei selber nicht gebildet genug für seine Aufgabe gewesen und habe einem
toten Mechanismus gehuldigt. [1]) Auffallend ist auch, dass
im gedruckten Berichte des von Spörlin im Jahre 1808
geleiteten Kurses mit keiner Silbe Erwähnung gethan
wird.

Das zweite Jahrzehnt des Jahrhunderts war für die
Landschulen eine Zeit ruhiger Entwicklung. Das wichtigste Ereignis brachte der Zuwachs, den der bisher
ausschliesslich reformierte Kanton Basel durch die Erwerbung des katholischen Bezirks Birseck mit etwas
über 5100 Einwohnern und mit 8 Schulen erhielt. Dieser
Kantonsteil behielt auch im Schulwesen eine besondere
Stellung. Am 15. April 1820 wurde für ihn eine eigene
Schulordnung aufgestellt, die mit derjenigen des Jahres
1808 wörtlich übereinstimmt und nur solche Änderungen
enthält, die wegen der konfessionellen Verschiedenheit
notwendig waren. Zugleich erhielten die Lehrer durch
Erhöhung ihrer Besoldung bis auf wenigstens 200 Franken eine wesentliche Verbesserung ihres bis dahin sehr
kümmerlichen Einkommens. Sie werden sich die daran
geknüpfte Bedingung, dass sie das Aufspielen bei Hoch-
zeiten oder Tanzbelustigungen und das Singen vor den
Häusern ums Neujahr und am Dreikönigsabend fortan zu
unterlassen hätten, gerne haben gefallen lassen. [2])

Für die Schulen des neuen Kantonsteiles erschienen
im Jahre 1822 zwei „neueingerichtete Schulbücher, gedruckt zu Arlesheim", eine „Fibel" und ein „Buchstabir-
und Lesebüchlein." Beide mögen vielleicht für die

---

[1]) Staatsarchiv. Akten des Erziehungscollegii, AA. 25. N° 5.

[2]) Die Schullehrer-Competenzen im Bezirk Birseck vom Jahre
1816 sind zusammengestellt in Band Q. 90. 2. N° 6 auf der Vaterländ. Bibl. Mscpt.

Schulen, zu deren Gebrauch sie bestimmt waren, einen
gewissen Fortschritt bezeichnet haben; auf das Prädikat
eines guten, gelungenen Lehrmittels kann ihr Inhalt
weder formell noch materiell irgendwelchen Anspruch
erheben.

J. Die Realschule zu Liestal.

Kaum waren nach den unruhevollen Zeiten des zu
Ende gehenden ersten französischen Kaiserreiches und
nach dem Notjahre von 1816 wieder bessere Tage ins
Land gekommen, so beschäftigte die Verbesserung des
Schulwesens aufs neue die Behörden unsres Kantons.
Nicht nur einem einzelnen Teile des Schulorganismus,
sondern den gesamten Lehranstalten sollte die Wohlthat
einer völligen Umgestaltung im Sinne der neuesten pädagogischen Anforderungen zu teil werden. Mit Ernst
erfassten die Behörden die Aufgabe zur Erreichung der
höchsten idealen Ziele. Namhafte Opfer wurden von
der Bürgerschaft ohne Zögern für Erziehungszwecke
bewilligt und wissenschaftliche Berühmtheiten nebst erfahrenen Schulmännern aus der Nähe und aus der Ferne
an die neuerrichteten Unterrichtsanstalten berufen. Damals, in jenen ersten Jahren nach der politischen Re-
stauration, ist der Grund zur Blüte unseres Schulwesens
gelegt worden, die Basel einen Ehrenplatz auf diesem
Gebiete verschafft hat.

Auch die Landschulen nahmen an dem Aufschwunge
teil. Eine erste Folge desselben war die Errichtung einer
über den Elementarunterricht hinausgehenden höhern
Schule zu Liestal.

Bis zum Jahre 1819 hatte diese Stadt nur eine
einzige, gemischte, einklassige Elementarschule besessen;
in derselben Stube erteilten zwei Lehrer neben einander,

so gut es gehen mochte, gleichzeitig den Unterricht.
Im Jahre 1819 fand zum ersten Male seit ihrem Bestehen eine Trennung statt, indem eine besondere Mädchenschule eingerichtet wurde.

Bei dieser Verbesserung blieb es nicht. Der Wunsch
nach einem über das Mass einer einfachen Elementarschule hinausgehenden Unterrichte hatte sich schon längst
bemerkbar gemacht. Nun war der Zeitpunkt für die
Verwirklichung dieses Lieblingsgedankens gekommen.
Die Bürgerschaft von Liestal und der Staat vereinigten
sich; jene erstellte das Lokal und richtete eine Lehrerwohnung ein; dieser leistete an die Besoldung des Lehrers
einen namhaften Beitrag. Durch das Gesetz vom 8.
Februar 1820 wurden alle diese Verhältnisse geordnet.
Am 15. Mai desselben Jahres wurde die erste höhere
Schule auf der Landschaft, die Realschule zu Liestal,
mit 40 Schülern nicht nur unter lebhaftester Beteiligung
der Einwohnerschaft, sondern sogar mit militärischem
Pompe feierlich eröffnet. Die Unterrichtsfächer waren:
deutsche und französische Sprache, Arithmetik und Geometrie, Natur- und Völkerkunde, Geschichte und Religion. Als Lehrer wurde ein Zürcher, Heinrich
Richard von Richtersweil, gewählt, der seine Ausbildung zu Yverdon bei Pestalozzi empfangen und sich
nachher als Vorsteher einer Schule zu Herisau den Ruf
eines tüchtigen Pädagogen erworben hatte. Er erhielt
die nach damaligen Begriffen grosse Besoldung von 1200
Franken nebst freier Wohnung, Holz und Pflanzland.

K. Die Schulordnung von 1826.

Nicht lange nachher erfuhren die übrigen Landschulen (mit Ausnahme derjenigen im Bezirk Birseck)
eine gänzliche Umgestaltung. Obgleich das aus dem

Jahre 1808 stammende Schulgesetz noch von verhältnismässig kurzer Dauer war, stand man doch nicht an, es
durch ein besseres im Sinne der neuern pädagogischen
Grundsätze zu ersetzen.

Bevor wir zur Behandlung der letzten gesetzgeberischen Thätigkeit zum Besten der Landschulen unter
der Regierung des ungetrennten Kantons übergehen,
muss der, die staatliche Leistung für das Erziehungswesen unterstützenden Fürsorge der Gesellschaft des
Guten und Gemeinnützigen für denselben Zweck mit
einigen Worten gedacht werden.

Die Gemeinnützige Gesellschaft hatte sich,
wie bereits bemerkt worden ist, von jeher gerne mit den
Landschulen beschäftigt; ausser der Verbreitung belehr-
render Schriften munterte sie Lehrer mit guten Leistungen durch Preise auf; unter die fleissigsten Schüler
verteilte sie Prämien; sie sorgte für die Verabfolgung
fehlender Lehrmittel; den Schreibunterricht unterstützte
sie durch die Verbreitung von Vorlagen; „zum Behuf des
Unterrichts nach Pestalozzischer Manier" verabfolgte sie
Schiefertafeln. ¹) Im Jahre 1816 endlich, am feierlichen
Gedächtnisfeste ihres Stifters, genehmigte sie den Plan
zu einem sogenannten Schullehrer Konkurse. Die
Absicht dieser Einrichtung gieng dahin, die Elementar-
lehrer zu Stadt und Land zu veranlassen, die am besten
geratenen Schülerarbeiten, bestehend in kalligraphisch
ausgeführten Probeblättern mit teils sprachlichen, teils
arithmetischen Aufgaben einer Kommission vorzulegen,
die dann die besten Leistungen zur Aufmunterung mit
einem ansehnlichen Geldgeschenke an die Lehrer be-
dachte. Die Gesellschaft gab sich der Hoffnung hin,
durch ein solches „kräftiges Anregungsmittel", wie sich

---

¹) 1809, Bericht, S. 19.

ein Berichterstatter ausdrückt, [1]) unter der Lehrerschaft
einen wohlthätigen Wetteifer zu wecken und jeden Einzelnen zur Entfaltung seiner ganzen Kraft bei der Erteilung des Unterrichtes zu veranlassen.

Es fehlte der neuen Einrichtung nicht an lobender
Anerkennung. „Jeder unbefangene Kenner und Beob-
achter unserer Landschulen", lässt sich derselbe Bericht
vernehmen, [2]) „werde bei der Vergleichung ihres ehemaligen Zustandes mit dem jetzigen mit freudiger Rührung
ihren sichtbaren Fortgang zum Bessern bemerken." Aus
diesem Grunde wiederholte die Gesellschaft den Wett-
bewerb von zwei zu zwei Jahren bis 1825. Indessen
deuten doch die schützenden Vorschriften, wozu sie sich
veranlasst fand, und deren öftere Wiederholung, sowie
die an die Erlangung des Preises geknüpfte Einschränkung darauf hin, dass die Gefahr von Missbräuchen nicht
ausgeschlossen war. Immerhin verdient das Bestreben
der Gemeinnützigen Gesellschaft, der Thätigkeit des
Staates unterstützend zu Hilfe zu kommen, an dieser
Stelle um so mehr einer anerkennenden Erwähnung,
als mit Ausnahme von zwei vereinzelten Fällen die aus-
gesetzten Prämien nur Landschullehrern zu Gute gekommen sind.

Eine im Jahre 1819 vorgenommene. Erhebung über
den Zustand der Landschulen, besonders über die Schülerzahl, den Ertrag des Schullohnes und die Besoldungsverhältnisse der Lehrer überhaupt, hatte als ein dringen-
des Bedürfnis die Revision der Lehrerbesoldungen ergeben. Kaum war daher die Reorganisation der städtischen Schulen zum Abschlusse gekommen, so erschienen
die Gesetze vom 4. Februar 1822 und vom 5. August

---

[1]) Bericht vom Jahre 1819, S. 75.
[2]) Ebendaselbst, S. 78.

1823. Jenes regelte die Pflicht der Gemeinden für die
Beholzung der Schulen; dieses hatte die Verbesserung
der Landschullehrerbesoldungen überhaupt zum Gegenstande. Der Beitrag des Staates an die einzelnen Schulen
wurde bedeutend erhöht und betrug je nach der Schülerzahl 100 bis 225 Franken. Zugleich wurde jedem Lehrer
ein Minimaleinkommen von 300 Franken zugesichert.
Angehende Lehrer, die als Unterlehrer oder Monitoren
in einer Schule verwendet wurden, erhielten jährlich ein
Fixum von 100 Franken, weil sie noch eher als Lernende,
denn als Lehrende betrachtet wurden. Dadurch wurden
die Basler Landschullehrer im Durchschnitte weit besser
bedacht, als in irgend einem andern Kanton. Beinahe
alle kamen höher als auf das gesetzliche Minimum, nicht
wenige auf das Doppelte und darüber hinaus. Überdies
hatte jeder freie Wohnung, genug Holz und ungefähr
zwei Jucharten Pflanzland zu geniessen. Zur Ausgleichung von Verschiedenheiten, die sich aus der schwankenden Schülerzahl ergeben konnten, war eine perio-
dische Revision in Aussicht genommen. Zur Vergleichung
mit diesen Besoldungsansätzen diene der Hinweis, dass
im Kanton Aargau, der in Hinsicht auf die damaligen
Lehrerbesoldungen als der am weitesten fortgeschrittene
gerühmt wird, [1] im Jahre 1822 einem an einer Gesamt-
schule von über 50 Schülern angestellten Lehrer eine
Minimalbesoldung von bloss 160 Franken nebst freier
Wohnung zugesichert war.

Mit dem Besoldungsgesetze des Jahres 1823 war
aber die Fürsorge der staatlichen Behörden für die ökonomische Besserstellung der Lehrer keineswegs abgeschlossen. Das Schulgesetz von 1826 fügte die Garantie

---

[1] Hunziker, Gesch. der schweiz. Volksschule, 2, 45.

für den richtigen Empfang des ganzen Schullohnes ohne
Abzug von Schulversäumnissen und Ferien, die Regelung
der Armenschullöhne und die endgültige Befreiung der
Lehrer von allen Gemeindesteuern und sonstigen Leistungen hinzu. Überdies wurden, zwar nicht im Gesetze
selbst, sondern durch besondern Beschluss, Gehaltser-
höhungen für vorzüglich verdiente Lehrer in Aussicht
genommen.[1]

Während die Besoldungsverhältnisse in dieser libe-
ralen Weise geordnet wurden, arbeitete man eifrig an
der Ausarbeitung eines neuen Landschulgesetzes. Um
etwas recht Brauchbares und Gründliches zu schaffen,
liess man es weder an Zeit noch an Mühe fehlen. Man
zog den Rat nicht nur sämtlicher Landprediger, sondern
auch erfahrener Schulmänner ein, darunter namentlich des
berühmten Pädagogen Pater Gregor Girard in Freiburg. Die Prüfung und Sichtung des reichhaltigen Materials wurde drei bewährten, in Schulsachen erfahrenen
Geistlichen, Pfarrer J. J. Bischoff in Muttenz, Dekan
Daniel Burckhardt in Sissach und Dekan Joh.
Linder in Ziefen übertragen; die Redaktion übernahm
Pfarrer Bischoff, ein Mann, dem, wie wenigen andern,
eine langjährige Erfahrung, eine gründliche allgemeine
Bildung und eine völlige Beherrschung des Gebietes der
neuern Pädagogik zu Gebote stand. Aus all diesen Beratungen gieng schliesslich ein Gesetz hervor, das sich
nicht nur äusserlich betrachtet durch Umfang und Reichhaltigkeit, sondern mehr noch durch seinen gediegenen
Inhalt vor allen frühern Arbeiten der Art vorteilhaft
auszeichnet und auf das unser Kanton heute noch stolz
sein darf.

---

[1] Staatsarchiv R. 5. No 26.

Das Schulgesetz des Jahres 1826 besteht aus drei einander ergänzenden Teilen:

aus der „Schulordnung für die reformirten Landbezirke des Kantons Basel", vom 4. Januar, 25 Druckseiten in-8°,

aus der „Instruktion für die Landschullehrer", 75 Seiten in-8°, und

aus der „Instruktion für die Pfarrer und Schulinspektoren", 24 Seiten in-8°, beide letztern vom 24. Februar.

Schon von Anfang an wurden freilich gegen das Gesetz einige Vorwürfe erhoben, namentlich im „Schweizerboten", später auch von Kettiger, denen eine gewisse Berechtigung nicht abgesprochen werden kann. Eine Haupteinwendung richtet sich gegen die im Gesetze dem Volke noch immer vorenthaltene Beteiligung in den die Einrichtung der Schulen betreffenden Angelegenheiten. Dem Volke wurden wohl eine Reihe von Pflichten namentlich in Bezug auf die ökonomische Gestaltung der Schule auferlegt, aber Rechte, z. B. bei Lehrerwahlen ein Wort mitzusprechen, waren ihm nicht eingeräumt. Noch immer ist in allen wichtigern Fragen den Geistlichen allein die Entscheidung oder wenigstens ein massgebender Einfluss gesichert. Bei solcher Ausschliesslichkeit konnte das Landvolk nicht das rechte Interesse an der Schule gewinnen. Etwas mehr Entgegenkommen in dieser Hinsicht wäre wünschenswert gewesen und hätte der Sache jedenfalls weniger geschadet als das ablehnende Verhalten, wozu man freilich seine Gründe haben mochte.

Ein zweiter Vorwurf betrifft das Abhängigkeitsverhältnis, worin noch immer die Schule von der Kirche und die Lehrer von den Geistlichen gehalten wurden. Im ersten Paragraphen der Instruktion für die Lehrer wird von der innigen Verbindung der Schule mit der

Kirche gesprochen und gesagt, dass der Lehrer gleich dem Geistlichen an der Erziehung der Jugend arbeite. Mit dieser Gleichstellung steht aber die an andern Orten geforderte Unterordnung des Lehrers unter den Geistlichen im Widerspruche. Ohne Genehmigung des Pfarrers darf der Lehrer in der Schule nichts „Neues" vornehmen (§ 10. Instruktion); es wird ihm „die genaue Befolgung der Weisungen seines Pfarrers" zur Pflicht gemacht (§ 42. Schulordnung). Als ein ungerechtfertigter Eingriff in die persönliche Freiheit und als eine unerträgliche Bevormundung wurde vollends das Gebot betrachtet, dass dem Lehrer der Besuch der Wirtshäuser und das Karten- und Kegelspiel gänzlich untersagt sein solle (§ 7 der Instruktion).

Diesen beiden Hauptvorwürfen gegenüber enthält aber das Schulgesetz von 1826 eine Menge von ganz vortrefflichen Neuerungen und Verbesserungen.

Ein gewaltiger Fortschritt war die Ausdehnung der Schuldauer. Zum ersten Mal wird die Forderung aufgestellt, dass ein Kind mindestens sechs Jahre lang (vom 6. bis zum 12. Altersjahr) die Schule zu besuchen habe. Die frühere Übung, dass ein Kind aus der Schule entlassen werden könne, sobald es den Nachweis über den Besitz eines gewissen Masses von Kenntnissen leiste, die zu einer Reihe von Willkürlichkeiten und zu ungleichartiger Behandlung Anlass gegeben hatte, wurde aufgehoben und die Entlassung an eine für alle Schüler gleichmässig geltende Regel gebunden. Mit der Alltagsschule stand eine bis zum Beginne des Konfirmationsunterrichtes dauernde, obligatorische Fortbildungs- oder Repetierschule in Verbindung, wodurch die Schuldauer faktisch auf acht Jahre erhöht wurde.

Ausser der Einrichtung eines genügenden Unterrichtes für die Schüler wurde für die gehörige Aus-

bildung der Lehrer Sorge getragen. Durch die Verordnung, dass alle angehenden Lehrer ihre wissenschaftliche Ausbildung in einer durch das Deputatenkollegium
zu errichtenden besondern Bildungsanstalt erhalten sollen,
erklärte der Staat die Vorbereitung der Lehrer für ihr
Amt als seine Aufgabe. Zur Fortbildung der bereits im
Amte stehenden Lehrer dienten die regelmässig abzu-
haltenden Bezirks-Lehrerkonferenzen.

Vorzüglich gelungen und von bleibendem Werte ist
die Anleitung oder Instruktion für die Lehrer.
Es finden sich darin Winke und Ratschläge über die Einrichtung des Lehrplanes, die Erteilung des Unterrichtes
sowohl im allgemeinen als in jedem einzelnen Fache,
die nach den Verhältnissen jeder einzelnen Schule sich
richtende Anwendung der zweckmässigsten Lehrmethode, mit einem Worte über alles, was einem Lehrer zu
wissen not ist, so dass noch heutiges Tages kein Lehrer,
namentlich in einer ungeteilten Schule, die hier gebo-
tenen Belehrungen in Bezug auf Methodik und Didaktik
ohne vielfältigen Nutzen aus der Hand legen wird. Dieser
Teil des Gesetzes steht ganz auf der Höhe der Zeit; er
entspricht nicht nur in jeder Hinsicht den besten damals
bekannten pädagogischen Grundsätzen, sondern legt auch
für die Befähigung der Bearbeiter beredtes Zeugnis ab.

Eine höchst zweckmässige und erwünschte Neuerung
war endlich die Wiedereinführung des Schulinspektorates. Wenn auch aus gewichtigen Gründen dabei von
der sonst wünschenswerten Einheit abgesehen und für jeden
der sechs Schulbezirke ein besonderer Inspektor aufgestellt und dieses Amt Pfarrern übertragen wurde, so
geschah doch für die einheitliche Leitung der Schulen
so viel, als nach den Umständen gethan werden konnte.
Sämtliche sechs Schulinspektoren hatten schon vor
ihrer Erwählung an der Hebung und Entwicklung ihrer

Gemeindeschulen grosses Interesse genommen und neben
ihren Amtsgeschäften sich mit Vorliebe diesem Arbeitsfelde zugewendet. Bei ihrem brüderlichen Zusammenwirken, bei dem unter ihnen bestehenden Freundschafts-
verhältnisse, bei dem guten Willen, den ein jeder seiner
Aufgabe entgegenbrachte und bei der ihnen allen gemeinsamen Liebe zur Sache erlitt die Einheit der Ge-
schäftsführung keine Einbusse. Ausserdem gab ihnen,
sowie den übrigen Landpfarrern, eine besondere, gleichfalls sehr zweckmässig abgefasste Instruktion alle für
ihr Amt notwendige Anleitung an die Hand. Die Namen
der sechs Schulinspektoren sind:

1. Pfarrer J. J. Bischoff in Muttenz, für den untern
   Bezirk, 10 Schulen,
2. Dekan Nikl. von Brunn in Liestal, Bezirk Liestal,
   11 Schulen,
3. Dekan Joh. Linder in Ziefen, Bezirk Bubendorf,
   9 Schulen,
4. Pfarrer Ed. Bernoulli in Bennwyl, Bezirk Waldenburg, 10 Schulen,
5. Dekan Daniel Burckhardt in Sissach, Bezirk
   Sissach, 9 Schulen, und
6. Pfarrer Wilh. Le Grand in Oltingen, Bezirk Gelterkinden, 10 Schulen.

Jeder bezog für seine Bemühungen die bescheidene
jährliche Entschädigung von sechzig Franken.

Zum Schlusse berufen wir uns auf das Urteil eines
anerkannten Fachmannes. Der für Basel sonst nicht besonders eingenommene, nachmalige Schulinspektor Kettiger hat es bezeugt, dass im Zeitpunkte vor 1830
die Volksschulgesetzgebung in keinem Kantone mehr und den Principien der neuen
Schule entsprechender gefördert war als

im Kanton Basel.[1]) Wenn gerade diese Thätigkeit
der ehemaligen Regierung selbst in der neuern und
neuesten Zeit mit völligem Stillschweigen übergangen
wird,[2]) so hätte doch wenigstens Kettigers Zeugnis
nicht unbeachtet bleiben sollen.

Der Grund des Stillschweigens mag wohl darin zu
finden sein, dass gesagt wird, das Gesetz von 1826 habe
aus Mangel an Zeit nicht durchgeführt werden können.[3])
Dem ist aber nicht also.

In erster Linie sei die Bildungsanstalt für
Landschullehrer erwähnt, die unter der Leitung
von Pfarrer Bischoff zu Muttenz ins Leben trat und
wozu der Rat am 4. Juni 1824 die Genehmigung erteilte.
Die Forderung des Schulgesetzes, dass alle angehenden
Lehrer ihre wissenschaftliche Ausbildung in einer durch
das Deputatenkollegium zu errichtenden besondern Bildungsanstalt erhalten sollten, kam damit zur Ausführung.
Wir machen darüber an der Hand der im Pestalozzianum
zu Zürich befindlichen Aktenstücke folgende Angaben.

Am 4. Oktober 1824 wurde die Anstalt mit elf Zöglingen im Alter von 16—22 Jahren, sämtlich aus Baselland, eröffnet. Der Kurs war auf zwei Jahre berechnet.
Mit dem (jeden Vormittag von 7—11 erteilten mündlichen)
theoretischen Unterrichte wechselten schriftliche Übungen
und Beschäftigung mit Garten-, Feld- und häuslichen
Arbeiten ab.

---

[1]) a. a. O. S. 153.

[2]) Z. B. von O. Hunziker in seiner Geschichte der Schweiz.
Volksschule, Band 2, Seite 42 ff. und in der „Geschichtlichen
Entwicklung des schweizerischen Schulwesens" von demselben Verfasser („Das Schweizerische Schulwesen. Herausgegeben im Auftrag des Schweiz. Departement des Innern anlässlich der Weltaus-
stellung in Chicago, 1893").

[3]) Birmann, a. a. O. S. 25.

Sobald wie möglich wurden die Teilnehmer in die Praxis des Lehramtes eingeführt. Anfänglich geschah dies in einer aus einigen wenigen Kindern bestehenden „Miniaturschule", worin abwechselnd ein Zögling nach dem andern als Lehrer aufzutreten hatte. Im zweiten Jahre mussten sie in der damals noch ungeteilten Dorfschule mit ungefähr 150 keineswegs an gute Zucht und Ordnung gewöhnten Schülern das Amt des Lehrers übernehmen. Ausser der angestrengten, nur hie und da durch kurze Ferien unterbrochenen Arbeit wurde den Zöglingen durch Besuche in andern Schulen, Teilnahme an Schulprüfungen, Schulvisitationen und Lehrerkonferenzen Anlass geboten, neue Anschauungen und Anregungen mannigfacher Art zu gewinnen. Auch eine im Sommer 1826 auf Kosten des Deputatenkollegiums unternommene, achttägige „Reise auf den Rigiberg" diente nicht bloss zur Weckung des vaterländischen Sinnes durch den Besuch der klassischen Stellen der Urschweiz, sondern auch zur Verfolgung pädagogischer Zwecke.

Mit einer am zweiten November 1826 zu Basel in Gegenwart des Amtsbürgermeisters, des Erziehungsrates, des Deputatenkollegiums und vieler Pfarrer am Vor- und am Nachmittage abgehaltenen öffentlichen Prüfung wurde der Kurs geschlossen. Die Zöglinge legten erfreuliche Proben von den erworbenen Kenntnissen ab. Der dem Leiter der Anstalt durch die Behörden ausgesprochene Dank war wohlverdient; denn die Arbeit war keine leichte gewesen. In uneigennützigster Weise hatte er die Zöglinge in den Kreis seiner Familie aufgenommen, war ihr Lehrer und väterlicher Freund gewesen und hatte nun die Freude, dass alle sofort Anstellung fanden und sich die Zufriedenheit ihrer Vorgesetzten erwarben.

Unabhängig von dieser Anstalt war an der Universität Gelegenheit zur Bereicherung des pädagogischen
und des allgemeinen Wissens geboten. Jünglinge aus
allen Teilen der Schweiz, die sich dem Lehrerberufe
widmen wollten, fanden da in den Vorlesungen der Professoren Hanhart, Eckert, Kortüm und anderer
reichliche Gelegenheit zu wissenschaftlicher Ausbildung,
und mehr als einer hat späterhin die Förderung gerühmt, die ihm da zuteil geworden war.

Von der gewissenhaften, sachkundigen und wohl-
wollenden Art, wie die Schulinspektoren ihres
Amtes walteten, legen die Berichte Zeugnis ab, die sie
in Form von tabellarischen Übersichten der Behörde ab-
statteten. Es wird genügen, den Fortschritt des Schulwesens an einigen Zahlen nachzuweisen. Im Jahre 1819
hatte die Zahl der Schulkinder 3730 betragen; [1] im
Jahre 1828 war sie auf 5875 gestiegen. Im Jahre 1819
hatten von den 59 Ortschaften im alten Kantonsteil nur
42 eigene, zum Teil sehr ungeeignete, Schulhäuser besessen; 11 hatten bloss eine Schulstube, 6 entbehrten
sogar eine solche. Im Jahre 1828 treffen wir in sämtlichen Dörfern mit Ausnahme eines einzigen, besondere,
zum Teil ganz neue oder im Bau begriffene Schulhäuser
an, bei deren Herstellung freilich mehr das augenblick-
liche Bedürfnis als die Möglichkeit einer künftigen Erweiterung berücksichtigt wurde.

Neben all diesen Anstrengungen zur Förderung des
Schulwesens darf endlich die Mitwirkung der Pfarr-
frauen bei der Einrichtung von Arbeits- und Kleinkinderschulen nicht mit Stillschweigen übergangen werden. Das Bedürfnis nach Handarbeitsschulen für
Töchter hatte bis dahin auf der Landschaft noch nicht

---

[1] St./A. Erziehungsakten EE. Landschulen insgemein, 1821—
1833.

zur Geltung zu gelangen vermocht. Im letzten Jahrzehnt des 18. Jahrhunderts hatte zwar die Gattin des Lehrers Emanuel Heintzgen (oder Henzgin) zu Muttenz den Versuch mit der Einführung dieses Unterrichtsfaches gemacht. Dieser Schule gebührt deswegen das grosse Verdienst, die erste und für kurze Zeit die einzige Schule im Kanton gewesen zu sein, wo die Mädchen Gelegenheit zur Erlernung des Strickens fanden. Allein die Bemühungen der braven Lehrersfrau fanden damals noch ebensowenig den rechten Anklang wie die ihres Mannes, dessen anregender, über das Gewöhnliche weit hinausgehender Unterricht bei der herrschenden Gleichgültigkeit und Nachlässigkeit von seiten der Eltern und der Kinder nicht genug gewürdigt wurde. Pfarrer Spörlin zählte die allgemeine Einführung der weiblichen Arbeiten zu den Wünschen, deren Erfüllung der Zukunft überlassen bleiben müsse. Noch im dritten Jahrzehnt des 19. Jahrhunderts begegnen wir der Mitteilung, die vermöglichern Bäuerinnen hätten auf die Handarbeiten mit derselben Geringschätzung heruntergeschaut, „wie seiner Zeit die Ägypter auf die Viehzucht der Israeliten." Als nun aber im Schulgesetz von 1826 auf die Wünschbarkeit von Arbeitsschulen für Töchter hingewiesen wurde, [1] fingen einzelne Pfarrer (zu Frenkendorf und Mönchenstein) an, gewiss nicht einzig von sich aus, sondern mit Unterstützung ihrer Gattinnen, Arbeitsschulen einzurichten. Trotz allerhand Schwierigkeiten, mit denen anfänglich auch die beste Neuerung zu kämpfen hat, gewann die Sache Boden. Man erkannte immer mehr nicht allein den grossen Nutzen, sondern auch den hohen erzieherischen Wert des Arbeitsunterrichtes durch Gewöhnung der Jugend an Fleiss, Aufmerksamkeit, Ord-

---

[1] Instruktion für die Pfarrer, §. 36.

nungsliebe, Reinlichkeit und andere häusliche Tugenden.
Gar manche wohlgeschulte Pfarrfrau fand hier ein dankbares Feld zu segensreicher Wirksamkeit und hielt sich
nicht für zu vornehm, um in der Schule selber die nötige Anleitung zu erteilen. Als dann vollends im Jahre
1829 der landwirtschaftliche Verein in Liestal sich des
Arbeitsunterrichtes annahm, war die Sache gewonnen.
So wurde der Boden vorbereitet, worauf späterhin andere
mit geringerer Mühe weiter gearbeitet haben. Nur noch
im Vorbeigehen soll an das in dieselbe Zeit fallende
Zustandekommen von Kleinkinderschulen erinnert
werden. [1])

Dem Schulwesen auf der Landschaft Basel wäre
nach langem Darniederliegen durch das Gesetz von 1826
eine schöne, vielversprechende Blütezeit beschieden gewesen, wenn nicht im Jahre 1830 jene unheilvollen politischen Wirren begonnen hätten, die einen Riss durch
alle Verhältnisse machten und mit der gewaltsamen
Trennung des Kantons endigten. Die Geistlichen und
eine Anzahl Lehrer, die fest zur Stadt hielten, wurden
verjagt und dadurch langjährige und treugeleistete
Dienste in Kirche und Schule mit schnödem Undanke
belohnt. Bei dem unverdienten Schicksal, dessen Opfer
namentlich die Landpfarrer geworden sind, geziemt es
sich um so mehr, die grossen Verdienste um die Entwicklung und Förderung des Schulwesens, die ihrem
Stande in ganz besonderm Masse zu verdanken sind,
in treuem Andenken zu bewahren.

---

[1]) Näheres über die Errichtung von Arbeits- und Kleinkinderschulen findet sich im Kirchenarchiv, Kapitelbuch Liestal,
D. 19. No 315. 318. 363. K./A. R. 5. No 30. a, b, c.

Anhang.

Ordnung der Schull zu Liechtstall (1614).[1]

In dem namen der heiligen Dreyfaltigkeit, gott vater Son vnd heiligen geists. Angestelt durch herren M: Emanuel Iselium Leütpriester, herren Philipp Luterburger Decanum vnd Diacon vnder herren Pantaleon Singisen neüwen Schuldheissen vnd Hans Jacob Keller Stattschreiber vnd Pfleger, auch herren Johann Bürge der Zeit Schulmeister, darob zuhalten vnd deren zu geleben eingehendiget den zwölfften Aprilis Anno 1614.[2]

---

[1] Das Original dieser nur handschriftlich vorhandenen Ordnung befindet sich im Archive des Antistitiums unter „Gymnasium und andere Schulen."

[2] Emanuel Iselin, war 1597 Pfarrer zu Mönchenstein, 1607 zu Bretzwyl, 1611 zu Liestal, 1618 Dekan des Liestaler Kapitels, † 9. März 1633, 60 Jahre alt. Bruckner S. 1062. Philipp Luterburger oder Lautenburger war 1581 Pfarrer zu Munzach, 1611 Dekan des Liestaler Kapitels, † 1618. Bruckner S. 1581. Über Schultheiss Pantaleon Singeisen siehe Bruckner S. 1019. Über Stadtschreiber Hans Jakob Keller siehe ebendaselbst S. 1050.

Johannes Bürgi (Bürge, Birgi, Birki), ein Kandidat des Predigtamtes, wurde am 6. März 1600 als Ludimagister nach Waldenburg berufen, kam unter Zusicherung des Fortbezuges des Luterburgischen Legates (siehe oben Seite 161) als Prediger von Lausen und als Schulmeister nach Liestal, musste aber am 7. Februar 1624 „wegen Hinlässigkeit" und „wegen er sich mit denen zu Liechstall nit betragen können", abgesetzt werden. (Siehe die Acta Eccles. II. an verschiedenen Orten. Ratsprotokoll, Bd. 13, S. 32. Bd. 19, S. 102.) Wie vorsichtig man damals bei der Besetzung von Schulstellen vorgehen musste, zeigt folgender Vorfall. Während des unmittelbar vor Bürgis Wahl nach Liestal eingetretenen Provisoriums hatte der Rat dieser Stadt von sich aus die Stelle eines Lehrers besetzt und einen namens „Bläsi Didar" angestellt. Es stellte sich aber heraus, dass dieser ein „Messpriester" war und

1. Zu Jederzeit soll die Schull von den kinderen besucht werden, am morgen vmb siben Vren, noch mittag vmb zwölff Vren, Jedes mol bej zweien stunden, ohn allein am freytag sol von 2 biss 3 Vren gesungen werden, vnd ein Sigerist oder Psalmen singer, laut seiner Ordnung vnd Eydts, deme beiwohnen vnd das gesang üben vnd die rechten Melodeyen Lehrnen. Es sollen auch die knaben vor der Predig allzeit vss der Schull in die kirchen vnd widerumben vss derselben in die Schull in der Procession gehen, vnd was sie vss der predig behalten, Examiniert werden.

2. Anfangs der stund, so die kinder zusamen komen, soll vor allen Dingen das gebett verbracht, vnd zu end der Schulen, Jetzund so bitten wir dich herr etc. oder ein ander Christlich gesang oder Psalmen darzu dienstlich, neben dem gebett geübt werden.

3. Am Montag sollen die Jungen angehenden kinder, am morgen im namenbüchlin, wie auch noch mittag, biss dass sie es ergreiffen, die anderen die schon etwas können lesen, sollen im Catechismo in den Psalmenbüchern oder Bibel lesen, noch mittag sollen sie neben einer lection im schreiben vnderrichtet werden.

4. Am Zinstag sol morgens die eine stund mit den Jungen das gebett, mit denen aber so schon etwas lesen können der Catechismus geübet, vnd Lehrreiche Psalmen von Inen vsswendig zu Lehrnen oder andere Christliche gebett, erforderet, noch mittag

---

dass seine angebliche Ehefrau „sich mit diebstall vergriffen." Der Rat zu Basel, dem die Sache berichtet wurde, machte kurzen Prozess: „die thätterin wurde an pranger gestelt und sambt dem Messpfaffen von statt und land verwiesen." (Siehe Ratsprotokoll vom 23. März 1611, Band 12, S. 235.)

aber neben einer lection, die schrifften ersucht, vnd sie darinnen ohn gespartes fleiss, angefürt werden.

5. Am Mittwochen sol gleichfals am morgen vnd noch mittag, mit allen gehalten werden, wie am montag.

6. Am Donstag bleibts morgens mit den Jungen vnd anderen wie am Zinstag, noch mittag vrlaub.

7. Am Freytag sol es in allweg gleich gehalten werden den montag vnd mittwochen, ohn allein noch mittag, vf ein stund, als zum eingang vermeldt, Psalmen gesungen werden.

8. Am Sambstag sol es mit dem Zinstag vnd Donstag, gleich gehalten werden. Noch mittag vrlaub.

9. Die besoldung belangende, sol von der Herbst Fronfasten an biss vff die Fastnacht, ein Jeder Schuler Jedes morgens ein schydt holtz mit sich bringen, vnd fronfastenlich in gelt geben 2 β, die aber kein holtz tragen für alles 6 β abrichten. Von der Fastnacht fronfasten an biss Herbst, sol ein Jedes geben 2 β vnd kein holtz zu tragen schuldig sein.

10. Die Schulstuben sol vom Schulmeister sauber gehalten vnd weder Schwein noch hüner darein gelassen, dessgleichen kein zech, noch ander ergerliche, der Schull vnzimliche arbeit darinnen verrichtet, auch die Jugend weder morgens noch abends, darinnen zu essen ferner gestattet werden.

11. Sol auch ein Schulmeister, in betrachtung seines beruffs, in gesetzten stunden, bei den Schuleren stäts selber verharren vnd gar nicht andern haussgeschefften vsswarten, So fern er aber den ordenlichen kirchen geschefften abwarten sol, weiss er sich nach gebühr zu verhalten, So er aber in andern geschefften verreisen will, sol er solches beim Decano oder andern Præpositis anzeigen.

12. Es hat auch ein Schuldiener sonderlich zu bedencken, das wie die freyen gemüter der Jugend,
durch fründlichkeit vnd versprechung der ehren vnd
ruhms angezündet vnd gereitzet: Hingegen durch
schleg, streich vnd zu viel strenge vnd rühe [Rüche,
Rauhigkeit], die kinder verkommen, scheüch oder
halssstarrig gemacht vnd den Lehrmeisteren feind
vnd gramm werden : Also besser ists die kinder
durch zucht vnd freygebigkeit, als durch forcht
zu erhalten, das dahero ein Schulregierung viel
dappferer vnd bestendiger, vil nutzlicher vnd frucht-
barer, die mit fründlichkeit vnd gottseligen erma-
nungen, vermengt wirt, als die mit gewalt vnd grim-
migkeit, bitterem neyd vnd zorn geschicht. Der
Ursachen sich ein Jeder Schullmeister nicht allein
der gebürenden züchtigung vnd rühe, Sonderen auch
der freündlichkeit vnd gelinde, Je nach beschaffenheit der Jugend zu befleissen wüssen wirt, Ime
nun zu vnderweisen vnd der Jugend zu Lernen
vnd in allen tugenden vfzuwachsen, wolle höchst
ernent heiligste Dreyeinigkeit sein gnad verleihen.
Amen.

Von späterer Hand ist (im Jahre 1622?) Paragraph
9 durchgestrichen und Folgendes beigefügt worden:

Die Besoldung belangent Ist man dohin entschlossen Jede Fronfasten durch auss von Jedem Schuoler 3 β
4 ϑ so Jedem halb gedeyen solle, abzurichten, aber kein
holtz tragen zelassen.

Hieneben begert ein Ersamer Rath Imnamen der
Burgerschafft diser ordnung einzuleiben, dass die Jenigen
kinder, deren Eltern es begeren, wie vor dieser Zeitt
beschechen, auch latin so weitt müglich, sollen gelernet
werden.

Inhaltsangabe.

	Seite
Quellen. Einleitung	125
Erster Zeitraum, 1524 — 1660.	
Politische und kirchliche Einteilung der Landschaft	129
1. Der von den Pfarrern erteilte kirchl. Religionsunterricht	132
A. Die Kinderlehre	132
B. Besuch der Kinderlehre	138
2. Entstehung und erste Einrichtung der Landschulen	143
A. Die Schule zu Liestal	143
1. Die ersten Anfänge	143
2. Die erste Schulordnung	150
3. Die Besoldung des Lehrers	152
B. Entstehung der übrigen Deputatenschulen	156
1. Riehen	157
2. Muttenz	159
3. Waldenburg	160
4. Sissach	162
5. Buckten	164
6. Bubendorf	164
Halbdeputatenschulen (Benken, Münchenstein, Arisdorf)	165
C. Entstehung anderer Schulen	169
Zweiter Zeitraum, 1660 — 1759.	
A. Der kirchliche Religionsunterricht	173
B. Die Schulordnung von 1660 nebst andern Ordnungen	177
a. Die Schulordnung von Liestal vom Jahre 1670	179
b. Die Schulordnung von Sissach	180
c. Die Schulordnung von Kleinhüningen	181
C. Vollzug der Schulordnung	182
a. Schulbesuch, Schullokalien	184
b. Der Unterricht	186
c. Anstellungs- und Besoldungsverhältnisse der Lehrer	190

Seite

D. Die Schuleinrichtung zu Arisdorf 195

E. Untersuchung der Schulzustände von 1694 und ihre
Folgen 197

F. Neue Versuche zur Hebung des Schulwesens. Untersuchung des Jahres 1704 209

G. Die Kirchenordnung von 1725. Die Kirchen- und
Schulvisitation von 1739 212

H. Einrichtung von Repetierschulen. Erste Anfänge des
Handarbeitsunterrichtes 215

Dritter Zeitraum, 1759 — 1830.

A. Die Schulordnung von 1759 218

B. Die Ausführung derselben 224

   a. Schulbesuch, Schulgeld, Armenschullöhne . . 225

   b. Nebenschulen 233

   c. Die Verhältnisse in den Deputatenschulen . . 235

      1. Liestal 238

      2. Muttenz, Riehen, Sissach 239

      3. Anstellung von Adjunkten 242

C. Der Unterricht am Ende des 18. Jahrhunderts . 243

D. Schullokalien. Lehrerbesoldungen 250

E. Private Anregungen und Bestrebungen zur Hebung
des Schulwesens 255

F. Die letzte Kirchen- und Schulvisitation nach alter
Ordnung 262

G. Die Staatsumwälzung und ihre Folgen für die Landschulen 264

H. Die Schulordnung des Jahres 1808 und ihre Folgen 272

J. Die Realschule zu Liestal 284

K. Die Schulordnung von 1826 285

Anhang. Ordnung der Schull zu Liechtstall (1614) . . 299

Die Vertreibung evangelischer Bürger aus der freien Reichsstadt Colmar und ihre Aufnahme in der Stadt Basel.

Ein Geschichtsbild

aus der Zeit der katholischen Gegenreformation

1628 — 1630.

Von

Dr. Heinrich Rocholl,

Mil. Oberpfarrer zu Hannover.

Vorwort.

Als die protestantische Gemeinde Augsburger Confession zu Colmar im Elsass im Jahre 1875 am Sonntag Exaudi das dreihundertjährige Jubelfest der Einführung der Reformation feierte, erschien aus der Stadt Basel eine Anzahl angesehener Männer, um dieser Gemeinde ihre besondern Festgrüsse zu entbieten. Es waren die Nachkommen der wackeren Bürger jener früheren, deutschen, freien Reichsstadt Colmar, welche zur Zeit des dreissigjährigen Krieges in den Jahren 1628 bis 1630 durch die katholische Gegenreformation sich gezwungen sahen, um ihres Glaubens und Gewissens willen ihre Heimath zu verlassen und sich bei der freien Stadt Basel neue Wohnsitze zu erbitten, so dass sie deren Bürger und Schirmverwandte wurden

Bei meinen Studien über die Kirchengeschichte des Elsass und vornehmlich über die Reformation in der Stadt Colmar habe ich in dem Kaiserlichen Bezirksarchiv, sowie in dem Stadtarchiv daselbst gewichtige handschriftliche, bislang noch unbekannte Dokumente gefunden, welche jene Zeit der grössten Glaubenstyrannei von Seiten Roms und des römischen Kaisers auf's genaueste darlegen. Durch dieses archivalische Material glaube ich in den Stand gesetzt worden zu sein, die religiöse Knechtung der zum grösseren Theil protestantischen Bürgerschaft Colmars in jenen Jahren der Schrecken zu schildern, deren Folge darin bestand, dass viele edle Rathsherren und Bürger mit ihren Angehörigen den Wanderstab ergriffen und in Basel eine Aufnahme fanden.

Mit Absicht habe ich die Urkunden meist selbst
reden' lassen, um der Wahrheit der ergreifenden Bilder
und der drangsalsvollen Umstände der damaligen an
religiösen wie politischen Wirren überreichen Zeit keinen
Abbruch zu thun. Hierdurch hoffe ich erreicht zu haben,
dass jene muthigen Zeugen evangelischen Glaubens und
protestantischer Gesinnung uns als lebensvolle und ge-
läuterte Persönlichkeiten voll Weisheit und Thatkraft
im Geiste entgegentreten. Wir erkennen, welch einen
Kampf es für die Bürger Colmar's und Basel's gekostet
hat, die hohen Güter des Protestantismus, die Toleranz
und Gewissensfreiheit, durch viele Gefahren hindurch
vor der Gewaltherrschaft Rom's zu retten. Zerschla-
gen am Boden lag das protestantische Colmar. Das gastfreie Basel bot ihm die Retter-
hand. Dass bis auf den heutigen Tag beide Städte
miteinander innige Beziehungen pflegen, hat einen historischen Grund; auch die nachfolgende Abhandlung
giebt hierfür einen sichern Beleg.

Den heutigen Baseler Bürgern, deren Altvordern
einst in dem protestantischem Colmar Magistratspersonen
waren und in der Gemeinde daselbst hohes Ansehen
genossen, die aber genöthigt wurden, weil von Haus
und Herd um des Gewissens willen vertrieben, an die
Thore von Basel zu klopfen, um bei ihren Glaubensgenossen Herberge zu finden, rufe ich unter Hinweisung
auf jene Zeit der Emigration zu:

„Was du ererbt von deinen Vätern hast,
erwirb' es, um es zu besitzen!"

Hannover, Sonntag Exaudi 1894.

Der Verfasser.

Das mächtige Freiheitswort von dem Evangelium in Jesu Christo, welches der kühne Augustinermönch zu Wittenberg verkündigte, hatte gar bald ein lebenerweckendes Echo in der Westmark des deutschen Reiches, in den elsässischen Landen, gefunden. Wie an allen Orten, so hatte sich auch hier allmälich ein innerer Umschwung nicht blos in kirchlichen, sondern auch in sozialen Verhältnissen bis ins innerste Volksleben durch die Reformation angebahnt, so dass es nur der Losung evangelisch denkender und redender Männer bedurfte, um eine durchgreifende Neugestaltung im inneren persönlichen Gemüths- und Glaubenslebens des Einzelnen, im Leben der religiösen Gemeinschaft in der Kirche und im bürgerlichen Verkehr in Stadt und Land ins Werk zu setzen.[1]) Nicht von ungefähr, nicht im Anflug einer plötzlich auftretenden Begeisterung oder gar einer revolutionären Leidenschaft konnte es gesche-

[1]) Vgl. des Verfassers Schriften: Anfänge der Reformation in Colmar, Lpz., Rasch, 1875. — Die Einführung der Reformation in Colmar, Lpz., Rasch, 1876. — Zur Annexion des Elsass durch die Krone Frankreichs, Gotha, Perthes, 1888. — Urkunden und Briefe aus der Protestanten-Verfolgung im Elsass vor 200 Jahren, Magdeburg, Bänsch, 1886. — Ferner Röhrich, Gesch. der Reformation im Elsass, Strassb. 1832. — Röhrich, Mittheilungen, Strassb. 1855. — Leist, Gesch. der Reformation in Colmar.

hen, dass man zu Strassburg Luthers Thesen
schon im Jahre 1517 an die Thüren der katholischen
Geistlichen anzuschlagen wagte. Gerade diese Stadt
war der Centralpunkt der ganzen reformatorischen Bewegung im elsässischen Lande.

Einen Bundesgenossen fand Strassburg an dem sog.
Zehnstädte-Bund, welcher aus ober- und unterel-
sässischen freien Reichsstädten bestand, zu denen Hagenau, Schlettstadt, Weissenburg, Oberehnheim, Risheim,
Kaysersberg, Türckheim, Münster und Colmar gehörten.
In allen diesen Städten zeigten sich schon sehr frühe
kirchliche Reformbewegungen; Hagenau begann die Reformation 1565, Colmar 1575. Erst der Abschluss
des Augsburger Religionsfriedens 1555 machte
die Magistrate dieser freien deutschen Reichsstädte geneigt, den protestantischen Bürgern und ihren Wünschen
entgegen zu kommen. Dieser Friede gab den Obrigkeiten
und Gemeinden das Bewusstsein, dass von nun an im
deutschen Lande neben der katholischen Kirche noch
eine andere neu entstandene, die evangelische Kirche
Augsburger Confession, das Recht der Existenz und der
ungestörten Lebensentfaltung errungen habe, dass seit
der Aufhebung des staatlichen Zwanges zum Gehorsam
gegen die katholische Kirche das Bekenntniss zur evangelischen Kirche sich mit der unwandelbaren Treue gegen Kaiser und Reich wohl vertrage. Mit dem Augsburger Religionsfrieden beginnt darum eine neue Periode der elsässischen Reformationsgeschichte. Zwar hat
man viele Jahre hindurch den Städten die Wohlthat des
Friedens, das jus reformandi, bestritten, aber im West-
fälischen Frieden haben sie dasselbe endlich erhalten.

Im Ober-Elsass gab es für die Reformation einen
weit ungünstigeren Boden als im Unter-Elsass, da der
grössere Theil des Landes katholischen Mächten ange-

hörte. Ein Gegengewicht gegen die reformatorischen
Unternehmungen in den Reichsstädten, namentlich in
Colmar, konnte der Bischof von Strassburg ausüben, der
viele Länder im Ober-Elsass, so Rufach, besass; ein weit
grösseres aber ging von dem Bischof von Basel aus,
dem die Jurisdiktion über die Geistlichen in
Colmar gehörte, namentlich über die dortige Stadtgeistlichkeit, die Mitglieder des Sankt Martin Stiftes,
Einen Hauptgegenstoss aber hoffte der deutsche Kaiser
Ferdinand im Jahre 1558 thun zu können, indem er
persönlich die Ober-Landvogtei über die zehn Reichsstädte, die Dekapolis, übernahm und seinen Nachfolgern
überlieferte. In Ensisheim, dem Sitz der österreichischen
Regierung, ist manch Blut der Märtyrer der neuen Lehre
geflossen; der Fanatismus der Habsburger von dieser
nahen Stadt aus musste auf die Protestanten in Colmar
einen beengenden Eindruck machen. Und dies um so
mehr, als der Kaiser Maximilian II. im Jahre 1564 seinem Bruder, dem Erzherzog Ferdinand, einem be-
wussten Feinde des Protestantismus, die Oberlandvogtei
übertrug. Nun folgte ein Drohbefehl des Kaisers dem
andern; von jetzt ab erschienen allerlei Commissionen des
Oberlandvogts und ihrer Stellvertreter, der Bischöfe und
ihrer Chorherren, um die katholische Sache zu retten
und den fröhlich aufkeimenden Protestantismus zu verderben. Doch ihre wiederholten, sehr ungerechten Versuche hatten keinen Erfolg; sie bewirkten in den meisten Fällen das Gegentheil. Die Magistrate liessen sich
von dem bereits protestantisch gewordenen Volke
schliesslich bewegen, die Reformation einzuführen, und
beide, Behörden und Volk, waren im Bunde mit den
übrigen Reichsstädten einig, das Recht, das ihnen der
Augsburger Religionsfriede gegeben, zu vertheidigen.
Sie standen fest zu einander in der Zeit der Gefahr,

wenn es galt, unberechtigten Eingriffen in ihre alten
Rechte von Seiten der katholischen Machthaber entgegen zu treten.

Am Ende des 16. Jahrhunderts war das Elsass ein
überwiegend protestantisches Land; das Centrum der
Reformation im Ober-Elsass war Colmar. In seinen
Mauern wirkten die begabtesten und einflussreichsten
Männer. Doch in die aufschiessende Saat echt evangelischen Lebens fuhren gar bald wilde Wetter aufhaltend
und zerstörend hinein; es war der dreissigjährige
Krieg mit seinen Schrecken, mit seiner papistischen
Gegenreformation; diese trübe Zeit unterband die Lebensadern der jungen evangelischen Gemeinden auf evangelischem Boden.

In die Wirren des dreissigjährigen Krieges mit der
von Rom in der schonungslosesten Weise in Scene gesetzten Gegenreformation wird uns die nachfolgende Betrachtung führen. Wir werden sehen, wie die
ehrenwerthesten Vertreter der freien deutschen Reichsstadt Colmar vergeblich ihre protestantische Bürgerschaft gegen die ungerechten Angriffe katholischer
Machthaber zu schützen suchen, wie sie um ihres Glaubens willen von ihren Aemtern vertrieben wurden, wie
sie schliesslich mit Weib und Kind ihre Heimath verlassen, um in der Fremde neue Herberge zu suchen.
Historische Zeugnisse sollen uns bekunden, wie man von
Seiten Roms die Intoleranz bis in die äussersten Consequenzen wider alles Recht gegen die evangelisch gesinnten Bürger hat schalten und walten lassen, um deren
Gewissen zu bedrängen, und um sie wider ihr Gewissen
durch Zwang und Bosheit zur allein seligmachenden
Kirche zurück zu führen. Jene heldenhaften
Männer, welche in den argen Zeiten brutaler Glau-
bensunterdrückung zu Colmar die Fahne der Glaubens-

und Gewissensfreiheit hochgehalten haben, sind die
Vorfahren vieler evangelischer Familien
der Stadt Basel und der übrigen Schweiz
geworden. Sie haben mit blutendem Herzen in jenen
düstern Tagen der Gegenreformation, als ihre Kräfte
ausgingen, den Wanderstab ergriffen und sind über die
Grenze gezogen und haben in Basel angefragt, ob sie
dort ihren Wohnsitz aufschlagen dürften. Und die Baseler freien Bürger haben ihnen freudig die Hand ent-
gegengestreckt und ihnen das Bürgerrecht in ihrem
freien Gemeinwesen gestattet. Die Emigranten aus Colmar sind mit dankbarem Herzen Baseler Bürger
geworden. Wenn sie auch in den ersten Zeiten nach
ihrem Abzug die alte Heimath kaum vergessen konnten,
so haben sie sich doch mit allen Kräften Leibes und
der Seele dem Wohl der Stadt hingegeben, welche
ihnen in den Tagen der Trübsal und des Elends die
Thore öffnete und ihnen Ruhe darbot. Ihre Namen finden wir heutigen Tages noch unter den Bürgern der
freien Stadt Basel. Obwohl dieselben uns noch oft entgegentreten werden, mögen sie doch von vorn herein
hier einen Platz finden, wie wir sie aus alten Urkunden
entdeckt haben, wie sie die Unterschriften zweier alten
Petitionen bilden, die uns später noch beschäftigen sollen. In einem Briefe d. d. Basel den 29. Nov. 1629 finden wir folgende Namen: Elias Wetzel, Daniel
Birr, Joseph Glaser, Anton Bürger, Martin
Birr, Hans Burger, Johann Caspar Sandt-
herr, für sich und seine Schwester Margarethe Sandt-
herr (Sandtherrin), Daniel Wetzell, Ursula Kriegelstein, Wittib,[1]) Hans Peter Wetzel, Philipp

---

[1]) Ursula Kriegelstein war die Wittwe Matthäus Vischers, den
sie 1587 geheirathet hatte. Nach damaliger Sitte trug sie als

Dienast im Namen Herrn Johann Franz Wiebert's
selige Erben, sodann im Namen Herrn Gideon Sa-
radzin's meines geliebten Schwagers, Lorenz Gürt-
ler, Görg Eckenstein, Friedrich Blech für sich
und im Namen Herrn Matthis Grossmeyers seligen
Wittib und geliebten Frau Schwägerin, Hans Feder-
lin's Wittib. In einem Briefe an den Baseler Rath vom
15. März 1630 steht ausser den meisten der Genannten
noch: Hans Franz Weibert selige Erben und
„Gideon Sarzin“.

Im Jahre 1619 hatte Ferdinand II. den kaiserlichen
Thron bestiegen; die Angst der Protestanten vor ihm,
als einem düstern Römling voll Aberglauben und Intoleranz war leider allzu berechtigt. Das Glück, welches
ihm Anfangs abhold war, ging in der ersten Zeit des
dreissigjährigen Krieges freundlich über ihn auf. Sein
Gegner, Friedrich V., der reformirte Churfürst von
der Pfalz, der zu Prag 1619 zum böhmischen König gekrönte Fürst, wurde auf dem weissen Berge in der Nähe
dieser Stadt auf's Haupt geschlagen König Christian
von Dänemark unterlag dem Heere Tillys bei Lutter am
Barenberge; allmählig wurde das ganze Deutschland
dem Kaiser unterworfen, die Bollwerke des Protestantismus waren allerseits gefallen. Der Kaiser stand auf
dem Höhepunkt seiner Macht; kein Feind war mehr
vorhanden. Nun schien der Zeitpunkt gekommen zu
sein, den eingeschüchterten, am Boden liegenden Protestantismus gänzlich zu vernichten Die kaiserlichen
Siege sollten zugleich der Triumph des Katholicismus

Wittwe nicht mehr den Geschlechtsnamen ihres Gemahls, sondern
denjenigen ihres Vaters, also Kriegelstein. Zu ihr nach Basel kam
1630, erst 7 Jahre alt, ihr Enkel Matthäus Vischer der jüngere,
welcher 1649 das Basler Bürgerrecht erwarb.

über die evangelische Confession sein; darum wurden
die Gewaltschritte gegen die Ketzer immer härter; überall fanden Protestanten-Verfolgungen statt; es schien
mit der evangelischen Kirche aus zu sein. Es war natürlich, dass der Kaiser seine eiserne, alles evangelische
Leben erstarren lassende Faust auf die Länder gewaltsam legte, die ihm, als einem Oesterreicher, als Erb-
schaft zugefallen waren. Er ernannte seinen Bruder
Erzherzog Leopold zum Verwalter seiner Allodialgüter
im Breisgau und zum Ober-Landvogt über die zehn elsässischen Reichsstädte. Als solcher konnte dieser Fürst
schonungslos in die Angelegenheiten der Städte eingreifen und die Interessen Rom's vertreten. Als nun die
allgemeine Hetzjagd auf die Protestanten anfing, wurde
Leopold von seinem kaiserlichen Bruder zum Haupt-
Commissar ernannt, in der freien deutschen
Reichsstadt Colmar die Gegenreformation
durchzuführen, um die Beschlüsse zur That werden
zu lassen, welche auch schon in den früheren Jahrzehn-
den kaiserliche Commissionen bei dem protestantischen
Magistrat vergebens versucht hatten. Der eigentliche
Urheber zu diesem Vorgehen des Kaisers war der Bischof Wilhelm von Basel. Wir lesen im Protokoll
des St. Martin Stiftes zu Colmar [1]) aus dem Jahre 1627
wörtlich: „Nachdem aber Anno 1618 die schwere und
unerhörte Rebellion im ganzen Reich, Böhmen und Ungarn, so die Häretici wider den Kaiser Matthias erweckt,
entstanden und auf sein Ableiben Kaiser Ferdinand II.
durch sonderliche Hülfe Gottes den Sieg erlangt, die
Rebellion in Oesterreich, Böhmen und Ungarn gedämpft,
auch der Ketzer Reich dissolvirt, dass er von allen Fürsten und Männern gefürchtet worden, hat der hochge-

---

[1]) Im Bezirks-Archiv daselbst.

meldete Wilhelm Bischof von Basel dieser Zeit
auch gebrauchen wollen und dieses hochwichtige Werk
in Erwägung gezogen, desswegen unsern Propst Christo-
phorum Pistorium und mich den Dechant Joh. Jac. Hornung den 1. Januar 1626 berufen, und wie alles anzu-
greifen wäre, ist berathschlagt worden. Hierauf hat er
anbefohlen, was sich hätte inmittelst zugetragen, aller
Orten fleissig nachzuschlagen, einander zu conferiren und
darüber die Klage zu formiren. Zumassen denn ich, der
Dechant, als ich wieder nach Hause gekommen, fleissig
alles durchsucht, und ist darauf der bischöfliche Kanzler,
wie auch unser Propst im März allhero gekommen, bei
mir 14 Tage in der Dechänei verblieben, im Geheim
alles, was hierzu tauglich, aufgeschlagen, durchgelesen
und wohlerwogen, auch befohlen, ich sollte alsobald nach
Ostern beim Herrn Prälaten von Münster mich anmelden,
ihm unser Vorhaben ankündigen, etliche Schriften, so
uns hierzu dienlich wären, begehren; aber als ich ihn
zu Gebweiler, allwo er sich damals aufgehalten, anreden
wollen, habe ich keine Audienz haben mögen, so bin ich
denn unverrichtet nach Pruntrut und St. Ursicinum ver-
reiset, um daselbst bei unsern geflüchteten Briefen die
Originalien unsrer Privilegien und andere Dokumente
zu erheben. Wie nun desweg alles zusammengebracht
ist worden, hat man das Klagelibell aufgesetzt und durch
Herrn Erzherzog zu Insbruck, als der Kaiserlichen Majestät Bruder, nach Wien übersandt, darauf der Kaiser
Ferdinand II. die Commission seinem Herrn Bruder gegeben des Inhalts: dass zu Colmar die Prädikanten ganz abgeschafft und unsere Beschwerden sollten abgenommen werden."
    Der Kaiser Ferdinand schrieb am 17. Juli 1627 von
Wien an seinen Bruder einen energischen Brief, der uns
vorliegt; er führt die Klagen des Bischofs Wilhelm von

Basel an. Das beste Mittel sei, alle Anordnungen früherer kaiserlichen Commissionen wieder aufzunehmen,
den Rath und die Gemeinde zu Colmar zu versammeln
und dahin zu vermahnen, dass sie alle Neuerungen ohne Verzug wieder abschaffen, die Ver-
bote der katholischen Predigt und der Cere-
·monien wegen aufheben und das ganze Kir-
chenwesen in den vorigen Stand, darinnen
es vor dem aufgerichteten Religionsfrieden
gewesen, restituiren und solches alles also-
gleich in's Werk richten, sich auch aller anderen Neuerungen enthalten sollen. An dem
Vollbringen werde Seine Liebden ein gottwohlgefälliges
Werk thun und dem Kaiser zu einem besondern ange-
nehmen Wohlgefallen gereichen. An demselben Tage
wurde an den Rath der Reichsstadt Colmar ebenfalls
vom Kaiser selbst eine schriftliche Aufforderung gerichtet, der Commission des Erzherzogs Leopold zu gehorchen der obliegenden Schuldigkeit gemäss, „da diese
Anordnung der gemeinen Stadt Colmar zum Besten, zur
Ruhe, zur Einigkeit und Vertraulichkeit angesehen und
gemeint sei".

Es war für die Obrigkeit und Gemeinde von Colmar selbstverständlich, dass durch das Vorgehen des
Kaisers gerade das Gegentheil von Ruhe, Einigkeit und
Vertraulichkeit eintreten werde; die kaiserlichen Schreiben führten eine Zeit voll äusserer und innerer Noth,
voll Intoleranz und Glaubensverfolgung herbei. Mit
Angst und Schrecken sah eine Bevölkerung in die Zukunft, deren überwiegend grösserer Theil der protestantischen Religion angehörte, und in der evangelischen
Kirche ihr religiöses Genüge fand. Die Aussicht, dass
protestantische Fürsten sich der braven Colmarer annehmen würden, war ja nicht vorhanden, da der Kaiser

alle seine Gegner zu Boden geworfen hatte; man kannte
den bigotten Standpunkt des Habsburgers, wie er nur
einen Herzenswunsch hatte, das verhasste Lutherthum
gänzlich auszurotten. In jenen Tagen handelten nun
die Rathsherren der Stadt Colmar höchst weise
und muthig und versuchten das Unglück von der Stadt
so lange, wie eben möglich, abzuhalten. Ihre Namen
interessiren uns deshalb, weil wir unter ihnen drei
finden, welche später Colmar verliessen und
in Basel eine geachtete Stellung in der Bürgerschaft fanden. Es sind die Hauptmitglieder des
Magistrats: der Obrist-Meister Daniel Birr,
die Städtemeister Joseph Glaser und Anton
Burger, zu welchen noch Nikolaus Schultheiss
und Conrad Ortlieb treten. Am 27. October 1627
schreibt der Obrist-Meister Daniel Birr im Namen
des ganzen Raths und der Reichsstadt Colmar an den
Erzherzog Leopold einen längeren Brief, aus dem wir
Folgendes entnehmen: „Zuerst danken wir Gott, dem
Allmächtigen, von Grund unsres Herzens, dass wir in
den nun schon viele Jahre dauernden, gefährlichen Zeiten unsere Rathschläge so eingerichtet haben, dass kaiserliche Majestät keine Ursache finden werden, uns mit
Ungnade anzusehen oder uns mit Entziehung oder
Schmälerung unserer Freiheiten und Vorrechte zu be-
strafen. Selbst die Gegner können uns irgend eines
Ungehorsams oder Abfalls nicht beschuldigen. Wir können vor Gott bezeugen, dass wir gegen Ihre Kaiserliche
Majestät, als unsern einigen Herrn und als unser höch-
stes Haupt in schuldigem Gehorsam auch in's Künftige
allerunterthänigst beharren und darin mit Versprechung
Gutes und Blutes gewärtig sein wollen. Unsere Regie-
rung, die Ruhe in der Stadt und der Wohlstand der
Bürger zeugen für unser Benehmen; es ist auch bezeugt

von dem Erzherzog selber; auch die Domherren müssen
es anerkennen. Wir können uns nicht erinnern, dass in
den letzteren Jahren zwischen uns und ihnen oder auch
unsern Bürgern der einen oder anderen Religion irgend
eine Irrung oder Streitigkeit vorgefallen ist . . . . . . "
Schliesslich bitten sie, die Commissions-Berathung bis
nach Weihnachten zu verschieben, die Sache sei hoch-
wichtig, zumal seit 50 Jahren die Religionsfreiheit in
Colmar bestände und kaum einer mehr am Leben, der
genau um ihre Einführung noch wisse und Bericht geben könne. Tausende seien in der evangelischen Religion geboren und auferzogen. Der für die Commission
angesetzte Tag, der 23. November, sei zugleich der Termin für den St. Martins Jahrmarkt „da denn den Rath
zu versammeln ungewohnt und fast unmöglich sei."
Auch käme aus nah und weit gelegenen Orten eine
namhafte Zahl von Krämern und von anderm Volk nach
Colmar, wodurch es bei der jetzigen aus Gottes Verhängniss und rechtmässiger Straf an vielen Orten herrschenden pestilenzischen Seuche zu verhüten unmöglich
sei, dass Fremde unangesteckt bleiben möchten, wie vorsichtig man auch hierin verfahre. Dazu würde die Neu-
wahl für die Stadtämter stattfinden, wodurch der Rath
kaum Ruhe und Zeit haben werde, der Commission zu
dienen.

Doch dieser höchst demüthigen und ehrfurchtsvol-
len Bitte konnte der Erzherzog nicht willfahren; er
bestimmte „aus vielen Gründen des Befehls der kaiserlichen Majestät, auch um die Sucht, die Sache zu verschieben, niederzuschlagen, dass am 23. November die
Commissare kommen und ihre Sitzungen und Verhandlungen am 24. November, als an dem Tage nach dem
Jahrmarkte beginnen sollte." Dem strengen Befehle
musste man Folge leisten; hier half kein Widerstreben.

Es galt, die kurze Zeit bis zu jenem Termine auszunutzen. Der Obrist-Meister B i r r und die Rathsherren stellten schleunigst eine Vertheidigungsschrift zusammen, in welcher alle Anklagepunkte der Reihe nach besprochen und widerlegt wurden. [1]) Die Commissare kamen zum Schrecken der Bürgerschaft an; sie wurden als kaiserliche Abgesandte mit allen Ehren empfangen. Der katholische Bericht aus dem Protokoll des St. Martin Stiftes sagt über ihr erstes Auftreten: Nach geschehener Salutation und vorangehenden Ceremonien utrimque, womit etliche Zeit verzehrt ist worden, haben die erzfürstlichen Commissarii dem Rath im Namen der Kaiserlichen Majestät scharf verwiesen und vorgehalten, dass sie hiervor von der alten katholischen Religion abgewichen und wider den Passauischen Vertrag die Prädikanten aufgestellt, auch ferner dem Collegiatsstift viel Schaden und Beschwerden zugefügt und dem Bischof von Basel nicht wenig seine geistliche Jurisdiktion verletzt hätten, wie dies die Gravamina bezeugten. Darüber die Herren der Stadt einen Schöffenrath gehalten, und über etliche Tage den Herren Commissariis geantwortet, dass man sich für diesesmal nicht wohl könnte resolviren, begehrten einen Monat Termin. Wie nun aber dies ihnen abgeschlagen worden, und man ihren Entschluss haben wollte, haben sie eine w e i t l ä u f i g e S c h r i f t übergeben, welche sie inzwischen,

[1]) Diese Schrift ist noch erhalten aus dem Jahre 1643. Sie hat den Titel: Ordentliche Beschreibung aller derjenigen Akte und Schriften, so bei der im Jahre 1627 vom Herrn Bischof zu Basel ausgewirkten kaiserlichen Commission und von derselben angenommenen Exemption mit gänzlicher Abschaffung des Exercitii Augsburgischer Confession und Austreibung der evangelischen Bürgerschaft hinc rite ergangen und gewechselt worden. Ein Exemplar dieser Schrift ist in der Stadtbibliothek zu Colmar.

als ihnen die Commissare angekündigt, haben aufsetzen
lassen. Darin haben sie, den. ersten Punkt betreffend,
nämlich die unbefugte Umänderung der Religion und
Anstellung der Prädikanten weitläufig disputirt und der
Römisch Kaiserlichen Majestät nicht zugeben wollen, dass
sie einer Reichsstadt die augsburgische Religion ver-
weigern und verbieten könnten, sondern dass die Freistellung der Religion in Kraft des Religionsfriedens einem
jeden überlassen werden müsse.

Es würde zu weit führen, den Inhalt der umfangreichen Vertheidigungsschrift selbst in den wesentlichsten Punkten hier wiederzugeben. [1] Sie basirt auf dem
festen Grunde lebendigen Gottesvertrauens und fröhlichen
Heilsglaubens an die Erlösung durch Jesum Christum;
sie ist ein Nothschrei des bedrängten Gewissens und ein
Protest gegen jede Gewaltmassregel in Sachen der Religion und des Glaubens. Sie ist reich an historischen
Rückblicken, warum „unsere in Gott geehrten, lieben
Vorfahren zur Änderung und Freistellung der Religion
in dieser als in einer ungezweifelten Reichsstadt bereits
vor fünfzig Jahren gekommen, wie es bis auf die gegen-
wärtige Stunde ruhiglich und ohne ein Widersprechen
über verjährte Zeit hergebracht geblieben ist“. Sie rühmen
den Muth ihrer Altvordern, dass diese sich durch nichts
haben abhalten lassen, durch fremde Prediger sich das
reine Evangelium verkündigen zu lassen, um Trost aus
dem Worte Gottes zu bekommen, und mit dem heiligen
Sakramente des wahren Leibes und Blutes, unseres
einigen Herrn und Seligmachers Jesu Christi, zur Stär-
kung ihres Glaubens und zur Versicherung der Ver-
gebung ihrer Sünden und Trost zum ewigen Leben sich

---

[1] Eine gute Zusammenfassung findet sich bei Lerse a. O.
Seite 88 ff.

zu versehen. Zur Ehre Gottes, des Allmächtigen, und
zu der Seelen Seeligkeit um ihrer ewigen Wohlfahrt
willen seien evangelische Lehrer berufen worden, die
mit der reinen Lehre des Evangeliums und mit Reichung
der hochwürdigen Sakramente nach dem Befehl, Wort
und Einsetzung Christi durch Gottes Gnade getreulich
der Gemeinde gedient hätten. Dazu habe die Reichsstadt Colmar ein Recht gehabt; denn sie sei unmittelbar
dem heiligen Reiche und sonst Niemand unterworfen; sie
sei gleich anderen freien Reichsstädten ein Glied und
Stand des heiligen Reichs[1]); sie geniesse ebenso wie
andere nur unter dem Kaiser und dem Kammergericht
stehende Reichsstädte alle Freiheiten und Gutthaten,
welche denselben durch des heiligen Reiches Constitu-
tionen und Abschiede gegeben worden sei. Mit der
Einführung der Reformation anno 1575 habe der Rath
die Religionsfreiheit proklamirt; er habe der ganzen ehrbaren Bürgerschaft von Zünften zu Zünften an-
sagen und befehlen lassen, dass kein Bürger den
andern seines Religionsbekenntnisses und
Gewissens halber belästigen, bekümmern
und bedrängen solle, sondern sich eines recht bürgerlichen, verdraulichen, friedfertigen und gottseligen
Lebens und Wandels mit einander halten. Der Augsburger Religionsfriede 1555 komme der Stadt Colmar zu
gut. Diesen Standpunkt hätten die Väter der Stadt mit
Mannesmuth allen Commissionen gegenüber geltend gemacht, die in den früheren Jahrzehnten der Reformation
wegen von dem Kaiser nach Colmar geschickt wurden.
Sie hätten aber nie unterlassen, den Herren die heiligste
Versicherung zu geben, dass die Colmarer in allen übri-

---

[1]) Vergl. des Verfassers Schrift: Zur Annexion. Seite 1
und folgende.

gen möglichen Dingen jeden unterthänigsten, schuldig-
sten Gehorsam willigst leisten und mit Versprechung von
Leib, Gut und Blut gewärtig sein würden.

Nach diesen mannhaften Auseinandersetzungen voll
Gottvertrauens, voll evangelischen Sinnes und voll Patriotismus für Kaiser und Reich gehen die Väter der Stadt
dazu über die einzelnen gegen sie aufgestellten Klage-
punkte näher zu beleuchten. Unter anderem betonen
sie, dass niemals der katholische Gottesdienst im Münster
irgendwie geschmälert worden sei, die Stiftsherren würden
das Gegentheil bis in Ewigkeit nicht beweisen können.
Wohl hätten sie für die evangelische Bürgerschaft gelehrte und friedfertige Prediger berufen, so der Religion
Augsburgischer Confession und der Apologie derselben
verwandt seien, doch es sei denselben von dem Rathe
das Versprechen abgenommen worden, nur nach Gottes
Wort der Augsburgischen Confession gemäss zu predigen,
sich aber alles Schändens und Schmähens anders Gläubi-
ger zu enthalten, was auch immer geschehen sei. Ein
Glaubenszwang in Bezug auf die Kindererziehung katholischer Mitbürger sei niemals ausgeübt worden: „Wir
haben, wie wir Kraft des heilsamen Religionsfriedens schuldig sind, einem jeden seinen
Willen und sein Gewissen frei gelassen, gedenken es auch vermittelst göttlicher Vor-
sehung nicht weniger künftig also zu halten.“
Die Anklagen des Bischofs von Basel, dass die Colmarer
ihm seine Rechte in der Jurisdiktion genommen, weisen
sie zurück; sie haben nur darauf gesehen, dass neu anzu-
stellende Priester sich des friedlichen Predigens befleissi-
gen sollten, indem sie jedem für sein sittliches Verhalten
den ihm gebührenden Schutz und Schirm zugesichert hätten. In Sachen der confessionellen Eheschliessung hatte
der Rath stets die grösste Freiheit walten lassen. Auch

hätten sie die katholischen Priester nicht mit grössern
Steuern und Lasten belegt, als die evangelischen Prädikanten. Sie sind sich ihrer Toleranz bewusst, dass sie gemeine allhiesige Bürgerschaft, auch die Geistlichkeit selbst
unter diesen langwierigen und gefährlichen Zeiten ohne
auf die Religionsungleichheit zu sehen, also regiert, be-
schützt und geschirmt haben, dass dieselbe nicht allein
bei Hab' und Gut geblieben, sondern sogar zu gutem
Wohlstand gelangt ist. Sonderlich darf die Geistlichkeit
nicht klagen, dass wir sie mit einem einigen Heller
oder Pfenning zu den gemeinen Auflagen oder auch zur
Erhaltung der schweren Garnisonen zur Verwahrung
dieser Stadt beschwert haben. Man sollte doch bedenken,
dass der bessere und grössere Theil der Bevölkerung
evangelisch sei; wenn ihm die Gewissensfreiheit und die
freie Religionsübung genommen werden würde, stände
zu befürchten, dass diese Leute wegzögen,
wodurch die Stadt veröden würde, was doch der kaiserlichen Majestät nicht gleichgültig sein könne. Das ganze
Reich würde nur sein Bedauern äussern, wenn Ihre
Majestät eine so gehorsame Stadt Ihrer angewöhnten
Milde und Gewalt zuwider wie einen Rebellen ungnädigst
ansehen und behandeln würde. Schliesslich bitten sie
flehendlichst noch einmal ihrer Stadt die Glaubens-
freiheit zu erhalten, wogegen sie sich verpflichten,
den Katholiken die grösste Duldung zu erzeigen. Auch
erinnern sie die hochfürstliche Durchlaucht, den Erzherzog Leopold, wie er bei der Übernahme der
Ober-Landvogtei den Städten insgemein und vor allem
der Reichsstadt Colmar eidlich zugesagt habe, sie in
dem Zustande, wie er sie gefunden und bei allen Rechten und Freiheiten zu erhalten und zu schützen.

Doch alles Protestieren, Bitten und Flehen half nichts. Die Kommission bestand auf Ab-

schaffung der Augsburgischen Konfession innerhalb der
Reichsstadt Colmar Auch der Gedanke einer „Interims-
Religionsübung" bis zur endgültigen Entscheidung des
Kaisers wurde abgewiesen. Die Kommission sprach un-
umwunden aus, dass „die Stadt Colmar des Passauischen Vertrags unfähig und nicht im Religionsfrieden einbegriffen sei." Man könne
sich deswegen nicht in Gezänke einlassen, die Rathsherren sollten sich deswegen zu „ja" oder „nein" erklären, ob sie alles in den alten Stand zurückstellen
wollten, wie es zu Zeiten des Passauischen Vertrages
gewesen sei.[1]) Eine Deputation aus dem Rath und der
Bürgerschaft wurde zum Erzherzog Leopold abgeordnet,
um einen Fussfall zu thun; doch auch dieser Akt der
Demüthigung freier Reichsbürger hatte keinen Erfolg.[2])
Nach lang genommenem Bedenken — so fährt das Protokoll des Martinsstiftes, also die katholische Geschichtsquelle, fort — und nach wieder gehaltenem Schöffenrath,
weil die Stadt den Ernst gesehen, haben sie endlich sich
dahin resolvirt, dass sie jeder Zeit der Kaiserlichen
Majestät und dem Reich gehorsam gewesen, deswegen
sich auch hierin nicht wiedersetzen wollten, indem sie
das Exercitium der Augsburgischen Confession unterlassen und die evangelische Kirche
solange gesperrt halten, bis Ihre Majestät
auch sie anhören und vernehmen würde. Sie
hofften noch immer auf eine gnädige Fürsprache des
Erzherzogs. Am 9. December, so berichtet kurz das
Rathsprotokoll das wichtige Ereigniss, ist auf allen
Zünften die kaiserliche Resolution vorgelesen worden, dass die evangelische Religion

---

[1]) Vgl. das Protokoll des St. Martin-Stiftes.
[2]) Rathsprotokoll im Stadtarchiv zu Colmar S. D. L. 10, 21.

allerdings hier verboten und abgeschafft sein
soll. Die Katholiken läuteten inzwischen mit allen
Glocken zum Zeichen ihrer Siegesfreude, hielten eine
Prozession um das Münster herum und nahmen ihre
Privilegien sofort in Gebrauch, welche durch den Sturz
des Protestantismus ihnen zugefallen.

Freilich sahen die Protestanten die Religions-Aen-
derung noch nicht für eine ausgemachte Sache, vielmehr für einen provisorischen Zustand an, da sie ja an
die Gnade des Kaisers appellirt hatten und von ihm
eine entgültige Resolution erwarteten. Die Katholiken
baten dagegen um eine baldige Erneuerung der Kommission, damit der verhasste evangelische Magistrat, mit
dem Obrist-Meister Birr an der Spitze, einem
katholischen Platz mache, und damit die, welche sich
nicht zu der katholischen Religion bekennen wollten,
verjagt würden. Sie hatten, und wohl auch mit Recht,
den Argwohn, dass die Rathsherren nur für den Augenblick nachgegeben, dagegen auf bessere Zeiten warteten.
„Sie wären — so sagt klagend die Urkunde — bei ihren
Aemtern und bei Allem gelassen worden und hätten
ihre Kirche und Conventikel von Haus aus in der Nach-
barschaft besuchen können, bis etwa wieder grössere
Tumulte im Reich entstanden, und alsdann auch wieder
die Prädikanten eingesetzt worden wären. Auch die
katholischen Bürger wären von dem Rath und Aemtern
ausgeschlossen verblieben, vielleicht hätten sie auch ein
Mehreres als zuvor leiden müssen; wie denn auch ein
genug Verständiger das Unheil, so daraus entstanden
wäre, leichtlich einzusehen vermag.[1] Und wirklich besuchten die Protestanten Colmars die in der Nähe liegenden würtembergischen Ortschaften, wohnten daselbst

---

[1] St. Martin's Protokoll.

dem protestantischen Gottesdienst bei und fanden bei ihren Glaubensgenossen, ähnlich wie in der Zeit vor der Einführung der Reformation in Colmar 1575 [1]) die beste Aufnahme. Es heisst in einem alten Bericht [2]): „Als im Jahre 1627 die evangelische Bürgerschaft aus Colmar vertrieben wurde, hat man in der Graf- und Herrschaft Horburg mit solchen guten, ehrlichen Leuten ein besonderes christliches und nachbarliches Mitleiden gehabt." Freilich auch dort fürchtete man die Nähe der Regierung des Erzherzogs Leopold zu Ensisheim und die Politik des siegreichen, gewaltthätigen Kaisers. Schon damals fing man an, um für sich den evangelischen Glauben zu retten, die Stadt Colmar zu verlassen. So hören wir von einem reichbegüterten Handelsmanne Hanns Wetzel, dessen Verwandte später nach Basel auswanderten, dass er in Horburg sich ansiedelte. Dort fanden die verfolgten Colmarer an dem daselbst stationierten Kommandanten, einem Hugenotten, einen starken Beschützer, welcher in dem Schloss einen „calvinischen" Prediger aufstellte und das heilige Abendmahl austheilen liess.[3])

Um diesem evangelischen Wesen ein Ende zu machen, legte sich ein Mächtiger in's Mittel, es war der durch seine Erfolge kühn gewordene Bischof Wilhelm von Basel. In einem Schreiben vom 27. Dec. 1627 wendet er sich direkt an den Kaiser und verklagt Meister und Rath der Stadt Colmar, wie kein Katholik in den Rath aufgenommen worden sei, wie man zur gänzlichen Ausrottung der katholischen Religion ein Conkor-

---

[1]) Vgl. Rocholl, Einführung . . . . .

[2]) Bezirks-Archiv zu Colmar: Memoriale für die bestehende colmarische Conferenz.

[3]) In der Stadt-Bibliothek zu Colmar: affaires ecclésiastiques du comté d'Horbourg.

dien-Buch eingeführt habe, in welches alle Rathsmitglieder sich zuvor mit dem Versprechen einzeichnen mussten, bei der widerwärtigen Religion zu verbleiben. Die
Evangelischen hätten bei der letzten Abendmahlsfeier
1200 Communikanten gehabt. Seine Bitte an die Majestät ging dahin, eine „schärfere" Kommission nach
Colmar zu schicken [1] Dieses Handschreiben hatte eine
für die Katholiken äusserst vortheilhafte Wirkung. Der
Kaiser Ferdinand II schrieb an seinen Bruder, den
Erzherzog Leopold, am 28. Januar 1628 einen Brief, der
demselben die Direktiven gab, nach welchen er den
Protestantismus in Colmar langsam und sicher ausrotten
sollte. Der Kaiser ist der Ansicht, dass noch viele De-
fectus und Mängel sowohl im Politischen als im Religions-
wesen in Colmar vorhanden seien. Ein völliger Effekt
sei zu erzielen. Die Kommissare sollten darauf sehen,
dass ausser der katholischen Religion ein anderes Exercitium oder etwas Weiteres passire, dass von den Bürgern das Auslaufen oder Besuchen anderer Orten der
unkatholischen Kirchen eingestellt, die Prädikanten abgeschafft, den katholischen Priestern Schutz gewährt
werde, dass kein unkatholischer Schulmeister hinfüro
geduldet werde, dass denjenigen, so sich zur katholischen
Religion nicht bekennen wollen, das jus emigrandi
innerhalb des Religionsfriedens gestattet, ihnen
ein halbes Jahr Zeit dazu bestimmt, falls er nicht aus
Gnaden den Termin prolongiren wolle..... Alsdann
betont die römische Majestät ein sehr gewichtigen Punkt,
er will, dass den Patribus societatis Jesu, also
den Jesuiten, zur Fortpflanzung der katholischen
Kirche und zur Unterrichtung der Jugend ein Ort oder
mehrere Oerter angewiesen werden.....

---

[1] Der Brief liegt im Bezirks-Archiv.

Ja, das Haus Habsburg bedurfte der Jesuiten, als es entschlossen war, mitten in den Wirren
des dreissigjährigen Krieges eine allgemeine papistische
Gegenreformation durchzuführen und die Lebensadern
der jungen evangelischen Gemeinden auf elsässischem
Boden zu zerschneiden. Sie haben es meisterhaft verstanden, das evangelische Christenthum unter den frommen, biblisch sinnenden und forschenden Elsässern mit
Auftreibung aller heimlichen Bosheit, mit den Mitteln
der Nacht und der Falschheit, mit allen Künsten einer
lügnerischen Zunge, mit dem Zumschautragen erheuchel-
ter Frömmigkeit, mit allen Schrecken und aller Grausamkeit auszutilgen. Gerade das Elsass bezeugt es in
seiner Geschichte, wie die Jesuiten den Hauptzweck
ihrer Wirksamkeit darin zu sehen haben, die evangelische
Religion völlig zu vernichten; gerade die Geschichte des
Elsass liefert den traurigen Beweis dafür, was die Jesuiten vermögen, wenn man ihnen freie Hand lässt, oder
sogar von oben her eine kräftige Unterstützung dar-
reicht. Viele Jahre hatte sich Rath und Gemeinde von
Colmar dem Eindringen der Jesuiten widersetzt[1]), freilich
auch dadurch sich den Zorn und das Rachegelüste dieser
schwarzen Sendlinge und der von diesen beeinflussten
österreichischen Regierung in Ensisheim auf sich gerichtet. In allen Anklageschriften gegen Colmar spielt
dieser Punkt, dass einst die Jesuiten vertrieben wurden,
eine grosse Rolle. Der Rath blieb aber keine Antwort
schuldig: „es wäre zu besorgen gewesen, führte er aus,
dass man unter der gemeinen Bürgerschaft eine Sedi-
tion oder ein Blutbad geschen hätte; auch sich viel unter
derselben vernehmen liess, dass, wann wir als die Obrig-

---

[1]) Vgl. meinen Aufsatz in der Kirchl. Monatsschrift, Bänsch,
Magdeburg, im Aprilheft 1891: „Die Jesuiten und das Elsass."

keit solches aufrührerische Predigen der Mönche und
der Jesuiten nicht abschaffen werden, alsdann die Bürgerschaft selbst wegen der Augsburgischen Confession nothgedrungen solchen aufrührerischen Pfaffen das Maul zu-
gestopft haben würde.[1]) Nun waren die kritischen Zeiten
des dreissigjährigen Krieges gekommen, nun lag das
protestantische Colmar um Gnade flehend am Thron des
bigotten katholischen, römischen Kaisers, nun öffnete
selbst die Majestät die Thore der freien Reichsstadt den
Jesuiten. Wie die schwarzen Raben und Krähen sich
auf die Sturzäcker stürzen, um zu äsen, so überfiel die
schwarze Cohorte die bis in den Tod geängstigten evangelischen Gemeinden und Gemeindlein im Elsass, vornehmlich in Colmar voll von Rachegedanken: vae victis!

Nachdem der Kaiser seinen intoleranten Brief nach
Ensisheim hatte gelangen lassen, nahm die G e g e n -
r e f o r m a t i o n in Colmar einen h e f t i g e r e n C h a -
r a k t e r an und vollzog sich in beschleunigter Weise.
Am 17. Februar wurde auf allen Zunftstuben der ge-
strenge Befehl des Kaisers publicirt; sieben Punkte
waren festgestellt, die wesentlichsten lauten: 1) s o l l z u
e w i g e n Z e i t e n k e i n e a n d e r e R e l i g i o n a l l h i e r
g e b r a u c h t w e r d e n, a l s d i e K a t h o l i s c h e, müssen
deswegen die Prädikanten alsbald die Stadt verlassen
und die ketzerischen Schulmeister ihrem Dienste müssig
sehen. 2) der Magistrat und Rath soll allein mit Katholiken besetzt werden. Welche Bürger in der Zeit eines
halben Jahres sich nicht katholisch erklären, sollen von
der Stadt abziehen..... 6) soll man zu dieser Reformation d i e J ü n g e r d e r s o c i e t a t i s J e s u einführen!
Mit Recht sagt Lerse in Bezug auf die Tragweite dieser
Verordnungen: „Ich wage es nicht, das Elend und

---

den Jammer zu beschreiben, den die Bekanntmachung
des kaiserlichen Befehls über Colmar verbreitete. Entfernung von dem geliebten Vaterland, Aufopferung seines
Vermögens und der daraus entstehende Mangel für sich
und die Seinigen auf der einen Seite, und auf der andern
der noch unerträglichere Gewissenszwang. Welch' eine
Wahl! Entschlossen sich auch unsere Vorfahren mit
edlem Muth der ihren Einsichten nach bessern Religion
alles aufzuopfern, so lässt sich doch aus ihrer Lage selbst
leicht auf die schrecklichen und verzweiflungsvollen
Scenen schliessen, welche in dem Innern der Häuser,
wo sie mit dem Anblick einer trostlosen Gattin, und
unschuldig leidender Kinder zu kämpfen hatten, vor-
fallen mussten."

Kaum waren die kaiserlichen Dekrete bekannt, da
kamen allerlei Vertreter Rom's heran, um ihre alten
Ansprüche geltend zu machen, wie die Thiere der Nacht,
wenn die Sonne zum Niedergang sich neigt. So mel-
deten sich, wie das Protokoll des St. Martin's Stiftes angibt, wider den Rath die Franziskaner, Dominikaner, der
Abt von Ebersheim-Münster, das Gotteshaus Päris und
der Provinzial-Vikar des Prediger-Ordens. Letzterer
sieht die Zeit gekommen, um deren Eintritt er stets
gebeten, dass durch die Machtvollkommenheit der Kaiserlichen Majestät die katholischen Gotteshäuser ihrer bisher getragenen Beschwerden erledigt werden, um wieder
Gott, dem Herrn, ruhiglich zu dienen, und dass die alten
niemals vergessenen noch verschlafenen Possessionen und
Privilegien und Freiheiten nun im Namen des Kaisers
restaurirt werden.[1]) Allen ihren mannigfachen Petitionen
musste gewillfahrt werden.

_____

[1]) S. D. L. 10. No. 29.

Dagegen wurden die Anträge der geängstigten, evangelischen Bürgerschaft von den kaiserlichen Kommissaren als ohne Grund und Zweck abgelehnt. So reichte der Rath der Stadt am 20. Februar eine Bittschrift ein, man habe doch nicht gedacht, dass eine so eilfertige und ernstliche Religionsabschaffung eintreten werde. Wenn nun gar das öffentliche Exercitium den Evangelischen nicht mehr gestattet werden sollte, so möge man doch des Trostes halber privatim einen Kirchendiener gewähren, oder doch wenigstens die, welche das Bürgerrecht besässen und in der evangelischen Religion geboren und erzogen seien, bis auf ihr Absterben in der Stadt Colmar dulden; es sei doch allzu hart Religion und Glaubensbekenntniss zu verleugnen und mit Aenderung des gesammten Hauswesens sich in das traurige Exil und Elend zu begeben. Der Auswanderungstermin sei doch so kurz angesetzt, der Winter sei noch vorhanden; überall im Land sei kaiserliches Kriegsvolk einquartiert, die Strassen seien unsicher. Man könne in den nahe gelegenen Orten keine Unterkunft finden, vielmehr müsse man in die weite Ferne ziehen Man appellirt an die Gnade des Kaisers, der selbst die Verlegung des Termins in Aussicht gestellt habe. Es wäre den Rathsherren nicht erinnerlich, dass man jemals gegen offenkundige Rebellen so hart vorgegangen sei. Die Evangelischen würden einen stillen, eingezogenen, gehorsamen Wandel ohn' alles Aergerniss nach wie vor zeigen.

Die Antwort auf dieses flehentliche Schreiben bestand in der Aufforderung, dass die Magistratsmitglieder sich erklären sollten, ob sie evangelisch bleiben oder zur römischen Kirche wieder zurückkehren wollten. In Bezug hierauf thaten Meister und Rath der freien Reichsstadt Colmar nochmals eine unterthänige demüthige Bitte am 1. März 1628. Sie weisen die Verabschiedung der

nach den Gesetzen gewählten Rathspersonen als einen
Eingriff in ihre alten Rechte zurück. Sollte sie gleichwohl beabsichtigt sein, dann erheben sie die Forderung,
„dass diese unsere Abschaffung uns, die wir Gewissens
halber unsere Religion nicht ändern können, an Glimpf,
Ehren und guten Namen keineswegs einen Verlust bringen sollen." Dann betonen sie den wichtigen Punkt,
„dass wir und andere, so der geänderten Religion halber
sich von hinnen begeben, freizügig, wie bisher allhier
herkommen dürfen und hinweggelassen werden sollen,
ohne eine Nachsteuer zu bezahlen oder sonstige Abzug-
beschwerden zu entrichten."

Die Commissare erklärten am 8./18. März, dass sie
in keiner Weise damit zurück halten wollten, dass die
Magistratspersonen sich, abgesehen davon, dass sie sich
von der katholischen Religion abgewandt, in ihrer Verwaltung dem gemeinen Wesen nützlich und fürständig,
auch ihrer Person halber ehr-, aufrecht und rühmlich
verhalten hätten, und dass sie nach ihrem Abzug nicht
mit ungebührlichen Lasten und Steuern belegt werden
sollten. Nach dieser Versicherung ging man mit der
A b s c h a f f u n g d e s M a g i s t r a t s nun energisch vor.
An demselben Tage am 8. März wurde noch ein jeder
der evangelischen Rathsherren gefragt, ob er katholisch
werden wolle. Unter vier und dreissig erklärten sich
acht dazu; die andern antworteten mit „Nein". Am
folgenden Tag zogen die römischen Priester, von Jesuiten
angeführt,[1]) namentlich die Mitglieder des St. Martin's
Stifts in die evangelische Spitalkirche und celebrierten
eine Messe. Am 13./23. März ging nun die R a t h s ä n-
d e r u n g vor sich.

---

[1]) Vgl. Billungs kleine Chronik auf der Colmarer Stadtbibliothek.

Bei diesem traurigen Vorgang ist ein Lichtpunkt
zu verzeichnen, dass die entlassenen Magistrats-
personen ihre ganze und volle Ehre gerettet
haben. Sie haben durchgesetzt, dass sie nicht wie
Verbrecher abgethan wurden; nein sie bekamen eine
öffentliche Ehrenerklärung mit auf den Weg.
Diesen Punkt haben die Emigranten, namentlich die
nach Basel verzogenen stets betont; als Ehrenmänner, die um ihres Gewissens willen ihre Ehrenämter
verlassen, nachdem sie ihrer Bürgerschaft in grossem
Segen gedient hatten, sind sie von ihren Aemtern getreten. Ueber dieses an sich doch traurige Ereigniss besitzen
wir folgende protokollarische Aufzeichnungen: [1])
Anno 1628 Samstags den 8. März Morgens haben
die Herren Kaiserliche Commissare, der Herr Fugger
und der Herr Oberkanzler einen ganzen Rath allhier
beisammen gehabt auf dem Wagkeller, vermeldend, es
hätte derselbe zu unterschiedlichen Malen verstanden,
Ihrer Kaiserlichen Majestät Wille und Meinung sei,
keinen vom Magistrat und Rath zu gedulden, er bekenne
sich denn zu der katholischen Religion. Damit sie er-
kundigen könnten, was sich einer oder andere erklären
wollte, so wäre ihre Meinung, von einem jeden seines
Gemüths absonderlich in der alten Rathsstube zu vernehmen, mit erinnern, es wollte sich einer nach dem
andern daselbst hin verfügen, welches geschehen. Darauf
haben sie einen Rath wiederum hinziehen lassen mit
Vermelden, sie wollten sich ihres Fürnehmens erst erklären. Die Befragung war, ob er sich zu der katholischen
Religion wollte verstehen, dann möchte er bei seinen
Aemtern und Rathstellen gelassen werden. Inmittelst
haben sie auf die Aenderung des Raths gedacht, und

[1]) Vergl. Ordentliche Beschreibung u. s. w.

dann Mittwoch, den 13. März 1628 Morgens um 7 Uhr den alten Rath wiederum zusammen in die Rathstuben erfordert und ihnen angezeigt. Sie hätten in der Befragung verstanden, dass alle Herren des Magistrats und der grössere Theil aus den übrigen Räthen sich dahin erklärt, dass sie gemeint seien, bei der Religion, bei der sie geboren und auch über die 50 Jahre allhier in Uebung gewesen zu verbleiben. Aber Ihre Majestät keinen, der einer andern, als der katholischen Religion wäre, in der Stadt Colmar noch an anderen Orten zu gedulden für ein Endliches bei sich entschlossen. Sie hätten sich erinnert, was die ihnen aufgetragene Commission vermöge und dass sie derselben zu folgen schuldig seien. So wollten sie den Rath ihren Eiden entschlagen und der Rathstellen hiermit gütlich erlassen haben, doch mit der ausdrücklichen Erklärung, dieweil sie anders nicht wissen, ihnen auch anders nicht fürkommen, denn dass sich ein Magistrat und Rath in ihrer Verwaltung und auch sonsten ehrlich, aufrichtig und dem gemeinen Wesen nützlich verhalten haben. Es sollte ihnen sammt und sonders solche Entlassung an Glimpf, Ehre und gutem Namen unschädlich und unnachtheilig sein und bleiben. Und dass solche Aenderung um keiner anderen Ursache willen geschehen; denn dass man sich zur römischen Religion nicht verstehen könne."

Darauf der alte Rath abgestanden und der neue in die Stuben gelassen worden, und nachdem derselbe geordnet und gesetzet, ist der alte Rath wiederum hineingefordert worden. Darauf haben die Kommissare dem neuen Rath angezeigt die Entlassung des alten Raths ihrer Stellen und Entschlagung ihrer Eide mit dem ausdrücklichen Vermelden, dass der neue Magistrat und

Rath das wissen solle, dass die Herren des Magistrats
und der beste Theil der Rathspersonen seien keiner
anderen Ursachen halber ihres Eids entschlagen und ihrer
Rathsstellen entlassen worden, als dass sie sich zu der
römischen Religion nicht bekennen könnten. Sie sollten
auch wissen, dass sie sich in währender Verwaltung des
Regiments Stadt- Geschäften und sonsten so ehrlich,
wohl treulich und aufrichtig verhalten, wie wir
anders nicht wissen und uns auch anders nicht fürkommen, als ehrliche Leute hätten thun mögen und
sollen. Desswegen ihnen auch diese Entlassung an Glimpf,
Ehren und gutem Namen unschädlich sein solle. Weiter
ist auch unser Befehl, dass Ihr Euch an ihrer
treuen Verwaltung und Fleiss, Aufrichtigkeit
und Ehrbarkeit ein Exempel sein lasset, denselben treulich und eifrig nachzufolgen, sie,
die Herren des Magistrats, alldieweil sie allhier sind, herzlich lieben, ehren und ihnen
alle Freundschaft und guten Willen erzeigen.
Eine gleiche Erinnerung ist auch geschehen in Gegenwart der ganzen Bürgerschaft auf dem Platz vor dem
Münster. Es haben sich ihrer achten von den alten Räthen
zu der römischen Religion bekannt, die sind alle achte
mit zum neuen Rath gezogen worden."

„Es haben sich in dieser Handlung, so heisst es weiter,
die Kaiserlichen Kommissarien jederzeit erklärt, sie hätten
nichts Lieberes sehen mögen, als dass die Sachen anders
hergegangen wären. Weil es aber Ihrer Majestät ernstlicher Befehl sei, so haben sie es anders nicht richten
können. Sie baten, ein ehrbarer Rath wollte sie derhalben für entschuldigt halten, wünschten den alten Herren
des Magistrats und den übrigen Räthen, die ihrer Religion
halber verharrt, Gesundheit, langes Leben, zeitliche und
ewige Wohlfahrt."

Es hört sich dieser Glückwunsch für die Zukunft wie eine bittere Ironie an; es ist zugleich die Sprache des bösen Gewissens. Der Muth und die Treue im Bekenntniss evangelischen Glaubens von Seiten der 26 Ehrenmänner, welche ihrem evangelischen Glauben Treue bewahrten, zwang von selbst den Gegnern die höchste Achtung ab; sie konnten nicht anders, als sie mit Ehren entlassen. Wohl in feiner Form, aber mit grosser Rücksichtslosigkeit wurden Männer aus den städtischen Aemtern vertrieben, welche Jahre und Jahrzehnte lang mit aller Hingebung an dem Wohle ihrer Vaterstadt gearbeitet hatten, die sich um das Gemeinwohl grosse Verdienste erworben. Man höre nur das Selbstzeugniss eines Mannes, der auch zu den Räthen der Reichsstadt gehört und später nach Basel ausgewandert ist und dort eine ehrenhafte Aufnahme gefunden hat. Es ist Elias Wetzel, der Aeltere; er schrieb am 5. September 1635 von Basel aus an Meister und Rath der Stadt Colmar folgenden Brief:

Ehrenfeste, fürsichtige und weise, sonders günstige liebe herren! denen seien meine gutwilligen Dienste zuvor!

Anno 1596 bin ich von einem Ehrbaren Rath zu Colmar zu einem Dreizehner verordnet worden. Anno 1600 hat mich derselbe zu einem Stättmeister erwählt. In 28 Jahren habe ich neunmal das Oberstmeister- und siebenmal das Schultheissen-Amt getragen. Also habe ich vier Jahre bei einem Ehrbaren Rath und achtundzwanzig Jahre im geheimen Regiment und Magistrat zugebracht. In den achtundzwanzig Jahren habe ich gar viele und oftermalen allgemeine Städt- und Kreistage unverdrossen, gern und willig oft nicht mit geringer Gefahr und Mühe im Frost, im Regen, im Wind und Schnee, besonders zur Zeit des grossen Schnees, nicht weniger mit Versäumung meiner Haushaltung besucht, und die Stadtgeschäfte schlicht, aber daneben ganz treulich und mit hohem Fleiss, ohne Ruhm zu melden, aus Verleihung der Gnade Gottes und Kraft des heiligen Geistes, der jederzeit meine Rathschläge in allen schweren und wichtigen Sachen zu einem guten End dirigirt, verrichtet. Für meine grosse Mühe, Sorg und Arbeit in der schweren Verwaltung vieler unterschiedlicher, obrigkeitlicher Aemter und verrichteter Legationen habe ich niemals eines Hellers oder Pfennings Werth weiter, als von altem Herkommen, begehrt, wie denn solches die jeder Zeit gehaltene Umgeld-Rechnung zeigen wird, wie ich denn auch auf diese Stunde dafür, wie ich auch sonsten nichts anders, als die rechtmässige Schuldigkeit begehre. Dies alles so zu erzählen, habe ich gern und willig gethan, reut mich auch auf diese Stunde nicht, und das nicht um zeitlichen Guts und einiges Genusses willen, sondern aus angeborener Liebe und Treue gegen mein Vaterland, welches ich jeder Zeit wie eine Mutter ihr liebes Kind unter meinem Herzen getragen, für dasselbe treulich gesorgt, seinen Schaden gewendet, Nutzen und Regulation bei Hoch- und Niederstands-Personen mit höchstem Fleiss, wie ich nur gekonnt und vermocht, befördert, indessen mir nur der allmächtige und allwissende Gott und viel ehrliche Leute werden Zeugniss geben. Andere mögen davon denken, was sie wollen. Ich habe allewegen die Rede des weisen Philosophen in guter Obacht gehabt, der zu sagen pflegte, die Liebe gegen das Vaterland, wie auch die Tugend begehrt keine Wiedervergeltung, sondern begnügt sich einzig und allein an dem, dass sie das Vaterland herzlich liebt und darum, dass sie Tugend ist und als solche beständig verbleibt.

Es liegt in der Natur der Sache, dass Männer, wie dieser ehrwürdige Rathsherr Wetzel, die Jahre lang in so uneigennütziger Weise als wahre Patrioten ihre Dienste ihrer Heimath gewidmet und um ihres Gewissens und Glaubens willen Hab und Gut, Bekannte und Freunde verlassen konnten, gerade darauf Gewicht legten, dass ihre Gegner ihnen das Zeugniss grösster Unbescholtenheit und Ehrenhaftigkeit bei ihrer Entlassung gegeben haben. So hat denn auch Elias Wetzel in demselben Brief seines ehrenhaften Rücktritts aus dem städtischen Amt Erwähnung gethan: „Ich bekenne, dass seit der Verfolgung die Stadt Colmar und deren Bürger einen überaus, ja in vielen Jahren unwiderbringlichen Schaden erlitten und noch leidet. Ich aber und die übrigen Magistrats-Personen, so dazumal das Regiment verwaltet, sind vor Gott und der lieben Welt ganz unschuldig an solchem Jammer und Elend. Die Kaiserlichen Herren Commissarien haben zu Ende der Commission mir wie auch den übrigen Magistrats-Personen und Räthen zu Colmar unsererer Unschuld Zeugniss gegeben und das wohl bedächtiglich. Denn sie haben etliche Monate lang über unser, des Magistrats und der Rathspersonen und eines jeden besonderes Verhalten bei Geistlichen, Mönchen, Nonnen, Pfaffen und Bürgern und vielen Ausländischen ganz ernstliche Inquisition fürgenommen und gehalten. Sie haben es auch nicht gethan in heimlichen Winkeln, sondern in den neuen Rathsstuben in Gegenwart beider, des alten wie des neuen Raths, wie auch hernach auf öffentlichem Platz vor dem Münster und allen jungen und alten Weibern und Männern, Freunden und Heimischen, allerlei Hoch und Niederen und dies alles durch besondere Schickung Gottes des Allmächtigen und dies zum Trost der dazumal verfolgten hoch bekümmerten Herzen." Hier zu diesen Worten fügt

nun Elias Wetzel buchstäblich die **Ehrenerklärung**
der Commission vom 13. März 1628 an. Dieselbe Ehren-
sache betonen die um ihres Glaubens willen von Colmar nach Basel Ausgewanderten, wenn sie als ein ge-
schlossenes Ganze an den **Baseler Rath** petioniren,
damit die Stadt Basel für sie gegen Colmar eintrete;
sie sind stolz darauf, wie ein Brief vom 15. März 1630
an den Baseler Rath sagt, dass sie, als die ehemaligen
gewesenen Häupter und Räthe der Reichsstadt Colmar
vor der ganzen Bürgerschaft daselbst auf dem Münsterplatz so ein gutes und wahres Zeugniss bekommen haben.

Die Absetzung der evangelischen Magistratspersonen
führte eine Reihe von grossartigen Freudentagen für die
Katholiken in Colmar herbei. Am 22. März musste die
Bürgerschaft der neuen katholischen Obrigkeit auf dem
Münsterplatz den Eid der Treue leisten. Alsdann wurde
im Münster ein Te Deum mit allem Pomp gesungen.
Unter dem Absingen von Ave Maria's fand eine allgemeine Beichte und Absolution von Seiten der katholischen Priester statt. Ein Friedensfest wurde inscenirt;
Tausende von katholischen Landleuten zogen in die Stadt;
unter dem Läuten aller Glocken wurden Prozessionen
gehalten. Der neue katholische Rath gab in der Dechanei und auf dem Wagkeller Freudenmähler den
Commissarien zum Dank für die geschickte Aenderung
des Religionswesens. Diese Kaiserlichen Vertrauens-
männer konnten mit ihren Erfolgen höchst zufrieden
sein; sie schickten das Protokoll über ihre Grossthaten
am 26. März dem **Erzherzog Leopold nach Ensisheim**, worauf sie die Reichsstadt noch an demselbigen
Tage verliessen. Welch' einen Verdruss und Aerger
diese gewaltsame und klug berechnete katholische Gegenreformation den bisherigen Rathsherren und der zum
grösseren Theil im evangelischen Glauben stehenden

Bürgerschaft bereitete, kann man sich wohl vorstellen. Die zeitgenössischen Berichte sind voll von Klagen über die fundamentalen Veränderungen, welche dieselbe in dem städtischen Gemeinwesen zur Folge hatte. Es ist zu bekannt, dass der Protestantismus, wenn er in einer Stadt die herrschende Religion wird, den Geist der Freiheit und Selbständigkeit nicht blos in die Herzen, sondern auch in die Obrigkeit, in die bürgerlichen Stände und Vertretungen leitet. Mit dem Jahre 1628 zog ein anderer finsterer Geist in die Stadt Colmar ein, deren uralter Ruhm gewesen, eine freie deutsche Reichsstadt zu sein; es war der Geist der Intoleranz, der Knechtung in Fragen des Glaubens und des Gewissens.

Dass die Römlinge trotz ihres Uebermuthes nicht allzuschnelle Fortschritte in der Romanisirung machten und nicht zu Schreckmitteln griffen, um ihre evangelischen Mitbürger zur Verleugnung ihres Glaubens sofort zu zwingen, ist dem Umstand zu verdanken, dass in dem neuen Rath zwei Männer evangelischen Bekenntnisses belassen wurden, Antonius Schott, der Stadtschreiber, und Nicolaus Sandherr, der Gerichtsschreiber. Die neuen katholischen Rathsmitglieder stammten aus geringen Familien und waren in städtischen Verwaltungsgeschäften so wenig bewandert, dass sie aus lauter Verlegenheit die beiden genannten Männer veranlassten, vorläufig ihre Aemter weiter zu versehen. Vornehmlich gelang es in jenen schwierigen, kritischen Zeiten dem weisen und ruhig handelnden Anton Schott, die Interessen seiner evangelischen Mitbürger nach Möglichkeit zu vertreten, wie Lerse richtig sagt, er fand Mittel, die genaue Befolgung des kaiserlichen Befehls und die Wirkungen der Strenge intoleranter Dummheit wenigstens einigermassen zu hindern. Nicht lange

342

konnte er wirken, da er bald durch Michael Glaser aus
Hagenau ersetzt wurde. Aber solange er noch Stadtschreiber war, ist es ihm gelungen von den Protestanten
viel Nachtheiliges abzuhalten. Darum war Schott den
katholischen Heissspornen ein Dorn im Auge. Wir besitzen einen Klagebrief des Bischofs Wilhelm
von Basel vom 17. Juni 1628 an den Erzherzog
Leopold über diesen ketzerischen Stadtschreiber.[1]) Der
geistliche Oberhirte beklagt sich über die Beiwohnung
des „unkatholischen, alten verschlagenen und erzcalvini-
schen Stadtschreibers in den Berathungen des Magistrates,
weil er viel Uebles verursache; vor ihm sei der neue
Magistrat vielleicht ungewohnten Regierens halber etwas
erschrocken. Mit Nichten sei zu gedulden, dass der Alt-
Stadtschreiber so sich in alle Rathschläge nicht anders,
als wie zuvor geschehen, arglistiger Weise einschlage,
daher fast alles verderbe; er verstünde es, die Geistlichen des Stifts von manchen Berathungen auszuschliessen
u. s. w." Dem Antonius Schott hatten die Protestanten
es zu verdanken, dass der Abzugstermin für sie wiederholt um etliche Zeit hinausgeschoben wurde, indem er
ein arges Bild entwarf, wie gänzlich die Bürgerschaft
ruinirt werden würde, wenn die wohlhabenen evangelischen Bürger mit ihren Reichthümern die Stadt
verlassen hätten, indem er auf die Einquartierungen hinwies, da wiederholt kaiserliche Truppen in Colmar unter-
gebracht werden mussten. Schott's ganze Politik ging
darauf hin, Zeit zu gewinnen. Auch unterhielt Schott
Beziehungen zu mehreren evangelischen deutschen Fürsten, um sie zu bewegen, für das zer-
schlagene und am Boden liegende Colmar beim Kaiser
ein gutes Wort einzulegen, so zu dem Churfürsten

[1]) Im Kaiserl. Bezirks-Archiv zu Colmar.

von Sachsen und bei dem Landgrafen Georg
von Darmstadt. Die evangelischen Bürger wandten
sich an Georg Goll, der Rechten Doktor und Advokaten
am Kaiserlichen Kammergericht zu Speyer, um ihn zur
Reise nach Darmstadt zu bewegen. Sie schrieben am
29. August anno 1628: „Goll werde es wohl sicherlich
thun, weil er noch viele ehrliche und ansehnliche Freunde
und Blutsverwandte in Colmar habe, welche nicht wenig
wie andere ihre Mitglaubensgenossen in ihrem Gewissen
gravirt und mit denselben ohne Unterlassung an Gott
um Hülfe und Rettung rufen und schreien." Leider hatte
die Bittschrift keinen Erfolg, die eingeschüchterten evangelischen Fürsten wagten nicht für Colmar einzutreten,
weil die „Reformation in dieser Stadt in der Suspizion
stand als hätte sie nach dem Calvinismus geschmeckt."
Allerdings waren unter den Protestanten daselbst schon
von früh her Anhänger der Lehre Zwingli's und Calvin's
gewesen; aber die Stadt als solche hatte sich
zu der Augsburger Confession erklärt. Um
den Evangelischen jede Fürsprache und Vermittlung ab-
zuschneiden, wurde von den Papisten im Reich allenthalben ausgesagt, dass dieselben calvinisch seien, also
in keinerlei Weise etwa die Wohlthaten irgend welches
Religionsfriedens beanspruchen könnten. So lange Schott
im Amte thätig war, wagten die Protestanten heimlich
in ihren Häusern Gottesdienst zu halten; evangelische
Geistliche legten daselbst das Wort Gottes in alter Weise
aus. Wurde dies verhindert, so zogen sie in die Nach-
barschaft, auf die würtembergischen Ortschaften, wo sie
gute Aufnahme fanden und dem Gottesdienst ungestört
beiwohnen konnten. Doch diese freie Religionsübung
wurde am 11. August 1628 von dem Erzherzog Leopold
auf's Strengste mit Androhung von Kerkerhaft
verboten! Er schrieb einen geharnischten Befehl an den

Colmarer Magistrat: „da auch vorgekommen, dass noch
heimlich Prädikanten in den Häusern sich aufhalten und
sich die Leute ausserhalb der Stadt begeben, so wollen
wir Euch hiermit sowohl als Oberlandvogt als auch kraft
der Kaiserlichen der Zeit noch nicht von uns aufgelösten
Commission gnädigst befohlen haben, allen Ernst darauf
zu thun, dass dergleichen verhütet bleibet. Wenn aber
einer oder mehrere betroffen würden, selbige in ge-
fängliche Haft zu nehmen."[1]

Aus dieser Verfügung erkennt man, dass der Erzherzog mit der Zeit eine strengere Sprache zu
reden anfing, und dass die scheinbare Güte in
Gewaltthätigkeit umzuschlagen drohte. Der
Grund hierfür lag darin, dass die Versuche der Colmarer katholischen Stadtgeistlichkeit, die
Protestanten zur Rückkehr in die römische
Kirche zu bewegen, vollständig ohne Erfolg
blieben. Diese Seelenhirten hatten sich die Sache allzu-
leicht gedacht. Schon sahen sie, sagt Lerse, im Geiste
alle Anhänger der Augsburgischen Confession vor ihren
Altären knieen und liessen zum Besten der künftigen
Proselyten die Zahl der Beichtstühle vermehren und
eine neue Monstranz anfertigen. Der Bischof von Basel
sandte den Geistlichen des St. Martin's Stiftes die Patres
Societatis Jesu und andere Ordensbrüder zur Besetzung des Beichtstuhles;[2] aber selbst die Künste der
Jesuiten brachten nichts fertig. Die Kraft des Glaubens
und Gewissens ist und bleibt eine Macht, welche nicht
leicht im Herzen zu zerstören ist. Und ob auch die
Protestanten grosse oder kleine Geldstrafen erhielten,

---

[1] S. D. L. 10, No. 52.
[2] Brief an Jacob Hornung, Dechanten des St. Martin Stifts
vom 11. Juni 1628 im Bez. Archiv.

sie blieben ihrem Glauben treu und suchten ihre religiöse Befriedigung bei ihren Glaubensgenossen daheim hinter verschlossenen Thüren oder draussen, wenn sie über die Fluren in die Dörfer wanderten. Desshalb herrschte grosse Unruhe und Erbitterung unter den katholischen Stadtgeistlichen; der Dechant klagt im Protokoll des St. Martins Stiftes, dass er in dem ganzen halben Jahre seit dem Anfang der Gegenreformation zur katholischen Religion nur wenig Bürger bewogen habe. Sein Hauptärger aber richtet sich darauf, dass ein Aufschub des Auswanderungstermins mit Genehmigung des Erzherzogs Leopold eingetreten sei; derselbe habe der katholischen Reformation und dem Stadtwesen viel geschadet. Freilich nicht aus Gunst war den Protestanten derselbe gestattet worden, vielmehr weil, wie oben bemerkt, kaiserliche Kriegsvölker in Colmar Quartiere beziehen mussten, und weil die Pest drohte in der Stadt um sich zu greifen. Auch die Erhöhung der Geldstrafen für Ausübung der protestantischen Confession, welche der katholische Rath auf Andrängen der Priester schliesslich vornahm, konnte nichts zur Bekehrung zur römischen Kirche erzielen. Jedes Zeichen der Anhänglichkeit an die Augsburgische Confession wurde mit Thalern bezahlt. Einen Psalm singen kostete fünf bis zehn Kronen, eine Taufe ausserhalb der Stadt zwanzig, eine Copulation sechzig und der Genuss des heiligen Abendmahls bei lutherischen Predigern in dem Würtembergischen hundert Kronen. Etliche mussten sogar, wegen des blossen Verdachtes als hätten sie die Communion in den Häusern empfangen, zweihundert erlegen.

Das Jahr 1629 sollte eine weit rücksichtslosere Verfolgung den Protestanten bringen. Schon am 21. Januar wurde auf direkten Befehl des Kaisers auf allen Zunftstuben verkündigt, dass der Kaiser ohne

Rücksicht auf alle Bittschreiben alle Uebung der protestantischen Religion auf ewig untersage, und welche
Bürger sich nicht zu der alten katholischen Religion bekennen wollten, **sollten am 23. April die Stadt
unfehlbar verlassen.** Doch auch dieser kaiserliche
Befehl konnte nicht ausgeführt werden, weil wieder vom
11. Februar ab grosse Truppenmassen das Ober-Elsass
durchzogen. Von jener Zeit ab erfolgt nun eine flehentliche Bitte der Protestanten nach der andern an den
Magistrat, an den Erzherzog Leopold und an den Kaiser
Ferdinand. Sie legen dar, wie sie ganz trostlos seien,
wie jeder Tag neuen Kummer und neues Leid über sie
häufe; ob denn nicht bei des allermächtigsten Kaisers
Majestät die Thür der Gnade noch nicht ganz verschlossen sei? Sie möchten allzugern einen unterthänigst demüthigen Fussfall mit Weib und Kind thun, bevor sie
sich in's Elend begäben, aber sie befürchteten, dass solches mehr für eine unbesonnene vorsetzliche Widerspen-
stigkeit, als für einen schuldigen Gehorsam ausgelegt
werde. Ach, sie hätten aber doch nicht unterlassen können, die allerhöchst gedachte Majestät, ihren allergnä-
digsten Herrn, als das höchste Haupt der Christenheit,
in ihrem trübseligen Zustand in höchster, tiefster Ehr-
furcht durch aufgehobene Hände und gebogene Knie um
mildeste Gnade zu bitten; mit innigstem Seufzen und
Verlangen erwarteten sie die Gnade, dass sie nicht aus-
getrieben werden sollen.[1]

Ihr Bitten und Flehen half nichts; erneute
Drohung von Seiten des Erzherzogs war die Antwort.
Am 24. Juni wurde auf Befehl des Erzherzogs wiederum
auf allen Zünften verkündigt, dass es bei dem gestrengen Befehl des Kaisers seine Bewandniss haben solle.

[1] Petition vom 3. April 1629. S. D. B. 10, Nro. 34.

Dieser bigotte Fürst erliess am 13. Juli 1629 ein Edikt, in welchem nunmehr die Ausrottuug des Protestantismus zur Pflicht gemacht wurde, in welchem alle erdenkliche Mittel anempfohlen wurde, die heimlich protestantisch gebliebenen Bürger an's Licht zu ziehen und **zur Abschwörung ihres Glaubens einfach zu zwingen.**[1]) Zunächst erinnert er daran, wie seine Vorfahren allerlei Mandate erlassen haben, „damit die alte, wahre katholische Religion in allen deren Landen, Fürstenthümern und Gebieten erhalten und dagegen die einreissenden Sekten, die schädlichen und verführerischen Opinionen und Lehren, sammt ihren Ausbreitern und Lehrern aus allen österreichischen Gebieten ausgerottet werden. Auch er sei endlich dazu entschlossen, dieses Ziel zu erreichen; darum erneuere er alle jene Mandate und mache die strengste Ausführung derselben allen Obrigkeiten zur Pflicht. Wo sie der katholischen Kirche widrig sich zeigende Sekten antreffen, sollen sie **mit unnachsichtiger Strafe gegen sie vorgehen,** damit die schändlichen neuen Lehren, sammt den darauf folgenden Uebeln, Lastern und Unrath vernichtet würden. Alles Ernstes sollen alle Regierende darauf sehen, die alte, wahre katholische Religion im Gehorsam und in der Einigkeit der heiligen, allgemeinen römischen Kirche zu erhalten. Alle Beamten seien darauf hin zu prüfen, ob sie wohl mit der neuen, widerwärtigen Religion befleckt seien; sie müssten auf die katholische verpflichtet werden. Die Beamten sollten ein wachsames Auge haben. **Wenn Unterthanen nur von der neuen Lehre reden** oder disputiren oder sich sonst in der Religion argwöhnisch erzeigen, sollten sie dieselben alsobald zur Rede stellen und der Religion halber

---

[1]) S. D. L. 10, Nro. 56.

im Beisein des Ortspfarrers und Seelsorgers examiniren und besprechen, und welche ihnen verdächtig vorkommen, sollen der vorderösterreichischen Regierung namhaft gemacht werden, dieselbe würde weiter die Gebühr zu verordnen wissen. „Nachdem uns auch glaublich vorkommt, wie gar viele unsrer Unterthanen sich unterstehen, nicht allein heimlich, sondern auch öffentlich und bevor ab in den Wirthshäusern bei den Strassen, in den Fasten und zu anderen verbotenen Tagen Fleisch zu essen, desgleichen auch das hochwürdige Sakrament des Altars nicht unter ein er, sondern zweierlei Gestalt zu begehren, oder etliche das hochwürdige Sakrament gar nicht empfangen, welches den alten heiligen römischen wahren katholischen christlichen Satzungen und Ordnungen zuwider ist, so ermahnen wir alle unsere Unterthanen, wess Standes sie auch seien, dass sie alle, Manns- und Weibspersonen, so zu ihren Tagen gekommen seien, nach der Aufsetzung der heiligen, christlichen, katholisch-römischen Kirche zu der angehenden Fastenzeit sich mit Beten und Fasten zu der Busse richten, ihren vorgesetzten Priestern zu beichten und zum Wenigsten zu österlichen Zeiten hochwürdig angedeutetes Sakrament unter ein er Gestalt zu empfangen, auch die Zeit der Fasten und an andern verbotenen Tagen kein Fleisch speisen. Daneben ist unser ernster Befehl, dass ihr bei den Pfarrern und Seelsorgern im Geheimen erlernt, welche Bürger das hochwürdige Sakrament unter beiderlei Gestalt begehren . . . oder gar nicht empfangen, dass ihr ihnen auch aufleget Beicht-Register anzufertigen; daraus ihr ersehen könnt, welche nicht gebeichtet und das Sakrament verachtet haben. Solche sollen mit Gefängniss mit Wasser und Brod abgestraft werden; die Wirthe sollen bei hoher Strafe angehalten sein, während der Fastenzeit Niemandem Fleisch zum speisen zu ge-

ben." Ein Gleiches soll für die Metzger gelten; sie
sollen wöchentlich angeben, wem oder wie viel Fleisch
sie gegeben und ausgewogen.

Im Folgenden wird jede Colportage unkatholischer
Schriften allen Buchdruckern, Krämern und durch das
Land ziehenden Leuten verboten, namentlich der jüngst
zu Trient vom heiligen Konzil verbotenen Traktate und
Bücher, Schmähschriften und ehrabschneidenden Pas-
quillen, Lieder und Kalender und Gemälde, welche Namen sie tragen mögen. Wer gegen den Befehl handelt,
soll gefänglich eingekerkert und mit Ernst be-
fragt werden, wem sie solche Bücher u. dgl. verkauft
haben; sogar die Buchbinder sollen dieselbe Strafe
erleiden. Nur die Bücher, welche die Priester geprüft
und für gut befunden haben, sollen verbreitet werden;
alle andern Bücher sollen ausgeliefert werden ... „Wir
wollen, und es ist hiermit unser christlicher Befehl, dass
keiner von euch, wer er sei, seine Söhne, Freunde oder
Verwandte auf keine andere Universität, denn die unserer alten wahren katholischen Religion zugethan sind,
schicke, widrigenfalls er eine schwere Ungnade und
Strafe zu gewärtigen hat. Nicht weniger befehlen wir
euch, dass ihr alle Schulmeister mit Hülfe und Zuthun
der Pfarrer wegen ihres Glaubens examiniren sollt, namentlich welche Katechismen sie gebrauchen; kein
Schulmeister ist anzustellen, der nicht ein Glaubensbekenntniss abgelegt habe. Wehe dem Beamten, der nicht
einen Protestanten anzeigt! Dieses Mandat soll 4 Mal
im Jahre in jeder Pfarrkirch in Gegenwart des
versammelten Volkes von der Kanzel verlesen, dazu öffentlich angeschlagen werden,
damit keiner sich mit der Unkenntniss zu entschuldigen
wage. Es ist von Leopold in seiner Stadt Pressburg
ausgegeben worden.

Der Inhalt und die Form dieses geharnischten
Schriftstückes voll Hass gegen alles, was evangelisch
heisst, zeigte den Protestanten in Colmar, dass sie nicht
mehr auf Gnade und Toleranz von Seiten des Kaisers
und seiner Regierung zu hoffen hatten, dass die Stunde
für die evangelische Sache leider geschlagen habe. Es
galt, entweder den Glauben der Väter abzuschwören
oder den Wanderstab in die Hand zu nehmen, um sich eine neue Heimath zu suchen.
In dieser trostlosen Zeit sind neben den würtembergischen Ortschaften, welche in der Nähe von Colmar lagen
und rein evangelisch gesinnt waren, hauptsächlich zwei
Städte die Zufluchtsstätten für die vertriebenen evangelischen Geistlichen und Bürger geworden, die alte
Reichsstadt Strassburg und die freie Stadt
Basel. Die Reichsstadt machte die Thore weit auf
dem grossen Heere derer, die um ihres protestantischen
Glaubens willen von den Priestern und Jesuiten gejagt,
Hab und Gut verlassen mussten; wahrhaft edel und
grossmüthig nahmen sich die Strassburger der Bedrängten an. Die Stadt Strassburg war die grösste Feindin
der Jesuiten. Man rechnet die Zahl der grösseren Gemeinden, welche in jener drangsalsvollen Zeit zum Katholicismus wiedergebracht wurden, auf 64; aber Strassburg blieb dem Protestantismus treu. Auch nach Strass-
. burg sind viele angesehene evangelische Bürger aus
Colmar ausgewandert.

Aber die freie Stadt Basel hatte für die
Emigranten aus der Stadt Colmar doch noch
eine grössere Anziehungskraft. Beide Städte
standen seit uralter Zeit in regem Handelsverkehr mit
einander. Sie hatten für ihre beiderseitigen Bürger eine
Art Freizügigkeit abgeschlossen, so dass sie in jedem Orte das Bürgerrecht erlangen konnten. Es war

eine alte Erbeinigung, wodurch die Bürger zu Schirmverwandten erklärt wurden. In den Wirren der Reformation hatten Basel und Colmar treu zusammengestan-
den, zumal die Bischöfe von Basel, welche die Jurisdiktion über die colmarer katholische Stadtgeistlichkeit
hatten, nicht aufhörten, dem protestantischen Colmar
jede mögliche Unbilde zuzufügen und diese Reichsstadt
beim Kaiser zu verklagen. Die Bischöfe von Basel, die
ja in Pruntrut residirten, waren die erbittertsten Tod-
feinde der Reformation im Ober-Elsass; sie stachelten
die vorderösterreichische Regierung in Ensisheim auf,
mit den Mitteln der Gewalt und der Schrecken rücksichtslos gegen die Protestanten vorzugehen. Dazu kam,
dass in Colmar, wenn auch die Reichsstadt sich zur
Augsburgischen Confession öffentlich bekannte, doch der
Zwinglianismus und Calvinismus viele Anhänger fand, die sich an die Baseler evangelische Kirche
anlehnten. Sie bewahrten das Lutherthum daselbst vor
Schroffheit Aus diesen Gründen beschloss eine
Reihe der besten, ehrenhaftesten Bürger
Colmar's, als die papistischen Verfolgungen
anfingen, bei den Bürgern Basel's anzufra-
gen, ob sie inmitten dieser evangelischen
Gemeinde ihren Wohnsitz aufschlagen dürf-
ten. Sie bekamen ein freudiges „Ja"; es war der
Stolz der alten, gern den Verfolgten Herberge gebende
Stadt der Freiheit und der Toleranz, gerade den be-
nachbarten Elsässern ihre stolzen Thore zu öffnen. Auf
Grund der alten Verträge bekamen in kurzer Zeit diese
Emigranten das volle Bürgerrecht, sie erhielten die
Ehrenrechte wie jeder Baseler Bürger. Wir gehen wohl
nicht fehl, wenn wir annehmen, dass schon gleich nach
der Rathsänderung im Jahre 1628 manche hochangese-
hene Colmarer Magistratspersonen Colmar verlassen ha-

ben; in einer Urkunde finden wir die kurze Notiz: den 25. März und den 4. April ist der erste neue (katholische) Rath abgehalten worden und sind die Aemter besetzt worden; hierauf haben die Evangelischen angefangen auszuziehen.[1]) Wie sollten auch Männer wie der entlassene Obrist-Meister Daniel Birr und die Stadtmeister Joseph Glaser, Anton Burger und Elias Wetzel länger in einer Stadt bleiben, welcher sie Jahrzehnte lang zum grössten Segen vorgestanden hatten, und die nun von Grund aus nach katholischen Gesichtspunkten und von katholischen unerfahrenen Männern umgeändert werden sollte! Sie werden, zumal da sie sehr begütert waren, die Reihe derer angefangen haben, welche in Basel um Aufnahme baten. Gerade sie, Männer erprobt in der Treue und im Glauben, wurden von den Baselern sehr bewillkommt; sie wurden angesehene Bürger dieser alten freien Stadt.

Da aber, wie wir oben sahen, der Termin der Emigration aus verschiedenen Gründen hinausgeschoben wurde, bekamen die Protestanten in Colmar wieder mehr Muth, zumal sie noch immer hofften, die Gnade des Kaisers zu erlangen, oder dass im Reich die politische Situation sich ändern werde, indem der Kaiser seine triumphierende Machtstellung einbüsse. Sie verloren mit der Zeit die Freudigkeit, ihr geliebtes Colmar zu verlassen. Als aber im Januar 1629 der Erzherzog Leopold seine Mandate gab, schwand ihnen die Hoffnung, als Protestanten, die fest an ihrem Glauben hingen, in Colmar bleiben zu können. Derartige Erlasse erschreckten sie, so dass sie mit trauernden Herzen zum Wanderstab griffen. Im Anfang dieser Abhand-

---

[1]) S. D. L. 10, 21.

lung haben wir eine Reihe von Namen bekannt gegeben,
deren Verteter Basler Bürger wurden. Sie gehörten
den vornehmen Ständen an, den Armen war ja der Auszug schon wegen Mangels an Geldmitteln sehr schwierig.
Jene liessen in Colmar auch liegende Güter, Häuser und
Weingärten zurück. Freilich es müssen ausser den Genannten auch andere mitgezogen sein, auch ärmere
Leute, so tritt Basel am 14. November 1629 für die Kinder eines verstorbenen Anton Sison ein. Von diesem wird
constatirt, dass er und seine Hausfrau weder einen
Heller noch eines Hellers Werth aus Colmar
hinausgebracht habe, ausgenommen ihre zer-
rissenen und „zergängten" Kleider, so sie
an ihrem Leibe getragen! Sicherlich werden die
evangelischen Basler auch solchen an äusserer Habe
armen Emigranten gerne Herberge gegeben haben, die
um ihres Glaubens und Gewissens willen ihre Heimath
verliessen.

Es war auch dringend notwendig geworden, dass
die Protestanten, sofern sie sich losmachen konnten,
schleunigst aus der alten Reichsstadt eilten; denn
nach Bekanntwerdung der Mandate des Erzherzogs Leopold fand das wiederwärtigste Verfahren der römischen
Priester gegen die Protestanten statt; sie versuchten
diese zum katholischen Unterricht zu zwingen, also zwangsweise zum katholischen Glauben zu bekehren. Allerlei Sorten von Lehrern stellten sich ein, vornehmlich Kapuziner und Jesuiten. Der Magistrat erliess öffentlich einen Befehl am
1. September 1629: da diejenigen, so sich Gewissens
halber beschwert zu sein vermeint hätten, bereits ihr
Bürgerrecht aufgegeben, abgeschworen und verzogen,
so erfordere die Nothdurft, dass die übrigen noch anwesenden Evangelischen Bürger und Bürgerinnen sammt

den Ihrigen sich in der katholischen römischen Religion
unterrichten lassen. So laute der Allerhöchste Befehl,
dem völlig gehorsamst Folge zu leisten sei. „So ist hierauf eines ehrsamen wohlweisen Raths ernstlicher Wille
und Befehl, dass sich diejenigen, welche des Evangelischen Bekenntnisses noch zugethan sind, zum Herrn
Propsten des St. Martin's Stifts in die Dechanei allhier
verfügen, den nöthigen Bericht in der römischen Religion
erlernen, auch nach Anweisung desselben beichten und
sich mit dem heiligen hochwürdigen Sakrament des
Altars versehen, besonders sich darüber einen kleinen
Schein ertheilen lassen. Und es soll Mittwochs den 5.
September bei einer ehrbaren Zunft „zur Treue" der
Anfang gemacht werden und also von einer Zunft zur
andern, ihrer sonstigen herkömmlichen Ordnung nach
. . . ." sonst solle ernstliche Strafe keineswegs ausser
Obacht gelassen werden. Es müsse endlich einmal
aufhören, dass jemand im Bürgerrecht ver-
bleibe und nicht abschwöre."

Und so sehen wir denn im Geiste, wie die wackern
Protestanten von Priestern und Jesuiten in ihrem Gewissen und Glauben geknechtet werden, wie sie wie
unerfahrene Kinder vor diese erbärmlichen Religions-
lehrer treten mussten, um das anzuhören, wogegen sich
ihr Innerstes auflehnte. Die Jesuiten jubelten, ihres
Erfolges gewiss, sie sprachen es aus, dass binnen zwei
Monaten alles katholisch gemacht sei.

Unter diesen Umständen flohen noch manche Bürger
aus der Stadt, hauptsächlich in die Schweiz. „Die hier
zurückgebliebenen mussten sich gleichsam wie das Vieh
gedulden," sagt eine alte Urkunde. Gott schickte den
Geängstigten eine kleine Hülfe durch äussere Dinge;
es mussten wieder Soldaten gute Quartiere bei wohlhabenden Bürgern erhalten. Im Protokoll des St. Martin-

Stiftes berichtet ganz traurig über den Misserfolg in der
Ausrottung der Ketzerei der Dechant: der Magistrat sei
durch die Ansagung der Einquartierung ganz erschrocken;
er habe angezeigt, man solle mit den Bekehrungsver-
suchen zwar fortfahren, aber kurz machen. Man könnte
für diesesmal Niemand zur Religion zwingen noch weniger fortjagen, denn zu solchem vielen Volk müsste man
Bürger in der Stadt haben, welche die Beschwerden
hülfen tragen. Obwohl man nun alle Zünfte durch-
gegangen, wollte sich keiner zur alten römischen Religion accomodiren. „Auch ging ein Geschrei herum, dass
der Würtembergische Kanzler vom Kaiser ein Rescript
erhalten hatte, wodurch den Lutheranern in Colmar erlaubt wäre, noch ein Jahr lang in der Stadt zu bleiben.
Daher wurden diese wieder muthig, giengen nimmer in
den Unterricht, liessen in den Weihnachtsfeiertagen Wein
laden, liefen haufenweise nach Horburg und Reichen-
weier zur Predigt, assen am Aschermittwoch und die
ganze Faste hindurch Fleisch, ohne dass sie, wie des
Jahres vorher, einen Schein in der Dechanei abgeholt.
Also waren alle Unkosten und alles angewandte und
entlehnte Geld des Kapitels, welches die Zinsen davon
zahlte, meistens umsonst und vergeblich.“

Ja, die regierenden Gewalten, der Kaiser an der
Spitze, sein Bruder der Erzherzog Leopold mit der
Regierung zu Ensisheim und der katholische Magistrat
hatten die Rechnung ohne den Wirth gemacht, als sie
dazu übergingen, aus der Reichsstadt die angesehensten
und wohlhabenden Bürger zu verjagen und dieselbe
also ganz zu entvölkern. Es trat dadurch grosser Geld-
mangel ein. Die Häuser, welche in früherer Zeit viele
Soldaten beherbergen konnten, standen leer; die Aecker
waren unbebaut; Handel und Wandel lag darnieder.

Dazu herrschten Krankheiten in der Bürgerschaft, sodass dieselbe dem völligen Ruin nahe war.

In dieser Nothlage griffen die katholischen Colmarer Rathsherren zu ungerechten Mitteln, um Gelder aufzutreiben. Da die nach Basel verzogenen Bürger der Mehrzahl nach wohlhabende Leute waren, welche noch viele Häuser und liegende Güter in ihrer Heimath zurückgelassen hatten, so belegten sie dieselben mit allerlei Steuern, namentlich forderten sie von ihnen Wochengelder zur Bestreitung der Einquartierungslasten und behandelten dieselben, obwohl sie jene ja verjagt hatten, wie wenn sie noch in Colmar ansässig wären. Dagegen erhoben die Emigranten Protest und wandten sich als Baseler Bürger an die Baseler Stadt-Obrigkeit und baten dieselbe, sie gegen den Colmarer Rath zu vertreten. Wir sind im Besitze einer weitläufigen Correspondenz, welche beide Städte über diese Angelegenheit austauschten; die noch erhaltenen Briefe geben Kunde davon, dass Basel die aus Colmar Ausgewanderten als Baseler Bürger nach jeder Richtung hin schützte und für deren Rechte eintrat. Die zu Anfang unserer Darlegung mitgetheilten Namen der Colmarer, welche in Basel ihren Wohnsitz gesucht hatten, treten dabei immer wieder auf; sie geben uns wohl die wohlhabenden unter den Emigranten an. Am 23. November 1629 wenden sie sich an den hochachtbaren, gestrengen, edeln und festen Magistrat der Stadt Basel als gehorsame Bürger und Schirmverwandte mit der Klage, dass sie noch zur Einquartierung des Kaiserlichen Kriegsvolkes in Colmar Zuschatzung geben sollten, dass sie von Colmar aus aufgefordert würden, innerhalb acht Tagen Wochengelder einzusenden. Sie hätten geglaubt, dass sie auf Grund der zwischen Basel und Colmar bestehenden Freizügig-

keit und Erbvereinigung von solchen Lasten befreit sein
würden. Die in Sachen der Religionsänderung thätig gewesenen Commissare hätten in Colmar dahin auch Er-
klärungen abgegeben, dass die, welche an freizügige
Orte verziehen wollten, nach altem Herkommen auch
freizügig gehalten werden sollten, wonach sie von Steuern
in der alten Heimath befreit werden mussten. Die Rechte
dieses Freizugs seien eingezeichnet in dem Erbschafts-
register und Protokoll der Reichsstadt Colmar. Auch
hätten die Städte des Zehnstädtebundes, der sog. Dekapolis, zu welchem Colmar gehöre, Kaiserliche Dekrete
erhalten, kraft welcher der Bürger nur an dem Ort, wo
er seinen Sitz habe, besteuert werden dürfe. Die hohen
Abgaben, welche Colmar fordere, würden dem Einzelnen zum Untergang gereichen, und zur schliesslichen
Zerrüttung des solange und unverbrüchlich gehaltenen
Freizuges. Es widerspräche auch der Erbvereinigung
zwischen des Kaisers Majestät und dem hochlöblichen
Haus Oesterreich, sodann der löblichen Gemeinen Eidgenossenschaft und der Stadt Basel, vermöge welcher
alle ausgesessenen, adelichen und unadelichen Häuser
und Güter in der Stadt und Landgrafschaft Basel, bis
daher je und allerwege ohne allen Aufschlag frei und
ohne einige Beschwerd, Gewerf, Schatzung, Zoll oder
andere Aufschläg den Inhabern zu Nutz zu geniessen
gestattet werden. Sie ersuchen den ehrbaren, wohlweisen Rath löblicher Stadt Basel, um Intercession, dass
sie solcher unverträglicher Lasten enthoben und dass
alles in altem, wohlhergebrachtem Stande gelassen werde.

Schon am 25. November 1629 schreibt Basel an Colmar, wie „seine Bürger" dem altem Herkommen und
den wohlhergebrachten Privilegien und Freiheiten schnur-
stracks zuwider mit Lasten belegt würden. „Gelangt
hierauf an Euch unser freundlich-nachbarliches Gesinnen,

Ihr wollet eins und das andere reiflich und wohl erwägen und beherzigen und darauf bedacht sein, dass obenangeregte, hochnachtheilige, unnachbarliche Neuerung zur Verhütung aller verdriesslichen Weiterung mit ehestem eingestellt und die unsrigen mit dergleichen unserer Städte Freiheit zuwider aufgelegten Beschwerden und Satzungen unangefochten und unbelästigt gelassen werden, also Ihr hiermit ein Werk erweiset, dass Ihr, das mit der Stadt Basel seithero gepflogene gut vertrauliche und nachbarliche Verständniss auch fürbas fortzupflanzen gemeint seid."

Die Sache spielte in's Jahr 1630 hinüber. Colmar beharrte bei seinem Beschluss und nahm Executionen vor, wann die nach Basel Verzogenen die Steuer nicht bezahlten. Daher wandten sie sich von Neuem an den Magistrat von Basel am 15. März 1630. Colmar sandte am 18. März 1630 ein Antwortschreiben, in welchem nachgewiesen werden sollte, dass die alten Bestimmungen in Betreff des Freizuges nicht verletzt wurden. Die Rathsherren setzen auseinander, wie die in Colmar verbliebene Bürgerschaft mit Einquartierung so schwer belästigt werde und beziehen sich auf eine Erklärung der Kaiserlichen Commissionen vom 28. November 1628, „dass diejenigen, so zur wahren katholischen Religion sich zu bekennen nicht Willens seien, dahin gewiesen sein sollen, dass sie ihre in Colmar und dessen Zwing und Bann habenden Häuser und Güter verkaufen, oder bis solches geschehen, wie andere Bürger und Einwohner die bürgerlichen Dienstbarkeiten und onera mitleiden und tragen helfen sollten. Am 27. März 1630 geht ein neuer Protest Basels nach Colmar ab. Am 30. desselben Monats stellt Basel die Streitfrage dem Erzherzog Leopold vor mit dem Ersuchen: dass die Colmarer von ihrer der Erbeinigung, wie auch den altwohlhergebrach-

ten Privilegien und Freiheiten dieser Stadt zuwider
laufenden Attention und Beginnen zurückstehen gegen
die zu uns emigrirten Personen, dass sie gegen sie etwas
leidentlicher verfahren und nicht zu den vielen Un-
annehmlichkeiten noch weiteres belästigen wollen, weil
sonst nicht unbillig zu besorgen, dass sie endlich unter
der Last gänzlich erliegen müssten. Es konnte nicht ausbleiben, dass die katholische Regierung von Ensisheim
dem katholischen Magistrat nur Recht gab; am 2. Mai
1630 schreibt sie: wir können nicht einsehen, dass das
Verfahren der Colmarer dem von Euch angedeuteten
freien Zuge oder der zwischen dem Haus Oesterreich
und der Eidgenossenschaft aufgezeichneten Erbeinigung
entgegen und zuwider sei."

Die ganze Streitsache kam durch Correspondenzen
und Verhandlungen nicht zum Abschluss; sie fand
auf eine andere, weit grossartigere Weise
ihre Erledigung. Die politischen Verhältnisse im
deutschen Reiche gestalteten sich plötzlich um. Als die
protestantischen Stände Deutschlands rathlos und einge-
schüchtert sich vor Oesterreichs Uebermacht beugen
mussten und in banger Erwartung der Ausführung des
Restitutionsediktes entgegensahen, erschien ein fremder
Herrscher auf deutschem Boden, der durch sein über-
wiegendes Ansehen die getrennten und zwieträchtigen
Religionsgenossen einigte — der Schwedenkönig
Gustav Adolf. Er schien der Retter des Protestantismus in Deutschland werden zu sollen; seine Heere
besetzten das Elsass. Selbst nach dem Tode des grossen
und tapferen Königs am 6. Nov. 1632 blieben sie in schwe-
dischem Besitz. Am 19. Dec. 1632 musste sich die alte
freie Reichsstadt Colmar dem Schweden-General
Gustav Horn ergeben; am folgenden Tage zogen die

schwedischen Truppen als Sieger durch ihre Thore ein, an ihrer Spitze der tapfere Gustav Horn.

Seine Hauptbeschäftigung bestand in der Wiederherstellung der protestantischen Religion. Am heiligen Abend wurde die Spitalkirche den Evangelischen wieder geöffnet; der Strassburger Prediger Dr. Schmidt hielt die Jubelpredigt. Leider wusste dieser streng lutherisch gesinnte, heissspornige Theologe bittern Wermuth in den Kelch der Freude in jenen Tagen zu mischen, indem er bei der Neubesetzung der Rathsstellen den General Gustav Horn bewog, alle diejenigen auszuschliessen, welche nach Basel fortgezogen waren. Er klagte diese des Calvinismus an, weil sie in einer calvinischen Stadt Unterkunft gesucht und gefunden hatten. Männer wie Birr, Glaser und Burger wurden nicht aufgefordert, von Basel in die alte elsässische Heimath heimzukehren.

Doch dieser engherzige, intolerante, zelotische Geist ist in späterer Zeit einem evangelischen, weitherzigen gewichen. Der Colmarer Magistrat bestimmte im Einverständniss mit der gesammten Gemeinde gewisse Termine, an denen die Basler Emigranten wieder heimziehen durften, so den 13. April 1633. Viele sind der Einladung gefolgt, andere auch nicht; sie fühlten sich in Basel wohl und hatten sich in die Verhältnisse dieser mächtigen Stadt eingelebt. Wir besitzen ein Dankschreiben an den Colmarer Magistrat von zwei „dienstwilligen, von der Stadt Colmar um der evangelischen Religion willen ausgeschafften Stadtkindern und Bürgern, jetzt zu Basel Schutz- und Schirmverwandten" Johann Caspar Sandherr und Daniel Wetzel. Sie geben ihrer grossen Freude über das Edikt, nach welchem die Vertriebenen freundlichst väterlich zurückgerufen werden, Ausdruck; doch bedauren sie, es wegen persönlicher Verhältnisse, wegen „des Leibes Unvermöglichkeit", wegen der grossen Gefahren auf der Reise und weil ihre Häuser in Colmar verliehen seien, nicht befolgen zu können. Sie können nicht genug Gottes Allmacht preisen und ihm Lob und Dank sagen, dass ihr geliebtes Colmar nicht mehr der höchsten Gutthat des seligmachendes Wortes beraubt sei, dass die Gläubigen wieder zurückgeholt werden, da Gott denn aus unergründlicher Barmherzigkeit das Säufzen erhört, sich der Stadt und der Ehrenbürgerschaft erbarmt und eine solche Gnade erwiesen habe, dass die evangelische Kirche wieder geöffnet und das Regiment mit tauglichen evangelischen Häuptern von Neuem besetzt sei.

Noch sind die Nachkommen derer, die einst um ihres evangelischen Glaubens willen aus der alten freien Reichsstadt Colmar flüchten mussten und in dem gastfreien Basel Aufnahme fanden, nicht ausgestorben; sie zählen zu den angesehenen Bürgern dieser freien Stadt. Ihr Ruhm und ihre Familienehre besteht darin, dass sie gleich ihren viel geprüften Altvordern aus dem Elsässer Lande unverbrüchliche Treue gehalten haben dem evangelischen Bekenntniss und dass sie sicherlich ihrem evangelischen Glauben auch für immer treu bleiben werden.

Aus dem Tagebuche einer Baslerin
zur Zeit des Durchmarsches
der Allierten.

Von

Dr. Carl Burckhardt-Burckhardt.

Die Tagbuchauszüge, die im folgenden mitgetheilt werden, können nicht den Anspruch erheben, über die Zeit des Durchmarsches der Alliirten durch Basel neue Aufschlüsse in politischer oder in militärischer Beziehung zu geben. Ihr Interesse beruht auf der lebendigen Darstellungsweise und auf der Erzählung manchen Details, das für die damaligen Verhältnisse bezeichnend ist. In dieser Hinsicht mögen sie eine Ergänzung bilden zu dem, was bisher schon über das Leben und Treiben in unserer Stadt während jener bewegten Zeit zu unserer Kenntniss gebracht worden ist. Sie stammen aus dem Blauen Hause, in dem viele hohe Gäste einquartiert waren, und das in Folge davon für eine aufmerksame Beobachterin reichen Stoff bot. Ihre Verfasserin ist Anna Elisabeth Vischer, eines der neun Kinder (drei Söhne und sechs Töchter) des Rathsherrn Peter Vischer und der Anna Elisabeth Sarasin. Sie war geboren am 19. September 1783, stand also Ende 1813 in ihrem 31sten Lebensjahre. Am 28. November 1814 heirathete sie den verwittweten Leonhard Burckhardt, dessen zwei Knaben sie eine treue Mutter wurde. Ihre eigene Ehe blieb kinderlos. Sie starb den 19. Mai 1857; ihr Andenken wird als das der Stifterin unseres Kinderspitals ein gesegnetes bleiben. Die künstlerische Begabung, welche auch ihr wie so manchen Gliedern ihrer Familie zu

Theil geworden war, wird durch eine hübsche Radierung bezeugt, von welcher ein Exemplar im Besitz unserer Kunstsammlung sich befindet.

In den ersten Wochen des Dezember 1813, als bereits Truppen der Allierten in der Nähe Basels lagen, hoffte man hier noch immer, dass die schweizerische Neutralität könne aufrecht erhalten werden, und dass der Rheinübergang unterhalb der Schweizer Grenze stattfinden werde. Ich will hier nur daran erinnern, dass die schweizerische Division, die in und um Basel aufgestellt war, unter dem Befehl des Oberst Johann Anton von Herrenschwand stand; die Stadt war besetzt durch das Bataillon von May von Bern (in Klein Basel), und die Bataillone Lichtenhahn von Basel, und von Erlach von Bern, in Gross Basel; dazu kamen die halbe Division Artillerie Preiswerk, und, wie der Rapport Herrenschwands angibt, „5 Stück Dragoner".

Das Tagebuch vom 14. Dezember, Dienstag, berichtet über die damalige Stimmung folgendes:

Dienstag 14. Dezember 1813. — Über unsere Neutralität glaubt man oft beruhigende Versicherungen zu vernehmen, doch können wir derselben noch nicht recht gewiss sein. Am Sonntag Morgen kam Herr Obrist v. Erlach zu uns, er wollte ins Camin[1]) um die Positionen von Hüningen zu sehen. Er sprach mit bedenklichen Worten und sagte, man könne sich nicht wehren, wenn die Allierten durchpassieren wollten; vielmehr sollen die Basler den eidgenössischen Obrist[2]) bitten sich nicht zu vertheidigen, weil unsere Stadt sehr

---

[1]) Ein in Form eines Camins gebauter Aussichtsthurm des Blauen Hauses.

[2]) Herrenschwand.

darunter leiden würde. Aber wenn man die Berner so
reden hört, so heisst es sie halten es mit den Allierten,
wir seien von ihnen verkauft und verrathen, und es
werde sich noch zeigen, dass ein geheimer Plan von
ihnen sei tramiert worden, mit Einverständniss des Land-
amanns in Zürich. [1]) Auch beschuldigte man sie, sie
hätten treulos vier Berner Gesandte ins Hauptquartier
nach Frankfurt geschickt. Es fand sich aber, dass dies
abscheuliche Gerücht falsch sei, und ebenso kann man
es auch von den übrigen glauben. Es ist schlimm, wenn
Schweizer gegen Schweizer Mistrauen hegen, und noch
dazu in einem Moment, wo es so viel darauf ankommt,
dass sie fest zusammen halten in Eintracht. Wir haben
die kriegerischen Horden kaum eine Stunde von unserer
Stadt. Die armen Leute müssen Alles für ihre zahlreichen Einquartierungen hergeben. Bis jetzt, da es
verboten ward, sind viele Offiziere und Basler nach
Lörrach gegangen um die Kosacken zu sehen. Diese
haben ihnen grosse Ehrerweisungen erzeigt nach rus-
sischer Art, wobei zuerst den guten Schweizern ein
Schlotter mag angekommen sein; nachher aber fanden
sie es ganz delizios, und hätten um vieles nicht gewollt,
dass es ihnen nicht begegnet wäre. Als sie zu den
Kosacken ins Wirthshaus kamen, verschlossen diese die
Stubenthüre und stellten sich in einen Kreis um unsere
zitternden Helden herum. Dann ergriffen sie einen von
ihnen bei den Schultern, Hüften und Beinen, der wurde
von acht Mann in die Höhe gehoben und geschaukelt,
wobei die Anderen ein Nationallied sangen und den
Takt schlugen. Dann prellten sie ihn drei Mal in die
Höhe bis an Plafond und fiengen ihn mit den Armen
wieder auf. So machten sie es der Reihe nach mit

[1]) Landamann Reinhard.

einem jeden unter ihnen, mit dem massivsten sowie mit dem schlankesten und waren gar freundlich dabei.

Nachdem Dienstag 21. Dezember der Einmarsch der Allierten in Basel erfolgt war, berichtet das Tagebuch am:

Samstag 25. Dezember. — Das gefürchtete Verhängniss ist über uns gekommen, wir haben die fremden Horden in der Schweiz, und Gott weiss was uns noch erwartet... Am Montag erblickte man auf einmal das schreckliche Ungewitter, es brach mit der Nachricht von der Capitulation mit den Allierten aus. Alles war ganz geheim verhandelt worden. Am Morgen war der General Bubna und der Prinz von Löwenstein beim Obrist von Herrenschwand; wir sahen sie, als sie geritten kamen; noch schmeichelte man sich mit Berichten von Frieden und von unserer schönen Neutralität.... Am Montag Abend wurde es kund gemacht, dass alle unsere Schweizertruppen in der Nacht um elf Uhr abmarschieren müssten und um drei Uhr würden die Allierten einrücken. Hr. Obrist von Erlach hatte die Attention, nach acht Uhr von Hrn. Herenschwand weg zu uns zu kommen, und uns darüber zu berichten. Aber wie sollte man nun die Berner anschauen, sie die im Complot mit den Deutschen waren und um ihres oligarchischen Vortheils willen sie herbeiwünschten? sie wollen die Cantone Leman und Aargau sich wieder einverleiben und haben schon die alte Regierung wieder in Bern eingeführt. Auch ist es wahr, dass drei Herren ins Hauptquartier nach Frankfurt reisten, und während unser würdiger Gesandter Reding von den Monarchen die Zusicherung der Neutralität zu gewinnen hoffte, so verdarben die Berner Alles wieder.[1]) Es lässt

---

[1]) Diese Berner waren bekanntlich nicht von der Berner Regierung, sondern von einer reaktionären Partei abgesandt: der Berner Gesandte war Rathsherr Zeerleder, welcher für die Neu-

sich jedoch so viel als gewiss annehmen, dass die Schweiz
so sehr im Plan der Alliierten lag, dass Nichts sie hätte
von ihrer Entweihung retten können. Indess haben sich
die Berner durch ihre Treulosigkeit den Hass der übrigen
Schweizer zugezogen, und sogar von ihren eigenen Offizieren, besonders die bürgerlichen, waren rasend vor
Ärger, als sie am Montag Abend das Machwerk erfuhren.
Auch die Zürcher und Solothurner waren wüthend, und
es heisst, sie haben sich unterwegs mit den Bernern ge-
stritten. Hess[1]) versichert uns, der Landamann Reinhard,
über den man auch sehr schreit, sei selbst hintergangen
worden, und habe immer gute Gesinnungen gehabt;
doch rechnet man ihm als Fehler an, dass er nicht genug
Schweizer auf die Beine gestellt habe, und dass er uns
die parteiischen Berner schickte. Es heisst der Obrist
Herrenschwand werde vor ein Kriegsgericht gefordert
werden, weil er unsere Stadt exponierte, da er sie mit
allen Truppen verliess, ehe die Alliierten kamen, so dass
die Franzosen leicht von Hüningen hätten kommen, uns
überfallen und die Rheinbrücke hätten abwerfen können... Auf dem Münsterplatz war Alles voll Militär, die in
Reihen zum Abzug da standen. Als wir an Rheinsprung
kamen, stund eine Chaise vor Hrn. Bachofens Haus [dem
Weissen Haus], als ob der Hr. Oberst Herenschwand
darin abreise. Er war es aber nicht, der einstieg, sondern
zwei Offiziere, welche mit der Begleitung von Reitern
fortfuhren. Vielleicht war es aus Furcht eine Täuschung
vom Hrn. Obrist; denn auch Hrn. Major Fischer[2]) soll

tralität eintreten sollte. Aloys Reding und Seckelmeister Escher
waren von der Tagsatzung abgeordnet.

[1]) David Hess im Beckenhof, der Schwager Reinhards und
Schwiegersohn Peter Vischers, also Schwager der Schreiberin.

[2]) Fischer, der nachmalige Schultheiss von Bern, war damals
Hauptmann und Adjutant des Oberst von Herrenschwand.

man aufgesucht haben, um ihn zu stäuben oder in Rhein zu werfen. So verschwanden die Schweizer. Am Dienstag Morgen mit Schlag 9 Uhr zogen die Östreicher über die Rheinbrücke, und das währte beinahe den ganzen Tag; es sollen wohl 70,000 Mann angekommen sein, sie marschierten zum Spalen und St. Alban Thor hinaus, und etwa 12,000 Mann blieben in der Stadt. Die Leute wurden entsetzlich mit Einquartierung überrascht, und kaum hatte man Zeit in der grössten Eile' sich in Bereitschaft zu setzen.

1. Januar 1814. — Nicht wie sonst wird der heutige Neujahrstag gefeiert. Man schwebt in besorglichen Erwartungen und Niemand denkt an festliche Vergnügungen; in den meisten Häusern werden nicht einmal die Familienessen sein; man hat der fremden Gäste genug, so dass man die seinigen nicht herbeiruft; auch muss man jeden Augenblick befürchten neue Gäste zu bekommen, da man nicht weiss, wann die grossen Herren hier an- oder durchkommen.

Mittwoch 5. Januar. — Am Sonntag oder Montag kommt der östreichische Kaiser zu uns, und das dünkt mich das Beste, was wir bekommen können; auch half ich dazu. (Sie erzählt nun, wie ihr Vater zuerst den Offizieren, die für den Kaiser Quartier machten, erklärte, er habe nicht genug Platz, so dass sie fortgiengen und im Weissen Hause anfragten. Auf Vorstellung der Schreiberin und ihrer Brüder reute es Hrn. Vischer, er gieng den Offizieren nach) — und zeigte ihnen ein Zimmer nach dem andern; obgleich kein einziges schön möbliert ist, und überall nur Jonesessel stehen, so fanden es die Herren nun doch annehmlich, weil sie viel Platz fanden. Sie bekommen etwa 20 Gemächer. Die Küche fanden sie nicht anständig, weil sie zu nahe bei den Zimmern sei; man muss ihnen das Waschhaus einrichten.

Gleich nach dem Essen wurde der Hafner und der
Traiteur Geymüller bestellt um die Küche zu beordnen
.... Nun reute es Papa sehr, ein schönes Ameublement
im Kirschgarten nicht gekauft zu haben; wir lagen ihm
desshalb lange an; er erlaubte etwas darauf zu bieten,
welches umsonst war; es wurde um einen Spottpreis
verkauft, 172 ₰ ein Sopha, 10 Sessel und 2 Tabourets
von schwarzem Rosshaar.

Mittwoch 12. Januar. Die gekrönten Häupter
ziehen in unsere Stadt, und mit ihnen so viele hohe
Personen als gewiss noch nie zusammen in Basel waren.
Nun ist unser Haus mit dem guten Kaiser Franz beehrt.
Diesen Mittag um halb 1 Uhr kam er gefahren mit dem
Hrn. Grafen von Wrbna. Es waren in der Stadt Anstalten
zu seinem Empfang getroffen, die aber fehlschlugen. Die
hiesige Cavallerie ritt ihm entgegen, traf aber den Kaiser
nicht an; er kam eines anderen Weges daher, und gerade
da er durch die Strassen fuhr, erwartete ihn das Militär,
welches ein Spalier formierte, nicht und stand nicht in
der Ordnung; auch die Musik kam erst hintenach und
spielte in der Martinsgasse ein Stückchen, als Ihre Majestät schon vorn im Hofe war. Der Papa empfieng ihn
im Hof und fasste ihn nach seiner Art gleich mit der
Hand beim Arm; so begleitete er ihn die Treppe hinauf,
und der Stadtrath folgte nach. Die Herren machten
dem Kaiser Entschuldigungen, dass sein Empfang nicht
war wie er sein sollte. Er war aber froh, dass es so
gegangen ist, da er die Umstände nicht sehr liebt.
Man sieht's ihm an, dass er ein so guter Mann ist. Der
Papa sprach viel mit ihm ganz ungeniert, sie besahen
die Gemälde, und da der Kaiser ein grosser Liebhaber
der Kunst ist, so will er auch des Papa Kupferstiche
einmal beschauen.

Freitag 21. Januar. — Donnerstag der letzten

Woche war ein merkwürdiger Tag, man sah hier, was
noch nie gesehen ward, so viel Fürsten und Truppen.
Ich gieng am Morgen um 10 Uhr zu Frau Merian, wir
warteten bis nach 12 Uhr, bis wir die ersten Cavalleri-
sten ankommen sahen. „Wer die russische Garde nicht
gesehen hat, hat Nichts gesehen", hiess es, und es ist
wahr, es sind prächtige Regimenter, auserlesene schöne,
grosse Leute, vortreffliche Pferde, die reihenweise von
der gleichen Höhe und Farbe waren; Alles glänzte,
Kleidung, Rüstung und die goldenen Schilde auf den
Kappen. Es kamen die freiwilligen Preussen, lauter
wohlgebildete, ausnehmend schöne Menschen. Dann die
Kosaken, blau und roth sehr gut gekleidet. Die Küras-
siere, viel Infanterie, herrliche Musik. Der Zug währte
einige Stunden unaufhörlich fort.[1] Die Monarchen waren nicht da vorbei gekommen. Man wusste nicht
recht genau, wie der russische Kaiser kommen würde;
es hiess, er werde unter freiem Himmel vor Lörrach
das Neujahrsfest feiern Morgens um 9 Uhr, und dann
unverzüglich nach Basel kommen. Allein er kam erst
um 12 Uhr und stieg vor unserem Hause beim deutschen
Kaiser ab. Beide ritten nun mit dem König von Preussen,
welcher meine ich Tags zuvor angekommen war, und in
Begleitung von Fürsten und Ministern, auf den St.
Johanngraben beim Petersplatz, wo sie bis nach 4 Uhr
auf ihren schönen Pferden stille standen, um die Garden
vorbeidefilieren zu sehen. Es sollen 20 à 30,000 Mann

[1] Nach den Memoiren Metternichs hatte Kaiser Alexander
als eine Gunst verlangt, dass seine Garde, welche die Spitze der
russischen Heersäulen bildete, die Basler Brücke am griechischen
Neujahrstage (13. Januar) passiere; sein Wunsch sei erfüllt worden, obgleich die allgemeine Operation dadurch einen empfindlichen
und unnützen Verzug erlitten habe.

gewesen sein, welche alle zum Spalenthor hinaus nach
Frankreich giengen... Nun kamen die Fürsten zum
Kaiser Franz. Wir liefen durch Pferde und Menschen
hindurch, um geschwind heimzukommen; oben an der
Treppe vor dem Speisesaal konnten wir Zuschauer sein.
Es wurde immer unten getrommelt und von der Wache
gerufen, wenn ein Fürst kam. Erst langte der Kaiser
von Russland an; ein paar vornehme Herren giengen
hinunter, ihn herauf zu begleiten, dann gieng die doppelte Thüre des Saals auf, Kaiser Franz trat heraus
und empfieng Alexander mit Complimenten. So war
es auch mit dem König Friedrich Wilhelm; dessen beide
Söhne[1]) kamen auch, und der Bruder des russischen
Kaisers, Grossfürst Constantin, von dessen Hässlichkeit
und wildem Charakter man schon so viel erzählt hat.
Wir sahen diese hohen Personen speisen: Kaiser Franz
in der Mitte, oben ihm zur Rechten Alexander, dann
der preussische Kronprinz, hernach Grafen. Unten am
deutschen Kaiser der König von Preussen, nach ihm
Constantin, dann der jüngere Prinz von Preussen. Ich
weiss nicht, wer sonst noch alle anderen Excellenzen
waren; ich glaube, es waren 22 Personen an der Tafel,
auch Fürst Metternich. Da es schon 5 Uhr war, standen Lichter auf dem Tisch; sonst keine Schüsseln, als
der Dessert, wie es gebräuchlich ist, und schöne künst-
liche Blumen in den Vasen. In dem Nebenzimmer, wo
wir waren, wurden die Speisen zerschnitten und hinüber getragen, auch die Weine und das Bier; der Kaiser
trinkt Wasser. Unten, in unserm Eßsaal, war auch grosser Tisch mit vornehmen Personen, wobei der Graf

---

[1]) Der spätere König Friedrich Wilhelm IV. und der spätere
Kaiser Wilhelm.

Wrbna les honneurs machte. [1]) Dieser Graf ist der
Oberkämmerer und intime Freund des Kaisers, er soll
ein vortrefflicher Mann sein; seine Güte spricht aus
seiner Physionomie; er versprach uns auch zu besuchen,
hatte aber nie Zeit dazu; er fand sie nicht einmal, um
seinen kranken jüngeren Sohn zu besuchen, welcher
auf dem Münsterplatz bei Hrn. Stehelin logiert und nun
gezwungen ist zurückzubleiben, bis es ihm besser geht,
welches dem jungen Helden sehr wehe thut; er sollte
dem Fürsten von Schwarzenberg nach und fürchtet eine
Schlacht zu versäumen.

Sonntag 23. Januar. — Am Freitag assen unsere Schweizer Gesandten, Hr. Landamann Reinhard,
Hr. Landamann Reding und unser Landamann Burckhardt [2]) beim Kaiser. Wir verwunderten uns, dass er
den Papa nicht auch einlud, da er mit ihm bis um ½ 2
Uhr in der Stadt herum gegangen war; er gieng mit
ihm in die Bibliothek, in die Münsterkirche und ins
St. Albanloch um die Papierfabrike zu beschen. Wir
hatten inzwischen gegessen mit unserem guten Hrn. Rittmeister v. Volkart, welcher Nachmittags nach Wien
abreiste mit den Depeschen; jeden Tag reist ein Courier
von des Kaisers Garde nach Wien. Wir erhielten Nachmittags eine Einladung von Frau Merian, zu ihr mit
den Fürstinen Wolkonsky zum Thee zu kommen. Der
Fürst kam bei ihr mit seiner Gemahlin in der Mitwochs
Nacht an; sie und ihre Leute rangierten sich zum über-
nachten. Am Morgen gieng die Fürstin zu ihrer jüngeren
Schwester, welche mit dem Bruder des älteren Wol-

---

[1]) Rudolf Graf v. Wrbna und Freudenthal, Chef des geheimen
Cabinets.

[2]) Peter Burckhardt, der im Jahre 1812 Landammann der
Schweiz gewesen war.

konsky verheiratet im Violerhof logierte. Beide Damen
sind noch dort; ihre Männer sind am Sonntag abgereist.
Wir fanden sie sehr artig und gebildet; sie sprechen
gut französisch und italienisch, die Fürsten verstehen
auch Deutsch. Der ältere schien uns ein ausgezeichnet
gescheiter Mann; er soll von seinem Kaiser jährlich
38000 Dukaten Gage haben; dennoch gab er kein Trinkgeld bei Frau Merian, und liess sich von ihr die Wachskerzen bezahlen; auch manches Andere musste sie hergeben und immer seinen Kosaken am Tisch haben. Es
verdross sie, dass er ziemlich kalt Abschied nahm und
kein Wort von Dank sagte, besonders gegen den Hrn.
Bachofen,[1] den er nicht einmal grüsste. Dieser hatte
ihm zu Ehren bei der Illumination am Donstag Abend
ein Transparent auf die Hausthüre gemacht mit den
Worten: „Ihro Durchlaucht der Fürst Wolkonsky". Aber
so sind die Russen, sie können artig und gebildet sein,
sind es aber nicht in allen Stücken. — Vom Sonntag
habe ich genug zu erzählen. Als ich aus der Kirche
heim kam, sagte man mir, ich müsse geschwind mich
anziehen, vielleicht schon in einer Viertelstunde würden
wir dem Kaiser vorgestellt werden; jetzt hielt er drunten
in unserm Musiksaal Messe. Der Kammerdiener Hr. v.
Gelineck und der Leiblakai Hr. v. Sbuten, waren schon
da uns abzuholen. Der Zug gieng hinauf; durch die
beiden ersten Zimmer wurden wir in das Schlafzimmer
des Kaisers geführt. Der gute Herr trat aus seinem
Cabinetchen und war ganz huldreich, er schien gar nicht
auf Etikette zu achten. Papa und Mama sagten ihm, es
sei ihnen leid, dass sie mit dem besten Willen nicht
mehr für ihn haben thun können, er möchte vorlieb
nehmen etc. Er erwiederte hierauf, dass es ihm bei uns

[1] Mathäus Bachofen, Maler.

ganz wohl gefalle, er sei ja wie in einer Gallerie, es
freue ihn immer, wenn er die Gemälde ansehe, und er
wolle wieder zu uns kommen, wenn er auf seiner Rückreise hier durchkomme. Er sprach noch Einiges, und
ehe er uns verliess, verneigte sich die Mama und wir
zogen uns stillschweigend zurück. Nun geschwind Hut,
Schal und Pelz hervorgenommen um den russischen
Kaiser zu sehen. Man liess uns sagen, er werde im
Seidenhof seine Messe halten, und wir eilten geschwind
dahin und stellten uns im Hof zu den andern Zuschauern.
Bald kam der schöne Alexander [1]) und grüsste im Vorbeigehen freundlich. Nach ihm drängten sich die Frauenzimmer in den Saal und stellten sich zur Seite. Er stund
mit Anstand und Grazie vor der Console, machte oft
das Kreuz, verbeugte sich, wenn der Pope ihn beräu-
cherte; doch lorgnierte er auch zuweilen ein wenig zur
Seite auf die schönen Damen. Der Gottesdienst währte
eine Stunde lang, die Russen sangen immerfort mit har-
monischer Stimme, es wurde für den Sieg Alexanders
gebetet. Der Kaiser kniete ein paar Augenblicke, und
Jedermann mit ihm, und bald darauf wars aus. Man
fand den Kaiser allerliebst, und erzählte was ihm Ehre
machte. Er hatte seinem Zimmer gegenüber ein armes
Kind am Fenster gesehen, welchem er ein Küsschen
zuwarf; das Kind erwiederte diess; er frug ihm nach;
es hiess, es gehöre armen Eltern; er liess es herüber
holen, sprach mit der Mutter, und gab ihr 50 Dukaten
für das Kind. Mit seinen Hausleuten war er auch sehr
leutselig; er gieng zur alten Frau Burckhardt ins Zimmer,
trank bei ihr Thee, und blieb über eine Stunde lang;
er wollte nicht allein auf dem Kanape sitzen, und sagte,

---

[1]) Kaiser Alexander logierte im Segerhof bei Christoph Burck-
hardt-Merian, dem Vater des späteren Mannes der Schreiberin.

es sei ja das ihrige. Beim Abschied gab er der Frau Burckhardt eine Agrafe mit Steinen besetzt, und 50 Dukaten in die Küche. Er reiste am Sonntag Nachts um 11 Uhr fort nach Frankreich. — Am Mittwoch wurden wir sehr beehrt. Der gute Kaiser liess dem Papa am Morgen sagen, er möchte mit ihm um 11 Uhr in unserem ganzen Haus herumgehen, und das geschah also. Er kam in unser Wohnzimmer und war so freundlich und gut: „Da mache ich Ihrer Familie Ungelegenheit" sagte er im Hereintreten, „da derangiert man sich für mich". Er gieng auch in die Küche und frug die Köchin, was sie Gutes koche. Er besuchte jedes Zimmer, besah da in dem meinigen die Täfelchen an der Wand mit meinen Zeichnungen; da das Wetter sich gerade aufheiterte, so stieg er auch ins Kamin und schaute durch das Teleskop nach Hüningen. Der Papa hatte ihm von seinen Kunstwerken auf der Heubühne gesprochen, er besitze eine Optik, Marionetten, ombres chinoises, Feuermaschine, lanterne magique, Geister, einen Hohlspiegel etc., allein er verstehe sich nicht auf das Alles und wüsste nicht damit umzugehen. „Das wollen wir Ihnen schon zeigen", sagte seine Majestät, „da können wir ihnen noch einen Dienst leisten, wir kennen diese Dinge, wir können sie einmal besehen". Weil wir die Marionetten als das lustigste davon ansahen, so gedachten wir dem Kaiser ein wenig Spass damit zu machen . . . . Donnerstags kam Hr. Professor Rössel [1]) mit Jungfrau Haas zu uns zum Mittagessen. Es kamen an diesem Tag ziemlich viel Leute, um die kaiserliche Tafel zu besehen, sie war auch diess Mal besonders interessant: Lord Castlereagh [2]) und der englische

[1]) Von dem ein Stück sollte gespielt werden.

[2]) Der englische Minister des Auswärtigen, der 1822 durch Selbstmord endete.

Botschafter Lord Aberdeen[1]) assen da, ferner Wilhelm v. Humboldt, der Graf v. Hardenberg, der Fürst v. Metternich etc. Nachdem man schon den Spanferkel aufgetragen hatte, kam der Bruder von Lord Castlereagh, Lord Stewart,[2]) ins Vorzimmer, wo wir waren; er musste sogleich sehen, dass er zu spät komme, er schickte einen Lakai hinein, vermuthlich um zu fragen, ob er noch bei Tisch erscheinen dürfe. Dieweil jener lange heimlich fragte, stand der Lord uns zur Schau da und war so verlegen und kaput, dass er beinahe die Contenance verlor. Endlich als er ins Ohr die Antwort bekam, musste er in seiner reichen neuen Husaren-Uniform wieder abmarschieren, und zwar zu Fuss, denn seine Equipage, wozu er die Pferde von Daniel Merian hatte anspannen lassen, indem er ihm hatte sagen lassen, er habe Lust sie zu kaufen, hatte er schon wieder zurückgeschickt. Diess Alles belustigte den Professor Rössel; er sagte: „Das hat der saubere Lord an meinem König verdient"; er war nämlich Schuld daran, dass der König nicht beim Onkel Vischer[3]) logieren konnte, weil er die Lady Burgher (?) protegierte, welche nicht Platz machen wollte und noch eine Zeitlang beim Onkel blieb, als schon ihr Gemahl weiter gereist war. Der König von Preussen kam dann ins Deutsche Haus zu Hrn. Burckhardt.... Jetzt brachte der Kammerdiener den Bericht, seine Majestät wollten um 6 Uhr die Optik beschen. Dazu machten die Brüder die Anstalten. Ich stund mit dem Professor am Marionettenkasten, und wir zogen heraus, was zu seiner Charade „Das Grossmaul" para-

---

[1]) Der spätere englische Minister.

[2]) Charles Stewart, später Marquis von Londonderry.

[3]) J. J. Vischer, hinter dem Münster, Bruder von Peter Vischer.

dieren sollte; es musste der König Darius sein, dann der
Held Alexander und sein Gezelt. Im 2. Akt kam Goliath
und David, und über des Riesen Fall frohlockende Juden.
Diess Alles hatte der Hr. Professor gar gut im Kopf,
wir aber wussten weder hüst noch hott, und hatten nicht
Zeit eine Probe zu machen. Der Kaiser kam mit dem
Feldmarschalllieutenant v. Kutschera, dem jungen Baron
Negroni und ich glaube Graf Wrbna. Die Optik gefiel
ihnen, und als ein Stück beleuchtet war, das für eine
Schweizer Gegend konnte angesehen werden, stellte sich
Jungfrau Haas dahinter und war so gefällig den Kuh-
reigen zu singen. Jetzt war die Optik beschen und man
führte den Kaiser zum Theater. Lux¹) agierte den Hans-
wurst, und der Professor sprach den Prolog, so auch
die Rollen aller Personages. Hr. Vondermühl, Lux,
Julie²) und ich hatten jedes 2 Marionetten spielen zu
machen, welche sich recht liederlich bewegten, denn
Hr. Rössel 'schnappelte und schrie sein Stück so geschwind und unverständlich vom Blatt weg, dass wir
gleich deroutiert sein mussten. Es war ein erbärmliches
Spektakel, allein der gute Kaiser liess Nichts davon
verlauten und dankte noch für die Belustigung. Der
feine Professor holte seinen Dank droben, er hatte seine
Zeichnungen gebracht, und zeigte sie dem Kaiser, als
er wieder hinaufgieng. Nach seiner Abreise bekam der
Hr. Prof. eine prächtige goldene Medaille mit des Kaisers Bildniss zur Belohnung für seine Unterhaltung. —
Am Freitag waren wir wieder Zuschauer von des Kaisers Tafel, um auch seinen Bruder, den Grossherzog von

---

¹) Lukas Vischer, später in Mexiko, von dem die Mexika-
nische Sammlung im Museum stammt.

²) Später Frau des Malers Samuel Birmann, des Stifters der
Birmannischen Sammlung.

Würzburg,[1]) zu sehen, welcher erst denselben Tag ankam (im Sägerhof) und am folgenden wieder verreiste.
Am Abend sassen wir zusammen beim Licht, und hatten
die Abschiedsbesuche von ein paar Dienern des Kaisers;
erst nach dem Nachtessen kam der excellente Graf
Wrbna, und sagte, seine Zeit habe ihm nicht früher
erlaubt uns zu besuchen; er war so gütig dem Papa
im Namen des Kaisers für dessen gute Aufnahme zu
danken, und übergab ihm ein kleines Etui, welches einen
ganz prächtigen, sehr kostbaren Ring enthielt; er ist so
gross, dass er wie ein Schild auf der Hand prangen
würde, in der Mitte des Kaisers Chiffre, ein F, mit
kleinen Diamäntchen besetzt, in einem goldenen Oval;
dieses ist mit 9 grossen Diamanten umgeben, und rings
um den Ring ist er mit 25 kleineren Diamanten ein-
gefasst. Diess ist ein ausgezeichnet gütiges Geschenk.
Auch unsere Mägde bekamen eine Fortun, jede 12 Dukaten; das Trinkgeld war 50 Dukaten, 2 davon gab der
Caissier den Dienstboten wo er logierte. — Am Samstag
Morgen Schlag 7 Uhr reiste der Kaiser mit seinem Hof-
lager von uns weg nach Mümpelgard, und von da weiters; er gab uns noch die Hoffnung, dass er wiederkom-
men werde; der Papa und die Brüder begleiteten ihn
die Treppe hinunter und er war freundlich.

Sonntag 27. Februar. — Wir haben es immer
so gut gegen viele andere Leute, die nie von Einquartierung frei sind und zuweilen garstige bekommen, Offiziere voll Läuse, Soldaten desgleichen, oder Generalinen,
die Kindbetterinen werden, Fürstinen, die eine Menge
Prätentionen machen, die man auch nicht los werden
kann, oder andere Weiber etc. Heute hörte ich, dass

---

[1]) Ferdinand, damals Grossherzog und Kurfürst von Würzburg, früher und später Grossherzog von Toskana.

ein gemeiner Bürger schon 575 Soldaten gehabt hat, seitdem die Alliierten gekommen sind, und viele davon blieben ihm Wochen lang; da er sie aber nicht in seinem Häuschen haben kann, thut er sie an die Kost, und da zahlt man im Tag für einen Soldaten 20 bis 30 Batzen. Die unvermögenden Leute sind sehr zu bedauern, sie müssen sich ruinieren, besonders in Dörfern müssen sie zu Grunde gehen, die Menschen brauchen ihre kleine Habe und die Pferde ihr Korn ganz auf.

Montag Abend. — Es war heute ein ziemlich bunter Tag bei uns und in der Nacht fieng die Unruhe an. Gestern speiste unser Fürst von Rudolstadt bei uns mit seinem Vetter, dem Fürsten von Dessau, welchen Papa eingeladen hatte. Dieser ist ein feiner junger Prinz von 19 Jahren, gross und schlank gewachsen, mit einer schönen Gesichtsbildung. Sein Vetter ist ein Bär daneben, und weiss nicht so gut die Unterhaltung zu machen, doch scheint er ein guter Mensch zu sein. Peter [der Bruder der Schreiberin] war noch nicht zu Bett, als man an der Hausthür schellte; es war ein Einquartierungs-billet für den Fürsten von Hessen-Homburg, der gleich ankommen würde. Um $\frac{1}{2}$2 Uhr kamen seine 4 Adjutanten und Bedienten; nun war kein anderes Zimmer warm als unser Esssaal, in welchem, seit der Kaiser da war, ein Bett steht. Die Herren traten hinein, man gab ihnen zu essen und trinken, und 2 Matrazen zum Schlafen auf dem Boden. Sie sagten, ihr Fürst komme nicht gleich, er werde noch bei seinem Bruder in 3 Königen bleiben. Nun assen 3 Adjutanten bei uns zu Mittag, das währte bis gegen 4 Uhr; man sah es ihnen eigentlich nicht an, dass sie Grafen und Barone sind, doch waren sie artig und höflich. Zum Nachtessen haben wir noch 2 mehr, sie sagen, wo 4 sind, da könnten auch 5 sein, und wir müssen's so annehmen. Morgen zieht auch der

Prinz bei uns ein, er hat soeben mit seinem Bruder einen Besuch bei uns gemacht.

Montag 7. Merz. — Bei uns war es die Woche durch unruhig. Am Dienstag Morgen liess der Erbprinz sagen, er wolle mit seinem Bruder zu uns zum Mittagessen kommen. Sie erschienen nach 1 Uhr, wir setzten uns mit den 2 Prinzen und 3 Adjutanten zu Tische. Der 4te Adjutant ist der Graf v. Erbach, der hatte in der Nacht Blut gespien und befand sich sehr übel. Man holte den Doctor Laroche, welcher ihn jeden Tag besucht und ihm vielleicht noch eine Zeitlang nicht erlauben wird wegzureisen. Wir behalten ihn indess gern, er ist ein angenehmer, verständiger Mann von noch nicht 30 Jahren; er spricht viel, gut und mit Anstand. Seine Gemahlin ist eine Prinzessin von Hohenlohe, sie wohnen auf dem Schloss Fürstenau und sollen 30000 Unterthanen haben. Der Graf trägt das Porträt seiner Frau, von ihr selbst gemalt, an einer eisernen Kette; jetzt in dieser eisernen Zeit macht man von diesem Metall den Schmuck; die deutschen Frauen haben ihr Gold hergegeben, sie bilden Frauenvereine und arbeiten zum besten der Krieger, welchen sie das Geld so aus ihren Arbeiten gelöst wird nachschicken.

Donnerstag 24. März. — Freitag war ein Tag, an dem wir zu thun hatten. Der russische Commandant kam am Morgen um Quartier für die beiden Brüder von Kaiser Alexander zu machen.[1]) Das gab Geschichten. Die Mama hatte mit ihm gesprochen, er ritt unzufrieden weg. Dann kam nochmals sein Adjutant und musste dem Papa eine Stunde lang Bescheid geben, ihm die Namen der Generale, die mitkommen, angeben und das Arran-

[1]) Grossfürst Nikolaus, der spätere Kaiser, und Grossfürst Michael.

gement der Zimmer besehen. Der Commandant sollte
wieder kommen, er kam aber nicht; da gieng der Papa
zu ihm und fand ihn sehr unwillig. Er war eben beschäftigt, durch einen Courier dem russischen Kaiser
zu schreiben um sich zu beklagen: seine Brüder könnten
bei uns nicht aufgenommen werden. Er sagte zu Papa,
er sehe wohl, dass wir nicht gewohnt seien Fürsten zu
logieren. Das gab einen Wortwechsel. Der empfindliche
Commandant kam doch nachher und liess sich das Logis
gefallen; er ward geschmeidig und hiess den Papa mon
cher monsieur Vischer. Wir mussten den Saal und die
Schränke räumen und manche Betten für die Generale,
die Obersten und die Bedienten rüsten. Wir überliessen
ihnen beinahe das ganze erste Etage. — Unser Graf
v. Erbach, der schon die ganze Woche vom Abreisen
gesprochen hatte, war nun entschlossen am Samstag früh
abzureisen, so sehr ihn Papa zurückzuhalten suchte.
Allein er wollte fort; wir gaben ihm Kalbsbrachen,
Zunge, Äpfel und Brot auf die Reise, weil Alle, die aus
Frankreich zurückkommen, über Noth und Mangel klagen.
Er reiste nun um ½ 7 Uhr hier weg, und, man denke
sich die Bestürzung, eine Stunde nachher kam seine
Frau bei uns an. Sie hatte, sobald sie seinen letzten
Brief erhalten hatte, worin er ihr meldete, dass er noch
in Basel sei, sogleich einpacken lassen, am Donnerstag
früh reiste sie ab, Tag und Nacht fort 80 Stunden weit.
Allein in Freiburg hielt sie sich 2 Stunden auf, aus Discretion, um nicht des Nachts bei uns anzukommen, und
diese fatalen Stunden waren Schuld, dass sie den Grafen
nicht mehr antraf. Sie war beim Storchen abgestiegen
und kam zu Fuss mit ihrer Kammerfrau zu uns. Lux
empfieng sie und besorgte sogleich einen Courier, der
mit einer Staffette dem Eilenden nachflog. Indessen aber
konnte die gute Gräfin nicht ruhig bleiben, sie bat, man

möchte sie auch nachreisen lassen, damit sie ihren Mann
einholen könnte. Ich begleitete sie mit Peter zum Storchen; es wurden 4 Postpferde eingespannt, und die
Gräfin setzte sich mit ihrem Kammerdiener, der Kammerfrau und Peter, der ihr Cavalier sein wollte, in ihren
Wagen und fuhr schnell davon. Auf der 1ten Station in
Frankreich kam ihnen der Graf, der vom Courier war
eingeholt worden, schon entgegen, und um 12 Uhr sahen
wir sie zusammen bei uns. Es war gut, dass sie nicht
früher kamen, denn unser ganzes Haus war in Bewegung,
um uns für die Grossfürsten und ihr Gefolge einzurichten.
Ehe noch der Tisch aufgehoben war, brachte der Papa
viele Offiziere und eine Deputation vom Rath ins Zimmer, die da waren um die Prinzen zu empfangen. Sie
warteten bis es Nacht wurde und es kam Niemand. Auch
eine Compagnie Soldaten mussten 12 Stunden lang vor
dem Haus warten. Endlich kam das Train um 10 Uhr
Nachts an. Nun gieng es an ein Begehren: sie mussten
Service haben, Linge und Geschirr, auch Heu forderten
sie, als ob die jungen Grossfürsten darauf schlafen wollten, denn diesen beiden mussten wir keine Betten geben;
doch sollen sie Feldbettchen mitgebracht haben. Am
Sonntag war es wie eine Comödie in der Küche; es
konnte nicht genug Wasser kochen zu all dem Kaffe,
Thee etc.; immer erschienen wieder Bediente mit Silber-
geschirr, und wir hatten genug Frühstück zu besorgen:
ich war 3 Stunden in der Küche wie eine Kaffewirthin ...
Am Montag gieng der Papa mit den Grossfürsten ins
Panorama bei Hrn. Wocher; er meinte, unsere Gäste [Graf
v. Erbach und Frau] sollten auch hinkommen, allein sie
wollten sich nicht vor den Grossfürsten sehen lassen,
und gaben uns Etiquetten-Ursachen an ... Nach dem
Nachtessen trat ein Offizier herein und übergab dem
Papa im Namen der Grossfürsten ein écran; es war ein

ganz unerwartetes Geschenk von einem schönen Diamant-
ring. Lux ward auch heruntergerufen, und kam bald
nachher mit einer goldenen Tabatiere, die er zum Andenken erhielt. Er war viel mit den Grossfürsten, und
gieng mit ihnen aus; am Abend waren sie in der Comödie und gaben da 30 Dukaten, aber auch ihnen zu
Gefallen wurde da statt der Zauberflöte „die Schwestern
von Prag“ gegeben; es konnte nicht schön sein, denn
das Stück ist nur eine Farce, und die Truppe ist schlecht;
auch gehen diesen Winter beinahe keine Frauenzimmer
ins Theater, man überlässt es dem Militär. Die Grossfürsten reisten am Dienstag früh von hier ab; sie küssten den Papa wohl 6 Mal hinter einander, und waren
ganz charmant, höflich und artig. Zu Lux sagte einer
droben im Camin, wo der Wind um sie wehte: est-ce que
vous permettez Monsieur que je mette mon bonnet? si
vous ne voulez pas le prendre en mal. Auch wollten
sie keine Ehrenbezeugungen annehmen und sagten zu
Lux: je vous prie bien Monsieur ne nous dites pas Monseigneur, nous ne sommes ici que les comtes de Romanoff.
Nachdem diese vornehmen Personen uns verlassen hatten,
blieben uns ausser dem Grafen und seiner Gemahlin
noch die beiden Herren Lieferanten, Hr. v. Lamelsfeld
aus Prag und Hr. Hesse ... Die Fürstin zeigt sich in
Allem sehr gefällig, auch darin, dass sie hier von Recco[1])
ihr Porträt machen lässt, weil ihr Mann sie· so sehr
darum plagte.

Montag 28. Merz. — Am Samstag wurden uns
wieder die Grossfürsten angesagt, die aus Frankreich
zurückkämen, weil da nicht zu reisen sei; es wurde auf
sie geschossen und sah überall schrecklich aus; sie muss-

---

[1]) Peter Recco von Amsterdam, ein damals beliebter Porträt-
maler.

ten ein Paar Stunden im tiefsten Koth gehen, dieweil
der Wagen mit 13 Pferden beinahe nicht konnte weg-
gezogen werden. Der ältere Grossfürst Nikolaus hat
einen bösen Fuss und hinkt ein wenig. Nun sind sie
wieder bei uns, wir mussten uns zum 2ten Mal für sie
einrichten, sie kamen Samstag Nachts um 3 Uhr an…
Am Abend giengen die Grossfürsten ins Conzert der
Mme Hofmann,[1]) welche 25 Dukaten von ihnen bekam:
unsere Prinzessin wollte nicht hingehen, sie verlangt
nichts Anderes als den Abend mit uns allein zuzubringen:
sie ist eine allerliebste Frau.

Dienstag 5. April. — Heute vor 8 Tagen hatten
wir Soirée bei uns; die beiden Grossfürsten waren da
und ihre Generale, Obristen, Adjutanten. Der Graf und
die Gräfin hatten keine Freude daran, sie lieben die
militärischen Gesellschaften nicht, und die Östreicher
und Russen vertragen sich nicht gut zusammen. Heute
Abend haben wir die Leute wieder; der alte Hr. General
Lamsdorf, Gouverneur der Prinzen, und der Doktor Kul
haben gezeigt, dass sie gerne kommen; nur haben wir
andere Frauenzimmer eingeladen. Allein die Grossfürsten
dürfen nicht, weil es Charwoche ist, da sollen sie an
keine Zerstreuungen und Lustbarkeiten denken. Sie
wohnen jeden Tag dem Gottesdienst bei, welcher drunten
in unserem Musiksaal gehalten wird; am Morgen ist
Messe und Abends Vesper. Wir können auch hinein-
gehen, und es kommen andere Leute, die es interessiert.
Letzten Mittwoch war der letzte Tag, den wir mit dem
Hrn. Graf und seiner Frau zubrachten. Sie nahmen sehr
freundschaftlich von uns Abschied. Der Graf geht nach
Lyon zu dem Prinzen von Hessen-Homburg … Heute

---

[1]) Schwester des Musikdirektors Johann Tollmann, Conzert-
sängerin.

Morgen ward eine bedeutende Redoute von den Allierten genommen, ein alter Thurm zwischen Hüningen und Basel, wo sich die Franzosen behaupteten, obgleich er ihnen schon ein paar Mal genommen war. Es hiess schon öfter, er werde nun bestürmt werden; endlich diesen Morgen nach 5 Uhr wurde er attakiert. Ich sah, wie fürchterlich von allen Seiten darauf los gefeuert wurde; es entstund ein rother Rauch um den Thurm und einen Augenblick hernach war er umgestürzt.

Mittwoch 6. April. — Heute sah ich grosse Freude. Es ist eine Proklamation von Paris gekommen von Kaiser Alexander, der am 31. Merz in diese Hauptstadt eingerückt ist. Als die gute Nachricht ankam, gab es unter den Russen die herzlichsten Umarmungen. Der Grossfürst Niklaus gieng hinaus und küsste alle seine Leute, jeden Bedienten und den kleinen komischen Kaffeschenk; dieser kam auch auf Peter zu ihn zu küssen, und sagte ganz treuherzig: Mosie Mosie se vous félicite. Diess sagten sie Alle, sie warteten nicht bis man ihnen Glück wünsche, sondern sie riefen uns zu je vous félicite. Die Prinzen zeigten die grösste Freude und zerdrückten auch den Papa fast mit Küssen.

Mittwoch 13. April. — Samstags (vor Ostern) war der Gottesdienst der Grossfürsten besonders bedeutend. Hätten sie Alles gehabt, was zu ihren Ceremonien gehört, so wäre die Begräbniss des Heilands gehalten worden. Die Messe fing Nachts an, um Mitternacht wohnten ihr die Grossfürsten und Offiziere bei, sie hatten diess Mal über ihre einfachen Uniformen eine Escharpe und Ordenszeichen; auch die Russinen waren in festlichen Kleidern; alle hielten brennende Wachskerzen in der Hand; die 3 Sänger sangen beinahe immer ihr hospoli, poli; [1]) es

---

[1]) Die Schreiberin verstand nicht Russisch; es sollte heissen: gosnodi pomilui = domine miserere.

währte bis um 2 Uhr; am Ende küssten sie sich, die
Grossfürsten thaten es mit allen ihren Leuten; sie wollten
den Fürstinen Wolkonsky die Hand küssen, diese küssten
aber die Grossfürsten ins Gesicht. Nun war die Fastenzeit
vorbei; es wurden Speisen heruntergebracht, Osterkuchen
und ein Ziegenkäs; diese bespritzte der Pope mit seinem
Weihwasser, und dann trug man es wieder hinauf zum
Essen der Prinzen. —

Der grosse hiesige Wagen, in welchem jährlich ein
Dutzend Künstler von hier nach Zofingen fahren, und
noch eine Chaise stunden vor dem Haus.[1]) In der Chaise
mit 4 Postpferden fuhren die Prinzen, ihr Gouverneur
Lamsdorf und General Canovizi; in dem Wagen sassen 10
Herren, er war mit 8 Pferden bespannt. Sie bestimmten
ihre Rückreise auf gestern, allein sie kamen erst heute
Mittag um 1/2 1 Uhr wieder. Sie kamen in Zürich Montag Abends um 9 Uhr an; Lux war vorausgefahren um
Quartier zu bestellen, allein alle Wirthshäuser waren
angefüllt; die Herren von der Tagsatzung logieren darin;
endlich wurde beim Raben den Grossfürsten ein Zimmer
geräumt..... Beide Schwäger (David Hess und Escher)
wurden zum Mittagessen mit den Prinzen eingeladen,
welche sich sehr artig gegen sie betrugen. Sie liessen
sich zur Wittwe des berühmten Gesner führen und
küssten ihr die Hand; sie informierten sich, in was für
Vermögensumständen sie sich befinde, und als man
ihnen sagte, in beschränkten, so hatten sie die Delika-
tesse ihr ein Exemplar ihrer Idyllen abzunehmen, um
ihr dafür 50 Dukaten schicken zu können. Gegen den
Abend reisten sie nach Brugg; das Incognito der Gross-

---

[1]) Zu einem Ausflug der Grossfürsten nach Schaffhausen
und Zürich, wozu auch Hr. Vischer und sein Sohn Lux eingeladen
wurden.

fürsten und ihr Neglige erlaubten den Prinzen nicht,
sich von Hrn. Capo d'Istria zu einem grossen Essen und
Ball einladen zu lassen, den die Stadt mit einer schönen
Illumination zu Ehren des Sieges der Allierten gab. —
Nun noch Etwas von Hüningen. Man hat sich letzte
Woche sehr damit beschäftigt und es wurde viel geschossen. Am h. Ostertag früh sollte das Bombardement
angehen. Man musste erwarten, es würde so stark sein,
dass es nöthig sei die Fenster in der St. Johannvorstadt
auszuheben, damit sie nicht zerschmettern, und man
werde im Gottesdienst sehr gestört werden. Aber Gottlob,
man blieb ruhig; es wurde ein 8 tägiger Waffenstillstand
geschlossen, damit die Franzosen einen Courier nach
Paris schicken könnten, um ihr Verhalten darnach zu
richten; denn nun, da Napoleon gestürzt ist und Louis
18 anerkannt, so hören die Feindseligkeiten auf. Anstatt dem Schiessen von Weitem zuzuschen, gieng am
Sonntag Nachmittag eine Menge gegen Hüningen spa-
zieren, und die Franzosen kamen aus der Festung und
sprachen mit den Deutschen. Aber es gab noch eine
böse Nacht. Am Montag um 10 Uhr Abends hörten
wir ganz unerwartet stark schiessen, und bald flogen
eine Menge Bomben und Haubitzen durch die Luft.
Noch nie hatten sie so fürchterlich kanoniert und mit
Flinten geschossen; es brannte in Hüningen, wurde aber
bald gelöscht. Die Franzosen fiengen das Schiessen an,
weil die Deutschen fortarbeiteten, anstatt während dem
Waffenstillstand aufzuhören.

Samstag 16. April. — Jetzt hat sich Hüningen
ergeben. Gestern Abend erhielten unsere Grossfürsten
den Bericht, und heute Morgen hielten sie ihren Einzug
in der Festung. Der bairische General Zoller holte sie
ab; sie ritten mit einer Cavalcade von Russen, Öst-
reichern und Baiern. Papa war auch dort und besuchte

den guten Hrn. Sartory, der ihm erzählte, wie es ihnen
ergangen; ihm blieb noch mit seiner Frau und 2 Kindern 1 ½ Sack Mehl und 2 Hühner; Mancher hungerte;
die Garnison war noch 1800 Mann stark; diesen Morgen
füllten sie wieder ihre leeren Mägen.

Montag 25. April. — Am Dienstag vernahmen
wir, die Grossfürsten hätten einen Courier bekommen
und würden am Donnerstag nach Paris abreisen. Man
proponierte ihnen, den Abend zum letzten Mal bei uns
zuzubringen, und alle die Herren schienen es gern zu
thun. Am folgenden Abend sollte ein Concert sein, das
ein Preusse Namens König zum Besten der verwundeten
Preussen, die in Neuchâtel in Spitälern liegen, veranstaltete. Für diesen schönen Zweck interessierten sich viele
gute Leute; wer konnte trug seine Talente bei. Herr
Prof. Rössel gab sich Mühe die Sache zu betreiben, er
besorgte Vieles und war selbst an der Casse um einzunehmen. Jgfr. Haas sang zuerst mit Hrn. Legrand und
dann mit Pauline Streckeisen ein Duo, am Ende hatte
sie noch die Hauptstimme beim Schlusschor. Henriette
Passavant[1]) spielte zum Entzücken Clavier. Es gieng
Alles gut, besonders auch die Einnahme, welches uns
Hr. Professor mit Freuden erzählte; er erhielt beinahe
600 Fr., wovon er nach Abzug der Kosten Hemden und
Strümpfe kauft, und die nothwendigen Bedürfnisse unter
seine lieben Preussen vertheilt, etwa 33 an der Zahl.
Die Grossfürsten gaben 20 Dukaten, ein hiesiger Ungenannter schickte 6 Ld'ors, ein Jude gab 1 Dukaten;
Offiziere, die nicht ins Conzert kommen konnten, gaben
doch ihren Beitrag ... Ich kehre zum Dienstag zurück,
der mir noch manches zu sagen gibt. Jungfrau Haas,
Pauline Streckeisen und Lina VonderMühll waren aus

---

[1]) Die spätere Frau von Peter Vischer.

der Probe vom Conzert mit Lotte[1]) zu uns gekommen.
Nun wurde wieder gesungen und gespielt, nachher ein
wenig getanzt. Die Grossfürsten waren Zuschauer, und
suchten immer den Papa zu engagieren auch zu tanzen.
Besonders trieben sie an Hrn. Rodzianko, dem fetten
Adjutanten, er möchte uns einen russischen Tanz zeigen.
Er entschuldigte sich, es sei nicht genug Platz im Zimmer, endlich aber fuhr er los und tanzte uns ein Pröb-
chen. Dieser Russe ist aus der Krim, er soll jährlich
50,000 Rubel Einkünfte haben, er singt, spielt Guitare,
Clavier und Violin; er scheint bei den Anderen sehr beliebt zu sein, spricht viel und giebt sich für melancho-
lisch und unglücklich aus. Als man nach dem Tanzen
im Nebenzimmer etwas ass und trank, standen da die
beiden Grossfürsten, welche die Zwangsetikette nicht
erlaubt mit zu geniessen; Lotte und ich sprachen eine
Zeitlang mit ihnen, sie erzählten uns von Petersburg,
wovon sie sehr eingenommen sind. Nachher gieng ihr
Gouverneur hinunter; jetzt waren sie schon ungenierter
und durften sitzen. Der Papa proponierte des petits
jeux, man spielte den Mufti und das Toilettenspiel. Dann
wurden Pfänder gelöst; der Prinz Nikolaus gab seine
beiden Epauletten her und sagte: me voilà dégradé
entièrement. Um sie zu lösen, musste er auf einem
Bein im Zirkel herumhüpfen, und sein Testament machen,
wobei er vor der Mama auf die Kniee niederfiel und
den Kopf auf ihren Schoss beugte. Da er sagen musste,
was das künftige Pfand thun soll, so gab er an: si c'est
un cavalier, il doit baiser la main à toutes les dames,
si c'est une demoiselle, elle doit faire la révérence à la
compagnie. Prinz Michel musste ein Proverb sagen und
rief: il ne fait pas toujours bon de dire la vérité; er

---

[1]) Schwester der Schreiberin, später Frau His.

machte seinen Bruder auf einem Bein gehen, und dieser
hingegen sagte das zweite Mal, man müsse auf den
Knieen gehn; diess traf den guten Doktor Khülle, der
es befolgte; er hatte die Pfänder auf dem Schoss, und
als er das letzte zog, sagte er qu'il faut prendre congé;
es war Zeit dazu, die Gesellschaft verliess uns um ¹/₂12
Uhr. Am Donnerstag Morgen um 8 Uhr reisten sie
freundschaftlich ab; sie gaben den Mägden nur 8 Dukaten, das erste Mal hatten sie 4 Dukaten gegeben. Sie
machten uns eine Leere im Haus, und besonders am
Donnerstag, da ausser mir Alle ausgiengen, war es so
stille, man hörte nichts als das Geräusch vom Fegen;
zu putzen giebt es genug, und zum aufwischen ganze
Schaufeln voll.

Freitag 29. April. — Wir sind froh, wenn das
Wetter sich ändert, bis die französische Kaiserin kommt,
welche wir am Sonntag oder Montag erwarten. Man hat
uns noch nichts Bestimmtes angesagt, keine Quartier-
meister sind gekommen; nur bekamen wir gestern eine
Liste von ihrem Zug, es stehen 14 Equipagen darauf
mit 96 Pferden; ihr Gefolge besteht aus Franzosen,
welche sie bis nach Wien begleiten. Die arme Marie
Luise macht eine traurige Reise.

Sonntag 1. Mai. — Papa und Mama passen schon
den ganzen Tag auf die Quartiermacher der Kaiserin;
man wusste gestern noch nicht, ob sie schon heute an-
lange, die Mama liess vergebens 5 Zimmer heizen. Eben
hören wir, es sei ein Courier angekommen mit der Nachricht, morgen um 6 Uhr komme das 1ᵗᵉ Service der
Kaiserin an, und dann schicke man ihr die Postpferde
um sie hieher zu holen. Das wird ein Wesen sein. Das
hiesige Militär und die Musik gehn ihr entgegen; alle
Leute möchten sie sehen, man wird uns ins Haus strömen.
Abends soll illuminiert werden; über diese Ehrenbezeu-

gung, die auch eine Freudenbezeugung bedeutet, verwundert man sich beim Empfang einer unglücklichen abgesetzten Kaiserin. Es wurde nicht illuminiert.

Mittwoch 4. Mai. — Nun ist wieder etwas Geräuschvolles vorbeigegangen, und wir sind froh, dass es nicht länger währte. Wir haben nun genug gesehen, was Höfe sind und was sie mit sich führen. Diese Marie Luise flösst mir nicht den geringsten Enthusiasmus ein und auch nicht viel Bedauern. Ich meine, an Geist und Liebenswürdigkeit könnte sie der verstorbenen Königin Louise von Preussen nicht das Wasser reichen; doch kann ich glauben, dass sie auch gut ist, und sie hat etwas Sanftes im Gesicht, eine Ähnlichkeit mit der gutmüthigen Physionomie ihres Vaters. Man sprach viel von ihrem Stolz, welcher vielleicht nicht einmal in ihrem Charakter liegt; sie scheint etwas Schüchternes zu haben und hat nicht die französische Vivacität. Hätte sie mehr Verstand, so könnte sie vielleicht eine schönere Rolle spielen, ich will das sagen: sie würde besser einsehen, was ihr Mann ist, was für gute Zwecke ihren Vater leiteten und sich mit den Herzogthümern Parma und Piacenza begnügen, um dort als gute Fürstin zu regieren. Aber wenn man die Französinen räsonieren hört, die sie umgeben, so wird man ärgerlich und kann denken, dass sie sich von ihnen inspirieren lässt; da schelten sie den guten Kaiser Franz, dass er gekommen sei das Glück seiner Tochter zu stören: elle vivait si bien avec l'empereur, il n'aimait que sa femme et chérissait son enfant, ah mon dieu que ce prince est à plaindre de n'être plus en France et l'impératrice d'avoir perdu le throne, pensez donc impératrice de France et reine d'Italie! Elle est folle de Napoléon, elle aurait bien voulu le suivre dans l'île d'Elbe, si son père ne l'eût retenue pour faire le sort de son fils, mais elle écrit à l'empereur Napoléon; oh c'est un grand homme, il n'avait qu'un seul défaut, celui d'aimer un peu trop la guerre. Am Montag Morgen um 5 Uhr kam der Marquis de Bausset, welcher sich sogleich im ganzen Hause umsah und über Alles disponierte. Er logierte die Kaiserin in das Zimmer, wo ihr Vater war, daneben hatte sie la salle, und im dritten speiste sie. Er litt es absolut nicht, dass Papa im kleinen Cabinet blieb, das er beim Kaiser bezogen hatte, es schicke sich nicht à côté de l'appartement de l'impératrice. Der Papa wehrte sich, musste aber doch dem arroganten Franzosen nachgeben und aus dem Cabinetchen ziehen, in welchem dann eine femme de chambre schlief. Unten logierte der König von Rom, oder nun prince de Parme, und daneben die duchesse de Montebello im rothen Zimmer, im Eckzimmer die comtesse de Brignolet, in den 3 kleinen Stübchen Kammerfrauen, und in den entresols und sonst wo Platz war die Bedienten. Um 6 Uhr kam die erste Bedienung der Kaiserin. Wir sahen gleich, dass der französische Hof uns nicht angenehmer sein werde als der deutsche und russische. Diesen süffisanten Leuten ist nichts schön genug, sie fordern Alles mit hauteur et prétention, ohne zu danken, und geben sich airs; und natürlich da ihnen Paris und Napoleon Alles gilt, weil sie immer nur in Paris geathmet und gelebt haben, so bekommt die Kaiserin von ihnen keine Eingebungen, die ihr nützlich sind. Jetzt ist sie noch mit lauter französischen Personages umgeben, die sagen, sie werden bei ihr bleiben; aber hoffentlich wird es sich in der Folge ändern. Zuerst hiess es am Montag, die Majestät werde Nachmittags um 4 Uhr ankommen, allein es geschah erst zwischen 6 und 7 Uhr; es waren viele Leute da um sie zu sehen. Zwar hatten die Schildwachen Ordre die Leute nicht hinein zu lassen, und der

Baron de Bausset wollte nicht, dass Jemand nahe bei ihrem passage stehe. Man war an den Fenstern, die in den Hof gehen. Endlich kam sie in einem grossen Hut, dass beinahe Niemand ihr Gesicht sehen konnte; die Montebello ebenso. Dann waren die Augen auf den kleinen König gerichtet, der ein schönes Kind ist und gross für seine drei Jahre; man sah ihn nachher noch zu seiner Mutter hinaufführen, und so gieng der Tag vorbei. Gestern war wieder die gleiche Zerstreuung: wir durften am Morgen um 10 Uhr zum Prinzen in den Saal gehen; er war artig und musste auf das Geheiss seiner Gouvernante, der comtesse de Montesquiou, uns den Hut abziehen und das Compliment machen. Es kamen viele hiesige Frauenzimmer hinein ihn zu sehen; denn schon waren wieder die Leute da zu sehen, wenn die Kaiserin einsteige um nach Arlesheim zu fahren .... Die Frauen der Kaiserin sagten uns, wir könnten ihr einen Besuch machen, wenn wir sie darum anfragen liessen; der Papa war gestern Morgen schon bei ihr, und am Abend wollte sie mit ihm ins Kamin gehen. Die comtesse Brignolet machte der Mama eine Visite und sagte, wir könnten heute Morgen zur Kaiserin gehen, um 9 Uhr wolle sie abreisen. Wir machten also früh unsere Toilette, ich liess mir von Susanne die Haare raufen, um sie oben auf dem Kopf à la chinoise zusammen zu drehen, und so warteten wir bis gegen 10 Uhr, da der huissier kam uns zu holen. Ungefähr 2 Minuten mochten wir vor der Kaiserin stehen; sie liess sich von Papa sagen, wie gross seine Familie sei, wo die Verheiratheten und Fritz[1]) sind, und antwortete: · oui, mon père m'a beaucoup parlé de vous, il était à merveille chez vous, vous avez une vaste maison, je crois que nous

---

[1]) Ein in Lissabon etablierter Bruder der Schreiberin.

aurons aujourd'hui beau temps, und damit war's gethan.
Wir zogen wieder ab, wie wir gekommen waren. Die
Kaiserin verreiste um ¼ 11 Uhr, nachdem sie noch ein
wenig dem Bildhauer Christen gesessen war. Es waren
eine Menge Leute da um sie zu sehen; viele Frauenzimmer wagten sich zum kleinen König hinein, der
immer schrie il faut partir, il faut partir. In der Küche
gab es L. 500 Trinkgeld. Da unsere Joncsessel den
Damen nicht behaglich waren, so verschaffte uns Hr.
Präsident VonderMühll zwei seidene Ameublement von
der Post, auch lieh er uns von seinem Tischplunder,
denn wir konnten nicht genug hergeben.

Sonntag 5. Juni. — Heute, hiess es, solle der
östreichische Kaiser hier ankommen; es schien so viel
als gewiss, und wir zogen gestern wieder aus unserem
Esssaal in das Flügelgemach und in die hintere Küche.
Indessen rüstete man in der Stadt die Anstalten zu einer
Illumination, und auf der Rheinbrücke wurde diesen
Morgen ein Triumphbogen aufgerichtet; aber nachher
ward ausgetrommelt, die Illumination solle nicht statt-
haben, bis die bestimmte Zeit wieder angezeigt werde
durch den Tambour. Graf Wrbna liess vor 8 Tagen
dem Papa durch den Rittmeister Volkart, der als Courier zurück nach Wien reiste, sehr freundlich sagen, er
würde ihm gern den bestimmten Tag der Ankunft des
Kaisers bei uns zu wissen thun, wenn es ihm möglich
wäre.

[Die folgenden Einträge des Tagebuchs sind in Zürich geschrieben, wo die Verfasserin für einige Wochen im Beckenhof
bei David Hess, ihrem Schwager, auf Besuch war.]

Zürich, Montag 13. Juni... — Montag vor
acht Tagen war ein bedeutender Tag; der östreichische
Kaiser kam Nachmittags 4 Uhr bei uns an. Viele warteten auf ihn, Gesandtschaften und Besuche. Er liess

sie vor sich kommen und setzte sich erst nachher mit
etwa 14 Personen an die Tafel. Es kamen viele Leute
ihm zuzuschen, man trat bis unter die Thüren; der erste
Kammerdiener sagte, sein Kaiser leide Alles in Basel.
So liess er auch den Papa eine Stunde lang bei ihm sein
und sprach allerlei mit ihm; es war gegen 9. Uhr, der
Kaiser ass sein Abendsüppchen. Da fieng die Illumination der Stadt an. Aus Güte gieng der Kaiser aus sie
zu besehen; der Papa und Graf Wrbna begleiteten ihn,
sie kamen gleich in ein grosses Gedränge von Menschen;
sie schrieen laut: es lebe der Kaiser, vivat der Friedens-
stifter! Auf dem Münsterplatz waren Transparents, ein
Obelisk mit dem F und eine Galerie von Lämpchen.
Das kleine Basel hatte seine Illumination auf der Rheinbrücke in einem schönen Triumphbogen aufgestellt, welcher am folgenden Morgen mit grünen Zweigen und
Kränzen umwunden war, als der Kaiser dadurch fuhr.
Im grossen Basel waren an vielen Häusern Transparents
mit ehrenden Inschriften oder der Chiffre des Kaisers;
er selbst sah die wenigsten, denn Papa wollte ihm nicht
zumuthen, durch alle Gassen zu gehen, da er von der
Reise ermüdet sein konnte. Er reiste am Dienstag Morgen vor 6 Uhr weg und soll den 16ten seinen Einzug
in Wien halten, wo er mit Jubel und Ungeduld erwartet wird von seinem Volk, das ihn sehr verehrt. Er
hat dem Papa versprochen, ihm sein Porträt zu schicken
und ihn gefragt, wie er es haben wolle, in Öl, in Minia-
tur oder en buste. Der Papa überliess es seinem eigenen
gnädigen Gutdünken und freut sich nun in der Erwartung desselben.

Zürich 23. Juni. -- Papa schrieb, es sei gut,
dass ich und Lotte nicht da seien, wir hätten nicht Platz
bei Tisch; seit 10 Tagen haben sie so starke Einquartierung, dass sie öfter 16 — 20 Personen an der Tafel

gewesen seien. Am Montag den 13ten kam der Erbprinz
von Hessen-Homburg mit 6 Adjutanten und ebenso viel
Bedienten; er brachte seinen Koch mit, nahm aber gern
das Essen bei uns an und blieb 3 Tage; dann reiste er
fort und liess seine Leute zurück. Es kommen auch
immer andere Offiziere zu Gast, die es in ihren Quar-
tieren nicht so gut hatten und sich bei uns amüsierten.
Es wurde alle Tage getanzt; der Prinz liess durch seinen
Sekretär aufspielen und tanzte mit der Mama ein Menuet
und einen polnischen Tanz, dann mit Julie und Emma
[Schwester der Schreiberin, später Frau Passavant]. Der
Papa liess sich engagieren in seinen Pantoffeln auch zu
tanzen. Ein anderer Offizier machte ungarische Sprünge.
Der Bruder von unserem Graf Erbach kam auch einige
Mal zum Essen. Der Prinz Philipp von Hessen-Homburg
wollte auch zu uns kommen; der Mama war es aber so
entsetzlich noch diesen embarras zu haben, dass sie das
Billet nicht annehmen wollte; man liess es unserem Nach-
bar zukommen; allein als der Prinz ankam, mochte er
den Abschlag gezürnt haben, er wollte nun auch nicht
zu Hrn. Bachofen, sondern stieg im Wirthshaus ab und
verreiste bald wieder; sein Adjutant sagte, er habe 5
Tage bei uns bleiben wollen.

Zürich, Samstag 2. Juli. — Als die Adjutan-
ten des Prinzen von Hessen-Homburg, welche mehrere
Tage bei uns waren, verreisten, liessen sie eine grosse
Leere zurück. Unsere Herren Kriegskommissarien Hr. v.
Rheinwetter und Wittmann sollten den gleichen Tag
einquartiert werden, allein sie forderten ein anderes
Billet, um uns nicht zu genieren. Dafür gab man uns
pour la cloture einen Obrist-Wachtmeister, einen Haupt-
mann und 6 Bediente, worunter zwei gar nicht üble
Weiber sollen gewesen sein. Anfangs dieses Monats

reiste der Commandant Taxis von Basel ab und das
Einquartierungsbureau wurde geschlossen.

————————

Hier enden die Notizen des Tagebuches, so weit
sie den Durchmarsch der Allierten betreffen. Es ist noch
weiter **geführt** bis zum 27. Nov. 1814, dem Vorabend
der Hochzeit der Schreiberin.

Die Erneuerung der Universität zu Basel in den Jahren 1529—1539.

~~~~~~

Von

Th. Burckhardt - Biedermann.

~~~~~~

.

Was ich hier über die Geschichte der Basler Universität mitteile, sind nur Ergänzungen zu der trefflichen Arbeit von Rudolf Thommen (Geschichte der Universität Basel 1532—1632, Basel 1889). Bei der Bearbeitung von Bonifacius Amerbach's Briefwechsel, so weit derselbe seine Stellung zur Reformation betrifft, und sonst in Amerbach'schen Papieren fand ich einige Notizen und Actenstücke, die dem Bearbeiter eines grössern Abschnittes der Universitätsgeschichte unbekannt waren. Diese Unbekanntschaft ist um so verzeihlicher, als es sich grossenteils um schlecht geschriebene Concepte und zerstreute Blätter handelt, welche nur eine längere specielle Beschäftigung mit dem Einzelnen lesbar und verwendbar machen konnte. Ausserdem hat die im Stillen fortschreitende, aber äusserst dankenswerte Neuordnung der einschlagenden Teile des Staatsarchivs manches Neue zu Tage gefördert. So wirft das neue Material einiges neue Licht auf diejenigen zehn Jahre, während deren eine Neugestaltung der Hochschule sich vollzog; und da gerade über diese wichtige Uebergangsperiode das Actenmaterial lückenhaft ist, was auch Thommen beklagt, so müssen wir selbst für solche Nachrichten dankbar sein, die an und für sich nur Unbedeutendes berichten.

I. Die Zeit des Interregnums von 1529—1532.

Als der Sturm der Reformation in alle staatlichen
und kirchlichen Verhältnisse zu Basel einbrach, im
Februar 1529, und die Reformationsordnung vom 1.
April 1529 herbeiführte, da gieng mit der Universität
eine völlige Umgestaltung vor sich. Es ist hier nicht
auszuführen, was Thommen klar und zutreffend dargestellt hat, wie diese zuvor unter dem Pabste stehende
Anstalt viele ihrer alten Privilegien verlor und aus
einer dem Staate gewissermassen beigeordneten von nun
an eine demselben untergeordnete Stellung erhielt. Da
mit der Durchführung der Reformation der gröste Teil
ihrer Glieder, Professoren wie Studenten, Basel verliessen, so legte der Staat auf ihre Insignien und ihr
Inventar Beschlag: am 1. Juni nahm er Scepter, Siegel,
Bücher und das kleine Baarvermögen zu Handen. [1]
Allein die Absicht des Rates war es nie, die
Universität der Vaterstadt eingehen zu lassen: sie sollte
vielmehr als eine bisher dem neuen Geist widerstrebende,
zu einer ihm dienenden umgewandelt und mit der Erneuerung gehoben werden. Es gilt vollkommen der
Satz, womit Vischer seine Universitätsgeschichte (1460
—1529) S. 261 schliesst: „Die Reformation wollte nicht
zerstören, sondern auf festern Grundlagen und in reinerm
Geiste aufbauen, was im Laufe der Zeit nach der Natur
der menschlichen Dinge morsch geworden war". Daher
spricht die Reformationsordnung vom 1. April 1529 im
zwanzigsten Artikel die bestimmte Absicht des Rates
aus „die Schulen für die Jugend, auch unsere Univer-

---

[1] Der erste, nicht der 14. Juni ist das Datum der Be-
schlagnahme, wie aus dem Actenstück bei Thommen S. 7 hervorgeht. Es ist darnach S. 6 und 8 zu corrigieren.

sität, mit guten gelehrten Schulmeistern und Professoribus, nicht allein in lateinischer, sondern auch in griechischer und hebräischer Sprache dermassen geschicklich anzurichten, dass die Jungen und Betagten dadurch kunstreich, zu christlichen Tugenden und zu Vorstehern der Gemeinde gepflanzt und gezogen werden mögen". Und wenn hier mehr nur die Heranbildung künftiger Theologen „zu Verkündung des göttlichen Wortes" ins Auge gefasst ist, so sucht das bald darauf an den Rat gerichtete Gutachten, das wahrscheinlich, wiewohl nicht gewiss von Oekolampad herrührt, [1]) für die g a n z e Universität und die auf sie vorbereitenden Lateinschulen eine Ordnung festzusetzen.

Uebrigens schreibt sich die Absicht des Rates, die Universität zu bessern, schon aus früherer Zeit her. Schon zum Jahr 1523 berichtet die Karthäuser Chronik: [2]) „damals begann man in den drei Sprachen zu lesen, d. h. Oekolampad und Pellican". Es geschah, nachdem der Rat vier römisch gesinnten Professoren die Besoldung entzogen hatte, um Oekolampad und Pellican für die Theologie anzustellen. Und frohlockend erzählt Bonif. Amerbach seinem Freunde Montaigne in Avignon im Sommer 1525: „man errichtet öffentliche Vorlesungen in den drei Sprachen Griechisch, Hebräisch und Latein, sowie in allen Disciplinen, besonders den theologischen".[3]) Und kurz vor der Katastrophe des alten Wesens meldet Oekolampad an Melanchthon am 31. März 1528: ausserdem dass das zwiespältige Predigen beseitigt sei und der Rat an ein christliches Leben seiner Bürgerschaft alle Mühe setze, „sei er auch bemüht die Universität

---

[1]) T h o m m e n S. 301 ff. mit der Beurteilung S. 309 ff.
[2]) Basler Chroniken, Bd. I S. 386.
[3]) Bonif. Amerbach und die Reformation, S. 174.

zu erneuern und Wissenschaft und Frömmigkeit zu
pflanzen". [1]) Und gleichzeitig mit der Nachricht über die
Veröffentlichung der Reformationsordnung, in welcher
der Kleine Rat eine Erneuerung der Universität verspreche, lässt Oekolampad seinen Freund Zwingli anfragen, was in Zürich in dieser Hinsicht Brauch sei,
und was er für Basel rate, damit doch endlich das
citle Geschwätz beseitigt werde, als ob wir Feinde der
guten Künste seien; „denn auch wir wissen, dass die
Wissenschaften Geschenke Gottes sind". [2]) Sofort bemühte
sich der Reformator auch, im Einverständniss oder aus
Auftrag des Rates, geeignete Männer an die Lehrstellen
zu berufen. Zuerst war es Simon Grynaeus, den er trotz
den anfänglichen Bedenklichkeiten desselben überredete
die Professur der griechischen Sprache anzunehmen.
„Die Hochschule (gymnasium literarium) — so schreibt
er an ihn nach Heidelberg am 29. März 1529 [3]) — wurde
bisher vernachlässigt, jetzt gedenken wir sie nicht nur
zu erneuern, sondern in Glanz zu bringen und wünschen
Frömmigkeit und Wissenschaften zu pflanzen. Deswegen
rufen wir gute und gelehrte Leute, so viele wir erhalten
können, herbei und laden sie zu uns ein; wir haben
die Absicht ordentliche Kosten in keiner Hinsicht zu

---

[1]) Oecol. et Zwinglii epistolæ (1536) S. 122 B: laborant
item, ut gymnasium instaurent literæque bonæ cum pietate plan-
tentur.

[2]) Zwinglii epist. VIII S. 274, 1. April 1529. — Eine andere Aeusserung: Oecol. an Vadian 29. April 1529, in Oec. et
Zwinglii epp. S. 198 D., lautet ähnlich, klagt aber über „seculi
nostri calamitas, quo auditorum non minor quam doctorum raritas".

[3]) Simonis Grynæi epistolæ, ed. Guil. Theod. Streuber
(Basel 1847) N⁰ 27; vgl. die auf die Berufung bezügliche Correspondenz, ebenda N⁰ 28—30 und Streuber im Basler Taschen-
buch auf 1853, S. 19 ff.

sparen, sondern die Leute mit angemessenen Besoldungen willig zu machen". Am 8. Mai erfolgte die Berufung des Rates unter Versprechung eines ansehnlichen Honorars und einer Wohnung; die Schulden, die auf Grynaeus lasteten, bezahlte ihm der Rat mit 50 Gulden. Und da der Eingeladene Lust bezeugte sich künftig der Medicin zuzuwenden, stellt ihm Oekolampad auch diese Beschäftigung für später in Aussicht; er könne dann Galen oder Hippokrates erklären oder einen andern Griechen. „Denn so wünschen wir diese Professur einzurichten". Ueberhaupt sollte Grynaeus die Neuordnung der ganzen Universität beraten helfen. „Die Arbeit wird nicht auf dir allein lasten, schreibt Oekolampad, wir werden auch andere Collegen in ordentlicher Zahl anstellen". Der Gerufene kam wirklich und las sofort, im Sommer 1529, Aristoteles Rhetorica ad Theodectem „mit wunderbarer Geschicklichkeit", wie Oekolampad an Zwingli zum 3. Juli berichtet.[1] Nur war die Universitätsordnung noch nicht hergestellt: „jeder treibt seine Sache für sich, klagt Grynaeus dem Zwingli in denselben Tagen,[2] ich bin ganz von ihrem Verzeichniss, selbst von ihrer Gesellschaft ausgeschlossen, ausser wenn Zufall uns zusammenbringt". Eine solche Zurückhaltung sei ihm sonst nirgends in der Welt begegnet, man habe sonst, ohne dass er es suchte, ihn an sich gezogen, Gelehrte und Ungelehrte. Indessen, er sollte mit der Zeit

-----

[1] Zwinglii opp. VIII, S. 317. Es ist also nicht ganz richtig, wenn Streuber, Taschenb. S. 22 erzählt, er habe sich, weil die Reorganisation noch nicht ins Werk gesetzt werden konnte, dem Privatstudium zugewandt. So ist auch Thommen, S. 110, hienach zu berichtigen.

[2] Zwinglii epp. VIII, S. 317, 5. Juli 1529.

bei Theologen und Staatsmännern zu Basel einer der beliebtesten Männer werden.

Eine andere Berufung, die Oekolampad fast gleichzeitig betrieb, scheiterte. Es war die des Bonifacius Wolfhardt, des ehemaligen Amtsgenossen Oekolampads zu St. Martin, der einst am berüchtigten Spanferkelschmaus Teil genommen hatte und wegen angeblicher Teilnahme am Bauernaufruhr aus Basel verbannt wurde, jetzt aber Pfarrhelfer in Strassburg war.[1]) Die hebräische Professur, die ihm am 8. Mai, also demselben Tage wie Grynaeus, vom Rat zuerkannt wurde, lehnte er ab. Sie fiel dann Sebastian Münster zu; er ist am 3. Juli 1529 in Basel erwartet.[2]) Der dritte, den Oekolampad berief, war Phrygio, zugleich Pfarrer zu St. Peter.[3])

Dass nun während der Zeiten des „Interregnums", wie die Matrikel jene 4 Jahre von 1529 bis Spätherbst 1532 nennt, wirklich gelesen wurde, ist noch bestimmter zu belegen als es bisher geschah.[4]) Denn Oekolampad schreibt am 5. August 1531 an Bucer:[5]) „die theologische Vorlesung haben wir anders eingerichtet (also bestand sie schon vor diesem Datum!) nach der Uebereinstimmung aller Brüder (d. h. der Pfarrer). In einer Woche wird Münster Altes Testament lesen und den hebräischen Text grammatisch erklären; in der andern Grynaeus Neues Testament. Mir ist aufgetragen, Altes und Neues Testament lateinisch zu erörtern, d. h.

---

[1]) Herzog, Oekolampad I, 211; II, 297 f. Basl. Chron. I, S. 383, not. 6.

[2]) Zwinglii epp. VIII, 317.

[3]) Thommen, S. 100.

[4]) Thommen, S. 9, nach der Matrikel der theolog. Fakultät und Herzog, Oekolampad II., S. 176.

[5]) Oec. et Zwinglii epp. S. 173 B.

so gut als möglich den Sinn der Schrift zu erforschen.
Dem Paulus (Phrygio) wird es obliegen die deutsche
Schlussrede beizufügen. Vielleicht wird durch meine
beständige Anwesenheit — Oekolampad war vom 11.
Mai bis 14. Juli in Ulm, Memmingen und Biberach für
die Reformation thätig gewesen[1]) — die Zuhörerschaft
zahlreicher sein". Diese theologischen Vorlesungen über
Altes und Neues Testament in sprachlicher Beziehung,
über den Schriftinhalt im Sinne unsrer heutigen Dogma-
tik, und die daran sich schliessende populäre deutsche
Predigt, diese ganze Einrichtung entspricht der von
Zwingli im Jahre 1525 zu Zürich eingeführten,[2]) wie
Oekolampad selber gelegentlich eingesteht. Schon im
dritten Abschnitt der Reformationsordnung von 1529
werden solche täglichen Lectionen vorgesehen und für
alle Geistlichen der Stadt obligatorisch erklärt. Sie
tragen aber, wie aus dem Mitgeteilten zu ersehen ist,
noch im Jahr 1531 einen populär-kirchlichen Charakter
neben dem academischen.

War somit die theologische Facultät nicht ganz
untergegangen, sondern sogar in verschiedenen Beziehungen neu belebt, so bestand die gleiche Absicht auch
für die andern Facultäten. In der Medicin wünscht der
Reformator, wie er oben bei der Berufung des Grynaeus
äusserte, dass einer der damals gültigen Klassiker des
Faches „ad Graecam veritatem cum iudicio" vorgelesen
werde. Die gleiche Ansicht spricht Oswald Bär in seinem
Programm vom 1. November 1532 aus und entschuldigt
sich förmlich, dass er es bisher noch nicht habe thun
können, sondern sich noch mit lateinischen Ueber-

---

[1]) Basl. Chron. I. S. 124; Herzog, Oek. II, 232: mein Amerbach S. 336.

[2]) Mörikofer, Ulrich Zwingli I. S. 322 f.

setzungen begnügen müsse. Ob man freilich daraus
schliessen dürfe, dass er zwischen 1529 und 1532 ebenfalls gelesen habe, ist aus dem mir zugänglichen Material
nicht ersichtlich. [1]

Dass aber die juristische Facultät während der angegebenen Zeit nicht gänzlich brach lag, lässt sich nun
aus den Amerbachschen Briefen deutlich erweisen. [2]
Schon bald nach der Einführung der neuen Ordnung,
wahrscheinlich im Juni 1529, berichtet Amerbach an
Erasmus in Freiburg (N° 43): ich habe dem Rath schriftlich meine Bedingungen gestellt, unter denen ich an
meiner Professur bleiben will; er beräth darüber. —
Dies geschah nach einer andern Briefstelle (N° 55, 13.
Jan. 1530) gleich am Anfang: Gymnasii praefectis —
d. h. den Deputaten — iam a principio quibus condici-
onibus retineri possem de scripto præivi. — Das Schreiben, worin Amerbach die Bedingungen seines Verbleibens
an der Professur der kaiserlichen Rechte dem Rate
angiebt, existiert noch (N° 47). Er verlangt darin: 1.
Freiheit von Wachen, Hüten, Reisen und Anderm, wie
es seinen Vorfahren bisher vergönnt gewesen; 2. Freiheit von Zwang zu Predigt und Abendmahl, da ja auch
die jüngst ausgegangene Reformationsordnung dies nur
dann verlange: „so Einer Gnod hätte". Es sei vielleicht
nicht nöthig solches zu melden, doch verhoffe er „ganz
früntlicher demietiger Meinung" — „in solchem ouch
fry und nit witers pflichtig sin, dan so zu solchen zegon

---

[1] Vielleicht giebt darüber die von Prof. Roth jüngst auf-
gefundene, früher für verloren gehaltene alte Medicinische
Matrikel sichern Aufschluss.

[2] Vgl. meine Publication: Bonifacius Amerbach und
die Reformation, Bas. 1894. S. 70, und die im folgenden angeführten Briefe der Beilage A.

ich gnod haben werde und mich darzû geschickt erfunde."
3. bittet er um Erhöhung seiner Besoldung auf 100 Gulden, da er jetzt 4 Jahre gedient habe. (Er war im
Februar 1525 angestellt und erhielt bisher nur 80 Gulden, s. N⁰ 54.) Einverstanden ist er mit der bisherigen
vierteljährlichen Kündigungsfrist „je nachdem er
Auditores habe". Bald meldet er dem Juristen Alciat
(etwa Anfangs October 1529, N⁰ 46): der Rath verhandle
eifrig „summo studio", wie er ihn halten könne, habe
fast schon seine Forderungen bewilligt. Ebenso Ende
December des Jahres (N⁰ 51. 52). In der That wird
ihm die Besoldungserhöhung bewilligt (N⁰ 54) und in
den andern Puncten wenigstens Hoffnung auf Gewährung
gemacht. Somit bleibt Amerbach in Basel, trotz den
Einladungen nach Freiburg überzusiedeln, die Erasmus
und Zasius an ihn richten (N⁰ 51. 52).

Er liest wirklich, und zwar schon im Herbst 1529.
Denn aus seinen Ferien, die er in Neuenburg (am Rhein)
bei seinem Schwiegervater zubringt, giebt er dem Bruder Basilius im August dieses Jahres den Auftrag, seine
„schedæ professionis prænunciæ" anschlagen zu lassen,
d. h. die Ankündigung seiner Vorlesungen am schwarzen Brett.[1] Ebenso ist er im Jahr 1530 Lehrer des
röm. Rechts. Denn Johannes Sphyractes, später Professor der Institutionen, schreibt am 10. Januar 1531 aus
Paris, er habe im Jahr 1530 den Amerbach das kaiserliche Recht erklären hören.[2] Dieser selbst berichtet
in einem wahrscheinlich ins Jahr 1530 fallenden Briefe
(N⁰ 53): ich hatte vor kleiner Zuhörerschaft über den Titel

---

[1] Briefband G. II 13ᵇ S. 149, vgl. meinen Amerbach S. 70
Note.

[2] G. II 26 S. 56 „superiore anno doctissime et elegantissime
Leges Caesareas explicantem et interpretantem."

der Pandecten de acquirenda vel amittenda possessione zu lesen begonnen. Jetzt muss ich auf Wunsch des Rathes wieder wie ein Knabe mit den Institutionen mich beschäftigen, und ich habe dabei etwas mehr Zuhörer. Und so erkläre ich abwechselnd bald die Pandecten bald die Institutionen. — Auch im Jahr 1531 redet er von Vorlesungen über Pandecten (N° 72: 28. Juni 1531) und es wird ihm die auf den 13. December dieses Jahres verfallene Besoldung der Professur für kaiserliches Recht vom Schaffner Gregorius mit 10 Gulden (also für ein halbes Quartal?) abbezahlt. [1]

Noch im Herbst 1532 liest er laut Einladungsschreiben Oswald Bärs (Thommen S. 318) beides: Pandecten und Institutionen abwechselnd, bis ihm für das letztere „ein Arbeitsgenosse wird an die Seite gestellt werden, was bald geschehen wird." Es geschah aber erst im Jahre 1537 in der Person seines Landsmannes und Schülers Jeuchdenhammer oder Sphyractes. [2]

Freilich die andern Forderungen, die Amerbach gestellt hatte, wurden nicht so glatt bewilligt. „Anfangs, so klagt er dem Erasmus am 13. Januar 1530 (N° 55), versprach man alles, ja stellte noch mehr in Aussicht als ich begehrt hatte. Jetzt erfahre ich in der Wirklichkeit was Ovid sagt: pollicitis dives quilibet esse potest (an Versprechungen kann jeder reich sein). Nicht nur hält man das Versprochene nicht, sondern auch die Immunitäten, die seit vielen Jahrhunderten den Professoren gewährt wurden, werden aufgehoben." Und es kam noch schlimmer. Nachdem eine Ratserkanntniss vom 19. December 1529 den Predigtzwang ausgesprochen hatte, folgte am 18. Juni 1530 auch die Absetzung aller

----

[1] Mein Amerbach S. 70 Note 2.
[2] Thommen S. 153 vgl. die juridische Matrikel.

Ratsglieder, die bisher das Abendmahl nach neuer Ordnung nicht besucht hatten. Und im Jahre 1531 wurden
Amerbach und Andere bedroht mit Ausweisung aus der
Stadt durch die Bannherren und den Rat, wenn sie
sich ferner der Teilnahme am Abendmahl weigern
würden. Als ihm daher im Frühjahr 1532 eine Berufung
nach der burgundischen Stadt Dôle angetragen wurde,
sah er sich vor die Entscheidung gestellt, ob er trotz
der ungewissen Lage in Basel bleiben oder den Ruf
in die Fremde annehmen wolle. Der Rat, den er an-
fragte, wollte ihn nicht ziehen lassen, und so blieb er,
da auch seine Familie ihn hielt. Doch die Drangsal
erneuerte sich, als er Anfangs 1534 mit der Bürgerschaft
auf das eben publicierte Glaubensbekenntniss dem
Rate den Eid leisten sollte. Er schlüpfte auch diesmal durch.[1] Endlich nahte gegen Ende des Jahres 1534
der Augenblick, wo er, seinem eigenen innern Bedürfnisse folgend, zum Abendmahl der Reformierten hinzuzu-
treten sich entschloss: in jenem Moment schienen durch
Bucers Vermittlung die Basler der Lutherischen Auffassung des Sacraments sich so genähert zu haben, dass
Amerbach seine eigene Ansicht mit der ihrigen in Uebereinstimmung finden konnte.[2] Schon vor diesem Zeitpunkt
liess der Rat dem geachteten Mitbürger seine Zuneigung
kund thun: es liege ihm mehr daran Gelehrte als Reiche
bei sich zu behalten (Brief 94). Und nach seinem Zutritt

---

[1] Noch aber drohte der Schlag. Ein Protokoll der Bannherren (Staatsarchiv Kirchenacten A 9. S. 281) zum 5. Mai 1534
nennt unter den Ungehorsamen, mit denen man „fürfaren" soll
„laut der Ordnung" in erster Linie: „bed Amerbach"; d. h. Bonifacius und Basilius d. ä.

[2] Die ausführliche Darstellung aller Stadien dieser eigen-
thümlichen Gewissensverfolgung s. in meinem Amerbach.

zu der reformierten Abendmahlsfeier wiederholten sich
die Anzeichen der Gunst (Brief 104), bis endlich Amerbach das förmliche Anstellungsdecret für die Professur
und das Stadtsyndicat erhielt, wie es sich in Thommens
Schrift zum Datum vom 8. Februar 1535 abgedruckt
findet. Die Anstellung lautete auf 10 Jahre mit nach-
heriger ¹/₂jähriger Kündigungsfrist. Eben damals lehnte
Amerbach einen neuen Ruf ab, der ihn als Stadtconsu-
lenten nach Strassburg bringen sollte.

Das Resultat der angeführten Thatsachen ist nun
zweifellos dieses: in mehrern, wo nicht in allen Facultäten wurde auch nach der Uebergabe der Universität
an den Rath weiter gelesen, wenn auch ohne Führung
der Bücher, bei unvollständiger Besetzung der Lehrstühle
und bei schwacher Beteiligung der Zuhörer. Und es
geschah dies mit Wissen und auf Wunsch des Rathes,
der sogar auf das Lehrpensum einwirkte, indem er
z. B. den Amerbach zum Vortrag der Institutionen ver-
anlasste.¹) Es ist somit das von Herzog II, S. 178, über
das Lesen früherer Professoren Gesagte bestimmter zu
bejahen und Thommens Bemerkung dazu S. 9 zu berichtigen. Im Uebrigen gilt des letztern Begründung des
„Interregnums“ und die Charakteristik desselben in vollem Masse. In Bezug auf Recht und Ordnung blieb die
Anstalt einige Jahre in Anarchie trotz der Auszahlung
der Honorare. Doch dauerte es nicht bis zum Herbst
1532, d. h. bis zur definitiven Aufstellung neuer Statuten,
ehe der Rat sich mit der Angelegenheit beschäftigte.

---

¹) Ein solches Eingreifen der Staatsbehörde in den Lections-
catalog findet sich schon in der alten Zeit, wenn z. B. die Deputaten 1465 einen juristischen Leser bei der Anstellung verpflichten
eine jeweilen von ihnen zu bestimmende Vorlesung zu halten:
Vischer S. 57.

Hiefür findet sich in Amerbachs Tagebuch schon ein
volles Jahr früher eine Angabe; nur ist sie leider wegen
der Unleserlichkeit des Manuskripts nicht in allen Teilen
deutlich.[1]) Es war am Abend jener Synode vom 26.
September 1531 — der fünften seit Einführung der Reformation, in welcher Oekolampad zum letzten Mal
auftrat, um sein Glaubensbekenntniss zu verlesen —
da wurden, so heisst es, nachdem die Uebrigen abge-
treten waren, die Angehörigen der Universität zusam-
mengerufen. Die nun folgenden Worte scheinen zu
sagen, der Rat habe Statuten für die Regenzversamm-
lungen vorgelegt, die Ernennung eines Rectors und eines
Universitätsnotars verordnet und fleissigeres Lesen eingeschärft. Wie dem auch sei, jedenfalls hat er sich schon
im Herbst 1531 mit der Neuordnung der Hochschule
beschäftigt.

Aber erst ein Jahr später erfahren wir von der
endgültigen Aufstellung eines Statuts, das am 12. September 1532 von Rector Oswald Bär und den übrigen
Regentialen und Universitätsangehörigen beschworen
wurde.[2]) Wie dadurch die Universität aus ihrer frühern
Selbständigkeit, gewissermassen einer dem Staate gleich-
geordneten Institution, zu einer gesetzlich dem Staate
untergeordneten Stellung herabgedrückt wurde, hat
Thommen S. 13 ff. klar dargelegt. Ein neu aufgefundener

---

[1]) Mein Amerbach S. 348.

[2]) Mitgetheilt bei Thommen S. 312—316. Die von Thommen reproducierte Abschrift, an deren Rand sich Inhaltsangaben
von Amerbachs Hand befinden, ist jetzt in die Mappe: „Erziehungsacten X. 1. 16.—17. Jahrh." gelegt. — Den Entwurf dazu fand
ich, Dank der Neuordnung des Archivs, in der Mappe „Erziehungsacten X. 2.", aussen überschrieben: „Diss sind die Artickl
und Privilegien, so uns unsre Herren durch ire Deputaten der
Universitet überantwortet."

Entwurf der Deputaten, der verschiedene unbedeutende
Abweichungen des Wortlautes aufweist, geht sogar in
der Beschränkung der Freiheiten noch weiter. Während
nämlich das definitive Statut in § 15 alle Studenten und
Glieder der Universität, auch die Ordinarien während
ihres Aufenthaltes von Hüten, Wachen und Dienen frei
sein lässt, unterscheidet der Entwurf solche, die „Ordinarien weren, aber nit eigne ligende gütter oder gült hie
hetten" von „solchen die ligende gütter hätten": j e n e
sollen frei sein „als die predicanten gehalten werden";
d i e s e „sollten auch hütten und wachen wie ander hin-
dersessen". Die Absicht der Gewalthaber gieng also
ursprünglich auf eine noch schärfere Beschränkung der
Freiheiten, wie auch der Entwurf statt eines freien
Wochentages und 3—4 Wochen Ferien kurz und gut
nur einen Wochentag und 3 Wochen Ferien im Jahr
gewähren will. Somit ist das definitive Statut noch als
Mässigung der anfänglichen Bestimmungen zu betrachten.

II. Uebergang. Die Staatsfinanzen.

Auf Grund dieser Ordnung wurden nun die Vorlesungen im November 1532 eröffnet. Es waren zwei
Lehrstühle für Theologie (Phrygio und Myconius), einer
für Jurisprudenz (Amerbach) und einer für Medicin (Oswald Bär). Die philosophische Facultät hatte drei Docenten für Sprachen: Sebast. Münster sollte hebräisch,
Simon Grynaeus griechisch, Albanus Thorinus lateinisch
docieren. Für Mathematik war der Theologe Wolfgang
Wissenburg, für Dialectik Simon Sulzer, der Vorsteher
des Collegiums, angestellt. Es fehlten somit der philosophischen Facultät noch die wesentlichen Fächer der
Natur- und der Moralwissenschaft, wie überhaupt ihre Organisation, laut ihrer Matrikel, erst im Jahre 1540 völlig

zu Stande kam und vor 1536 kein Decan derselben vorhanden war. Das von Rector Oswald Bär schwunghaft verfasste Einladungsprogramm vom 1. November 1532[1]) gab von den Einrichtungen der neu eröffneten Anstalt Kunde und wurde überall hin verschickt.[2])

Da nun also der Basler Obrigkeit der gute Wille nicht fehlte „die Ehre Gottes durch gelehrte Lüt dieser Universität zu erhalten", wie es im Eingang zu den Statuten von 1532 heisst, so fragt man billig, warum es denn so lange dauerte, bis die Lehrstellen vollständig und mit tüchtigen Kräften besetzt wurden. Die Antwort lautet kurz und gut: es fehlte an den Geldmitteln. Zwar fasste der Rat — freilich erst am 27. October 1533 — den förmlichen Beschluss, dass alle der Universität gehörigen Zinse, die bisher „ab dem Brett", d. h. von den Dreierherrn, gezahlt wurden, auch fürderhin sollten gezahlt werden „ohne alle Hinderniss", „wie dann unsre Vorfahren das zu thun sich verschrieben und unter der Stadt grossem Insiegel verbunden haben."[3]) Aber die Mittel selbst, über die der Staat verfügte, waren noch unzureichend und unsicher. Seit der Gründung der Universität waren die Professuren grossenteils damit unterhalten worden, dass ihren Inhabern die Einkünfte geistlicher Pfründen, namentlich des Peters Stiftes, zugewiesen

---

[1]) Thommen S. 317 f.

[2]) Ich entnehme dies aus einer Instruction an den Ratschreiber vom Jahr 1535, der wegen Grynaeus' Zurückberufung von Tübingen an die XIII von Strassburg gesandt wurde. Dort wird erinnert an „das gemein Usschriben, so wir vergangner Jaren, unsrer Univers. halb, als wir die wieder uffgericht, allenthalben gethan", worin unter andern Lectores auch Grynaeus genannt war „darauf nun von vilen Stetten und Ländern lüt ire kinder alhar ze studieren geschickt."

[3]) Schwarzes Buch S. 29 B; vgl. Thommen S. 56.

wurden. Nun giengen aber die Zinse dieser Stiftungen
nicht mehr regelmässig ein. In den Acten des Peters
Stiftes findet sich u. A. ein Bericht des Schaffners aus
den dreissiger Jahren, der mitteilt: als er im Elsass und
dem badischen Oberland die Zinse habe einziehen wollen,
hätten sich die Leute zu zahlen geweigert: „ihr Pfarrer
habe ihnen erklärt, sie brauchten nicht mehr zu zahlen".
Man betrachtete die bisherigen Pflichtverhältnisse als
aufgelöst, weil die äussern kirchlichen Ordnungen vielfach geändert waren. In dem Gutachten Paul Phrygios
vom Jahre 1535, das die Zuordnung des Peters Stiftes
zur Universität wieder auffrischt,[1] wird gesagt: weil es
viele gebe, „wie küntlich und am Tag ist", die sich
sperren Zins zu bezahlen, wenn die Namen der Stift und
Klöster ausgelöscht würden, so wolle man die Bezeichnung „Stift St. Peters" beibehalten, obschon man dasselbe
mit mehr Recht „Collegium Universitatis" nennen könnte.
Es war dies eine, jedenfalls unbeabsichtigte Folge
der Reformation. Die Schuldner mochten sich am Domstift ein Beispiel nehmen. Dieses hatte sich gleich nach
der Einführung der Glaubensänderung aus Basel nach
Freiburg entfernt und auf die Vorstellungen des Bischofs
hin von Kaiser Karl und der Ensisheimer Regierung
1530 den Befehl erwirkt: alle Schuldner des Domstifts
sollten ihre Zinse nicht in die Stadt, sondern an die Domherren zahlen.[2] Am Burgertag in Zürich, 30. Januar
bis 1. Februar 1531, erhub der Bote Basels Klage darüber und wünschte den Rat und die Mithilfe Zürichs
und Berns.[3] Die Domherren der hohen Stift hätten eine

[1] Kirchenbibl. Antiquitates Gernlerianae I, S. 169 — 174:
ebenso Univ. Bibl. A. λ III. 16, Heft in-fol°.
[2] Heusler, Verfassungsgesch. d. Stadt Basel (1860), S. 445.
[3] Eidgen. Absch. IV 1 b, S. 897.

Anzahl Briefe, die dem Stift gehörten, mit sich genommen, darauf auch Renten, Zinse und Zehnten für sich eingezogen, deren Briefe noch in den Händen der Stadt lägen, und sogar einige Zehnten verkauft. Der Kaiser habe jetzt ein Mandat ausgehen lassen und bei hoher Strafe geboten, den Geistlichen ihre Zinse und Zehnten wie von Alters her zu entrichten: darauf würden sich nun die Domherren berufen und auf ihrem Vornehmen beharren. So aber würden die Mutterkirchen in ihren Einkünften „geschweinert" und es sei zu besorgen, dass die Mitglieder derselben nicht mehr könnten erhalten werden.

Man hatte dies schon Anfangs der kirchlichen Umwandlung gefürchtet und kommen sehen. Als der Rat i. J. 1529 seine Bürger mahnte, wie bisher Zins und Zehnten zu zahlen, fügte er warnend bei, es sei sonst zu fürchten, dass „uns alle unsere Zehnten, Zins, Gült, Steuern und Ungelt in unsrer Stadt, auch den Landschaften Sundgau, Breisgau, Elsass, Schwarzwald, Würtenberg und andern Orten versagt werden".[1]) Das war ja eben für den Rat eine Hauptschwierigkeit gewesen bei der Einführung der Glaubensänderung und bei der Säcularisation der Klöster, dass Basels Einkünfte zumeist aus solchen Gebieten kamen, die unter fremdem Regiment standen und dem alten Glauben anhiengen.[2]) Um so lauterer erscheint der Glaubenseifer der Reformationsfreunde im Rat, als sie trotz dem drohenden materiellen Nachteil an ihrer Ueberzeugung festhielten. Denn selbst im eigenen Gebiet war zu Zeiten die Ordnung gestört. Amerbach berichtet Anfangs Februar 1530 an Erasmus[3]): „wenn ich auswanderte, so zweifle ich, ob

---

[1]) Heusler, a. a. O. 439.

[2]) Heusler, a. a. O. 438 f.

[3]) Mein Amerbach S. 237, Brief 56.

aus dem Basler Gebiet mir meine Einkünfte noch eingehen würden; höre ich doch, dass Mönche und Priester
selbst mit Briefen die das Rathssiegel tragen nichts
ausrichten."

Und es scheint mit dieser Unsicherheit der Einkünfte
nicht so bald anders geworden zu sein. Denn lange
nachher, am 3. October 1538 liess sich der Rat ein von
Capito und Bucer verfasstes Gutachten eingeben,[1]) in
welchem sein Recht auf die Kirchengüter aus historischen
und rechtlichen Gründen ausführlich erwiesen wurde. In
diesem bemerkenswerthen Actenstück werden die der Kirche zukommenden Güter der Gemeinde zugesprochen
und wird dieses Recht gegenüber den Ansprüchen des
katholischen Klerus sowie auch den kaiserlichen Macht-
sprüchen mit aller Energie betont; es wird aber die
Verwendung der Güter für Kirchen- und Armenzwecke
in erste Linie gestellt. Gegenüber den „vermeinten Geistlichen" wird festgehalten, dass wir, d. h. die Evangelischen, die wir uns an die Lehre Christi, der Apostel
und der vier ältern Concilien halten, „die wahren christlichen Gemeinden" sind, dass also unsern Kirchen die
Kirchengüter gehören, den vermeinten Geistlichen aber
„kein Heller davon" gebühre. Den kaiserlichen Mandaten gegenüber berufen sich die Verfasser auf die Freiheiten der Fürsten und Städte; der Kaiser habe nicht
absolute Gewalt, sondern sei an des Reichs Gesetze gebunden, das sei „die Ordnung Gottes, die Gott dem Reich
in teutscher Nation nun etlich hundert Jahre verliehen";

---

[1]) Das Gutachten vom 3. Oct. 1538 ist im Staatsarchiv: Deputatenacten NN 3; es wurde dem Rat vorgetragen von Capito
und Bucer in Gegenwart von Myconius, Carlstadt, Grynaeus, Amerbach, Wissenburg. Die Geistlichen Basels gaben schriftlich ihre
Zustimmung, die beiliegt.

und da der Kaiser neulich den Streit um die Verwaltung
der Kirchensachen an ein allgemeines Concil gewiesen
habe, so „sind unsere Oberen in dem gemeinen göttlichen
und des Reichs Rechten noch fry und der kaiserlichen
Edicten, hiewider ausgangen, unverstricket." Die Verwaltung des Gutes sodann wird der weltlichen Obrigkeit,
die das Schwert trage, zugesprochen, ihr aber als der
von Gott geordneten Beschützerin der Religion, die eine
öffentliche Sache sei, auferlegt: in erster Linie für
die Diener der Kirche, in zweiter für die Armen, drittens
auch für die „Tempel" genügend zu sorgen. Das „Reli-
gionsgut" soll vom Staatsgut gesondert bleiben. Doch
wird die Verwendung für Arme im weitesten Sinne
gefasst, im Sinne des „allgemeinen Nutzens", so dass es
für erlaubt gehalten wird, „nachdem man den Kirchendienern ihr gebührend Futter und Decke geordnet hätte",
vom Uebrigen auch andere „gar grosse Noth" zu lindern,
ja auch gemeiner Regierung, zum Schutz von Land und
Leuten gegen den Türken, zur Erhaltung ehrlicher Geschlechter, bes. solcher deren Eltern für die Kirche gesteuert, davon zu geben. Endlich werden als Mittel, um
die in fremden Herrschaften liegenden Güter ihren zugehörigen Kirchen zu verschaffen, angeraten: Recht-
fertigung unsrer Kirchen und ihrer Rechte in einem
allgemeinen Ausschreiben und, bei Weigerung des
Zahlens, Sperrmassregeln gegen Ansprüche der
Fremden in unserm Gebiet.

Ehe nun der Rat der eigenen Gelder und derjenigen der säcularisierten Klöster wieder sicher war,
konnte er nicht an eine kräftige Unterstützung der Studien
denken. Hiefür hatte man zum Teil eben die Klostergüter ins Auge gefasst. Man wollte zwar diese Güter
durchaus nach ihrem ursprünglichen Stiftungszwecke verwenden, sie nicht in den allgemeinen Staatssäckel legen;

und im Allgemeinen hielt man diesen Vorsatz gewissenhaft. Doch lag es nahe, die Aufgabe, Diener der Kirche auszubilden, — was zweifellos in dem ursprünglichen Zweck der Stiftungen mit enthalten war — so zu interpretieren, dass nicht nur die theologische Fakultät, sondern die hohe Schule überhaupt davon profitieren konnte.[1] Die Frage wurde wiederholt auf den Tagen der evangelischen Städte verhandelt, so auf dem zu Basel am 13. Februar 1531 abgehaltenen.[2] Es gebe, hiess es da, „nüt freflers und zuo cristenlichem frid widerwärtigeres dann die onwissenheit". Daher sollten die Kirchen- und Klostergüter neben der Fürsorge für die Armen vornehmlich zur Aufziehung junger Leute „in Lehre und guten Künsten" verwendet werden, „welche dan nit alein zum dienst der kilchen, sunder auch sust zu fürderung gmeins nutzes hoch dienstlich sin möchten". Denn weil die Hoffnung der Pfründen gefallen sei, also die Reichen ihre Kinder auf „gwerb zitlicher narung" schickten, die Armen aber ihre Söhne nicht zur Schule zu schicken vermöchten, so könne man sich nichts anderes versehen als „einer verderplichen barbary und onverstands". Man solle also geschickte Jungen „mit notdürftiger narung zur leer und in künsten" fürdern, „damit dann auch das üppig landtgeschrei, so über die Evangelischen gat, als ob sy der kilchen und kloster güter zum theil in iren

---

[1] Hierüber vgl. die klare Auseinandersetzung von Rudolf Wackernagel: „Das Kirchen- und Schulgut des Kantons Basel-Stadt" in: Beiträge für vaterländ. Gesch. N. F. III (1893), S. 110 ff. Die Gewissenhaftigkeit der Basler Obrigkeit in Verwendung der Kirchengüter gemäss ihrem ursprünglichen Stiftungszweck ist darnach unbestreitbar. Das Einzelne s. Thommen, S. 53, Anm. 3.

[2] Eidgen. Abschiede IV 1 b, S. 905. Aehnliches am Burgertag zu Basel d. 27. März 1536: a. a. O. IV 1 c, S. 691.

nutz verwandten und zum theil denen die nützit darum
thüegent folgen lassen, abgestellt wurde."

Zu Basel verfuhr man nun in diesem Sinne. Nachdem der Rat am 11. Juli 1532 für jede Verwaltung drei
Pfleger geordnet hatte mit jährlichem Wechsel der Besetzung,[1]) sodann die eine bessere Besoldung verlangenden
Schulmeister der untern Schulen an dieselben verwiesen
hatte,[2]) errichtete er auf Pfingsten 1533 zu Predigern
eine Schule mit Convict für acht junge Studenten, die
sich dort für höhere Studien auf Staatskosten vorbereiteten.[3]) Auch erhielten die Deputaten sammt dem Alt-
bürgermeister und Oberstzunftmeister vom Rat Vollmacht, sich von allen Stiftspflegern und Schaffnern —
über deren schlechte Ordnung geklagt wurde — Rechnung ablegen zu lassen und mit ihnen zu beraten und
zu bestimmen, „wohin und an welche Ort und End" die
Klostergüter zu verwenden seien, „damit es den ersten
Stiftungen, auch dem göttlichen Wort nit zewider" ge-
schähe.[4]) Allein die Rechnungsergebnisse müssen lange
noch sehr bescheidene gewesen sein. Kirche und Schule
hatten noch über mangelnde Leistungen des Staatssäckels
zu klagen. Und selbst an bestimmten Forderungen Seitens
der Hochschule, an einer Formulierung ihrer Bedürfnisse
im Allgemeinen und einer festen Handhabung der aufgestellten Ordnungen im Einzelnen fehlte es noch. Denn
seit Oekolampad's Tode nahm dies Niemand mehr zur
Hand, der genügende Einsicht und Ansehen genossen
hätte.

---

[1]) Schwarzes Buch S. 26 B.

[2]) Verhandlungen der Synode vom 22. Dec. 1532: Kirchen-
biblioth. C. IV. 1. S. 171 ff.

[3]) Meine Gesch. d. Gymnasiums zu Basel (1889), S. 17.

[4]) Rathserkanntniss vom 2. Dec. 1533: Schwarzes Buch, S. 30 B.

III. Amerbachs Rectorat 1535.

Diese beiden Aufgaben fielen nun Bonifacius Amerbach zu, seitdem er sich zur Basler Kirche bekannte und durch seine neue Anstellung die volle Anerkennung des Rates gewonnen hatte. Er wurde deshalb alsbald am 1. Juni 1535 zum Rector gewählt und nahm die Angelegenheit frisch und unermüdlich zur Hand. Denn wenn er sich wiederholt geweigert hatte eine Berufung in die Fremde anzunehmen, so hatte er es gethan „um zuo Erhaltung der Künsten, so viel mir möglich, lieber minen Herren um wenig dan Fremden um gross Besoldung zu dienen." [1]) Nun war die erwünschte Gelegenheit dazu gekommen. Dem Rectoratsjahr Amerbachs kommt für die neue Zeit der Universitätsgeschichte eine ungewöhnliche Bedeutung zu, und es erscheint deshalb gerechtfertigt, nach den Aufzeichnungen von Amerbachs Concept [2]) auch an und für sich Unbedeutendes zu erwähnen, zumal die Nachrichten über diese Anfänge sonst sehr spärlich erhalten sind.

Nicht weniger als 18 mal ruft der Rector während Jahresfrist die Regenz zur Beratung zusammen. [3]) Anwesend sind ausser Amerbach meist nur folgende Or-

---

[1]) Mein Amerbach, S. 391 f.

[2]) Univers. Bibliothek: Schedæ Amerbachianæ in-4°, wo auch zu den spätern Rectoratsjahren Amerbachs von 1540 und 1551 ähnliche Notizen liegen. Nur die schwere Lesbarkeit der Handschrift ist hiebei kein kleines Hinderniss.

[3]) Die Daten sind: Juni; 9. Juli; 15. Juli; 2. Aug; 14. Aug.; 6. Sept. (nach den Hundstagsferien); 20. Sept.; 10. Nov.; 13. Nov.; 5. Dec.; 1536: 27. Jan.; 16. Febr.; 3. März; 16. März; 22. März; 29. März; 15. April; 22. April. Nachdem am 1. Mai 1536 Wolfgang Wissenburg zum neuen Rector gewählt war, legte Amerbach am 16. Mai ihm, Carlstadt, Oswald Bär und Grynaeus seine Rech-

dinarii: als Theologen P h r y g i o, und seit dessen Abgang nach Tübingen im Juli: C a r l s t a d t; M y c o n i u s
als Vorsteher der Geistlichkeit; als Mediciner O s w a l d
B ä r und später, nach seiner Ankunft im März 1536,
S e b a s t i a n S i n k e l e r; als Leser der philosophischen
Facultät: S i m o n G r y n a e u s, der im Juli von Tübingen zurückkehrte; S e b a s t i a n Münster, W o l f g a n g
W i s s e n b u r g, J o h. O p o r i n. Es ist also die ursprünglich verordnete Zahl von 15 Regentialen auch
damals nicht erreicht (Thommen S. 37). Das Consistorium
(Thommen S. 38) besteht nach Phrygios Entfernung aus:
Amerbach, Carlstadt, Bär. Ausserdem hält Amerbach
wiederholte Conferenzen mit dem Oberstzunftmeister
T h e o d o r B r a n d und erscheint mehrmals vor den versammelten Deputaten, die übrigens oft auch in der Regenz anwesend sind: Brand, Conrad Moler, Stadtschreiber
Heinr. Ryhiner. Selbst vor Rat trägt der Rector mit
andern Abgeordneten der Universität mehrmals ihre Angelegenheiten vor und hat auch sonst mit Universitätsangehörigen zu verhandeln.

Es galt zunächst die Bestimmungen der Statuten von
1532 ins Leben zu führen. Denn noch bestand mancherlei Unordnung. Man musste in den Hörsälen anzeigen
lassen, dass, wer hören wolle, sich laut § 2 der Statuten
solle einschreiben lassen. Nur einigen Franzosen, die
formlos ins Colleg kamen, liess man es stillschweigend

---

nung ab, deren einzelne Posten ebenfalls im Concept vorliegen. —
Die von T h o m m e n S. 44 erwähnten Sitzungsgelder für die Regenz müssen damals noch nicht bestanden haben: in Amerbachs
Einnahmen sind sie nicht. Ebenso war es damals noch nicht üblich,
wie T h o m m e n S. 56 berichtet, dass die Professoren ihre Salarien
selbst im Rathaus abholten: der Pedell überbringt sie dem Rector
und erhält dafür ein Trinkgelt.

durchgehen.[1]) Als der neue Professor der Medicin Sebastian Sinkeler unangemeldet zu lesen begann (März
1536), musste die selbstverständliche Forderung eingeschärft werden, die neuankommenden Lectoren sollten
sich ihrer Facultät präsentieren oder doch ihre Namen
am schwarzen Brett anschlagen lassen, damit der Rector
sie zur Regenz rufen und auf die Ordnungen verpflichten
könne. Auch der von den Statuten (§§ 6 und 16) voraus-
gesetzte Universitätsnotar war noch nicht ernannt; die
Regenz wurde auf ihr bezügliches Begehren am 2. August
1535 vertröstet, bis die Geldmittel der Universität geordnet sein würden; eine zweite Mahnung am 5. December war mit dem Vorschlag von zwei tauglichen Personen verbunden, scheint aber zunächst noch nicht zum
Ziel geführt zu haben. — Ein säumiger Schuldner, der
zwei rückständige Jahreszinse schuldete, musste vom
Rector durch den Pedellen betrieben werden. Selbst in
den Hörsälen fehlte es gelegentlich am Nöthigsten, an
Fensterscheiben und Thürverschluss; im Winter musste
Münster sein Hebräisch im Augustinerkloster lesen, weil
es im ordentlichen Hörsaal zu kalt war, und manche

---

[1]) Unter den in die Matrikel Eingeschriebenen des Jahres
sind auch einige Franzosen, so besonders der spätere Gegner Calvins und Virets: Petrus Caroli. Es ist hier daran zu erinnern,
dass zu dieser Zeit Calvin sich in Basel aufhielt, von Ende 1534
bis Ende 1535: E. Stähelin, Calvin (1863) I. S. 41. 56. Hier
gab er seine erste Auflage der Institutio in lateinischer Sprache
heraus, deren Vorrede das Datum des ersten August 1535 trägt.
Dass schon damals eine ziemliche Anzahl reformierter Franzosen
sich in Basel aufhielt, schliesse ich aus der Angabe eines Proto-
kolls der Kirchenverordneten (Staatsarch. Kirchenacten A. 9. S. 28;
B), Dienstag d. 28. März 1535, wo es heisst: „man soll ein welsche
Predigt anrichten, doch mit Vorwüssen eines Raths". Bleibend gab
es in Basel eine franz. Kirche erst von 1572 an.

der bedürftigen Zuhörer sich vor der Kälte nicht durch die nötige Kleidung zu schützen vermochten.

Mehrfach gaben die Universitätsfreiheiten Anlass zu Verhandlungen. Da sie in den neuen Statuten gegen früher wesentlich beschränkt waren, so bestand die Universität um so mehr darauf, dass das noch Gewährte vom Rat gehalten würde. Als daher, entgegen den §§ 14 und 15, einem herreisenden Doctor beim Verkauf seines Reisepferdes im Kaufhaus ein hoher Zoll abgefordert worden war, erhob die Regenz beim Oberstzunftmeister Brand durch den Rector Einsprache: „er solle sie bei ihren Freiheiten handhaben; denn wenn die Studierenden laut Statut beim Weggehen zollfrei seien, so müsse das auch für die Ankommenden gelten. Dasselbe folge aus der statutarischen Bestimmung, dass sie wie Bürger gehalten würden: auch diese seien ja vom Pferdezoll frei". Allein die Antwort lautete: Studenten und Universitätsangehörige hätten so gut als Bürger den Zoll zu entrichten. Die Regenz beschloss eine Abordnung an die Deputaten zu schicken mit der Vorstellung: die Universität sei privilegiert, somit müsste der Rath den Privilegien nachkommen, wenn er nach allgemeinem Recht verfahren wolle, sonst „möchte es ein gross Geschrei und Hinderniss der Universität bringen". Diesen Protest hielt Amerbach mit drei Collegen am 8. Sept. den im Rathaus sitzenden Deputaten vor und rief, anlässlich eines andern Falles bei Feuersgefahr, zugleich die Freiheit von „hüten, wachen und dienen" laut § 15 in Erinnerung. Aber nur auf letzteres erhielt er Antwort: es sei Niemand gezwungen bei Feuerausbruch sich zu stellen, Pfarrer und Studierende sollten vielmehr zu Hause bleiben, „es syen gnug lüt die zuo fürs not luffen". Die andere Frage wolle man in Berathung ziehen. Der Entscheid wird aber schwerlich

günstig gelautet haben.[1]) Uebrigens hütete sich die
Universität sorglich vor einem Missbrauch der gewährten
Freiheiten, indem sie solche Personen, die keine Col·
legien hörten, als nicht freiheitsberechtigt erklärte;[2])
nur Priester, die früher schon inscribiert und in Basel
ansässig waren, sowie Emeriti glaubte sie unter die
Berechtigten zählen zu dürfen.[3])

Erfreulicher waren andere Ereignisse des Jahres.
Von Freiburg kehrte Erasmus nach Basel zurück
um sein letztes Lebensjahr hier zuzubringen; er wurde
im Namen der Universität am 26. Mai 1535 feierlich
begrüsst, wobei man ihm Confect und einige Flaschen
Hippokras, Malvasier und anderer Gewürzweine über·
reichte. Bei diesem Anlass begegnete Oporin, der den
Begrüssungsact leitete, das bekannte Missgeschick, dass
er dem schwächlichen Gelehrten die Hand so kräftig
drückte, dass derselbe laut aufschrie.[4]) Sodann durfte
man Simon Grynaeus, der nach längerer Abwesenheit von Tübingen heimkehrte, am 13. Juli durch ein
Gastmahl begrüssen. Die Gesellschaft bestand aus 7
Personen, das Couvert kostete 2 Batzen. Und einen
ähnlichen Festact bildete die Bewirthung der staatlichen

---

[1]) Vgl. die Stellung, die der Rat in andern Freiheitsfragen
der Univ. einnahm, bei Thommen S. 15.

[2]) Aehnlich später: Thommen S. 71 f.

[3]) Es gab zu reden, ob Nicolaus Brieffer, Licentiatus
iuris und Decan des Stiftes St. Peter, zu den Universitätsverwandten
gehöre, da er anderswo Licentiat geworden, als solcher aber noch
nicht eingeschrieben war. Wer der Dr. med. Wuneck war, dem
man im Nov. erlaubte eine Lobrede auf die Medicin zu halten,
weiss ich nicht. Wohl ein Sohn jenes berüchtigten, im Jahr 1523
abgesetzten? Beiden beschloss man das Recht der Einladung zu
academ. Gastmälern zu geben.

[4]) Streuber, Beiträge zur vaterländ. Gesch. III, S. 73.

und kirchlichen Abgesandten der Burgerstädte, welche die Helvetische Confession zu besprechen kamen. Die Universität ehrte sie durch ein Gastmahl „zur Blume" im Februar 1536. Endlich feierte man nach langer Zeit wieder eine Doctorpromotion. Der Augsburger Sixt Birk, damals Schullehrer zu St. Theodor, promovierte am 10. Febr. 1536 in der philosophischen Facultät und gab am 17. Febr. seinen Doctorschmaus. Doch war die Sache so sehr ausser Gebrauch gekommen, dass der Rat den üblichen Ehrenwein zu schicken vergass und sich nachher wegen seines Versehens musste entschuldigen lassen. — Endlich wurde auch zur „Aufrichtung einer Bibliothek" ein erneuter Anlauf genommen, da die Buchhändler auf Anregung Oporins damals zuerst, wie es scheint, verpflichtet wurden, von ihren Druckwerken jährlich ein Exemplar an die Universitätsbibliothek abzugeben.[1]

Weitaus bedeutsamer als alle diese Einzelheiten war das was über die Besetzung der Lehrstühle im Allgemeinen verhandelt und von Amerbach vorgeschlagen wurde. In einer Regenzsitzung des Juni 1535 verlangten die Deputaten ein „ordinationis consilium", d. h. einen Ratschlag über die eben genannte Frage, und es wurde beschlossen ihnen ein Memorial einzureichen, das der Rector mündlich begutachten solle. Sofort schritt Amerbach zur Ausführung. Ein erstes „Bedenken" arbeitete der vorjährige Rector und Pfarrer zu St. Peter Paul Phrygio aus.[2] Nachdem er aus allgemeinen, bib-

---

[1] Amerbachs Notizen zur Regenzsitzung vom 16. Febr., zum 22. Febr. und zum 3. März 1536. Vgl. Thommen S. 91, not. 6.
[2] Etwas flüchtig besprochen von Thommen S. 101. Das Gutachten findet sich: Universitätsbibl. A. λ. III. 16, Heft in fol⁰. 13 Seiten Schrift. Auf dem Umschlag steht: „anno 1535 Rectore

lischen und historischen Gründen nachgewiesen hat, dass
die Obrigkeit, als Statthalterin Gottes, die Pflicht habe
für die Bildung der Jugend zu sorgen, „die verwilderten
Gemüther der Menschen zu bürgerlichem Leben, Zucht,
Vernunft und Gerechtigkeit zu ziehen", schlägt er vor,
die ehemals der Universität zugeordneten, später aber
„durch Unachtsamkeit" ihr wieder entfremdeten Pfründen
des Peters Stiftes derselben wieder einzuverleiben. Zunächst aber begnügt er sich, bloss zwei derselben zu
diesem Zweck zu verwenden und „die beiden fürnehm-
sten Lecturen", die des Rechts und der griechischen
Sprache, damit zu bedenken; die andern sollen nach
Gelegenheit „nachgehends auch angenommen werden".
Der grössere Theil des Gutachtens beschäftigt sich mit
der Ordnung des Peters Stiftes, welches neben seinen
bisherigen Pflichten: Pfarrer, Siegristen, Schulmeister
der Gemeinde zu unterhalten und Arme zu unterstützen,
auch zehn junge Studierende auferziehen solle zum
künftigen Pfarr- und Gelehrtendienst als eine Pflanz-
schule für Kirche und Universität.

Klarer, bestimmter, eindringlicher lautet A m e r-
bachs Gutachten.[1]) Es ist bis jetzt noch unbeachtet
geblieben. Hätte der Verfasser der Universitätsgeschichte
dieser Periode es nicht übersehen, so würde er seinen

Amerbachio, D. Pauli Phrygionis bedencken" (Amerbachs Hand).
— Dasselbe ohne Namen u. Jahr: Antiquitates Gernler. I, S. 169
—174.

[1]) Das Gutachten findet sich: Antiquitates Gernlerianæ tom.
I, S. 192, von Amerbachs Hand. Dazu ein teilweises Concept in
den Schedae Amerbach. fol⁰ (Univers. Bibl.); ebenso im Briefband
D. IV. 18, S. 217 B. — Die vom Stadtschreiber ausgefertigte officielle Abschrift, welche Amerbachs Notizen erwähnen, habe
ich nirgends gefunden.

Satz auf S. 31, dass „ein gewisser praktisch-kühler Ton den
ganzen Process der Wiederherstellung durchdringe" sicherlich modificiert haben. Und was er S. 21 im Zusammenhang der Dinge hier vermisst, wäre wesentlich aufge-
hellt worden. Was den Wortlaut betrifft, so verweise
ich auf die Beilage. Der Inhalt ist folgender. Wir
brauchen zwei Lehrstühle für Theologie, drei für Jurisprudenz (Institutionen, Pandecten, Codex), zwei für
Medicin, zum mindesten vier für die Artes, nämlich
Logik und Rhetorik, Physik, Moralphilosophie, Mathematik; endlich noch drei für die Sprachen: Latein,
Griechisch, Hebräisch. „Wo nicht, so ist nicht zu verhoffen, auch nicht möglich, dass unsre hohe Schule
möge fruchtbar sein oder dass jemand zu uns herkomme".
Nun werden die Pfründen und Kaplaneien aufgezählt,
die anfänglich zur Unterhaltung der Lehrstühle vom
Pabst Pius II. bestimmt, aber nach und nach „verwahrlost" worden seien, so dass der Staat sich mit je 10
oder 15 Gulden für jeden Posten gegen die Universität
abfand. Es müsse aber die Hochschule, wenn sie einen
Bestand haben solle „satt verwysen werden, worauf sie
fundiert sei". Amerbach räth nun, die Chorherrenpfrün-
den des Petersstiftes, soweit sie nicht von früher dort
Verpfründeten und durch die Verwaltungsbeamten des
Stifts in Beschlag genommen seien, wieder der Universität zuzuwenden und die Ordinarii daraus zu besolden
und Erhöhung einzelner Besoldungen, wo es nöthig sei,
aus dem Ertrag von Klostergütern zu bestreiten. Die
Kaplaneien, die einst der Universität gehörten, sollten
zur Aufbesserung der Besoldungen der philosophischen
Facultät dienen. Aus solcher Fürsorge werde „nitt kleine
noch geringe Ehre Einer löblichen Stadt Basel entspringen. Man werde die üble Nachrede wegen un-
redlicher Verwendung der Klostergüter abschneiden,

denn sie gehörten „vor Gott und allen Rechten" für die Studia'; die Obrigkeit würde sich dadurch Lob erwerben und „Christo unserm Herren ein gross Wolgefallen thun". Die hohe Schule sei ein Kleinod für die Stadt, bringe ihr Ehre „in allen Landen der Christenheit" und werde ihr noch weiter Ehre bringen. Ferner werde die Besetzung des Stifts mit Personen den allgemeinen Nutzen fördern; denn nicht nur werde der gemeine Mann den Gewinn, den er ehemals von den Priestern und der Clerisei gehabt, wieder erstattet erhalten, sondern es werde der höher zu achtende Gewinn einer guten Jugenderziehung daraus folgen, so dass alle Berufe zu allen Zeiten hier ein Seminarium oder Pflanzgarten an tüchtigen Männern hätten, „in der heiligen Schrift, in Rechten und Arznei, es betreffe den Kanzel oder Seelsorg oder des Leibes Pflege oder auch eine rechte Policy in Erhaltung Gerichts und Rechts" (d. h. den Staat); ja, man werde mit solchen Leuten „auch andern Städten und Ländern mit grossem Ruhm und Preis zu Hilfe kommen können". Zur Anspornung ruft er dem heimatlichen Rate in Erinnerung, wie eifrig andere Städte und Orte, „so Christum wahrlich und rein bekennen", wie Zürich, Bern, Strassburg, Ulm, Nürnberg nach Professoren fahndeten, um nur für ihre eigenen Mitbürger und ihre niedern Schulen Lehrer zu erhalten, da es sich doch hier um eine hohe Schule handle, wie sie schon die Altvordern bekommen hätten, die auch für Fremde gelte und denselben die Auszeichnung der Titel sowie „der Stadt Gelegenheit" verspreche. Der Eifer des Herzogs von Sachsen und des Landgrafen von Hessen, namentlich aber des Herzogs von Würtemberg für ihre Hochschulen wird als Vorbild hingestellt; der letzte verwende jährlich mehr als 3000 Gulden auf

die Erhaltung gelehrter Leute.[1]) Es gelte nicht allein
Ehre, Nutzen und Frommen einer löblichen Stadt Basel,
sondern vorab die Förderung der Ehre unseres Herrn
Christi. — Unterzeichnet ist der Ratschlag von Rector
und Regenten der Universität, auf Margarethen Tag
1535 (15. Juli).

Die mündliche Befürwortung Amerbachs in der
Regenzsitzung dieses Tages fügte bei, man könne die
jährlich für die Besoldungen nöthige Summe nicht ta-
xieren, wie es die Deputaten wünschten, denn man wisse
nicht, wen man bekommen könne, „doch wäre jetzt
küntlich, dass gelehrte Leute theuer und auch mit grossen Besoldungen nicht leichtlich zu gewinnen seien".
Das Petersstift aber, dessen Einkommen jährlich auf
2000 Gulden geschätzt werde, begehre man, und bis
es von seinen andern Verpflichtungen frei sei, solle aus
andern Klostergütern das Fehlende zugesetzt werden.
Unterdessen wollten wir sehen, wie wir uns damit behelfen möchten, doch hoffen wir von Unsern Herren
nicht im Stich gelassen zu werden. Ueber die Verwendung des Gutes verpflichte man sich dem Rat
jährlich Rechnung abzulegen. Es wurde dazu bemerkt,
die verlangte Summe sei gering und nur halb so gross
als die zu dieser Zeit der Universität Tübingen zuge-
wiesene. Auch seien unter den schon angestellten Professoren einige zu gering besoldet und könnten dabei

---

[1]) Das konnte man in Basel von Simon Grynaeus wissen.
Der war eben von Tübingen zurückgekehrt, wo er die Tübinger
Hochschule hatte einrichten helfen. Laut der von ihm und Ambrosius Blarer entworfenen „Reformation" der Univ. zu Tübingen
vom 30. Jan. 1535 werden in Aussicht genommen 23 Professoren,
deren Besoldung ungefähr 1950 Gulden jährlich ausmacht: Urkunden zur Geschichte d. Univ. Tübingen (1877) S. 176 ff.

nicht bleiben, sondern müssten „gnädiglicher bedacht
werden". Man solle die jetzigen Zeiten erwägen, „die
gar anders mit allen Dingen, dan vor Zyten gewesen".
Es war nicht überflüssig, dass anlässlich der Canonicate
beigefügt wurde, jeder Leser solle ihren Genuss nur so
lange behalten dürfen, als er seine Function treulich ver-
sehe, abgesehen von Verhinderung durch Alter oder
unversehene Krankheit. Denn seit langem war der Missbrauch eingerissen, dass die Besitzer von Canonicaten
nicht selber lasen, ja nicht einmal für Stellvertreter
sorgten. [1]

Allein das schwungvolle Schreiben Amerbachs und
seine eindringliche Mahnung an die Vertreter der Regierung hatten nicht so bald die verdiente Wirkung.
Es geschah zunächst nichts. Die Regenz ordnete ihn
und Grynaeus am 27. Januar 1536 an die Deputaten ab,
um dieselben zu mahnen, sie möchten endlich die Sache
ordnen, so dass alle Disciplinen mit Professoren könnten
versehen werden. Bei einem Mahl in der Karthaus
hielten sie dem Oberstzunftmeister die Angelegenheit
vor und empfiengen die aufschiebende Antwort „man
sei schon (!) in Unterhandlung mit Meister Niclaus
Briefer, dem Stiftsprobst, damit man erfahre, wie viel
das Stift St. Peter leisten könne". In Wahrheit kam
aber die Sache damals noch nicht zum Austrag, sondern
erst 25 Jahre später. Denn noch im Jahre 1538, als
die Universität aufs neue über ihre Organisation mit
dem Rate verhandelte und unter Anderm wieder die
Zuweisung eines jährlichen Einkommens verlangte, [2]

---

[1] Vischer S. 58 f. — Daher in dem Anstellungsrevers des
Sphyractes die hierauf bezüglichen Clauseln: Thommen S. 337.

[2] Thommen S. 23.

lautete die Antwort der Deputaten [1]): „und weil jetzt
der Universität kein satt Corpus kann und mag übergeben werden", so wollen doch die Deputaten hinfür im
Beisein von zwei oder drei der Regenz über Einnahmen
und Ausgaben der Universität Rechnung halten und
sonst „sobald Gott darzu Gnad giebt" ihr zu
einem satten Corpus helfen. Amerbach erlebte es noch,
dass seine Vorschläge, fast genau wie er sie 1535 gestellt
hatte, im Jahr 1561 vom Rat angenommen wurden.
Aber schon war zumeist eine neue Generation an die
Stelle der alten getreten. An Bonifacius Stelle war
jetzt Professor und Rector sein Sohn Basilius. Doch
beteiligte sich der Vater wiederum an dem von Wissenburg ausgearbeiteten Gutachten, das durchaus auf den
beiden Memorialen von 1535 beruht, und befürwortete
es mit vier Collegen am 13. August 1561. [2]

Aber ohne Frucht war auch für die nächste Zeit
Amerbachs Bemühen nicht. Es wurden mehrere neue
Berufungen durchgesetzt. Die erste derselben zwar fiel
schon in das Jahr zuvor und bezeugt wiederum den
guten Willen des Rates. Es war die Anstellung von
Andreas Bodenstein genannt Karlstadt. Die
Bedeutung und die frühern Schicksale dieses Mannes,
der bald Luthers Kampfgenosse, bald sein Gegner gewesen war, lassen wir hier bei Seite; wir reden nur von
seiner Berufung nach Basel. Dieselbe gieng von dem
Wunsche des Myconius aus. „Wir brauchen einen gelehrten, verständigen, klugen Mann; wenn du einen sol-

---

[1]) Thommen S. 23 not. 1. Univers. Bibl. F. III. 41, Beiblatt
zu S. 154: „der Herren Deputaten Antwort auf Herrn Rector und
Regenten löbl. Univ. zu Basel fürgetragene Artickel."

[2]) Das Genauere darüber s. Thommen, S. 49 f, mit treffender
Beurteilung.

chen weisst, sei es unter den Deinigen oder sonstwo, der unsrer Kirche zur Hilfe könnte gegeben werden, so theile es mir so bald als möglich mit". So schrieb Myconius an Heinr. Bullinger am 20. März 1534.[1]) Etwa einen Monat später antwortet Bullinger, indem er Karlstadt empfiehlt, der als Flüchtling Ende 1530 zu Zwingli gekommen, von demselben als Prediger am Spital, dann zu Altstätten im Rheinthal angestellt worden war,[2]) nun aber seit der Kappeler Catastrophe ohne rechtes Amt zu Zürich lebte. „Er ist sehr gelehrt und gewandt in den heiligen, dazu auch den profanen Schriften und Disputationen. — Du brauchst nicht zu fürchten, dass der Mann so sei wie ihn Luther schilderte; er ist sehr sanft, demüthig und in jeder Hinsicht vollkommen". So Bullinger. Als aber am 25. Mai die Vorgesetzten der Basler Kirche, während einer zufälligen Anwesenheit Karlstadts in Basel, beschlossen ihn zu berufen und dies an die Zürcher Kirchenvorsteher berichteten, machte der Zürcher Rat Schwierigkeiten. Doch wurden die Schwierigkeiten beseitigt. Das Protokoll der Basler „Bannherren", d. h. wohl in diesem Fall „der Verordneten der Kirche" oder des Kirchenrats, berichtet zum 28. Juni 1534, man habe darüber beraten, Karlstadt „zu Zeiten Abends oder Morgens predigen zu lassen, ob er dem Volk anmuthig sin welle" und ihn dann anzustellen.[3]) Auf den 1. Juli erfolgte wirklich durch den Rat die Ernennung Karlstadts zum Professor des alten Testaments: „er soll

---

[1]) Die bezüglichen Briefe s. bei Joh. Conr. Füsslin: epistolae ab ecclesiae Helvet. reformatoribus vel ad eos scriptae, Tigur. 1742 N⁰ 38 ⁰ 43. — Vgl. Kirchhofer, Oswald Myconius (1813) S. 151 f.

[2]) Mörikofer, Zwingli II, S. 340 f.

[3]) Staatsarchiv, Kirchenacten A. 9. S. 282.

in der Universität und sonst lesen und predigen und besonders Dr Paulus (d. h. Phrygio, Pfarrer zu St. Peter,
seit 1532 Prof. d. alten Test.), dwyl der ein wyten gang,
in sinem lesen verschen". Die Mitteilung dieser Ernennung durch Bürgermeister Jakob Meyer nahmen die
versammelten Pfarrer und Diacone mit Wohlgefallen auf.
Der Rat gebot auch die Aufnahme des Berufenen als
Glied der Universität — in der That ist er unter Rector
Phrygio als Ordinarius in die allgemeine Matrikel eingeschrieben und unter dem Decanat desselben Phrygio
im Jahr 1535 nach den üblichen Förmlichkeiten in die
theologische Facultät aufgenommen worden — dann „soll
er mit denen von der Universität zusammensitzen und
Ordnungen, wie und was man lesen solle, verfassen";
man solle die Bücher „in der liberey" (welcher?) in-
ventieren und in Ordnung legen. — Hienach war Karlstadt zum Gehilfen oder Ersatzmann Phrygios in der
Lectur des alten Testaments und zugleich zum Reor-
ganisator der Universität bestimmt, sofern dies den Lehrplan betraf. Er hat allerdings dann den Lehrplan der
theologischen Facultät begutachtet, und das von Thommen S. 319 abgedruckte und S. 19 besprochene Gutachten stammt wirklich von Karlstadt. Da es kein Datum
trägt, so sehe ich keinen Grund, es nicht etwas früher
als das juristische, das ins Jahr 1536 fällt, also bald nach
dem eben bezeichneten Auftrag, im Jahr 1534, verfasst
zu denken. Uebrigens erwies sich Karlstadt in den
folgenden Jahren doch nicht als so unschuldig, wie
ihn Bullinger ansah. Sein Benehmen in der Frage des
theologischen Doctorats erweist auch den in gereiften
Jahren Stehenden noch als unruhigen und charakterlosen
Menschen.

Bekam so die Universität einen erwünschten Zuwachs, so drohte ihr unter Amerbachs Rectorat ein

schwerer Verlust. Die Initiative der Strassburger Prediger veranlasste es, dass Simon Grynaeus, eine
Zierde der Basler Hochschule, auf längere Zeit nach
Tübingen geschickt wurde, um daselbst dem in seine
Herrschaft wieder eingesetzten Herzog Ulrich die Universität neu organisieren zu helfen. Schon im Mai 1534
hatten die Strassburger dem Fürsten zu diesem Zwecke,
wie auch zur Ordnung der kirchlichen Verhältnisse, die
beiden friedfertigen Männer Ambrosius Blarer und Simon
Grynaeus empfohlen,[1]) und der erstere verlangte bald
vom Herzog die Berufung seines Collegen, der „wahrlich
ein frommer, gelehrter, thürer und nit bald vergleich-
licher Mann" sei.[2]) Kurz vor dem 28. October kam Grynaeus in Tübingen an[3]) und die ersten Verhandlungen
über die Umgestaltung der Hochschule fielen in die
Monate November und December. Er war nur auf drei
Monate begehrt worden, es wurden aber acht daraus.[4])
Umsonst verlangte Bürgermeister Jak. Meyer am 21.
Januar seine Rückkehr; der Herzog bat schriftlich und
durch zwei persönlich Abgeordnete um längeres Bleiben.
Meyer insistierte zuerst darauf, dass er auf Pfingsten
(16. Mai) heimkehre: „die Sachen unsrer kilchen und
in sonderheit der hohen schulen, daran wir, die in uff-
gang zo bringen ein treffenlich costen bewendet, sind
dermossen gestaltet, dass wir zu rechter anschickung
und übung derselben des vermelten Grynei nit länger

---

[1]) Politische Correspondenz der Stadt Strassburg, Bd. II, von
Winckelmann (1887), S. 212, 18. Mai 1534.

[2]) Urkunden zur Geschichte der Univers. Tübingen (1877)
S. 165, Schreiben vom 29. Sept. 1534.

[3]) Polit. Corr. d. St. Strassb. II, S. 227.

[4]) Staatsarchiv, Erziehungsacten Y, 4; langer Zettel, S. 2
von vorn.

dan bis Pfingsten nechstkünftig mögen noch wüssen ze
geratten". Man habe nicht wenig unsrer Sachen bis auf
seine Herkunft verschoben; wie man denn wirklich die
Kirchensynode um dieses Grundes willen länger als sonst
hinausschob und sie erst am 11. August abhielt.[1]) Und
wiewohl der Bürgermeister den Termin noch weiter
hinausschob, mischte sich doch noch der Strassburger
Rat auf Bitten der Strassburger Prädikanten darein:
die Tübinger Universität sei zwar gut dotiert, aber noch
unvollständig besetzt, und besonders sei die Religion
„der jungen Gesellen, die in Sprachen und Künsten ihre
Uebung haben" nicht wohl bestellt; es sei Streit im Land
um der Confessionen willen; nun habe Grynaeus, der
beim Fürsten sehr beliebt sei „in allem sinem Wesen
und Thun eine grosse Holdseligkeit"; Basel solle um
des Reiches Christi willen die Bitte des Herzogs erfüllen,
der um Verlängerung der Frist nachsuche. Man beharrte
aber zu Basel auf der Heimkehr des Grynaeus, den man
nicht entbehren könne, hingegen schickte man an seine
Stelle Paul Phrygio (Miss. 17 Juni = Polit. Corr.
Strassb. II, S. 276). Kategorisch schrieb nun Jak. Meyer
an Grynaeus, er solle mit dem Ross, auf dem Phrygio
hinausreite, in Begleitung des Ratsdieners Oswald alsbald heimreiten, doch zuvor noch in Strassburg vorsprechen und sich mit Dr Capito beraten, wie sich die

---

[1]) Die auf Grynaeus Abwesenheit und Heimberufung bezüglichen Actenstücke, etwa zwei Dutzend an der Zahl!, befinden sich
teils in den Missiven Bd. 31, S. 306, 307, 308, 343, 361, 362 f.,
367, 387, 395, 412 f., 463 f., 469 f., 473, 474, 478 (Schluss): teils
in dem Fascikel: Erziehungsacten Y. 4. St. 73, B, No 1. Es sind
13 Actenstücke. Im Folgenden unterlasse ich im Allgemeinen eine
genauere Bezeichnung dieser Stücke, da sie keine besondere Sig-
natur tragen. Ich citire nur „Miss." oder „Y".

Kirchen- und Universitätssachen am besten anrichten liessen. Nach vieler Mühe hatte man zu Basel nun den „theuren Mann" wieder, und die Universität feierte, wie oben erzählt, seine Ankunft am 13. Juli durch ein Festmahl.

Aber man war der Plagerei noch nicht los. Da Butzer eine Concordie der Reformierten und Lutheraner in Würtemberg und den süddeutschen und schweizerischen Städten betrieb, und für dieselbe den milden und gelehrten Grynaeus als den zweckmässigsten Befürworter beim Herzog ansah, wünschte er, Ulrichs Bitten unterstützend, nochmals eine Absendung desselben nach Tübingen auf längere Zeit. Capito unterstützte das Gesuch zuerst persönlich, dann in einem an Bürgermeister Adelberg Meyer und den Rath der XIII gerichteten Schreiben (17. September 1535, Y) mit ernstlichem Drängen „umb Gottes Willen, gantzer kilchen und vorab den christlichen Städten zu gut". Sofort nach dem ersten Angriff, am 6. September, versammelte Amerbach die Regenz; er und Oswald Bär begaben sich Tags darauf zu Grynaeus, ihn zum Bleiben zu bereden, was auch gelang; die beiden als Vertreter der Universität und Myconius im Namen der Pfarrer traten vor die Deputaten im Rathaus und legten am 25. September vor beiden versammelten Räten ihre Protestation ein. Diese legte Amerbach in einem ausführlichen, von der Regenz genehmigten und officiell ausgefertigten Schriftstück nieder, das man den Strassburgern durch den Ratschreiber Heinrich Ryhiner unter Beigabe einer ausführlichen Instruction für denselben am 12. Oct. persönlich überreichen liess (beide Schriften in Y). Amerbachs Gutachten, nur in seiner undatierten Originalschrift vorhanden, ist scharf und schneidig. Er sieht das vom Rat löblich begonnene Werk der Wiederaufrichtung der

Universität gefährdet; zu diesem brauche man nicht
nur „eine satte Fundation", sondern auch „fürpündig
gelerte Leute"; denn so wenig sonst ein köstliches Werk,
bei aller vorhandenen Materie, vollendet werden könne
ohne „verrümpt und kunstrich werklüt", so müsse man
sich auch für eine Universität nach besonders gelehrten
und namhaften Leuten umsehen oder, wenn man solche
habe, sie festhalten. Ein solcher sei Grynaeus. Da man
ihn nun dem Herzog längere Zeit geliehen, hätte man hoffen können, dass der Fürst sich an dieser Vergünstigung,
die uns Schaden brachte, werde begnügen lassen, nun
aber sei derselbe „nit allein nit umb empfangene Freundschaft vergnügig, sondern unterstehe sich auch durch
die benachbarte und bei Basel vielvermögende Stadt
Strassburg ihn für sich zu gewinnen". Denn Amerbach
schloss, wie er in seinen Rectoratsnotizen bemerkt: weil
Ulrich den angebotenen Butzer nicht annehmen wolle,
so stecke etwas Anderes dahinter. Und da es sich
herausstellte, dass Grynaeus während seiner langen Anwesenheit nie um die Sache der Concordie, sondern nur
um die Universität gefragt worden war, so schien dies
nur der Vorwand, unter dem man ihn bleibend für die
Universität gewinnen und Basel entziehen wollte (s. die
Instruction für Ryhiner). Amerbach fährt fort, man
zerrütte „das ehrliche und christliche Fürnemmen des
Raths der Universität halb", wenn man dem Fürsten
willfahre. Man könne den Grynaeus nicht mangeln:
wegen seiner „ausbündigen Erudition", wegen seiner
Lehrgabe, die ihm vor Andern von Gott gegeben sei,
wegen seines berühmten Namens, der viele fremde
Studenten hieher ziehen werde; denn er könne in allen
Disciplinen, der Theologie, den Rechten und der Medicin
lesen; wenn man ihn fahren lasse, wisse die Universität
keinen, der mit solchem Ruhm und Namen die Stadt

vertreten möchte. Ausserdem sei der Fürst mit Mitteln und Personen reichlich ausgestattet, Basel aber nicht. Das Begehren sei daher unbillig. Nur wenn der Rat „nach verrümpten lüten stelle" und die, so er habe, „nit von Handen lasse", werde er sein löbliches Vorhaben mit der Universität fortsetzen können, „ dadurch ohn Zwyfel die Ehr Gottes geuffnet, brüderliche Lieb gepflanzt, alle Tugend ingesetzt, das Lob einer Stadt Basel gemehrt und gemeiner Nutz in allweg erhalten werde". Das solle man unsern guten Nachbarn, den Strassburger Prädicanten, vorhalten, damit sie hinfür die Basler Obrigkeit mit solchen Schriften des Grynaeus wegen in Ruhe lassen; sicherlich, wenn sie die Notdurft unsrer Universität kennten, „so hätten sie sich längst ihres Anforderns gemüssiget", sich vielmehr beflissen, uns gelehrte und berühmte Leute zu verschaffen als zu nehmen. —

Diese Sprache war deutlich, und sie wurde ohne Zweifel von Myconius im Namen der Kirche bekräftigt. So lautete denn der Bericht, den der Rat durch Ryhiner an die Strassburger erteilen liess, abweisend. Dem Herzog liess er seine Abweisung durch ein Schreiben an Jacob Sturm, der als Strassburger Gesandter in der Concordiensache am Hofe weilte, ebenfalls näher begründen und entschuldigen (Y „ultimo", d. h. wohl am 31. October). Hier begegnet das Bekenntniss, das die Stimmung des Rates in damaliger Zeit wiedergiebt, „dass wir leider (welches Euer Gnaden vertruwlich ze reden ich Befehl hab) mit gelehrten und erfahrenen Vorständern, so die Händel der Kilchen mit Frucht usrichten und regieren möchten, nit versehen noch gefasst, als dan unser Notdurft erheuscht und wir by den Ziten der türen Manns Oecolampadii seliger Gedechtnuss gehabt haben".

Somit war wenigstens der gelehrte und fromme Freund Oekolampads erhalten. Er versah, wie das letzte Schreiben sagt, „die zwo fürnemsten Lectionen, die eine in heiliger Schrift, die andre in der Dialectik und Philosophie". Freilich die erstere wider den Willen der Universität. Die Regenz beklagte sich (3. März 1536), dass ohne ihr Vorwissen vom Rat dem Grynaeus die theologische Professur gegeben worden sei; das sei wider die Verabredung, dass man bei Veränderungen der Anstellung die Regenz nicht frage; jedoch, weil es die Obrigkeit nicht also geschickt erachte, müssten sie das lassen geschehen, wollten aber erklären, dass an dieser Mutation der Universität nicht wenig abgehe, da Grynaeus „communem lectionem" gehabt ad omnes disciplinas; damit ist wohl eben „Dialectik" gemeint. Sie erklärten sich unverantwortlich für den Schaden, der daraus der Universität erwachse". Für die Dialectik wurde dann, wie später zu berichten ist, ein Stellvertreter gesucht. Doch muss Grynaeus in der philosoph. Facultät geblieben sein, da er 1537 deren Decan war und in eben dieser Zeit über Aristoteles Topica las.[1])

In andern Professuren sah es damals noch etwas precär aus. Der Mathematiker Wolfgang Wissenburg, sonst Theologe und Pfarrer zu St. Theodor (Matrikel 1536), klagt in der Juni-Regenz über zu kleines Salar; er wolle noch ein halbes Jahr lesen, man solle aber für einen Ordinarius sorgen; nochmals wird die Forderung, unter Mahnung der Deputaten, am 14. Aug. 1535 gestellt; und da sich nun Wissenburg weigert weiter

---

[1]) Matrikel d. philos. Fac. — Vorwort des Sebastian Lepusculus zu: Aristotelis octavus Topicorum liber mit Anmerkungen von Simon Grynaeus, Basil. 1544: nach Collegienheften; Mitschüler war Ardisaeus.

zu lesen, auch Münster nicht kann, so wird ein Mediciner Christiernus Morsianus aus Dänemark, der 1534 unter Rector Phrygio als Studierender in die Universitäts-Matrikel eingeschrieben ist, auf sein Anerbieten für das Fach angestellt. Er liest wirklich vom Spätjahr 1535 bis Frühjahr 1536, wo er mit einer halbjährlichen Besoldung von 10 Gulden und einer „Verehrung" von 5 Gulden nach Frankfurt, wohin er reist, entlassen wird.[1] Man versuchte nun allerdings die mathematische Professur höher zu besolden (Regenznotizen zum 11. und 16. Februar). Aber es scheint, dass Wissenburg, der im Jahr 1540 unter dem Decan Karlstadt noch den theologischen Doctor machte (theol. Matr.), damals die mathematische Vorlesung' abtrat an Vitus Ardüsacus aus Graubünden (Thommen S. 353). Er erhält am 4. Febr. 1541 „als Prediger des Domstiftes und ordentlicher Leser der heiligen Schrift" ein halbes Canonicat zu St. Peter mit dem Versprechen der ganzen Chorherrenpfründe, wenn er einst die Predigerstelle aufgebe und sich ganz der Universität widme;[2] er wurde aber nach Karlstadts am 24 December 1541 erfolgten Tode Pfarrer zu St. Peter.

Als zweiter Lehrer der Medicin wurde Sebastian Sinkeler angestellt, von dem das Gutachten über den medicinischen Lehrstoff (Thommen S. 322) stammt. Er ist, laut Amerbachs Notizen, am 17. März 1536 als „doctor Medicus novus ordinarius" dem Universitätskörper beigetreten. Die Verhandlung mit ihm wird aber schon zum 26. Juli 1535 berichtet. Hienach ist „schon etlich

---

[1] So verhält es sich nach Amerbachs Rectoratsnotizen mit diesem bisher unsichern und von Athenae Rauricae fälschlich „Morfianus" genannten Mathematiker: vgl. Thommen S. 353.

[2] Staatsarchiv, Deputatenamt MM 5: Exspectanzbriefe für Canonicate zu St. Peter.

mol siner bestallung halb mit ihm gehandelt worden". Er ist auf Matthiae dieses Jahres angekommen,[1]) hat aber, wie es scheint, zuerst nur als Stadtarzt gewirkt, wofür er 80 Gulden erhält; nun soll er auch die Lection „versehen flyssiglich wie ein andrer Professor". Ein Haus, das er begehrt, wird ihm unter den ehemaligen Priester- oder Domherrenhöfen von den Deputaten in Aussicht gestellt, doch ohne Verbindlichkeit, und erst „wenn er sich herzunahe".

Später wurde ihm von dem Stift St. Peter so bald als möglich eine Chorherrenpfründe „so unser Herren die Räth als Patroni und Collectores zu Erhaltung der Universität verordnet", in Aussicht gestellt, wenn nämlich Doctor Alban zum Thor und Dr Wolfgang Wissenburg zwei solche erhalten hätten. Die Versprechung wird Sinkeler gegeben als dem Ordinarius der Arznei „zu Ergetzung der getreuen Diensten, als täglichem Leser an der Universität und für sein Arznen bei der gemeinen Burgerschaft, damit er sein Leben lang bei uns bleibe".[2])

Für den durch Grynaeus' Versetzung erledigten Lehrstuhl der Dialectik suchte man einen Ersatzmann. Da bot Grynaeus am 10. November 1535 den eben in Basel anwesenden Peter Caroli, einen Pariser Theologen, dafür an. Es ist dies der als Gegner Calvins und Virets auf den Gesprächen von 1536 und 1537 in Lausanne und Bern und wegen seiner spätern Apostasie berüchtigte Franzose. Er schrieb sich am 14. März 1536 in die Matrikel ein. Um ihn in seiner momentanen Geldverlegen-

---

[1]) Am Gastmal des Grynaeus (13. Juli) wird er als Teilnehmer erwähnt als „Doctor Sebastian Medicus von nideren Baden."
[2]) Staatsarch. Deputatenamt MM 5: Exspectanzbrief vom 28. Febr. 1541.

heit zu unterstützen, bot man ihm die Lectur vicariats-
weise an, „obschon diese Stelle allerdings für seinen
Grad gering sei". Aber ehe er antritt, heisst es, er sei nach
Neuenburg als Prediger berufen.[1]) Nun setzt es Amerbach durch, dass man den schon längst von ihm zu einer
Berufung ausersehenen Hieronymus Gemusaeus aus
Mülhausen, der einst in Basel studiert und in Turin den
Doctor der Medicin erworben hatte und sich noch dort
befand, für philosophische Fächer hieher berufe.[2]) Amerbach schreibt nun an ihn — durch einen über Turin
reisenden „Spanier" — im Auftrag des Oberstzunft-
meisters Brand, am 21. April 1536. Doch musste für
seine Besoldung dadurch gesorgt werden, dass Amerbach aus dem Legat des Erasmus, das er verwaltete,
für einmal 40 Gulden vorstreckte. Er sollte an der Universität „Philosophie oder Anderes" lesen und zugleich
„Medicus der Obrigkeit" sein. Der Amtsantritt wird auf
Ostern oder Pfingsten 1537 in Aussicht genommen.[3])

In den nächstfolgenden Jahren berief man noch ver-
schiedene weitere Docenten: 1536 im November Petrus
Pitrellius als Professor für Codex Justinianeus (jurid.
Matr.), den Verfasser des Gutachtens für den juristischen
Lehrplan (Thommen S. 321 f.); im März 1537 Johann
Sphyractes oder Jeuchdenhammer für Institutionen
(Thommen S. 336 ff.); 1537 Sixt Birk für Oratorik
(Thommen S. 351); Hieronymus Artolph, der 1538
als Candidatus Medicinae Rector und 1540 Professor der
Logik ist; endlich Johann Oporin, 1538—1540 Pro-

---

[1]) Ernst Stähelin, Leben Calvins, I, S. 133. 138.

[2]) Thommen, S. 352, No 4. Ein früheres Schreiben Amerbachs an ihn, das von dem Zögern des Rates spricht, muss etwas
früher fallen. Es ist mitgeteilt in meinem Amerbach S. 286 f.

[3]) Verabredung am 20. Sept. 1536 in Amerbachs Schedae.

fessor des Griechischen.[1]) Bis zum Jahr 1540 waren also
die Lehrstühle ordentlich besetzt, so dass 2—3 Theologen,
3 Juristen, 2 Mediciner lehrten, und die philosophische
Facultät in allen nöthigen Disciplinen Vertreter hatte.
Ueber die letztere bemerkt daher der im Jahr 1540
erwählte Decan Hieron. Artolph aus Graubünden, dass
damals die Artistenfacultät „die schon längst kläglich
vernachlässigt war, wieder in ihr Ansehen gelangte"
(philos. Matr.). Nun bedurfte sie aber noch einer zweck-
mässigeren Vorbildung, als die bisher angeordneten untern Lateinschulen sie gewährten. Was Amerbach als
Rector des Jahres 1540 auf 1541 auch hiefür zu thun
beflissen war, ist an anderm Orte von mir dargestellt
worden.[2]) Für die Sache der Universität hatte er durch
sein energisches und einsichtsvolles Wirken im Rectoratsjahr 1535 auf 1536 einen wenn auch zunächst nicht vollständigen Erfolg erreicht, so doch einen nachhaltigen
Einfluss ausgeübt. Einer seiner Collegen stellt ihm daher
das Zeugniss aus, dass er „für die Herstellung der fast
zusammengesunkenen Basler Hochschule ein unvergleich-
licher Camillus geworden sei."[3]) „Verrümpte" Professoren
waren ausser ihm selbst und Grynaeus keine vorhanden,
denn Münster gewann erst durch seine i. J. 1543 zum
ersten Mal herausgegebene Kosmographie einen Namen,
und Karlstadt verdankte seine Berühmtheit nicht der

---

[1]) Thommen, S. 356. Er tritt von dieser Stelle und der
eines Probstes am Augustinerkloster zurück auf Lucie 1540, wie
aus dem jüngst aufgefundenen Actenstück des Staatsarchivs Erziehungsacten (noch nicht signiert) hervorgeht. Doch trat er im
Dec. 1541 wieder in die academ. Thätigkeit ein. Thommen S. 357.

[2]) Geschichte des Gymnas. in Basel (Festschrift 1889), S. 27 ff.

[3]) Epist. erudit. virorum saec. XVI, tom. I, S. 382: Albanus
Thorinus aus Niedernbaden an Amerbach, am 16. Sept. 1535 „cuius
unicus quasi Camillus existis."

academischen Thätigkeit; aber tüchtige Leute besass die
Basler Hochschule nun doch genügend, und die Studenten-
zahl war in erfreulichem Steigen begriffen.

IV. Universität und Kirche 1538 und 1539.

Eine neue Gefahr erhub sich für die Basler Universität in den Jahren 1538 und 1539, als es zu Erörterungen kam über das Verhältniss der Universität zu
Staat und Kirche. Die Universität verlangte vom Staat
eine grössere Selbständigkeit der innern Verwaltung, als
ihr das Statut von 1532 zu gewähren schien. Sie drang
auch mit ihrem berechtigten Begehren in der Hauptsache durch: der Regenz wurde in den Ergänzungs-
statuten vom 26. Juli 1539 volle Gewalt gegeben
ihre „Anliegen der Schulen und Künsten halben zu ver-
walten",[1]) und bei der Berufung der Professoren erhielt
sie wenigstens neben dem Rat das Recht der Mitwirkung. — Diese Verhandlungen und Beschlüsse sind
von Thommen klar und bündig, soweit es nach den
lückenhaft überlieferten Acten möglich ist, erörtert worden (S. 21—26).

Zugleich aber zeigte sich hiebei eine neue Schwierigkeit, die von der Geistlichkeit als den Vertretern der
Kirche erhoben wurde. Und auf diese Frage, die mir
bisher noch nicht genügend aufgeklärt scheint, möchte
ich hier, an der Hand einiger neu aufgefundenen Do-
cumente, näher eingehen.

---

[1]) Die neuen Statuten sind bei Thommen, S. 325, abge-
druckt. Das von ihm benützte Exemplar liegt jetzt in der Mappe
Erziehungsacten X. 1, 16—17 Jahrh. Eine Abschrift im Erkanntniss-
buch IV fol. 169: ebenso Erziehungsacten X. 2 und Antiquitates
Gernlerianae tom. I, S. 181—183; endlich Universitätsbibl. A λ.
III. 16.

Es muss angeknüpft werden an die anfängliche Reformationsordnung, welche der Rat am 1. April 1529 erlassen hatte. Hier ordnete er, die weltliche Behörde, die innern Angelegenheiten der Kirche bis ins Einzelne hinein. Er that es mit dem Bewusstsein, dass es eigentlich Sache einer Kirchenbehörde wäre einzugreifen; „unangesehen — heisst es im Vorwort der Reformationsordnung — dass solche Dinge den geistlichen Oberen, wo ihnen unsrer Seelen Heil angelegen, billiger zu fördern zuständе". Indessen hielt sich der Rat als die von Gott eingesetzte Obrigkeit verpflichtet, alle dem Evangelium entsprechenden sittlichen und kirchlichen Ordnungen zu erlassen und mit Strafgewalt zu handhaben, und fühlte sich dergestalt eins mit „der Kirche Christi zu Basel", dass er bald nicht mehr provisorisch, sondern definitiv schaltete und waltete über Schule und Kirche. Aber niemand erhob· dagegen Einsprache im Namen einer freiern, selbständigern Stellung der Kirche gegenüber dem Staat.

Und doch war in gewissen Puncten Weltliches und Geistliches so vermischt worden, dass das Resultat ein unziemliches, wenigstens unchristliches werden musste. Das geschah vor Allem mit dem Bann. [1]) Die Reformationsordnung vom 1. April 1529 spricht den Grundsatz aus, dass Leute, die in offenbaren Lastern leben — es wird eine Reihe derselben aufgezählt — nicht am Abendmahl Teil nehmen dürften, denn sie „schmähen den Leib Christi, als ungesunde und dürre Glieder".

---

[1]) Im Zusammenhang ist die Frage dargestellt bei Herzog, Oekolampad II, S. 192—214. — Anderes, besonders aus der spätern Zeit s. bei Kirchhofer, Oswald Myconius (1813) S. 131 ff. und sonst; ebenso Hagenbach, Oswald Myconius (1859) S. 346 ff.

Das Recht und die Pflicht, nach 2 maliger vergeblicher
Mahnung den Bann zu verhängen, spricht sie den Pfarrern zu. Ein Jahr später, vor der Synode von 1530, ent-
wickelte Oekolampad selbst seine Ansicht von der Sache
und schlug ein abweichendes Vorgehen vor. Auf den
Worten Christi von der Schlüsselgewalt (Matth. 18) und
dem Verfahren des Paulus gegen den fehlbaren Corin-
ther (I. 5) fussend, erwies er die Notwendigkeit einer
Sittencensur und die Art, wie sie ausgeübt werden solle.
Zweck ist ihm nur die Reinhaltung der kirchlichen
Gemeinschaft, nicht die Bestrafung des Sünders; dieser
schliesse sich vielmehr selbst durch seine Verstocktheit
aus, werde aber auf seine Reue hin sofort wieder aufgenommen. Noch ausführlicher begründet Oekolampad
seine Ansicht in einem langen Brief an Haller in Bern.
Hier sucht er besonders zu scheiden was der weltlichen
Obrigkeit und was der Kirche zukommt. Die letztere
will nicht strafen, sondern liebevoll mahnen und muss,
wenn alle Mahnung nicht fruchtet, um ihrer selbst
willen ausschliessen. Die Strafe aber überlässt sie der
weltlichen Macht, die das Schwert hat und allerdings,
selbst mit Gewalt, Christi Feinde schlagen und die be-
drängte Kirche schützen darf. Nach Oekolampads Vorschlag wurden nun für jede Stadtkirche und für das
Land Bannherren aus weltlichen Gemeindegliedern aufgestellt, welche in Verbindung mit dem Pfarrgeistlichen
eine dreimalige Warnung sollten ergehen lassen und
dann den Bann aussprechen. Der Bann war eine Art
Interdict, das jeden Verkehr mit dem Gebannten bei
Geldstrafe untersagte. Bald wurde das Vorgehen gegen
einen Verzeigten noch dadurch verlängert und verschärft,
dass eine vierte Mahnung und Vorladung vor den
Rat angeordnet wurde, ehe die Bannung erfolgte. —

Die ganze Verordnung aber führte in zwei Richtungen zu Missständen. Einerseits wurde sie, entgegen der ursprünglichen Absicht, zur Härte und zum Gewissenszwang. Während Oekolampad selbst es getadelt hatte, dass in der frühern Kirche „Pharisäer Zerfleischer der Gewissen" gewesen seien, indem sie wegen menschlicher Einrichtungen den Bann verhängten: versuchte im Jahr 1530 der Rat durch neue Verordnungen auch Solche, die dem Abendmahl fern blieben, mit Bann, ja mit Ausstossung aus der Stadt zu seinem Willen zu zwingen; und Oekolampad billigte dieses Vorgehen. Unter solchen Massregeln litt einer der edelsten Bürger, Bonifacius Amerbach, bittern Kummer und sah sich, wenn auch die Execution nie eintrat, doch mehrere Jahre lang damit bedroht. In seinem Fall war es in der That Ausübung eines harten Gewissenszwanges.[1] Wahrscheinlich hat Capito an ihn und seines Gleichen gedacht, als er in einem längern Vortrag vor der Synode von 1532 die Unanwendbarkeit des Bannes auf Leute abweichender Lehrmeinung bei sonst christlicher Gesinnung ausführlich erörterte.[2]

Aber auch in entgegengesetzter Richtung war der Bann eine verfehlte Massregel: er konnte selbst in seinem ursprünglichen Sinn nicht wirksam durchgeführt werden. Ein Mal über das andere musste der Rat die bezüglichen Mandate erneuern. Man vernahm in der Synode von 1532 (22. December), dass die Bannherren auf dem Lande aus ihnen selbst das Gespött machten und sich selbst vor dem Volk hinstellten, als

---

[1] Die ganze Verhandlung s. in meinem Amerbach S. 81 ff. und den zugehörigen Briefen.

[2] Kirchenbibliothek K. A. C. IV. 1. S. 169 – 170, Datum: 28. Mai 1532.

wären sie „Kalthansen" (d. h. böswillige Angeber).[1]) Noch im Jahr 1538, als man am 23. Juli Synode hielt, musste man von Marx Bertschi, Pfarrer zu St. Leonhard, vernehmen: die Bannherren richten nichts aus; es wolle Niemand die rechte Einsetzung des Bannes verstehen und auch nicht in freundlicher Weise sich strafen (d. h. zurechtweisen) lassen. Die Bannherren würden „übel verdacht und verargwohnt". Er verlangte daher vom Rat stärkern Schutz der Bannherren. So bestätigte auch Pfarrer Löw von Gelterchingen: die Bannbrüder auf dem Land übten den Bann nicht; sie erklärten: in der Stadt seien die Laster zweifach so arg, darum wollten s i e keinen Unwillen auf sich laden u. s. w. Darauf hin und später wiederholt erneuerte der Rat seine frühern Beschlüsse: nach dreimaliger vergeblicher Warnung seien die Fehlbaren, in der Stadt durch die Bannherren, auf dem Land durch die Obervögte, den Herren Häuptern zu verzeigen, die sie vor Rat noch einmal warnen und eventuell zuletzt von den Bannherren sollten bannen lassen (1539, 19. Nov.). Zugleich aber wurde den Prädicanten eingeschärft, sie sollten nicht, wie bisher, strafwürdige Sachen „gleich uff den Cantzlen ausschreien, ein Oberkeit und gantze gmein verkleinern und unruwig machen, sondern solche Dinge zuerst den Häuptern zum Strafen und Abstellen anzeigen". Darüber aber bricht nun gar der Antistes selbst, Oswald Myconius, in heftige Klagen aus, indem er seinem Freunde Capito das Herz ausschüttet (23. December 1539)[2]): „strafwür-

---

[1]) Dies und das Folgende im Bande der Kirchenbibliothek C. IV. 1.

[2]) Erkantnus den Synodum und Bann betreffend: Antiq. Gernl. I. S. 92—95; ebenso Kirchenbibl. Beiträge zur Kirchengesch. Basels I. No 35. — Der Brief des Myconius: Variae antiquitatt. eccles. Bas. tom. I. S. 27; Univ.-Bibl.

dige Laster dürfen nicht öffentlich getadelt werden; man
soll sie den Häuptern anzeigen. Ist denn dies das Amt
eines Predigers, der mit Worten, nicht mit Schlägen
züchtigen soll? Der Pfarrer wird hintangesetzt: er muss
den Bannherren das Mahnen überlassen, muss ihnen
Anzeige machen, aber ihrer Beratung beizuwohnen ist
ihm strenge untersagt. Ehebruch darf er nicht berühren,
bis ihm der Fehlende vom Rat überwiesen ist: natürlich,
damit doch die Bannherren nicht umsonst eingesetzt
seien! Zu alledem haben wir nichts zu sagen. Soll eine
solche Verachtung, und der Hass der darin steckt, Einem
nicht den Gedanken ans Weggehen wecken? Doch Nein!
Die Kirche ist mir zu lieb als dass ich sie verliesse. Wir
wollen Christum lehren, in ihm die Gewissen ermuntern
zu der uns geschenkten Gnade, den Lastern väterlich
mit dem Worte steuern, da sie vom Unglauben herrühren,
den Rat an seine Pflicht mahnen, so lange der Herr
Kraft giebt. Das Andre wollen wir Gott befehlen."

Als der Rat später nochmals seine Ordnung ein-
schärfte (September 1542 — es geschah dann aufs neue
1553, 23. December), rechtfertigte er sich den Geistlichen
gegenüber: „Und ist den Predicanten me zů guttem
geschehen, das man die so dry malen gewarnet vor Rath
fürstellen sollen. Dann mit solchem fürstellen wirt bezeugt, das der so nochmalen [d. i. nachmals] verbannet,
mit willen und wüssen der Oberkeit in Bann gethan
wirt; das mag dan steiff bleiben, so das geistlich vom
Weltlichen gehandthabt wirt. Und ist doch der Bann-
ordnung hiemit nütt genommen". Allerdings nicht, aber
die Geistlichen konnten sich doch mit Grund beklagen,
dass sie von der weltlichen Behörde als Ankläger derjenigen angestellt wurden, die ihrer geistlichen Pflege
befohlen waren. Wir sehen darin einen Eingriff des
Staates in das Gebiet der Kirche. Dass die Obrigkeit

in einer noch vielfach sittenlosen Bürgerschaft — davon
könnten aus den Synodalverhandlungen noch mancherlei
Beispiele angeführt werden — gute Sitte zu fördern
ernstlich bestrebt war, kann nur gebilligt werden. Aber
wenn sie die Geistlichen zwang, ihr Polizeidienste zu
thun, so war dies das Vermischen von zwei Gebieten
des Lebens, welche scharf zu scheiden sind.

Der Mangel einer reinlichen Scheidung von Geist-
lichem und Weltlichem in der öffentlichen Verwaltung
musste Missstimmung erzeugen zwischen Geistlichkeit
und Rat; beide äusserten wiederholt Klagen gegen einander.[1] So an der Synode von 1533 (12. Mai). Während wieder Marcus Bertschi die Geistlichkeit gegen
das allgemeine Stadtgespräch in Schutz nahm „der Rath
müsse der Pfaffen Knecht syn", mussten die Pfarrer
vom Rat mehrfachen Tadel vernehmen: wegen ihrer
Kleidung, dass die Frauen Einiger zänkisch seien und
kleiderprächtig, dass sie ihre Kinder schlecht erzögen,
dass sie Männer und Frauen zu Bittgesuchen veranlassten und damit das Schwert der Obrigkeit gegen Uebel-
thäter hinderten; sie brächten die Landleute gegen
die Stadtbürger auf und machten so diese gegen ihre
Regierung rebellisch: die Städter seien schon an sich
auflüpfisch genug! — Umgekehrt wiederholt sich die
Klage der Geistlichen gegen die Obrigkeit wegen der
Besoldungen. Während Oekolampad 1530 (in der Rede
über den Bann) noch erklärt hatte „parochis provisum
est sat liberaliter", hören wir jetzt von Myconius (1533)
und von Grynaeus (1537): die Gehalte würden den
Pfarrern nicht ordentlich ausbezahlt; es sei anstössig,
dass der Pfarrer von seinen Untergebenen Geld ein-

---

[1] Kirchhofer, Myconius S. 312 ff. hat darüber das Wichtigste zusammengestellt.

treiben müsse. Oefter auch wird die Verschleuderung
der Kirchengüter getadelt. So von Bertschi (23. Juli
1538): denn aus den Kirchengütern seien Geistliche und
Diacone zu erhalten und in den Schulen junge Leute
aufzuziehen für das Predigtamt. — Und weiter fügt er
bei: Im Pabstthum hätten die Geistlichen „von dem
Pabst und allen seinen Gliedern" grossen Schutz, Schirm
und Rücken gehabt, seien geehrt und gefürchtet gewesen.
Da man jetzt Orgel, Messe und anderes äussere Gepränge
abgeschafft habe und das Predigtamt für das höchste
gehalten werde, so sollten jetzt die Prediger in Ehren
stehen. Sie seien aber in Verachtung gekommen wie auch
das göttliche Wort selbst, das von der Obrigkeit nicht
tapfer genug gehandhabt werde. Das sei ein Schaden auch
für den Staat. — Wiederum antwortete der Rat auf solche
Vorwürfe (3. Juli 1537): Wir weigern uns einer Zurechtweisung als unvollkommene Menschen nicht. Aber die
Geistlichen reden von ihren eigenen Fehlern kein Wort,
und doch geben sie und ihre Familien zum Teil durch
ihren Wandel der christlichen Gemeinde Aergerniss. Man
hätte die Obrigkeit vorher von dem was man gegen sie
zu klagen habe in Kenntniss setzen können statt so
öffentlich zu handeln. —

Um solchen anstössigen Erörterungen in den Synoden
den Riegel zu schieben, beschlossen auf den 19. Nov.
1539 beide Räte einhellig: Da in der Reformationsordnung die jährliche Abhaltung von Synoden mit gegen-
seitiger Sitten- und Lehrcensur verordnet worden, diese
Ordnung aber dadurch verletzt worden sei, dass man zu
Zeiten Sachen tractiert habe, „die für ein Oberkeit und
nit für den Synodum gehört haben", so sollten die
Synodi künftig nach den Vorschriften der ersten Institution, wie sie auf den Rat Oekolampads eingerichtet
worden, gehalten werden. Und nun wird genau die Form

der Synode vorgeschrieben, sowohl für die Einladung wie für die einzelnen Tractanden. Gleichzeitig wird auch der Kirchenrat oder die „Synodusherren" abgeschafft und werden seine Functionen „den beiden Räthen als der ordenlichen Oberkeit und nit sondern Personen" zugewiesen. Man hatte nämlich am 9. Sept. 1532, weil der Rat mit vielen Stadtgeschäften beladen sei, das „was die Geistlichkeit anrürt" einer besondern Commission übertragen, in welcher nebst den 4 Pfarrherren der Stadt die Häupter, acht Ratsherren und 4 Bürger sassen.[1]

Die Verordnung gab dem Myconius (in dem oben citierten Brief an Capito, 23. Dec. 1539) wieder Anlass zu herben Klagen: „Sie wollen uns vorschreiben, wie wir die Synode abhalten sollen. . . . . Wir sollen uns gegenseitig anklagen vor den Abgeordneten des Raths, die als Richter dasitzen werden; denn wenn sie alles angehört haben, können sie uns abtreten lassen oder nicht, wie sie wollen. Vor dem Urteil fürchten wir uns nicht, aber davor, dass sie dabei sitzen können, ohne durch den Eid zum Schweigen verpflichtet zu sein. — Sie berufen sich mit Unrecht auf Oekolampad. Und dazu sitzt noch die Universität, namentlich die theolog. Facultät dabei: sie wird auch als Richterin gegenwärtig sein".

---

[1] Kirchhofer, Myconius S. 326. Es scheint mir, dass die „Synodusherren", deren Protokolle sich im Staatsarch. Kirchensachen A 9 finden, dieser Kirchenrat waren. Sie heissen auch „Verordnete der Kilchen"; sie beraten die Tractanden der Synode vor und führen ihre Beschlüsse aus. Ueber den grossen Kehraus, welcher über obige Dinge zwischen Geistlichen und Rat am 12. Juni und 9. Juli 1542 abgehalten wurde, s. liber Synodorum, Staatsarchiv, Kirchenacten C 3.

In solcher Stimmung befand sich die Geistlichkeit
oder doch ein Teil derselben und namentlich ihr Antistes
gegenüber dem Rate, als nun in den Jahren 1538 und
1539 ihre Stellung zur Universität geregelt werden sollte.
Es erklärt sich so die Heftigkeit, mit der die nun darzu-
stellenden Verhandlungen darüber geführt wurden. Die
Geistlichkeit bekämpfte energisch die beiden Forderungen der Universität: 1. dass alle angestellten Geistlichen der Stadt als Glieder der Universität angehören
und der theologischen Facultät in gewissen Beziehungen
zu Gehorsam verpflichtet sein sollten; 2. dass nur solche,
die einen academischen Grad, den Doctorgrad, besässen,
den academischen Lehrstuhl besteigen dürften. Der Streit
wurde beiderseits „mit Eifer und Nachdruck" (Thommen
22) geführt. Thommen stellt denselben gut und, wie
mir scheint, in der Hauptsache mit treffendem Urteil
dar; doch bedauert er (S. 30) „die einzelnen Stadien
des so interessanten Zwiespaltes nicht genauer verfolgen"
zu können, weil die „Ueberlieferung sprunghaft" (S. 22)
sei. In dieser Hinsicht glaube ich aus aufgefundenen
Actenstücken und Briefen und teilweise genauerer Aus-
beutung der ersteren so viel ergänzend beibringen zu
können, dass die ganze Verhandlung ein anschaulicheres
Bild gewährt. Dabei lernen wir zugleich die Gründe der
widersprechenden Geistlichkeit besser verstehen, als es
nach den bisherigen Darstellungen möglich war. Es ist
indessen kaum fruchtbar, den Controversen in all ihren
Einzelheiten nachzugehen; ich will versuchen den Gang
des Kampfes nach seiner Art und in seinen wichtigsten
Entwicklungspuncten zu charakterisieren.

Unter dem Rectorat des oben genannten Hieronymus
Artolph, eines Mediciners, der schon lange mit der Basler
Universität bekannt und ungefähr Altersgenosse Amer-
bachs war, begehrte die Universität am 28. Juli 1538

eine Aenderung ihrer Statuten und erhielt vom Rat den
Auftrag, ihre Wünsche schriftlich einzugeben. Es waren
6 Punkte, die sie verlangte. Was das Verlangen einer
grösseren Selbständigkeit der innern Verwaltung betrifft,
übergehe ich hier mit dem Hinweis auf Thommen, der
darstellt, wie dies schliesslich gewährt wurde. Ueber
das fruchtlose Begehren, dass ihr „ein jährliches Einkommen geschöpft" würde, habe ich oben gesprochen.
Die Gründung eines „Pädagogiums" als Vorbereitungs-
anstalt und die Ordnung des niedern Schulwesens ist
von Thommen und mir anderswo [1]) besprochen. Es bleiben also nur die zwei Artikel zu behandeln übrig,
welche die Stellung der Geistlichkeit zur Universität und
die Gradus betreffen.

Einig waren alle darin, dass die Universität von
nun an einen streng confessionellen Charakter
haben solle. Einen solchen trug ja auch der ganze Staat
Basel, seitdem er für alle seine Angehörigen im Jahr
1534 ein bindendes Glaubensbekenntniss erlassen hatte, das auf allen Zünften beschworen wurde. Ja,
der Staat betrachtete sich geradezu als die Kirche
Christi in Basel und folglich die Hochschule als
einen Teil dieser Kirche. Es war also nur folge-
recht, dass auch sie dem evangelischen Bekenntniss entsprechen sollte. Das wurde jetzt, auf Initiative der Deputaten hin, zum ersten Mal deutlich und bestimmt ausgesprochen als die erste Grundlage des ganzen Instituts,
und es muss dies darum hier vorausgenommen werden,
weil sonst alles Folgende unverständlich wäre.

Demnach bestimmt in den endgültigen Statuten der
erste Paragraph (Thommen S. 326 f.) dies: „diewyl die

---

[1]) Geschichte des Gymnasiums in Basel (1889) S. 25 f.

hoche schul . . . . nit das geringest glid der kylchen
Christi, das dann niemandts weder in grosseren noch
minderen faculteten zu ordenlichem leser angenommen
[werde], er syc dann unserer religion und habe
gemeinschafft mitt uns in dem nachtmal unseres herren Jesu Christi". Allen Lehrern aller
Facultäten wird eingebunden nichts zu lehren das unsere
heilige Religion verletzen könnte, sondern dass sie wie
alle Christen schuldig seien „den Namen des Herrn zu
heiligen, sein Reich zu erweitern und unsere Religion
hoch zu commendieren und zu preisen".

Der Einzige, von dem wir hiegegen eine Einwendung vernehmen, ist Bonifacius Amerbach. Aber nicht
gegen den Grundsatz wendet er sich, nur gegen gar
zu ängstliche Bestimmungen hinsichtlich der Rectorwahl. In einem Gutachten, [1]) das er als Mitglied der
bald zu erwähnenden Regenz - Commission separat den
Deputaten eingiebt, spricht er sich dahin aus, es sei
nicht nöthig ausdrücklich zu sagen „wie en keiner, so
dem wort gotz widerig, ein stimm haben oder zu einem
Rector erkiesst soll werden". Wir beteten alle als
Christen Christum unsern Erlöser an und seien seinem
heil. Wort anhängig: „demnoch alle, als ich hoff, begeren
zu fürdren den frummen und abwenden den schaden,
begeren selig zu werden". Und wenn dennoch, was Gott
verhüten möge, etliche unter den Wählern dem Wort
Gottes zuwider sein sollten, so sei dafür die „Oberhand"
des Rates da. Und würde gar ein solcher Rector einmal
gewählt, so habe er nicht so grosse, weitreichende oder
langdauernde Gewalt, dass etwas Schädliches daraus
entstehen könnte. Doch halte er für gut, dass bei der

---

[1]) Schedae Amerbach. 4⁰.

Rectorwahl die Deputaten des Rates zugegen seien. —
Man sieht, Amerbach fürchtet die Zanksucht seines Zeit-
alters um kleiner confessioneller Unterschiede willen.
In den definitiven Statuten findet sich denn auch die
Bestimmung nicht.

Ein weiterer von seiner Eingabe berührter Punkt
sind die Gebühren bei den Doctorpromotionen,
die er ermässigt und für Unvermögliche ganz beseitigt,
nicht aber „wie von etlich vermeint würt" überhaupt
aufgehoben wünscht; das letztere dünke ihn „der Universität gar ein spott": als ob man sonst keine Studenten
bekäme.

Endlich mahnt er, bei Zeiten das Verhältniss zum
Bischof, als dem Kanzler der Universität, zu ordnen
wegen der Gültigkeit der Doctorpromotionen (s. Thommen
S. 33).

Zwiespalt erhob sich also bloss über den zwei oben
genannten Forderungen der Regenz. Es wurde verlangt,
dass nicht nur die Professoren und Regenten und die
Studierenden, sondern auch „die mit freien Künsten oder heiliger Schrift umgehen und sich
daraus nähren" — also alle in Basel angestellten
Pfarrer und Diacone — der Universität Glieder sein
und ihr gehorchen sollten, „damit ein jeder seiner Lehre
Rechenschaft zu geben verbunden sei".

Zweitens wird verlangt, dass jeder Lesende den
Doctorgrad besitze oder, wenn er ihn noch nicht habe,
ihn „zum fürderlichsten empfahe".

Die ersten, von den Deputaten am 28. Juli 1538
schriftlich begehrten Vorschläge hatte Grynaeus
abgefasst.[1]) Es wurde von der Regenz ein Ausschuss

---

[1]) Das ergiebt sich aus dem Brief Capitos an den Univer-
sitätsausschuss vom 14. Oct. 1538 in den Acta des Universitäts-

ernannt, der mit den Deputaten verhandeln sollte. Diesen
bildeten: Rector Hieron. Artolf, Karlstadt, Amerbach,
Wissenburg, Nicolaus Brieffer als Decan des Petersstiftes.[1]) Grynaeus, der auch ernannt worden war „als
der fürnembst", entschuldigte sich „Arbeits halb".[2]) Der
Ausschuss gab nun seinen abgeänderten Entwurf an die
Deputaten ein, und diese stimmten ihm bei, vorbehalt-
lich der definitiven Redaction „in lauterer Form". Un-
versehens stiessen Grynaeus und Myconius auf die ohne
ihr Wissen eingegebenen Artikel, und da sie mit den
zwei oben bezeichneten Punkten nicht einverstanden
waren und sich durch das Vorgehen des Ausschusses
hintergangen glaubten, erhoben sie lebhaften Widerspruch. Der Ausschuss erklärte sich bereit, „da diese
Artikel viel Ursache hand", mit den Deputaten darüber
mündlich zu verhandeln.[3])

Da man sich nicht einigen konnte, legte der Ausschuss seine Vorschläge den Strassburger Freunden
Butzer und Capito vor. In deren Namen gab Capito
am 14. October 1538 ein ziemlich ausführliches Gutachten
ab, das uns vorliegt. Er sucht zunächst seine opponieren-

---

archivs: „recepistis leges et ordinationes a Grynaeo conscriptas".
Ebenso aus dem undatierten Brief Capitos an Bürgermeister Jac.
Meyer (kurz vor den definitiven Statuten vom 26. Juli 1539):
Univ. Bibl. variae antiquitatt. tom. I. S. 144 — 146. Hier wird er-
wähnt: „des Grynaei Ratschlag, so er vor eim Jor geben".

[1]) Univ. Bibl. F. III. 41. Beiblatt zu S. 154; vgl. Capitos
Brief vom 14. Oct. 1538.

[2]) Dies und das Folgende geht hervor teils aus dem Schriftstück des Staatsarchivs: Erziehungsacten X. 1, 16. u. 17. Jahrh.
Concepta pro instauranda Universitate 1538; es ist das bei den
Verhandlungen gebrauchte und mit Notizen versehene Exemplar;
teils aus dem oben genannten Brief Capitos an Bürgerm. Meyer.

[3]) Zuschrift zu F. III. 41. S. 154, Beiblatt.

den Freunde zu entschuldigen, giebt ihnen auch in dem
ersten Puncte fast völlig Recht. Er hofft die Parteien
einigen zu können, da sie doch beide aufrichtig nur das
allgemeine Beste wollten, und bei so grossen Männern
nicht ein Hass werde Wurzel fassen können: der Gegensatz beruhe nur auf einem Missverständniss der Worte.
Indessen nimmt er Partei für die Pfarrer, indem er vor-
schlägt: wer in freien Künsten oder auch in der heil.
Schrift studiere, solle der Universität unterthan sein;
„doch dwil pfarrer und helffer von der kilchen ein höhern
und notwendigern befelch und so gar ein geschefftenigen
dienst haben [hiezu macht Amerbach die spitzige, aber
unbillige Randglosse: „septem horæ“, d. h. jeden Tag
nur eine Predigt! als ob nicht noch viele andere Arbeit
der Seelsorge den Pfarrern zur Last gefallen wäre], das
sy nit mögen ordnungen und gebotten der Universität
füglich nachkommen: so sollen sy den mandaten
der Universität unverstrickt bliben“. Weil
aber die Zuordnung zu der Universität den Sinn habe,
dass die Jüngern im Studium sich noch weiter ausbilde-
ten, so sollten die Kirchenbehörden die Diacone
zum Anhören von Vorlesungen anhalten, die zugleich
verhüten könnten, dass der Kirchendienst darüber Schaden leide.

Auch in der Frage des theologischen Doctorgrades will er den Myconius und Grynaeus nicht miss-
verstanden wissen. Sie seien dagegen, weil sie sähen,
wie grosser Missbrauch damit getrieben werde, dass man
oft Ungelehrte damit ausstatte; sodann seien sie auch
principiell dagegen; bis jetzt galten die Universitäten
als eine der Kirche fremde Anstalt, ein Profanus darf
und kann einem Geistlichen nichts zugeben, das kann
nur die Kirche. Freilich teilt Capito diese Meinung nicht:
er will sie nur als eine aus dem Grund der Frömmig-

keit entspringende vor Verunglimpfung schützen. Capito
sieht die Universitäten mit der Mehrheit zu Basel als
„einen ehrenvollen Teil der Kirche“ an. Die
Kirche hat ein Amt für das Volk, ein Amt für die studierende Jugend, und über beide Aemter ist sie selbst
die Herrin. Sie kann also durch ihre Diener, die Lehrer
der Jugend, auch Grade austeilen als Zeugnisse über
Gesinnung, Sitten und Gelehrsamkeit. Nun sind aber
solche Auszeichnungen nöthig als Sporn zum Fleiss,
wenn die Universitäten besucht sein sollen.[1] Er schlägt
nun zur Ausgleichung der Ansichten vor: der Prüfung
eines Theologen sollen alle Pfarrer der Stadt (d. h.
Hauptpfarrer), als Glieder der Facultät [offenbar nur im
weitern Sinn], beiwohnen, denn es handelt sich dabei
nicht nur um eine Prüfung der Gelehrsamkeit, sondern
des sittlichen Characters, worin die Pfarrer Kenntniss
und Erfahrung haben. Was sodann die Personen des
Grynaeus und Myconius betrifft, so rät er, dem erstern
durch eine feierliche Action vor der Regenz das Amt
des Professors der Theologie, vielleicht auch das eines
Decanus perpetuus zu übertragen, so dass er als theo-
logischer Doctor gälte, und auch dem Myconius möge
man als einem wahrhaftigen Bischof und als einem frommen Mann und Freund der Wissenschaften honoris causa
den Doctor geben.

Zum Schluss legt Capito die Unentbehrlichkeit der
Basler Universität für die Protestanten der Commission
warm aus Herz: wir haben nur die Universität Witten-

[1] Ueber die Frage „ob das Doctorat unter den Christen
möge geduldet werden“ hat Capito ein übermässig ausführliches
Gutachten abgegeben. Es trägt kein Datum, gehört aber wohl in
diese Zeit. Staatsarchiv Kirchenacten B. 1: 14 Blätter in-fol. wovon 20 ½ Seiten beschrieben.

berg, und die ist weit entfernt; wenn es dort eine Wendung gäbe, so müssten wir alle Studierenden zu euch schicken. Denn Tübingen hat keinen Kanzler [?] und kann daher keine Gradus erteilen; Marburg hat für Theologen keine Privilegia. Wir in Strassburg (die Universität wurde erst später errichtet) haben weder Raum noch Leute zu einer Universität. Euer Ort hat Ansehen. Eine Universität ist ein edles Gottesgeschenk. Und seid nur gewiss: das, dass ihr Schweizer oder dass ihr Evangelische seid, wird die Studenten nicht von eurer Stadt abwendig machen; schicken doch selbst zu uns, die wir nichts sind, die Feinde ihre Söhne. —

Man sieht: Capito und Bucer vertreten viel mehr die Sache der beiden Oppositionellen als die der Mehrheit. Aber die Parteien in Basel wurden nur leidenschaftlicher. Ein Brief Artolphs[1]) an den eben in Neuenburg weilenden Amerbach vom Anfang December 1538 klagt heftig über einige Theologen: sie werden es noch zum Verfall der Wissenschaften bringen; öffentlich und privatim toben sie gegen die Doctoren und Magister, erregen das Volk und den Rat gegen die, welche um die Gradus sich bewerben, und verdrehen dabei das heilige Gesetz Christi. Ich selbst bin bei ihnen verschrien, weil ich die Artikel aufgesetzt habe: ich sei es, der den still errichteten Bau der Kirche zerstöre. Die Kirche — das heisst einige Pfäfflein — dürfe nicht dem Staat untergeordnet werden. Ja, aber dass alle Studierenden der Kirche, d. h. dem Myconius und Grynaeus und ihrer Tyrannei, untergeordnet werden, das wollen sie vom Rat als Beschluss erwirken, und im Rat beanspruchen sie als ihr Recht die oberste Stelle, von

---

[1]) Epist. virorum erudit. saec. XVI, tom. I, S. 2.

ihnen soll das Heil des ganzen Gemeinwesens abhangen.
Sie werden noch durch die Aufhebung aller Ordnungen
der Facultäten die Immunitäten der Academie und ihre
Gesetze beseitigen und die Grade, als papistische Cäri-
monien, werden abgeschafft werden. So wird's kommen!
Hilf du uns mit deiner Klugheit! —

Und weiter[1]) berichtet Artolph wiederum an Amerbach über einen ärgerlichen Auftritt am 1. Januar 1539.
„Mehr als eine Stunde sprachen Grynaeus und Myconius
vor dem Bürgermeister und dem Oberstzunftmeister
Theodor Brand und den Deputaten über ihre Sache.
Und als gelegentlich vom Brief Capitos die Rede war
[es ist der vom 14. October 1538 gemeint], verlangte der
Ratschreiber von mir zudringlich die Herausgabe desselben. Doch ich weigerte mich, ohne Vorwissen der
Decane und in deiner Abwesenheit dies zu thun, ja
selbst nur den Inhalt anzugeben".

So hatte man also auch auf der Seite der Majorität
die leidenschaftslose Ruhe verlassen.

Inzwischen brachte die Universität in der Regenzsitzung vom 1. März 1539 ihre früheren Wünsche zum
einstimmigen Beschluss, gegen den nur Grynaeus pro-
testierte.[2]) Und die Deputaten formulierten ihren Ge-
setzesvorschlag und legten ihn am 12. April 1539 dem
Regenz-Ausschuss vor. Sie trugen dabei den Begehren
der Refractanten und den Vorschlägen Capitos einige
Rechnung. Die Geistlichen sollen allerdings der theologischen Facultät angehören und dem von ihnen gewählten Decan gehorchen „in allen göttlichen und

---

[1]) a. a. O. S. 3.
[2]) S. oben S. 461 not. 2: Grynæus nonnullos articulos obmu-
tilare nitebatur, hanc suae mentis intentionem solus servare et pe-
dem figere etiam tum protestatione tali quali: so notiert der Notar.

zimblichen dingen, besonders was do trifft die studia
und gottsälige übungen" — aber: „sonst wollen wir,
das alle kilchendiener der übrigen hendel der Universität, so ir regierung, zitlich gut oder ussere ding be-
langen, exempt sin sollen". Auch können die Helfer
durch die Pfarrer beurlaubt werden, wenn sie durch
ihren Kirchendienst verhindert sind. — Zweitens wird
nun auch die Verpflichtung der Lesenden zu
sofortiger Annahme des Doctorgrades unterlassen.[1]

Allein der Entwurf der Deputaten wurde von dem
Ausschuss in einigen Punkten beanstandet und zurück-
gewiesen, und zwar waren es eben diese Zugeständnisse
an die Geistlichen (nicht die Mitwirkung von Rat und
Deputaten bei Professorwahlen, wie Thommen S. 23
f. meint), welche Anstoss erregten. Man erkennt dies
aus einer genauern Vergleichung des erneuerten De-
putaten-Entwurfes (= Thommen 325 f. in den Anmerkungen), der nun wieder mehr den Wünschen der
Universität sich anschloss und z. B. von allen Or-
dinariis unverzügliche Annahme der Gradus forderte mit
dem offenbar gegen Grynaeus und Myconius gerichteten
Zusatz „das alle ordnungen, so nit wider Gott und syn
heylig wort strebend, wol mögend zu Gottes eere und
heyligung sines namens geprucht werden" (Th. S. 330,
§ 15). Der Entwurf trägt den Titel: „Wie die hoche
Schuol der Statt Basel christenlich angericht und erhalten werden soll" und ist vom Stadtschreiber Heinrich
Ryhener unterzeichnet: Mense Aprili anno 1539.

---

[1] Thommen hat übersehen, dass unter den von ihm S. 325
genannten Actenstücken R II A (jetzt Erziehungsacten X. 1.) zwei
— es sind die mit der auf S. 23 not. 4 citierten Bemerkung —
eine abweichende, frühere Fassung des Entwurfs darstellen. Auch
findet die Verhandlung nicht vor Rath statt.

Doch die Gegenpartei gab sich noch nicht überwunden. Antistes Myconius liess im Mai 1539[1]) die P f a r r -
h e l f e r sich versammeln und legte ihnen die Artikel
zur Beratung vor. Die Diacone beschliessen nun folgendes, offenbar unter dem Einfluss ihres Oberhirten.
Die Hochschule soll in christlichen Städten u n t e r b e i -
d e n 'Regimenten, dem geistlichen wie dem weltlichen
stehen: „unter dem geistlichen: christenlicher leer und
der seelen — unter dem weltlichen: ires übrigen wesens
halb, usgenommen was zum leeren dienet gemeiner
künsten". Es zieme sich aus keinerlei Ursach, „dass das
Geistliche etwas gehorsame uss huldung oder Eydes-
pflicht, dem Rector der Universität mit zwang verbunden
sy oder sin sol". Es sei unschicklich, dass diejenigen,
welche über die Gewissen wachten und in der Praktik
der Theologie, nicht im Lernen stünden, als: Bischoff
oder Seelsorger, Pfarrherren und Diacone, „für und für
als Schüler der künsten und Elementen der Theologie
sollend geachtet werden". — So gezieme sich auch wenig
„Rechnung der leer, so von der Kanzel beschicht, der
hohen Schule zu geben — das sei Sache der Ael-
testen der Kirche [damit ist gemeint der damals noch
bestehende K i r c h e n r a t vgl. oben S. 456]. Zu ihrer
Ausbildung mögen die Diener Lectionen und andere
gute Uebungen, die zu ihrem Amt dienlich, an der Universität hören, a b e r o h n e V e r p f l i c h t u n g dazu.
Sie sollten darum auch, damit eine rechte Concordia
zwischen ihnen und der Universität bestehe, die künst
und studia, nit allein christenliche sonder ouch heid-
nische, sunders und offentlich loben, prysen und fürdern

---

[1]) Deputatenacten NN 4, jetzt im Carton: Erziehungsacten X.
1. Darüber: illi articuli a D. Miconio mihi fuere dati, ut in hunc
modum concuteretur concordia, anno 1539 Mense Maio.

nach allem vermögen. — Was die Grade betreffe, so
möge die Universität „fürfaren", doch so dass dieselben
„fry und ungezwungen syend". Man möge bedenken,
dass „das Doctorat der Kilchen von nieman dann vom
h. Geist durch die kilch soll und mag gegeben werden.
Wenn Einer auch D^r einer Universität sei, so sei er
dorum noch nicht D^r der Kilchen, wofern diese ihn
nicht von Neuem wähle: so stehe die Probe nicht in
irgend einem Examen, · sondern in seiner Erfahrung
göttlicher Künst, Geschicklichkeit im Predigen und from-
mem Leben".

Da man also sich untereinander nicht zu einigen
vermochte, so rief man nochmals fremde Vermittler an.
Bürgermeister Jacob Meyer schrieb in diesem Sinne
an Butzer und Capito und letzterer antwortet am 29. Mai
in grosser Teilnahme.[1]) „Wir sind — heisst es da —
der Spaltung zwischen unsern lieben Brüdern und der
Universität von Herzen erschrocken und wissen nit anders,
dann dass es wider die Kilch und euer Stadt und Land,
wo der Kilchen Diener von der Universität abgerissen
würden; dann das wirt Unrath bringen, welchen ihr
selbs haben zu bedenken". — Sie möchten allen möglichen Fleiss anwenden, „dass ein corpus sig die kilchen diener und universität". — „sunst wirt die Universität gar heidnisch werden, ewige Feindschaft bliben,
und ohngezwifelter Abfall by der Kilchen entston". —
Auch Butzer fügt in einer · kurzen Nachschrift einige
Worte desselben Inhaltes bei: wenn der Schul- vom
Kirchendienst gerissen würde, so wäre es ein unendlicher
Schaden für die Kirche, und die Schule [d. h. Universi-
tät] würde entweder „zergohn" oder eine ewige Feindin

———————
[1]) Univ. Bibl. variae antiquitatt. 1. S. 140—141.

der Kirche werden. „Ach, dass Lehre und Praktik der
Theologie recht bei einander erhalten werde". Indessen,
so meint er, könne die Einigung nicht geschehen, wenn
nicht die Diener des Worts in der Universität die Oberhand hätten. „Der Kirchendienst dürfe
nichts fahren lassen das Christo zu behalten ist und behalten werden kann". Butzer schrieb auch selber an
Grynaeus. Die Strassburger erinnern an die Mängel
beider Parteien; mahnen darum zur Geduld, verlangen
aber eine persönliche Unterredung, weil sich die
Vereinigung schriftlich nicht machen lasse.

Unterdessen, so scheint es, legten sich die beiden
Parteien zu Basel ihre Gründe vor in zwei ausführlichen
Streitschriften. Die Schriftstücke sind von Ochs,
Kirchhofer, Hagenbach, zuletzt auch von Thommen behandelt,[1] so dass ich darauf nicht näher einzugehen
brauche. Das der Opponenten ist unterzeichnet: Myconius, Marcus et cæteri concionatores urbis Basileæ,
patrocinante Grynæo. Diese von Amerbach beigeschrie-
benen Worte, sowie eine Erwähnung des Myconius im
Texte, legen mir die Vermuthung nahe, dass nicht Myconius der Verfasser ist, wie man allgemein annimmt,
sondern Grynaeus. Es wird hier, nicht ohne Heftigkeit
und Argwohn gegen die geheimen Absichten der Gegner,
die Unterordnung der Diener des Wortes unter die
Universität bekämpft, in einer etwas scholastisch steifen
Form, aber doch nicht mit „in vollem Verstande des

---

[1] Ochs, VI, 143 f. Kirchhofer, Myconius S. 319 f. Hagenbach, Myconius S. 344. Thommen, S. 28. — Die Schriftstücke: Antiquitatt. Gernlerian. I. S. 175—178. Es sind Abschriften.
Sie fallen in die Zeit der Verhandlungen über den Entwurf der
Deputaten, wie aus dem Anfang von Amerbachs Schrift hervorgeht, also jedenfalls vor 26. Juli 1539.

Wortes erbärmlichen Gründen", wie es Herrn Peter Ochs erscheint (VI, 143). Was der Verfasser ausführt über den Unterschied zwischen göttlicher und menschlicher Weisheit ("divina und humana philosophia"), zwischen dem Beruf des Seelsorgers und des Gelehrten ist im Wesentlichen biblisch begründet und thatsächlich wahr; und es war doch eine offenbare Unziemlichkeit, angestellte Pfarrer auf die Schulbank zu nöthigen, was nach dem Wortlaut des Gesetzes lebenslänglich geschehen konnte. Gegen solchen gesetzlichen Zwang sträubt sich der Verfasser mit Recht, wie auch gegen eine förmliche Censur des theologischen Decans über die Pfarrer. Nun aber kommt er zu dem überstiegenen Schluss: wenn ein Staat wirklich das Reich Christi darstellen will, so muss die Kirche die Professuren anordnen, die Professoren erwählen, jeden seines Amtes ermahnen, kurz: alles sich unterordnen. — Offenbar verwechselt der Verfasser „das Reich Gottes das inwendig in uns sein soll" mit der äussern Gestalt der Kirche. Und der Grund dieser Verwechslung liegt wohl positiv in seinem ernstlichen Verlangen das Recht des geistlichen Princips zu verfechten, negativ aber darin, dass dem damaligen Staate eine zweckmässige äussere Organisation der Kirche fehlte. Ja, statt den schon dafür vorhandenen Ansatz sich ausbilden zu lassen, beseitigte man bald darauf den Kirchenrat und liess alles in den staatlichen Ordnungen aufgehen. Dieser Cäsaropapismus hatte allerdings mit der Reformation, mit dem obrigkeitlich befohlenen Glaubensbekenntniss begonnen und bildete sich nun einseitig weiter aus. Hier muss ich dem Urteil Thommens beipflichten: das Verhältniss zwischen Kirche und Staat musste in seinen Grundlagen anders geordnet werden, wenn die Ideen des Grynaeus und Myconius hätten verwirklicht werden sollen. Allein dazu war damals noch nicht die Zeit: man musste noch einer Absonderung der Geistlichkeit als eines besondern, privilegierten Standes wehren. Sind wir doch bis heutzutage, wo der Zwiespalt zwischen dem religionslosen Rechtsstaat und der Kirche viel schreiender ist als damals, noch nicht im Stande gewesen eine befriedigende gesetzliche Lösung zu finden.

Diesem unhaltbaren Standpunkt der Geistlichen gegenüber hatte der Vertheidiger des Deputaten - Entwurfes gewonnenes Spiel. Es war zudem ein im Worte viel schlagfertigerer Gegner: Bonifacius Amerbach. Einen ganz befriedigenden Eindruck macht uns aber auch seine Schrift nicht: mit kalter Ruhe wirft er den Gegnern unchristliche Auflehnung gegen die Obrigkeit, böswillige Schmähung, ungeistliche Missdeutung klarer Gesetzesworte vor. Im weitern weiss er aber die Frage auch nüchtern nach ihren praktisch unbedenklichen Consequenzen zu klären und dringt tiefer als alle Andern, die darüber sprachen, auf den Grund, wenn er den Begriff der Kirche in evangelischem Sinne untersucht und findet: die Kirche ist nicht eine Anstalt der Geistlichen — das ist die Meinung des Pabstes und seiner Genossen — sondern sie ist die Vereinigung aller wahrhaft an Christum Gläubigen; wenn nun der Staat Basel mit Recht die baslerische Kirche heisst, so gehört die Universität, speciell die theologische Facultät auch dazu. Und da unser Staat keine andere Organisation hat, in welche das geistliche Amt eingeordnet werden kann, wie andere Berufsarten in die Zünfte, so gehören die Geistlichen in die theologische Facultät. Wir sind weit davon entfernt zu leugnen, dass in allen guten Dingen, zumal in den Wissenschaften, die Leitung des heiligen Geistes nöthig sei: aber wie hindert daran die Teilnahme an der theologischen Facultät? Luther selbst, der unermüdliche Diener des Wortes, steht ja zu Wittenberg an der Spitze der theologischen Facultät, mit den andern Kirchendienern daselbst! —

So die Streitschriften. Es ist kein Zweifel, dass Amerbach in allen Punkten dem Gegner überlegen, wenn auch nicht überall billig gegen ihn ist. Auf Capito's Wunsch liess man nun die beiden Strassburger nach Basel bescheiden, weil man schon wiederholt erfahren hatte, wie geschickt Butzer und Capito (so zu Bern und Wittenberg) im Schlichten von Gegensätzen durch ihr persönliches Erscheinen gewirkt hatten. Sie erschienen. Ueber die ersten Verhandlungen berichtet wiederum Capito an Alt-Bürgermeister Jacob Meyer[1]) (unterdess war Adalberg Meyer als Bürgermeister auf ihn gefolgt). Die Vermittler haben zuerst mit dem Regenzausschuss gesprochen, eine gemeinsame Unterredung mit Grynaeus und Myconius veranlasst, haben eine Vereinigung im Haus des Grynaeus gehabt, Capito hat schon Bernhard Meyer und den Stadtschreiber besucht. Aber der Erfolg dieser ersten Schritte ist niederschlagend. Grynaeus beklagt sich, er sei vom Ausschuss rücksichtslos behandelt worden, da man seine Vorschläge unbeachtet liess, ihm die gegnerischen Vorschläge vorenthielt etc. Hinwiederum beschwerte sich Dr Amerbach hoch, dass seine wohlgemeinte Thätigkeit übel aufgenommen worden sei und wiederholte oft die Worte: „haben wir unrecht und übel gehandelt in unsern artikeln, so weiss gott, das wir's nit mit geferden geton, sonder nit besser verston".

---

[1]) Der lange Brief Capito's an Altbürgerm. Meyer ist auf der Univ. Bibl. variae antiquit. tom. 1. S. 144—146; vgl. oben S. 461.

Der Ausschuss erklärte, es sei durchaus nicht seine
Absicht die Kirche geringer zu machen, sondern vielmehr höher zu bringen, denn es sei unleugbar, dass
man Leute bedürfe und die Helfer nicht studierten; sie
sollten nicht als Partei, sondern als Glieder der Kirche
gehalten werden. Aber da die Universität „ein Stuck
der kilchen" sei, so habe sie die Aufgabe zu sehen
„dass die Leer recht gehe". Auf den Einwurf, dass sie
in ihrer eigenen Regenz Leute hätten" die nit mit der
kilchen stympten, und auch Glareanum hätten begehrt zuo in zu bringen: wurde erwidert,
das sei eben ihre eigene Klage, und um solches künftig
zu verhüten, hätten sie zum Teil die Statuten gesetzt.
Mit Glarean solle man verhandeln, ob er sich werde
„der Reformation genoss machen": wo nicht, so wäre
keiner, der sein begehrte".[1]

Die erste Unterredung war ohne Erfolg; denn Capito
berichtet: „uff's letst, als wir sie gern in fründtlichen
verstandt bracht hetten, wart beider gemüt ie unge-
schlachter". Man erreichte nur das Versprechen, dass
die beiden Parteien einander gutwillig anhören wollten;
die Vermittler sollten den Deputaten ein schriftliches
Gutachten einschicken. Das verspricht nun Capito, doch
würden sie die Antwort stellen, „mehr wie sie Grynaeus
und Myconius leiden möchten, dan wie wir's von Herzen begehrten, dwil sie in solcher Anfechtung sein": sie
seien zu weit gegangen, seien zu argwöhnisch und deu-
teten das Vorhaben Anderer übel aus. Dem Bürger-

---

[1] So habe auch Dr Albanus, sagt Capito am Schluss, einen
Brief an den Bischof von Salzburg (?) geschrieben, worin er „des
Pabst's Religion die reine Religion nenne"; der Brief wird darum,
von Myconius verdeutscht, dem Bürgermeister zur Einsicht empfohlen.

meister legt er, wie früher schon, die Wichtigkeit der Universität für oberdeutsche Lande und für Basel ans Herz und bittet, beiden Teilen vorzuhalten, „wie hoch sie sich beschweren und verunglimpfen, auch ursach geben, das die studia und die kilche beraubet werden". Myconius und Grynaeus, so urteilt er, „sint fromm lüt, haben aber ihren Fehl und Unerfarung". [1]

Die Vermittler wünschten, dass man sie einige Zeit in Basel bleiben liesse, da sie doch noch etwas auszurichten und den Grynaeus zur Annahme des Doctorgrades zu überreden hofften. Das geschah denn auch. Kirchhofer meldet in seinem Leben des Myconius (S. 321), dass sie 16 Tage in Basel zubrachten, die Parteien zu hören und die Einigkeit zu befördern. Doch trieb sie die Pest wieder weg, bevor ein Entschluss gefasst war. Auf der Heimreise, von Breisach aus, schreibt am 23. Juli 1539 wiederum Capito an Meyer einen Brief, der das Resultat der Bemühungen summiert und zugleich für die freundliche Ueberredungsgabe des Mannes ein schönes Zeugniss ablegt (s. Beilage No 2). [2]

Doch jetzt war genug verhandelt, man musste zum Beschluss kommen. Und somit wurden die neuen Universitätsstatuten vom Bürgermeister Adalberg Meyer im Namen des Rates erlassen am 26. Juli 1539. Sie sind bei Thommen (S. 328 ff) gedruckt und erweisen, dass in der Hauptsache die Vorschläge der Regenz angenommen wurden. Nur in der Redaction zeigen sie insofern eine Berücksichtigung der Minderheit, als die anstössigen

---

[1] Zwei ähnliche Urteile Capito's über Myconius „harten Kopf" und seine Unerfahrenheit in der Lenkung kirchlicher Dinge siehe zu einem andern Anlass im Juli 1535, in meinem Amerbach S. 307 Anm. und S. 308.

[2] Variae antiq. tom. I. S. 142—143.

Bestimmungen motiviert werden, als im Interesso der Kirche selbst gegeben.

In einem Rückblick auf die mühevollen und bemühenden Streitigkeiten schreibt Butzer an Amerbach,[1]) am 8. August 1539: Wir haben aus einem Schreiben und aus der Erzählung des Myconius vernommen, dass durch die Autorität des Rates eure neuen Universitätsstatuten nun gegeben seien. Wir können nur bedauern, dass ihr euch nicht selbst einigen und dem Rat einen gemeinsamen Beschluss vorlegen konntet; denn es wäre sicherlich eure Sache gewesen, hierin denjenigen voranzugehen, die über eine Gelehrtensache aus sich selber nicht urteilen können. Ihr nehmt jetzt wohl beide Teile den Ratsbeschluss an, aber ihr werdet ihn nicht mit dem gleichen Eifer durchführen wie ihr euer eigenes Gutfinden würdet durchgeführt haben. — „Hätten doch alle so wie du, Billigkeit bewiesen und ihre eigenen Wünsche dem allgemeinen Nutzen untergeordnet, wie wir es in deinen lichtvollen Argumenten erfahren haben". — „Wir können nichts thun als mit Briefen alle ermahnen, sie möchten hierin den wahrhaften Vortheil der Kirche Christi im Auge haben und weise verfolgen. Was aber du in deiner Treue bis jetzt der Vaterstadt herrliches geleistet hast, das mögest du nicht mindern um der Fehler Anderer willen".

Wie Butzer vorraussah: das Streiten hatte noch kein Ende. Doch will ich hier nicht wiederholen, was Kirchhofer von dem unheilvollen Schelten und Lästern Karlstadts und wohl auch des Myconius (den er als viel zu milde schildert) im Privatverkehr und in Predigten erzählt und andeutet.[2])

---

[1]) Epist. viror. erudit. saec. XVI. tom. I. S. 87. 88.
[2]) S. 322 ff.

Am 7. October liess der Rat eine Erkanntniss ausgehen, die bei Ochs VI. 145 f. wörtlich mitgeteilt ist.
Bürgermeister Adalberg Meyer hielt dieselbe den vor
versammelten Rat berufenen Pfarrern und Diaconen
feierlich vor und nahm ihnen das Versprechen ab, laut
ihres Uebereinkommens mit der Universität sich der Ordnung vom 26. Juli zu unterziehen. Hiebei mussten die
Geistlichen sich von ihrer Obrigkeit eine förmliche Buss-
predigt gefallen lassen: sie sollten allen Neid und Hass
unter einander abstellen und einander lieben, wie sie
auch ihren Zuhörern täglich predigten und sie lehrten.
Wo nicht, so werde der Rat gegen den Schuldigen
„dermassen ein Insehens thun, dass derselbe wollte, er
hätte es unterlassen". [1]
    Somit waren die Geistlichen unter die theologische
Facultät gestellt. Sie erscheinen demnach, laut den
Notizen Amerbachs zu seinem Rectoratsjahr 1540, in
der Versammlung der Universität und erhalten dort die
Reihenfolge, die sie in der Synode einnehmen. Disputationen abzuhalten wurde Myconius, Bertschi und einigen Andern erlassen, doch wurde ihnen der Besuch
derselben, wenn es ihnen möglich, anempfohlen: „das
werde ihnen wohl anstehen, die Jungen anreizen und in
den Studiis lustig machen".
    Zur Annahme der Doctorwürde waren aber die
ältern Theologen nicht mehr zu bewegen, ausgenommen
Wissenburg, der im Jahre 1540, also seinem 45sten
Lebensjahre, unter Karlstadt sich den Ceremonien unter-
zog. Myconius und Grynaeus, welche dem Gebrauch
principiellen Widerstand entgegengesetzt hatten, blieben
fest. Für jenen soll man ein besonderes Katheder errich-

---

[1] Schwarzes Buch S. 57 = Erziehungsacten X. I.

tct haben, das noch später Cathedra Myconii hiess[1]); Grynaeus musste sich noch längere Zeit wider diese einem wissenschaftlich so bewährten Manne gegenüber unbegreifliche Zumuthung wehren. Er dachte an das Weggehen von Basel nach Tübingen, wo man ihn willig aufgenommen hätte. „Ich hoffe doch, schrieb er an Capito, dass ich auch ohne Doctor zu heissen, einigermassen etwas gelte bei guten und gelehrten Männern, die ich so eifrig liebte und verehrte".[2]) Er trug seine Sache nochmals dem Rate weitläufig vor. In der Ceremonie fand er etwas päbstliches, der heiligen Schrift Widersprechendes, wo es nur eine Handauflegung gab. Capito rät darum vermittelnd seinem Freunde Amerbach an, man möge in letzterer Weise verfahren, unbeschadet des neuen Gesetzes, das er selbst billigt. Aber wiewohl Amerbach sich dazu bereit erklärt, scheint doch Grynaeus nicht nachgegeben zu haben, so dass Capito noch am 27. April 1540 erwidert: „es ist etwas klägliches, wenn man sich einmal im Streit zu weit ereifert hat; ihr habt nun reichlich nachgegeben, aber der Mensch hat sich jetzt einmal in seine Gedanken verrannt".[3]) Wir fragen uns freilich in diesem Fall, welche der beiden Parteien der letztere Vorwurf mehr treffe; auch die Universitätspartei scheint vergessen zu haben, dass man sachliche Interessen über Formfragen zu setzen hat. Der Streitpunkt wurde übrigens nur zu bald gegen-

---

[1]) So Hagenbach S. 343, nach Athenæ Rauricæ S. 68.

[2]) So in einem Briefe, der kurz vor die Ratserkanntniss vom 19. November 1539 fällt: variæ antiq. I. S. 43.

[3]) Epist. viror. erudit. sæc. XVI tom. I. S. 103. Capito an Bonif. Amerb. 19. April 1540; S. 105. Capito an denselben, 27. April 1540.

standslos, da Grynaeus schon am 1. August 1541 an der
Pest starb.

Ein Rückblick auf den Gang der ganzen Streitigkeit wird uns sagen, dass es sich hier nicht, wie man
wiederholt gemeint hat, um einen „damals ganz Basel
erregenden Gegensatz einer humanistischen und einer
kirchlichen Richtung" handelte. (Erbkam in Herzogs
Realencyclop. und Heppe in der Allg. Deutsch. Biogr.,
unter „Karlstadt" und „Andreas Bodenstein".) Denn
unkirchlich waren Rat und Amerbach ebensowenig, als
Grynaeus und Myconius für Feinde des Humanismus
gelten können. Vielmehr tritt hier in den beiden letztern
eine religiös-kirchliche Richtung hervor, die wir schon
an ihrem Freund und Vorgänger, dem Baslerischen
Reformator Oekolampad, bemerken: ein Zug zur As-
kese und zum Puritanerthum, mit welchem der
durch Amerbach und seine Universitätsfreunde vertre-
tene freiere bürgerliche Geist in Widerstreit geraten musste. Dass aber auch dieser ein christlicher
sein wollte und war, dürfte schon der Charakter des
frommen Bürgermeisters Jacob Meyer verbürgen.

Beilage 1.

Amerbachs Gutachten über Wiederherstellung der Universität.

Antiquitates Gernlerianae, tom. I. S. 192.

Uff Margarethae a° 1535 sub Amerbachii
Rectoratu.

Fürsichtig Ersam Wys günstig lieb herren. Als
Euer Ehrsam Wisheit in kurtz verruckten tagen günstig-

lich by uns gewesen, under andrem Euwerm gneigten willen, die hohen schůl und studia uffzerichten angezeigt und entdeckt, mitt befelch wie solche hohe schůl am nutzlichesten anzůrichten uff das fürderlichst zů beradschlagen und F. E. W. anzeygen.

Erstlich, soll die hohe schůl mitt frucht und nutz uffgericht werden, wil von nödten sin, das die ordenlichen lectionen mitt gelerten leutten versechen, wie dan vor Jaren E. G. auch ist anzeigt worden. Als namlich das in der helgen Geschrifft zwen, in kaiserlichen Rechten drey, einer so für die anfahenden lese Institutiones, der ander in Pandectis, der dritt in Codice. In der Artzny zwen. Desglichen in artibus, vier zum wenigsten, einer der Logica und Rhetorica lese, der ander Physica, der dritt philosophiam moralem, der vierdte Mathematicam. Darneben drey in sprochen welche von nödten, Latin, Graecum und Hebraeum. Wo nitt, ist nitt zů verhoffen, auch nitt müglich, das unser hohe schůl mege fruchtbar sin, oder das yemants alher zů uns kumme. Und ob schon yemants zů uns kompt, und keiner in siner profession fürschrytten kan, wurdt er gedrungen sich widerumb von uns hinweg zethůn, mitt Euwer, Unser gn. Herren, und irer hohen schůl, nitt kleinen nochtheil und schmach.

Zů underhaltung aber solcher vorbenanter ordinarien, sind anfencklich in der uffrichtung diser hohen schůl nochbestimpte pfründe incorporirt und ingelypt worden uff diss wyse. Erstlich zwo Thumbherren pfrиендt in der hohen stifft hie zů Basell.[1]) die erst dem ordenlichen leser der heiligen geschrifft. die ander dem ersten und

---

[1]) Ueber die Verleihung der zwei Pfründen am Domstift und der zwei zu St. Peter s. Vischer, Gesch. d. Univ. Basel (1860) S. 21. 43. 48.

480

fürnemsten in den rechten, hoc est in Canonibus vel decretal. Item zů S. Peter hie zů Basell eine dem andren doctor in rechten, hoc est in sexto decretali,[1] die ander prebend dem Medico. Item prebenda Sanctorum Felicis et Regulae zů Zürich dem doctor in kaiserlichen Rechten.[2] Item ein prebendt S. Ursi zu Solothurn, dem andren doctor in der heiligen geschrifft. Es sindt auch verordnet worden ein praebenda S. Mauritii zů Zofingen, eine S. Martini zů Colmar und S. Ursicini zů Sant Ursitz, zů underhaltung ehegemelter unser Universitet.[3]

In nochgender zyt, zů merer uffenthaltung dickgemelter hohen schůl, haben die Chorherren der stifft S. Peters einem Ersamen Rhat ire nominationes übergeben,[4] desglichen der pabst Pius secundus. also das die Chorherren pfrienden bemelter stifft uff die ordinarios professores verwendt sind worden. Als aber durch hinlessikeitt solcher fundation incorporation und übergebung verwarlosst, ist iungst[5] zů underhaltung ordenlicher leser durch Raimundum Cardinalem, uff yeder Chorherrenpfründe zechen guldin glegt oder verordnet. Uff der Capellanii des helgen Crütz zwischen Riehemer

---

[1] Darüber mit andrer Tinte: immo in Decreto. Und dazu am Rand: immo hoc ex conventione inter senatum et Academiam. — D. h. wohl nach dem Vertrag von 1474, vgl. Vischer, S. 75.

[2] Dazu am Rand: immo novorum iurium, id est sexti decretal. — Vgl. Vischer, S. 75.

[3] Ueber die Präbenden zu Zürich, Solothurn, Zofingen, Colmar u. St. Ursitz vgl. Vischer, S. 29 = 272; S. 43 f. 49 f.

[4] Dazu am Rand: hic interserenda donatio trium Canonicat, qui ad ius praesentandi et concionandi ius attinet anno 1490 ab Halwil praeposito nomine Academiae senatui facta. — Uebergabe des Petersstifts i. J. 1463: Vischer, S. 51 f. Entscheid über drei Canonicate: S. 56.

[5] Geschah im Jahr 1504: Vischer, S. 59.

thor[1]) zechen fl. Uff einer Capellanii in der hohen stifft
zechen fl. Item uff zweien zehenden zweier pfarren,
yeweder 15 fl., wie dan solchs literae reservationis, so
hinder unsern gn. Herren ligen, uswysen.

Diewil dan nitt müglich ist, das die hohe schůl
einen bestandt haben mag, sy werde dan satt verwysen
wo uff sy fundirt sey, achten wir geradten, das Euer
Ehrsam Wisheit ein fart[2]) entschlus, was sy uff die
universitet, und woruff sy die verwenden wölte.

Als dan der stifft S. Peters, namlich die Chorheren
pfriende von anfang der universitet ubergeben und ingelypt worden, were unser gůtduncken, achten auch geradten, das durch euch, unser gnedig herren, solchs stifft,
anderer beschwerden entlediget und an die hohe schůl
widerumb verwendet wurde. Dieweil aber ettliche personen noch in leben, die uff der stifft verpfründt, ettliche
pensionirt, darzů man personen nottürfftig die hushalten,
und zins gült zehandt byeinander behalten, nit müglich
das alle gefell der hohen schůl zůgestelt noch zur zyt
werden mogen, were doch geradten, das die pfriendt so
vacirn, damitt man wider mb in possess kemme, uff die
ordinarios verwendet wurden.

Und so man einen mer dan den andern (wie billich)
zur besoldung, noch gelegenheitt siner profession gipt,
mecht man uff andern gfellen, so der universitet incorporirt und ingelypt sindt, auch kloster gůther zů hilff
kummen, so lang untz die stifft der pensionen von tag
zů tag geledigct werden. Desglichen mecht gehandelt
werden, mitt den Capellanien, Magistris so in artibus
lesen verlychen, und mitt den stipendiis so vormals gestifft bessert werden, die andern Stat- oder landtskindern

---

[1]) Ueber diese und die folgenden: Vischer, S. 60 ff.
[2]) einfahrt = einmal, Schmeller Bayer. Wb. I S. 759.

zůgestelt, welche übermacht (?) mechten werden gebrucht
und nutz sin.

Uss solcher fürsehung nitt kleine noch geringe Ehre
Einer loblichen statt Basell entspringen. Erstlich ab-
leinung der nochred so euch unsern gn. Hern von wegen
stifft und klostergüther zůgelegt, dan so die wie gemeldet an die studia verwendt, dahin man sy vor got
und allen rechten zů verwenden schuldig, würdt Euer
Ehrsam Wisheit Christo unsrem herren thůn ein gross
wolgefallen, by aller Erbarkeitt ires furnemmens gelopt,
und allen bössfertigen ires falschen furgebens ursach
entzogen. Zum andern ist on not mitt vilem ze melden,
was eren und lobs ein Statt Basell von wegen der hohen
schůl in allen landen der christenheit uberkummen, und
noch wyters uberkummen mag. für was kleinot auch die
billich geachtet und darmitt die erlich erhalten nichts
soll underlossen werden. Welches dan wir bester meinung
wyters usszefieren underlassen. Zům dritten so dan die
prebenden der mossen ubergeben, die stifft mitt personen
besetzt, würt auch gmeiner nutz gefürdert, und dem
gmeinen man die niessung, so vormals von den priestern
oder clerisey gehept, wider erstattet. Wyter aber über
yetz bemelten nutz auch ein andrer der vormals by der
priester zyt nitt gewesen, volgen, so hoher und grosser
von aller Cristenheitt ze achten, namlich das ein Jugendt
wol erzogen. Und alle profession zů allen zyten ein seminarium oder pflantzgarten haben: In der heiligen geschrifft, in rechten und artzny, dardurch nochgendts, es
bedreffe den Cantzell oder seelsorg, oder des lybs pfleg,
oder auch ein rechte policy in erhaltung gerichts und
rechts, ein lobliche statt Basell an solchen lüten kein
abgang haben, sunder für und für gnůgsamlich zů aller
zyt nitt allein versechen, sunder auch andern stetten und
lendern mitt grossem rům und brys mag ze hilff kummen.

Bedrachte Euer Ehrsam Wisheit alle stett und ort
so Christum warlich und rein bekennen, Zürich, Bern,
Strasburg, Ulm, Nurenberg, wie die zů uffpflantzung irer
iugendt noch professorn stellen und schriben, studia anrichten, und das allein uff die iren, frembder nitt wertig.
Dwil aber alhie nitt ein particular oder schlechte, sunder
ein hohe schůl, mitt welcher Euer Ehrsam Wisheit alt-
fordern gnedenglich begobet, und mitt grossem danck
angenummen, wo solche schůl recht angericht, ist nitt
zů vermůten, das auch nitt frembdt studenten herkummen,
um der hohen schůl glerter professorn, der graduum
und der statt gelegenheit willen.

Es wolle auch Euer Ehrsam Wisheit erwegen das
erlich Christenlich fürnemmen, so die durchlüchtigen
hochgebornen fürsten Herzog von Sachsen und landt-
graff von Hessen in sachen irer hochen schůl fürgenum-
men. Was ernst auch yetz der fürst von Würtemberg
von wegen siner hochen schůl Tübingen täglichs an-
wendet. Und wiewol die vorhin zimlich mitt gülten versechen, yedoch yetz wyter die dermossen versechen, das
sy ob drythusendt fl. jerlichs zů erhaltung glerter lüt
haben gnedenglich bedacht. Und dwil dan durch solche
uffrichtung nitt allein die er, nutz und frummen einer
loblichen statt Basell, sunder ze vorab die ehre Christi
unsres Herrn mercklich gefurdert, und in allweg sich zů
bruderlicher lieb gegen mencklich heimsch und frembdt
usstheilt, pitten und begeren wir undertheniglich und uff
das drungelichst Euer Ehrsam Wisheit disen unsern Rath-
schlag mitt gnaden anzůnemmen, und vilgedachte hohe
schůl iren drüwlich lassen befolchen sin.

Euer Ehrsam Wisheit gehorsamen Rector und Regenten
einer universitet einer loblichen statt Basell. ·

Viva voce propositum, et dein ad petitionem
exhibitum in die Margarethae Virginis aº 1535.

(Untenan schreibt Amerbach bei:)

Nota das kein ordinarius uff einichen canonicat oder
dessen gefell oder .... inkummen daruff er verwysen
oder nützett solle ... oder bestätigt werden, sonder allein so lang nutzen und niessen, so lang er siner function
ampt oder befelch drüwlich nachkumpt und versicht.
Ussgenommen uff Unvermüglichkeit alters oder unver-
sechne kranckheit. — de hoc quoque consultatum.

(Alles die Hand Amerbachs.)

Beilage 2.

Capito an Altbürgermeister Jac. Meyer.

Univers. Biblioth. Variæ antiquitates eccl. Basil. tom. I, S. 142—143.

Adresse: Dem frommen, ersamen u. wisen Herrn Jacob
Meyer Altbürgermeister zu Basel, minem
günstigen lieben heren und gevattern. Zu
handen.
Datum: 23. Julii uss brisach an. 1539.

Myn willig dinst zuvor, hertzlieber her gevatter und
bruder. Wir haben fast ein trurig fart bissher gen Brisach gehabt. Dann wir je gern der kilchen und üwer
statt zu bestendigem friden verhulfen hetten. Doch haben
wir hiezwischen den almechtigen durch syn son Jesum
Christum, umb welches Eer es zuthun ist, ernstlich gebetten, das er selb in der sach sehen, und Grynaci und
Myconii hertz verendern wölle. Dann uns vieren er-
schrecklich ist zugedencken, das so gelerte und fromme
menner in so schwerer anfechtung stön. Her Grynaeus
will nit, das die kilchendiener sollen eim Rector zu-
gewant und verpflicht syn. Und sagt immer, der kilchen

dinst werde dadurch mit der schul vermischet. Welches
nit ist. Dann der dinst geet an die Cantzel, in besonder
ermanung und strafe, im gebett, in heimsuchung der
verdorbene gewissen etc. Die schul aber leret und übet,
so sie recht geet, wie die straffe zur besserung gen
[gehen] solle, wie die tröstung und das ermanen, und
das uss h. gschrifft. Ach lieber her, was schatte [schadete]
es dem diener, das er in der gesellschafft der gelerten
und lerenden ist. Wir bedürffen doch alle, das wir ge-
leret werden, warumb solte es ein schand syn, das ich
in der schul zuhöret, was gott vom geistlichen verstand
andren geben .hatt. Aber myn lieber Bruder Grynaeus
spricht: Er wolle es gern willig thun, aber man solle
kein legem, kein gesatz daruss machen. Als ob der
diener kein gesatz liden solte, das schon synem dinst
gar unverhinderlich were. Barmhertziger gott, gibe uns
zuerkennen, was schweres irsal und verderben unsers
dinst ist, dermossen in wöllen gross machen. Dann glich
alles volgen wirdt, das wir bissher verworfen haben.
Lieber her gevatter, wir wissen leider zuvil wol, das
etlich den Kilchendinst begeren zu stürtzen, aber uns
ist von hertzen leid, das unsere brüder Gott so treffenlich
erzürnen, mit irer zu vil argwenigen gewarsamm, dann
sie niemant vertrüwen wöllen, und gedencken sich nit
einfaltig unsrem Herren Christo zu befelhen. Drumb
unser grosse sorg bissher gewesen, das Gott sie zu de-
mütigen, dise unrug und noch grössere, wo sie nit buss
wircken, wider sye werde uffbringen. Es solle ein Christ
langmütig syn und immer das besser hoffen. So wenen
sy, es sig ein kunst, jederman der wider sy ist, zu ver-
werfen, und als vom glauben abgefallen usszuschrüwen.
Dann was wolten billiche lut meer begeren mögen, in
der underwerfung des Rectors, dann das syn dinst, so
Er der gantzen kilchen schuldig, unverhindert plibe, und

das das urteil nit werde von der kilchen under etlich
wenige gezogen, wie im Babstumb beschehen. Dennocht
so wille unser brüder hochtrabend gemüt kurtzumb kein
legem liden. Und das, in disen zweien dingen. In dem
gehorsamm des Rectors, noch vermöge der unvorgriflichen
statuten, davon itzt gesagt, und in den gradibus, welche
sy selbs erkennen mittelding syn, die wol und übel ge-
pruchet werden mögen. Warumb solte nit ein satzung
mögen gemacht werden, wie man uff christliche wise
solte gradus annemen und geben als mitler ding? Dwil
doch unser satzung nit stehelen [stählern] und unbeweg-
lich syn, und myne heren inen vorbehalten am end der
statut, soliche zu meren und myndern und zu endern.
Mich bedunckte, das her Marx die sachen verstö [Marx
Bertschi] welcher allein besorget, das billich zu besorgen
ist. Die andern armen brüder lassen sich dise hohen
wort blenden, die kristlich fryheit und den kilchendinst
will man gefangen nemen, wie im Babstumb beschehen.
Welches doch für gott in Warheit nit ist.

Dises schribe ich üch so witloifig, das ir inen wüsten
früntlich zuwider stön, dann sie vermeinen, wenn sy üch
überredet haben, es werde hinnoch by andren auch dafür
angeschen. Aber warlich, es klynget übel, umb unser
fryheit also zustritten, und unser offert also usszustossen.

Es were unser einer gern doben pliben, aber wir
befanden, das wir allen parten überlegen und hatten
doch gern lieb und leid mitgelitten, wo nit meer, dann
etwas anlass uns geben were.

Warlich, die brüder müssten nit uff ire eigen sachen
also tenngelen. Es ergeret treffenlich.

Doch solle üwer hertz nit von in abston und gedencken, das Gott wunderlich ist und jedem also ein
schelle anhencke, domit er sich demütige. Sy haben
noch kein erfarung des Crütz Christi, vilicht will sy der

her zur schulen des geists annemen, und also ein disciplin geben. Der her helfe uns allen. Myn lieben hern
Zunfftmeister [am Rand von andrer Hand: II. Theodor
Brand] wollen in unser namen früntlich grüssen und
bitten, das er vom hern Christo nit .abstee, so durch
unsre bruder sunst trülich geprediget, und sy helfe erhalten. Myne gevattern grüssen mir.

P. S. Butzer hatt unser meinung Grynaeo uffs ernst-
lichst geschriben.

<hr>

Berichtigung
zu S. 365, Z. 11 von unten:

Herr Peter Vischer hatte nicht neun, sondern zehn Kinder
(drei Söhne und sieben Töchter).